我们一起解决问题

弗布克流程设计与工作标准丛书

产品管理
流程设计与工作标准

流程设计 · 执行程序 · 工作标准 · 考核指标 · 执行规范

孙宗虎　编著

人民邮电出版社
北　京

图书在版编目（CIP）数据

产品管理流程设计与工作标准 ：流程设计·执行程序·工作标准·考核指标·执行规范 / 孙宗虎编著. -- 北京 ：人民邮电出版社，2020.10
（弗布克流程设计与工作标准丛书）
ISBN 978-7-115-54955-6

Ⅰ. ①产… Ⅱ. ①孙… Ⅲ. ①产品管理－业务流程 Ⅳ. ①F273.2

中国版本图书馆CIP数据核字(2020)第181956号

内容提要

这是一本关于产品管理人员如何干好工作的图书，本书始于流程，细说过程，关注全程，附带规程，成于章程，体现了很强的操作性和实务性。

本书在介绍流程与流程管理的基础上，详细介绍了产品规划管理，产品设计管理，产品研发管理，产品品牌、成本与定价管理，产品上市管理，产品营销管理，产品生命周期与改进管理等7大工作事项。

本书适合企业中高层管理人员、产品管理从业者，尤其是产品管理流程设计者阅读，也适合高等院校产品管理专业师生、培训和管理咨询人员阅读与使用。

◆编　　著　孙宗虎
　责任编辑　程珍珍
　责任印制　彭志环
◆人民邮电出版社出版发行　　北京市丰台区成寿寺路11号
　邮编 100164　电子邮件 315@ptpress.com.cn
　网址 https://www.ptpress.com.cn
　北京虎彩文化传播有限公司印刷
◆开本：787×1092　1/16
　印张：20　　2020年10月第1版
　字数：400千字　　2025年8月北京第7次印刷

定　价：89.00元

读者服务热线：（010）81055656　印装质量热线：（010）81055316
反盗版热线：（010）81055315

“弗布克流程设计与工作标准丛书”序

“弗布克流程设计与工作标准丛书”自2007年上市以来得到了广大读者的认可，其间，结合广大读者提出的许多宝贵意见和管理发展现状，我们对这套书进行了改版。在此我们向通过邮件、电话给我们提出意见、指出错误的热心读者深表谢意！

为了满足广大读者细化内容、增强标准的实用性、添加考核指标、提供执行规范、更新业务流程的诉求，我们对本丛书中的15本图书再次进行了修订。

在借鉴前两版的基础上，我们对本丛书进行了全新的设计，务求根据读者的新诉求、管理的新变化、业务的新形态、技术的新发展，以流程化、标准化、绩效化和规范化为中心，直面企业的管理和业务两大类工作，提供工作流程，设计范本，细化包括执行程序、工作标准、考核指标、执行规范在内的整体工作解决方案，以实现向工作要效率、向管理要效能、向结果要价值的目标。

本丛书通过流程、程序、标准、指标和规范，把完成一项工作的所有过程要素“逐一细化，一网打尽”，从而让管理者、业务执行者能够更系统、更规范、更有效地完成工作任务，实现工作目标，倍增工作价值。

工作流程：让执行有导图可看，有路径可鉴。

工作程序：让执行有步骤可依，有重点可抓。

工作标准：让执行有依据可参，有尺度可量。

工作指标：让执行有结果可考，有效益可算。

工作规范：让执行有制度可循，有方案可用。

本丛书的写作始于流程，细说过程，关注全程，附带规程，成于章程。通过流程、过程、全程、规程，最终形成关于各项工作的章程。

始于流程：对每一项工作都绘制了工作流程图，将工作显性化、程序化、阶段化。

细说过程：对每个程序步骤都给出了重点提示，将工作关键化、细节化、重点化。

关注全程：对工作的进展和目标达成全程关注，将工作阶段化、进程化、成果化。

附带规程：对每项工作都附带了相关制度规范，将工作制度化、规范化、方案化。

成于章程：通过对工作的360度解析，最终形成一系列关于工作规则的规范性文书。

在修订图书的过程中，我们也考虑了技术变化对工作的影响，并将新技术对工作方式、工作方法、工作流程的改变，尽力体现在相关的流程、程序、标准、指标和规范的设计中。

本丛书试图通过完美的设计，并兼顾技术发展对工作的影响，为读者提供贴合工作实际的管理内容，以达到**“人与事的完美结合”**，实现从**“如何做”**向**“如何有效地做”**的转变，最终为读者提供一套关于**“干工作、干好工作、追求卓越工作”**的有效解决方案。

我们希望本丛书能够为您的管理工作减少一些流程设计方面的麻烦，为您提供流程设计方面的帮助，并为您和您的企业在工作规范化方面提供完备的章程。

您的意见对我们下次改版非常重要！再次期待您的宝贵建议！

2020 年 6 月

前言

《产品管理流程设计与工作标准：流程设计·执行程序·工作标准·考核指标·执行规范》是“弗布克流程设计与工作标准丛书”中的一本，这本书围绕产品管理工作的流程设计，辅以相应的工作标准，将产品管理7大事项的执行工作落实到具体的流程上，既解决了“由谁做”“做什么”的问题，也解决了“如何有效地做、按照什么标准做”的问题。本书提供了一套关于产品管理人员如何干工作、干好工作、追求卓越工作的有效解决方案。

为符合当前企业发展的大趋势及精细化管理的需求，本书在之前版本的基础上做了大量修订，具体如下所述。

一、重构了流程体系，使逻辑关系更清晰

首先，从整体内容结构上，本书重新梳理了流程的顺序，从“服务”与“管理”两大维度，将产品管理的工作划分为产品规划管理，产品设计管理，产品研发管理，产品品牌、成本与定价管理，产品上市管理，产品营销管理，产品生命周期与改进管理等7大工作事项，理顺了产品管理的工作内容，使产品管理流程更加符合当今企业的实际情况。

其次，根据梳理后的产品管理流程体系，结合当今企业更加务实地推行流程管理的需要，本书又增补了一些新的流程和工作标准，进一步细化了产品管理的具体工作事项，使产品管理流程更加全面、详细，便于企业将流程管理应用到产品管理的每一个具体事项上。

最后，为方便企业推行流程管理或应用本书推行流程再造，本书的每一章都新设了一节内容，即在进行流程设计之前，先对流程设计的目的或流程在企业中发挥的作用进行了说明，并给出了本章流程之间的内在逻辑关系，为企业选用本书流程时提供决策依据。

二、细化了管理过程，使内容更翔实

（1）对于某一个具体的流程，本书按企业运行实际重新梳理或更新流程的步骤，进一步细化、补充了流程中节点事项的工作标准，使产品管理流程、工作标准更符合产品管理的实际工作需要，方便企业相应部门的员工“拿来即用”。

（2）本书还针对产品管理流程中关键事项的落实与执行设计了相应的考核指标与操作说明，为流程中关键事项的执行效果提供考核依据，从而确保流程与工作标准能够得到高效执行，最终为企业推行流程管理提供有力的保障。

三、根据管理现状编写，使企业能据实而作

本书提供的是一本“参照式”流程设计范本。随着企业管理水平的不断提高，企业的流程与工作标准也在不断地发生变化，因此，读者在应用本书时可参考以下建议。

（1）对于书中提供的产品管理流程与工作标准，读者可根据所在企业的实际情况加以适当修改或重新设计，使之更加适合本企业的情况。

（2）读者可参照本书中的流程，将所在企业每个部门内每个岗位的工作流程适当压缩，力求达到流程再造的目的，以求提高企业的运营效率。

（3）读者要在实践中不断改进已经形成的工作流程，真正做到因需而变、高效管理、高效工作，最终达到“赢在执行”的目标。

最后，衷心希望本书能为企业在产品管理方面推行流程管理提供业务运用层面的借鉴和实务性的解决方案。

再次感谢数以万计的读者对本书的支持与厚爱，没有你们这些“意见领袖”，就不会有对本书的这些改进和修补！

目录 Contents

第 1 章 流程与流程管理

第 3 章 产品设计管理

第4章 产品研发管理

第5章 产品品牌、成本与定价管理

第6章 产品上市准备管理

第1章 流程与流程管理

管理的核心目标是用制度管人，按流程做事。不论是制度设计，还是流程设计，都是每一个企业要开展的工作，而且是每年都要循环开展的工作。

企业在进行流程设计之前，应先对流程的概念有一个清晰的认识，并在此基础上掌握流程图绘制的方法，选好绘制工具，然后着手设计。同时，企业要根据自身的运营情况，及时对流程进行修改、调整和再造。

1.1 流程

1.1.1 流程的定义

关于流程，不同的人有不同的看法。有人认为，流程就是程序，其实，“流程”和“程序”是两个互相关联但绝不等同的概念。“程序”体现出一件工作中若干作业项目哪个在前、哪个在后，即先做什么、后做什么。而在“流程”中，除了体现出先做什么、后做什么之外，还体现出每一项具体任务是由谁来做，即甲项工作由谁负责，乙项工作由谁负责等，从而反映出他们之间的工作关系。

只有通过流程，才能把一件工作的若干作业项目或工作环节，以及责任人之间的相互工作关系清晰地表示出来。

一般情况下，企业流程有以下五大特征：

（1）流程是为达成某一结果所必需的一系列活动；

（2）流程活动是可以被准确重复的过程；

（3）流程活动集合了所需的人员、设备、物料等；

（4）流程活动的投入、产出、品质和成本可以被衡量；

（5）流程活动的目标是为服务对象创造更多的价值。

我们不妨给流程下一个定义：“**流程就是为特定的服务对象或特定的市场提供特定的产品或服务所精心设计的一系列活动。**”

流程包括六大要素，即输入的资源、活动、活动的相互作用（结构）、输出的结果、服务对象和价值。流程的基本模式如图 1-1 所示。

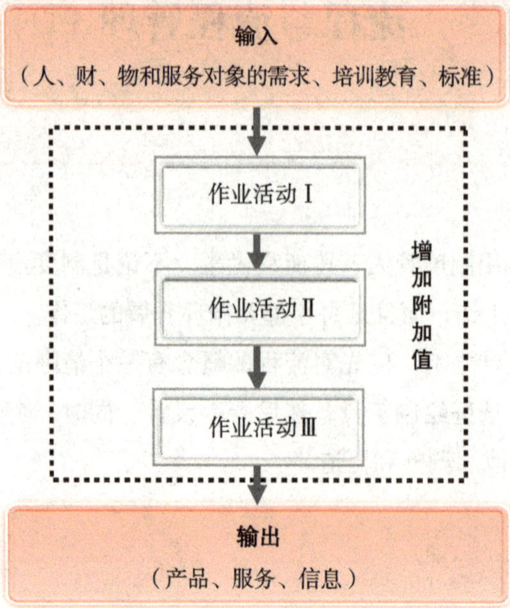

图 1-1　流程的基本模式

1.1.2　流程的分类

企业流程可分为决策流程、管理流程和业务流程三大类，具体内容如表 1-1 所示。

表 1-1　企业流程的分类

序号	类别	定义	特点 / 构成
1	决策流程	◎能确保企业达到战略目标的流程 ◎确定企业的发展方向和战略目标，整合、发展和分配企业资源的过程	◎股东、董事、监事会等组建流程 ◎战略、重大问题及投资流程 ◎企业决策流程的构成如图 1-2 所示
2	管理流程	◎企业开展各种管理活动的相关流程 ◎通过管理活动对企业业务的开展进行监督、控制、协调、服务，间接为企业创造价值	◎上级组织对下级组织的管控流程 ◎资源配置流程（人、财、物以及信息） ◎企业管理流程的构成如图 1-3 所示
3	业务流程	◎直接参与企业经营运作的相关流程 ◎安排完成某项工作的先后顺序，对每一步工作的标准、作业方式等内容做出明确规定，主要解决“如何完成工作”这一问题	◎涉及企业“产、供、销”环节 ◎包括核心流程和支持流程 ◎企业业务流程的构成如图 1-4 所示
备注	从企业经营活动角度来说，企业流程又可分为战略流程、经营流程和支持流程		

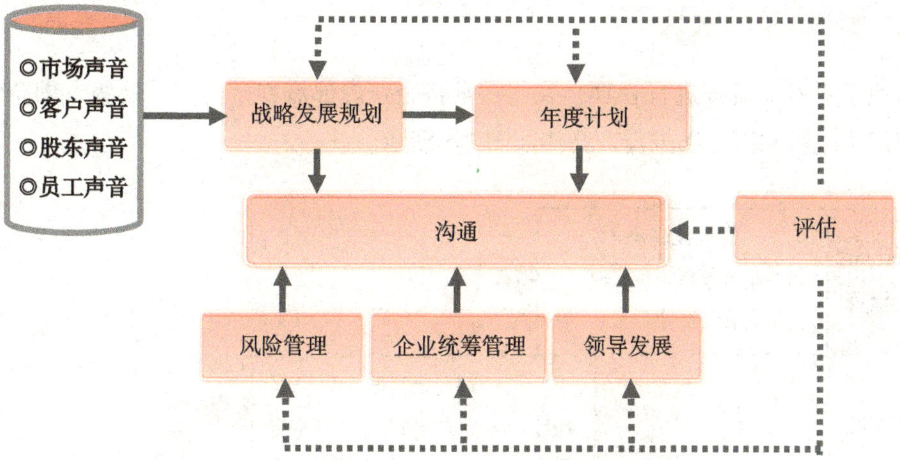
◎市场声音
◎客户声音
◎股东声音
◎员工声音
战略发展规划
年度计划
沟通
评估
风险管理
企业统筹管理
领导发展
图 1-2　企业决策流程的构成

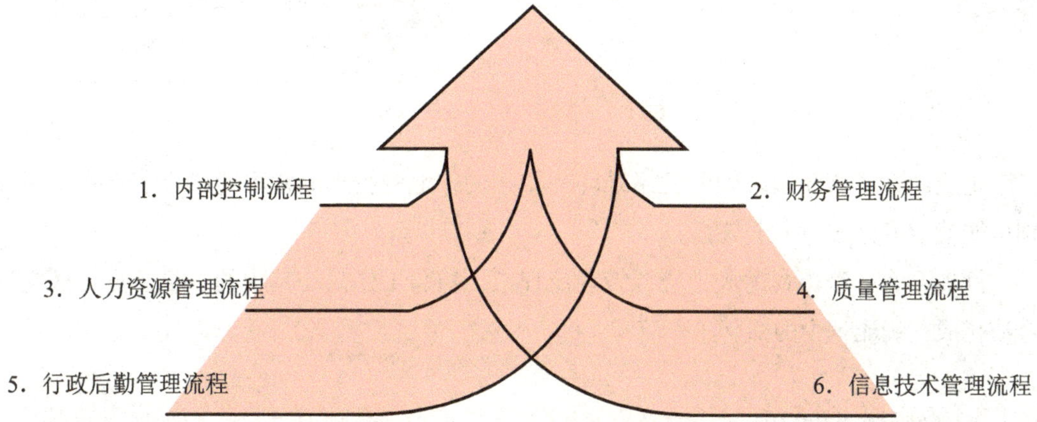
1. 内部控制流程
2. 财务管理流程
3. 人力资源管理流程
4. 质量管理流程
5. 行政后勤管理流程
6. 信息技术管理流程
图 1-3　企业管理流程的构成

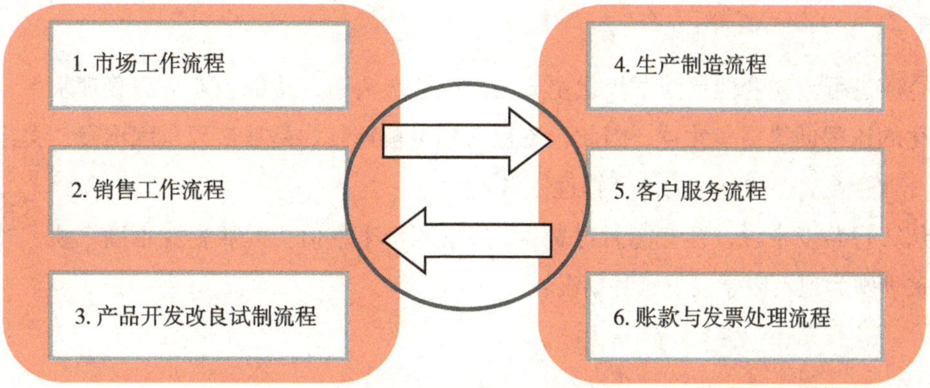
1. 市场工作流程
2. 销售工作流程
3. 产品开发改良试制流程
4. 生产制造流程
5. 客户服务流程
6. 账款与发票处理流程
图 1-4　企业业务流程的构成

1.1.3　流程的层级

为便于对各类流程进行管理，我们通常将企业内部流程分为三个层级，即企业级流程、部门级流程和岗位级流程，具体如图 1-5 所示。

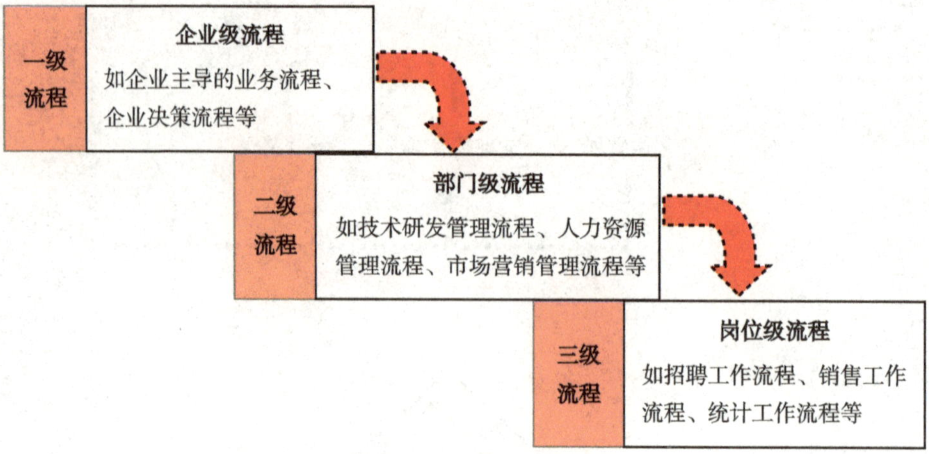

图 1-5　企业内部流程的层级

企业内部各级流程之间的关系是环环相扣的，上一级别流程中的某个节点在下一级别可能就会演化成另一个流程。

例如，在二级流程的人力资源管理流程中，招聘工作只是其中的一个节点，而它又会演化成三级流程中的招聘工作流程。

1.2　流程管理

1.2.1　流程管理的含义分析

企业进行流程管理是为了优化企业内部的各级流程，帮助企业提高管理水平，并通过优化的流程创造更多效益。因此，流程管理可被理解为是从流程角度出发，关注流程能否“为企业实现增值”的一套管理体系。

从客户角度来说，客户愿意付费 / 购买就能带来增值。但从企业角度来说，“增值”可以被理解为但不限于以下六种情况：

（1）效益提升，投资回报率上升；

（2）工作效率提高，业绩提升；

（3）工作质量、产品 / 服务质量提升；

（4）各种浪费减少，经营成本降低；

（5）沟通顺畅，办公氛围和谐、向上；

（6）品牌价值提升，知名度提升。

企业流程管理主要是对企业内部进行革新，解决职能重叠、中间层次多、流程堵塞等问题，使每个流程从头至尾责任界定清晰，职能不重叠、业务不重复，达到缩短流程周期、节约运作成本的目的。

1.2.2 流程管理的目标分析

流程管理是按业务流程标准，在职能管理系统授权下进行的一种横向例行管理，是一种以目标和服务对象为导向的责任人推动式管理。

流程管理的目标分析说明如表 1-2 所示。

表 1-2 流程管理的目标分析说明

项次	分析项	具体描述
1	流程管理的最终目的	◎提升客户满意度，提高企业的市场竞争能力 ◎提升企业绩效
2	流程管理的宗旨	◎通过精细化管理提高管控程度 ◎通过流程优化提高工作效率 ◎通过流程管理提高资源的合理配置程度 ◎快速实现管理复制
3	流程管理的总体目标	管理者依据企业的发展状况制定流程改善的总体目标
4	总体目标分解	在总体目标的指导下，制定每类业务或单位流程的改善目标
5	流程管理的工作标准与要求	◎保证业务流程面向客户，管理流程面向企业目标 ◎流程中的活动都是增值的活动 ◎员工的每一项活动都是实现企业目标的一部分 ◎流程持续改进
6	流程管理在企业发展各阶段的具体目的	企业需要根据自身发展阶段和遇到的具体问题对流程管理有所侧重 ◎梳理：工作顺畅，信息畅通 ◎显化：建立工作准则，便于查阅、了解流程，便于沟通并发现问题，便于复制流程以及对流程进行管理 ◎监控：找到监测点，监控流程绩效 ◎监督：便于上级对工作进行监督 ◎优化：不断改善工作，提升工作效率

1.2.3 流程管理工作的三个层级

总体来说，企业流程管理工作包括三个层级，即流程规范、流程优化和流程再造。各个层级的主要内容及适用情况如表 1-3 所示。

表 1-3　流程管理工作三个层级的主要内容及适用情况

层级划分	主要内容	关键输出	适用时机 / 阶段
第一层级 流程规范	整理企业流程，界定流程各环节的工作内容及相互之间的关系，形成业务的无缝衔接	流程清单 流程体系框架图 各流程图	适合所有企业的正常运营时期
第二层级 流程优化	流程的持续优化过程，持续审视企业的流程，不断完善和强化企业的流程体系	流程诊断表 流程清单（新） 流程体系框架图（新） 各流程图（新）	适合企业任何时期
第三层级 流程再造	重新审视企业的流程和再设计	流程再造分析报告 流程清单（新） 流程体系框架图（新） 各流程图（新）	适合企业变革时期，以适应企业变革阶段治理结构的变化、战略改变、商业模式变化，以及出现的新技术、新工艺、新产品、新市场等情况

需要注意的是，在流程建设管理工作中，企业应遵循“点面结合”的原则，在加强流程管理体系整体建设（面）的同时持续改进具体流程内容（点）。

1.3　流程管理工作的开展

1.3.1　项目启动

为确保流程能够满足企业战略发展的要求，企业需要从全局视角开展流程管理工作，构建企业流程体系框架，找到关键流程，设计出符合企业实际和发展需求的流程与流程体系。

企业可组建流程建设项目小组，启动流程建设项目的工作指引，具体如表 1-4 所示。

表 1-4　启动流程建设项目的工作指引

步骤	步骤细分	具体说明	责任主体	输出
启动流程建设项目	成立项目小组	具体参见表 1-5	流程管理部门	◎项目小组成员名单及职责说明 ◎项目工作计划
	选择规划工具或方法	包括基于岗位职责的建设方法（从下到上）、基于业务模型的建设方法（从下到上）和借助第三方（咨询公司）的流程建设方法等	流程管理部门	◎规划项目操作指引 ◎会议记录 / 纪要
	制订工作计划	明确项目里程碑，确定各项具体工作清单与步骤及其责任主体，可使用甘特图	流程规划项目组	

（续表）

步骤	步骤细分	具体说明	责任主体	输出
启动流程建设项目	发布项目操作指引	包括项目简介、工作计划、成员名单及职责、建设步骤方法、各步骤的详细操作说明、流程图模板、案例、已有流程清单、项目组激励方案等	流程管理部门	◎规划项目操作指引 ◎会议记录 / 纪要
	召开项目启动会	会议重点是项目整体介绍、背景及理念、角色与职责定位、总体计划、项目最终成果及意义等	流程管理部门	
备注	本阶段常用的工具或方法有甘特图、项目管理法等			

流程建设工作需要得到企业领导层的重视与支持，项目小组的组建及成员构成如表 1-5 所示。

表 1-5　流程建设项目小组的组建及成员构成

角色定位	成员构成	主要职责
企业流程管理委员会	由企业高层领导组成，如总经理、各主管副总等，成员人数控制在 3 ～ 5 人	◎提供资源支持 ◎任命建设项目经理 ◎审核建设项目计划 ◎参与关键问题决策 ◎参与关键环节的建设及决策
流程建设项目经理	可由流程管理部门经理担任，也可考虑增设项目副总，由相关部门经理担任	◎编制项目计划 ◎监督项目成员完成目标 ◎评估项目成员工作表现
项目助理	可由流程管理部门人员担任	协助项目经理管理项目日常工作，如整理文档等
成员（各部门负责人）	项目成员应具有丰富的工作经验，多为各部门负责人，由其参与部门流程建设工作；也可指派部门人员参与项目小组的工作。各业务部门的流程应统一建设	◎根据项目计划，组织本部门完成相应的流程建设工作 ◎参与本部门流程图和企业全景流程图的绘制，宣贯和应用流程建设成果
成员（流程管理部门的人员）	流程管理部门的工作人员均应参与到项目中来	负责流程建设方法、工具的开发及各部门的相关培训与指导工作

1.3.2　识别流程

在识别流程阶段，企业需要做的是识别本企业有哪些流程，编制流程清单，界定流程之间的界限及为流程命名，帮助企业从流程的视角弄清企业管理现状，为后续的流程建设、每个流程的具体描述提供良好的基础。

由于各部门流程识别、流程清单的梳理对之后的工作至关重要，因此这项工作一般应由各部门领导牵头组织，先整理出部门业务流程主线，明确本部门的关键环节和核心业务，进而确定主要业务流程及流程之间的关系。识别流程阶段的工作指引如表 1-6 所示。

表 1-6 识别流程阶段的工作指引

步骤	步骤细分	具体说明	责任主体	输出
识别流程	流程建设培训	流程管理部门对各部门进行流程建设方面的培训，培训的重点是如何使用各种表格等，具体内容包括项目简介、涉及的概念、目的和产出、职责划分、建设步骤、表格编制、工作计划、答疑等	流程管理部门	◎培训课程 ◎培训计划 ◎部门流程清单 ◎企业流程清单（参见表 1-7）
	各部门流程识别	进行部门内岗位分析、业务线分析；将职责分解，细化到岗位、业务活动，并按活动的先后顺序排列，提炼出流程；界定流程的上下接口、输入输出及责任主体；汇总部门内流程，编制部门流程清单	各部门，包括岗位代表人员、部门负责人	
	编制企业流程清单	流程管理部门汇总各部门流程清单，与各部门充分沟通，删除重复流程，查漏补缺，形成企业流程清单	流程管理部门	
备注	本阶段常用的工具及方法有战略地图、业务单元分析法、部门职能分析法、岗位工作分析法等			

1.3.3 构建流程清单

流程建设项目小组在本阶段的主要任务是与各部门进行沟通、讨论，对企业流程进行分类和分级，构建企业流程框架，输出企业流程清单，具体如表 1-7 所示。

表 1-7 企业流程清单

序号	一级流程	二级流程	三级流程	归口管理部门	流程状态
备注	流程状态的填写说明：1——流程已有且有效；2——流程已有，待梳理；3——无文件，待设计梳理				

1.3.4 评估流程重要程度

本阶段的工作任务是评估企业流程的重要程度，识别出关键流程、核心流程等，将其作为流程设计、运行管理、优化再造工作的重点，以提高企业流程建设工作的效率和效益。

企业的所有活动都是为了提高客户的满意度，实现价值，企业流程重要程度的衡量标准是流程的增值性。一般情况下，直接与客户产生业务关系的流程（如售后服务流程）、与企业核心竞争力相关的流程（如产品质量管理流程）等为企业的重要流程。

表 1-8 为某公司流程建设项目的流程重要程度评估分析表，供读者参考。

表 1-8　某公司流程建设项目的流程重要程度评估分析表

流程名称	与客户相关度（30%）	与整体绩效相关度（30%）	与战略相关度（25%）	流程横向跨度（15%）	评估得分	重要程度等级
×××× 流程	60	60	60	60	60	
用表说明	1. 以“×××× 流程”的评估为基准，其他各流程与之对比 2. 各评估项单项总分为 100 分，各单项评分乘以权重后的“和”为总分 3. 重要程度评估根据最终评分结果，采取强制百分比法，排名前 5% 的为 A 级流程，排名前 5% ～ 20%（包含）的为 B 级流程，排名前 20% ～ 30%（包含）的为 C 级流程，排名前 30% ～ 50%（包含）的为 D 级流程，其他为 E 级流程 4. 评级结果为 A、B、C 级的流程要重点管理					

1.3.5　完善体系框架

完成流程重要程度评估分析后，企业需要在流程清单的基础上进一步完善流程体系框架，标注流程的重要程度等级，具体如表 1-9 所示。

表 1-9　企业流程的重要程度等级

一级流程	二级流程	三级流程	归口管理部门	流程状态
×××× 流程（B 级）	×××× 流程（B 级）	×××× 流程（A 级）		
		×××× 流程（B 级）		
	×××× 流程（C 级）	×××× 流程（C 级）		
		×××× 流程（D 级）		

1.3.6　进行流程设计

企业在进行流程设计时，可遵循以下七个步骤。

第 1 步：界定流程范围

流程设计的第 1 步是界定流程范围，即确定信息的输入和输出。

在这一环节，企业需要回答以下几个问题。

- 有哪些流程业务活动？
- 流程从何处开始、何处终止？
- 流程的输入和输出是什么？
- 输出的成果交给谁（客户）？
- 客户有何要求？

在此，我们以设计“外部招聘管理流程”为例，来说明流程范围界定，具体内容如表 1-10 所示。

表 1-10　外部招聘管理流程范围界定

流程名称	外部招聘管理流程	流程编号	
流程责任部门 / 责任人	人力资源部 / 招聘主管	流程对应客户	各用人部门
本流程业务活动	人力资源部招聘、面试、录用管理工作		
流程开始	招聘需求	流程结束	录用决策、签订劳动合同
流程输入	已批准的招聘计划、临时招聘需求	流程输出	面试评估报告、劳动合同
流程客户要求（目标）	1. 期限内完成招聘任务 2. 人岗匹配		

第 2 步：确定流程活动的主要步骤

流程设计人员在界定完流程范围后，接下来需要进行调查分析，确定本流程活动的主要步骤，操作方法如图 1-6 所示。

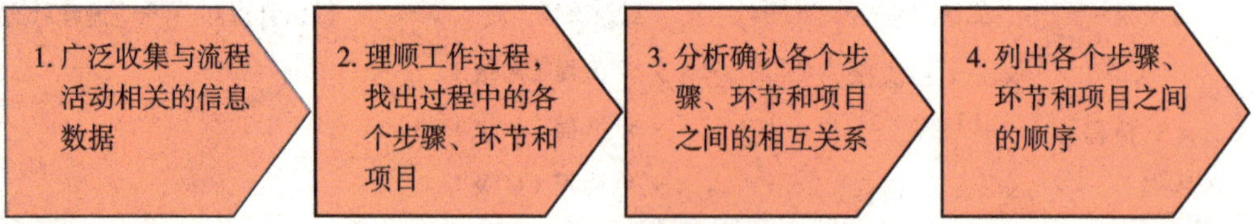
1. 广泛收集与流程活动相关的信息数据
2. 理顺工作过程，找出过程中的各个步骤、环节和项目
3. 分析确认各个步骤、环节和项目之间的相互关系
4. 列出各个步骤、环节和项目之间的顺序

图 1-6　确定流程活动的主要步骤

我们以设计“外部招聘管理流程”为例，其主要步骤（参见表 1-11）包括招聘需求汇总、招聘岗位分析与条件确定、发布招聘信息、简历收取与筛选、面试与评估、做出录用决策、签订劳动合同及试用期管理等。

第 3 步：步骤详细说明

本阶段应针对已确定的流程活动的主要步骤进行分析和描述，需要完成的工作如下：

- 分析每一个步骤的输入、输出（成果）；

- 明确后续步骤的客户要求；
- 确定每一步骤工作 / 活动的检查、考核、评估指标；
- 确定每一步骤涉及的部门 / 人员，明确其责任、权限和资源需求；
- 确定本流程的层次及与上下层级之间的关系。

我们仍以设计“外部招聘管理流程”为例，本阶段流程活动的主要步骤及具体描述如表 1-11 所示。

表 1-11　外部招聘管理流程活动的主要步骤及具体描述

<table>
<tr><td>流程名称</td><td colspan="2">外部招聘管理流程</td><td>流程编号</td><td></td></tr>
<tr><td>流程责任部门 / 责任人</td><td colspan="2">人力资源部 / 招聘主管</td><td>流程对应客户</td><td>各用人部门</td></tr>
<tr><td>本流程业务活动</td><td colspan="4">人力资源部招聘、面试、录用管理工作</td></tr>
<tr><td>流程开始</td><td colspan="2">招聘需求</td><td>流程结束</td><td>录用决策、签订劳动合同</td></tr>
<tr><td>流程输入</td><td colspan="2">已批准的招聘计划、临时招聘需求</td><td>流程输出</td><td>面试评估报告、劳动合同</td></tr>
<tr><td>流程客户要求（目标）</td><td colspan="4">1. 期限内完成招聘任务
2. 人岗匹配</td></tr>
<tr><td>流程步骤</td><td>步骤描述</td><td colspan="2">重要输入</td><td>重要输出</td></tr>
<tr><td rowspan="2">招聘需求汇总</td><td>人力资源部在经过批准的年度招聘计划指导下，按时进行计划内的人员招聘工作</td><td colspan="2">招聘计划</td><td>—</td></tr>
<tr><td>计划外招聘需由部门提出招聘申请并拟定上岗要求和资格条件，报总经理或相关副总经理审核</td><td colspan="2">岗位说明书</td><td>招聘岗位清单</td></tr>
<tr><td>招聘岗位分析与条件确定</td><td>人力资源部根据当时的市场薪资行情和企业薪资架构体系，初步拟定待招聘的职位等级及基本薪资范围</td><td colspan="2">—</td><td>—</td></tr>
<tr><td>招聘岗位分析与条件确定</td><td>根据待招聘职位的高低，呈交相应的决策层核准，之后正式启动招聘工作
◎部门经理及以上管理职位由总裁核准
◎部门主管及主管以下职位由分管人力资源副总经理核准</td><td colspan="2">—</td><td>—</td></tr>
<tr><td>发布招聘信息</td><td>通过内外部多种渠道发布招聘信息，同时收集人才资料，可经由下列方式进行
◎刊登内部职位空缺公告
◎刊登报纸广告
◎接洽人才中介机构
◎请高校推荐
◎参加人才交流会等</td><td colspan="2">岗位说明书</td><td>招聘广告</td></tr>
</table>

（续表）

简历收取与筛选	人力资源部收到应聘者的各项资料后，先进行初步审核，审阅其学历、经验是否符合企业要求，再将审核通过的应聘者的资料转交用人部门进一步审核，通过书面资料审核淘汰一部分不符合岗位要求的应聘者	应聘简历	面试人员清单
面试与评估	由人力资源部主导，对通过审核的应聘者进行笔试及面试，从人员的基本素质方面进行评估，筛选出符合要求的应聘者	面试清单	面试记录 面试评估表
	在人力资源部的协助下，由相关业务部门的人员对应聘者进行专业技能考核	—	面试评估表
	◎主管级别及以下职位由副总经理进行最终面试 ◎部门经理及以上管理职位由总经理进行最终面试	—	面试评估表
做出录用决策	根据企业高层领导及用人部门的意见，人力资源部告知被录用者其最终职位和薪资金额	—	—
	将其他优秀但未被录用的应聘者的资料存入人才库	—	人才库
	通过面试的应聘者必须参加体检，体检未通过者不予录用	—	体检报告
签订劳动合同	人力资源部发出录用通知单，与被录用者签订劳动合同，并根据招聘 / 录用管理制度为被录用者办理相关的入职手续	—	劳动合同
试用期管理	执行试用期管理流程	—	—
考核评估方法	招聘任务是否按期完成、招聘人数完成率、招聘计划出错次数、招聘广告出错次数等		

第 4 步：选择流程形式

根据流程的分类、层级、复杂程度，以及流程活动的内部关联性等因素，企业流程主要有四种展现形式，即箭头式流程图、业务流程图、矩阵式流程图和泳道式流程图。

☆ 箭头式流程图

箭头式流程图的特点是直观、一目了然，适用于企业员工都熟悉流程中各项作业概况的情况或流程中各项作业任务较简单的情况。箭头式流程图的示例如图 1-7 所示。

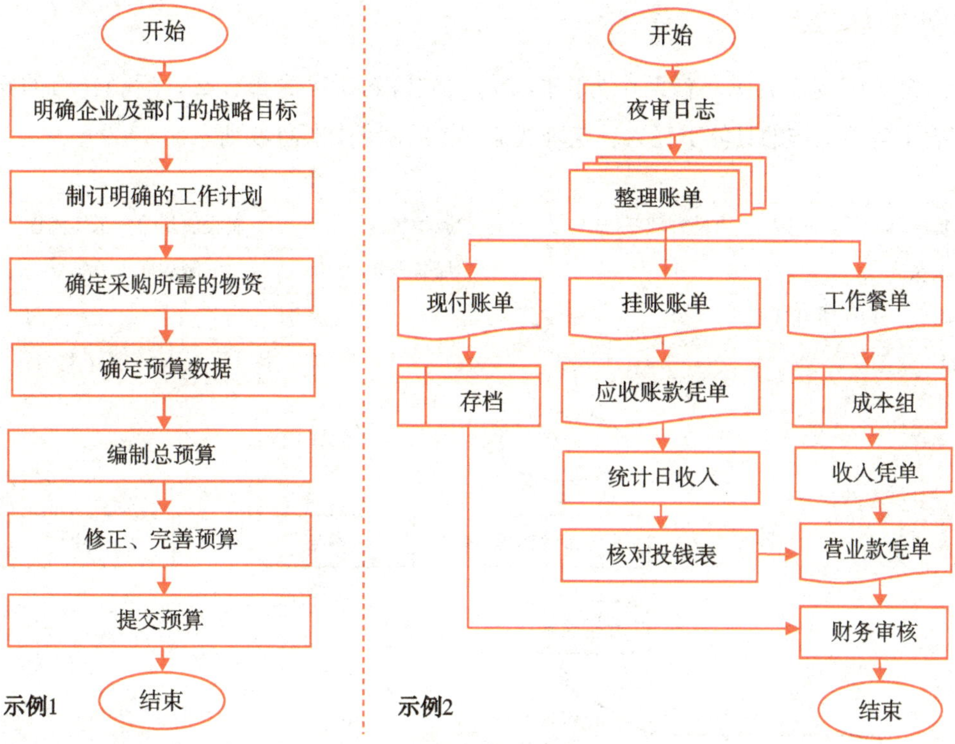
开始
明确企业及部门的战略目标
制订明确的工作计划
确定采购所需的物资
确定预算数据
编制总预算
修正、完善预算
提交预算
结束
示例1
开始
夜审日志
整理账单
现付账单
挂账账单
工作餐单
存档
应收账款凭单
成本组
统计日收入
收入凭单
核对投钱表
营业款凭单
财务审核
结束
示例2

图 1-7　箭头式流程图的示例

企业在设计箭头式流程图时，需要注意以下两个问题。

- 在图中明确执行主体，如果是单一的执行主体，可将执行主体省略。
- 用简洁的语言对流程图中的主要活动进行解释说明，以进一步明确活动要求和指令。

☆ 业务流程图

在业务流程图中，需要明确流程的上下执行主体、活动内容、要求及指令，并将要求和指令用统一的语言表达出来。流程活动的承担者之间必须是平等、互助、尊重、关怀的关系。业务流程图的示例如图 1-8 所示。

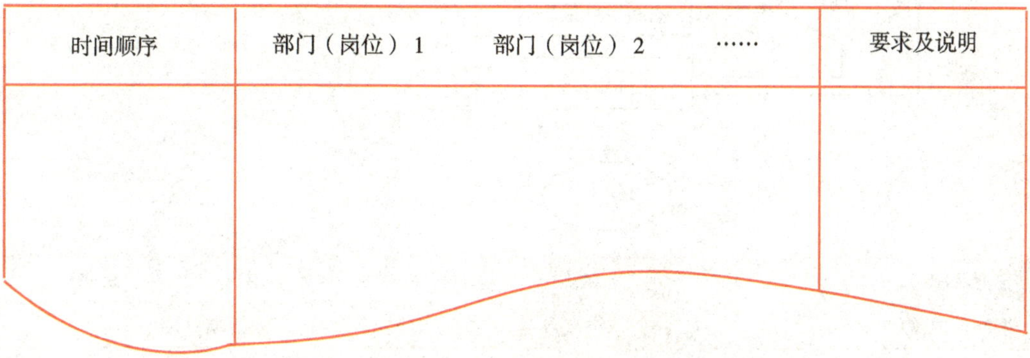
时间顺序
部门（岗位）1
部门（岗位）2
……
要求及说明

图 1-8　业务流程图的示例

☆ 矩阵式流程图

矩阵式流程图有纵、横两个方向的坐标，它既解决了先做什么、后做什么的问题，又明确了各项工作的具体责任人。矩阵式流程图的示例如图 1-9 所示。

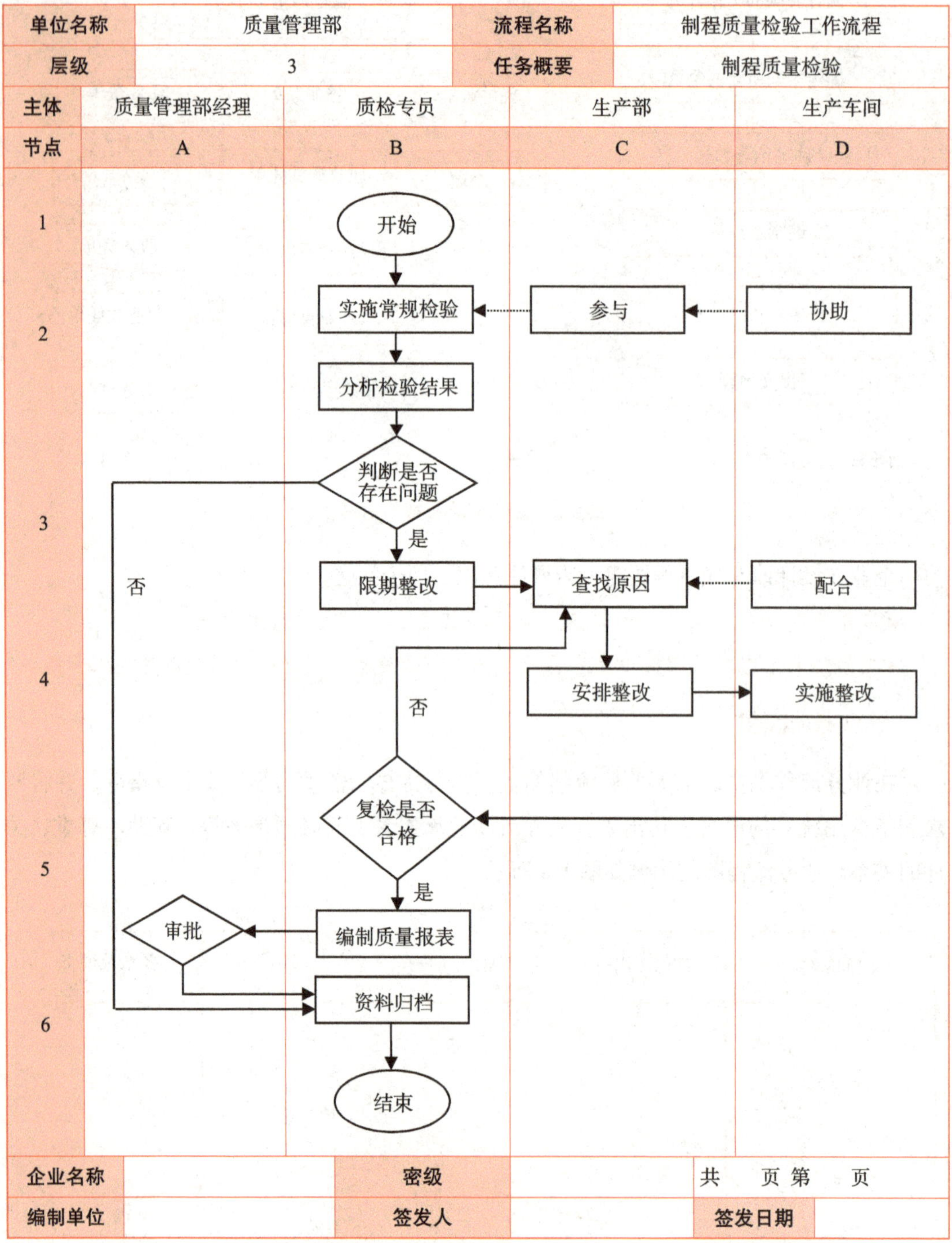
单位名称
质量管理部
流程名称
制程质量检验工作流程
层级
3
任务概要
制程质量检验
主体
质量管理部经理
质检专员
生产部
生产车间
节点
A
B
C
D
1
2
3
4
5
6
开始
实施常规检验
参与
协助
分析检验结果
判断是否存在问题
是
否
限期整改
查找原因
配合
安排整改
实施整改
否
复检是否合格
是
审批
编制质量报表
资料归档
结束
企业名称
密级
共　页 第　页
编制单位
签发人
签发日期

图 1-9　矩阵式流程图的示例

☆ 泳道式流程图

与矩阵式流程图相似，泳道式流程图也是通过纵、横双向坐标来设计流程，纵向为分项工作任务，横向是承担任务的部门、岗位（即执行主体）。

这种流程图样式与其他流程图类似，但在业务流程的执行主体上，主要通过泳道（纵向条）区分执行主体。泳道式流程图的示例如图 1-10 所示。

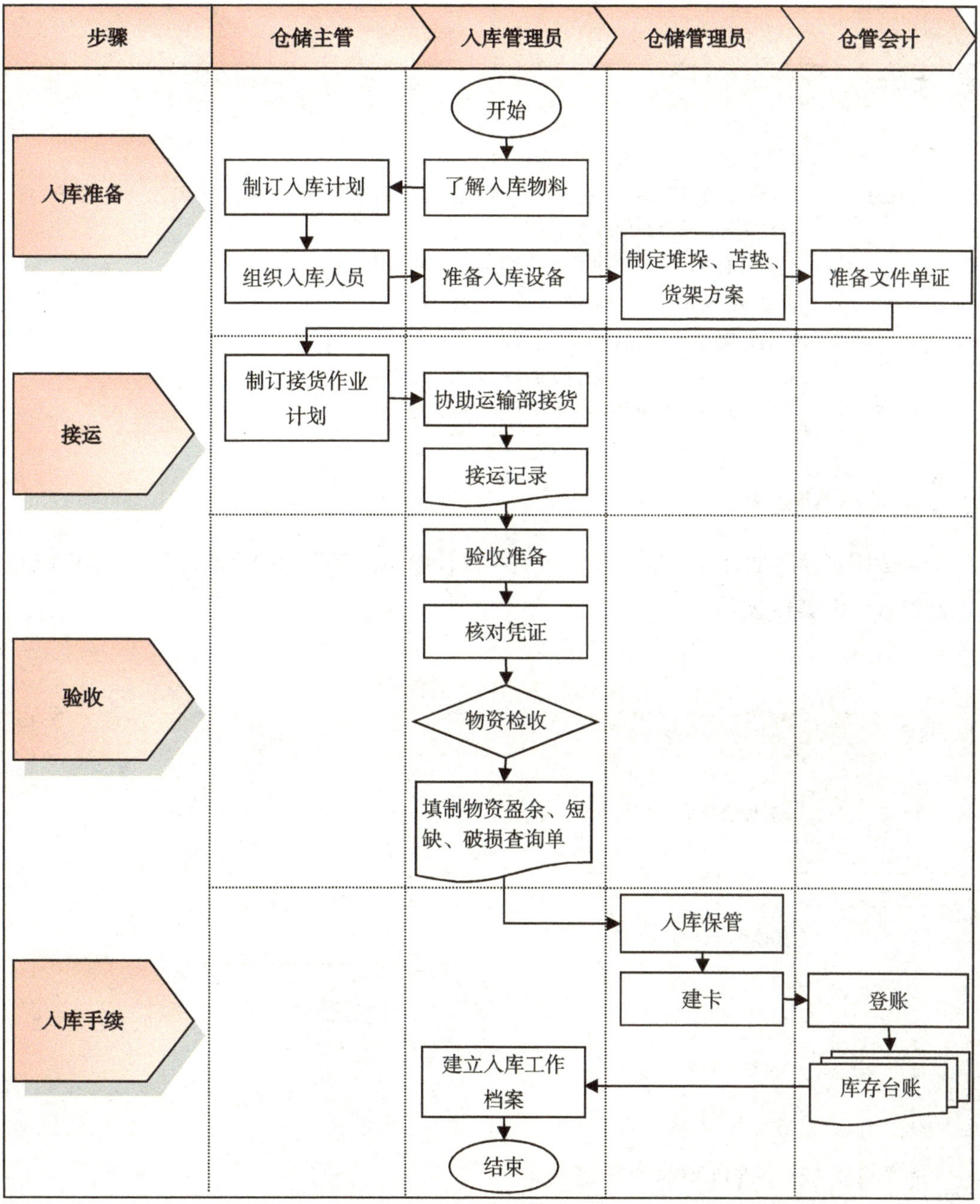

图 1-10　泳道式流程图的示例

第 5 步：绘制流程草图

流程图的绘制是指流程设计人员将流程设计或流程再造的成果以书面形式呈现出来。

☆ 绘制工具的选择

绘制流程图常用的工具有 Word、Visio 等，这两个工具各有各的特点（见表 1-12），流程图设计人员可根据本企业流程设计的要求、个人的使用习惯等自由选择。

表 1-12 常用的流程图绘制工具

工具名称	工具介绍
Word	1. 普及率高 2. 方便发排、打印及流程文件的印制 3. 绘制的图片清晰，文件量小，容易复制到移动存储器中，容易作为电子邮件进行收发 4. 较费时，绘制难度较大 5. 与其他专用绘图软件相比，绘图功能不够全面
Visio	1. 专业的绘图软件，附带相关建模符号 2. 通过拖曳预定义的图形符号很容易组合图表 3. 可根据本单位流程设计需要进行组织的自定义 4. 能绘制一些组织复杂、业务繁杂的流程图

☆ 流程绘制符号

美国国家标准学会（ANSI）规定了流程设计中绘制流程图的标准符号，常用的流程绘制符号如表 1-13 所示。

表 1-13 常用的流程绘制符号

序号	符号名称	符号
1	流程的开始或结束	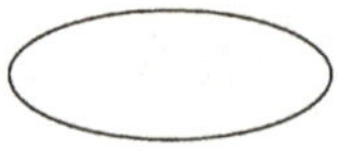
2	具体作业任务或工作	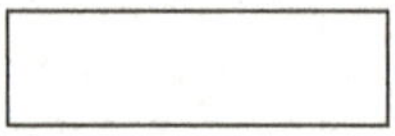
3	决策、判断、审批	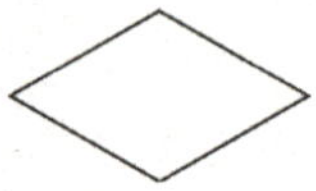
4	单向流程线	

（续表）

序号	符号名称	符号
5	双向流程线	
6	两项工作跨越、不相交	
7	两项工作连接	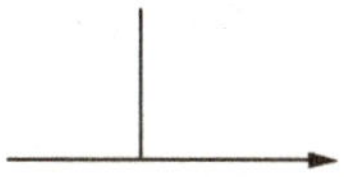
8	作业过程中涉及的文档信息	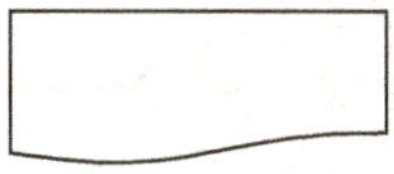
9	作业过程中涉及的多文档信息	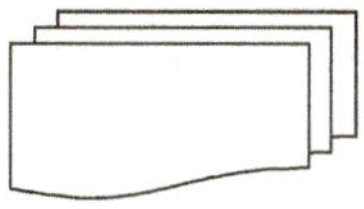
10	与本流程关联的其他流程	
11	信息来源	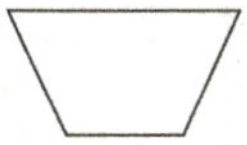
12	信息储存与输出	

实际上，流程绘制的标准符号远不止表 1-13 所列的这些。但是，流程图的绘制越简洁、明了，操作起来就越方便，企业也更容易接受和落实；符号越多，流程图就越复杂，越难以落实到位。所以，一般情况下，企业使用 1 ~ 4 项流程绘制的标准符号就基本可以满足绘制流程图的需要了。

☆ 绘制草图

不同的流程展现形式体现了不同层次的流程。例如，一二级流程适合用矩阵式流程图和泳道式流程图呈现，而三级流程中的部分业务流程适合用箭头式流程图和业务流程图呈现。

值得一提的是，流程设计人员在绘制流程图的过程中，需要确定该流程与上下游流程之间的接口，以及与规范流程运行要求相关联的制度之间的关系，并根据实际情况尽量将其在流程图中反映出来，如流程图中可根据流程节点给出相应的制度、表单等。

第 6 步：流程意见反馈

流程图绘制完成后，需要通过意见征询、试运行等方式获得相关意见和建议，发现不足和纰漏，以便对其做出进一步修改和完善，直至最终定稿。

针对初步绘制的流程图，流程设计人员可通过以下三种方式征求各方的意见，具体如图 1-11 所示。

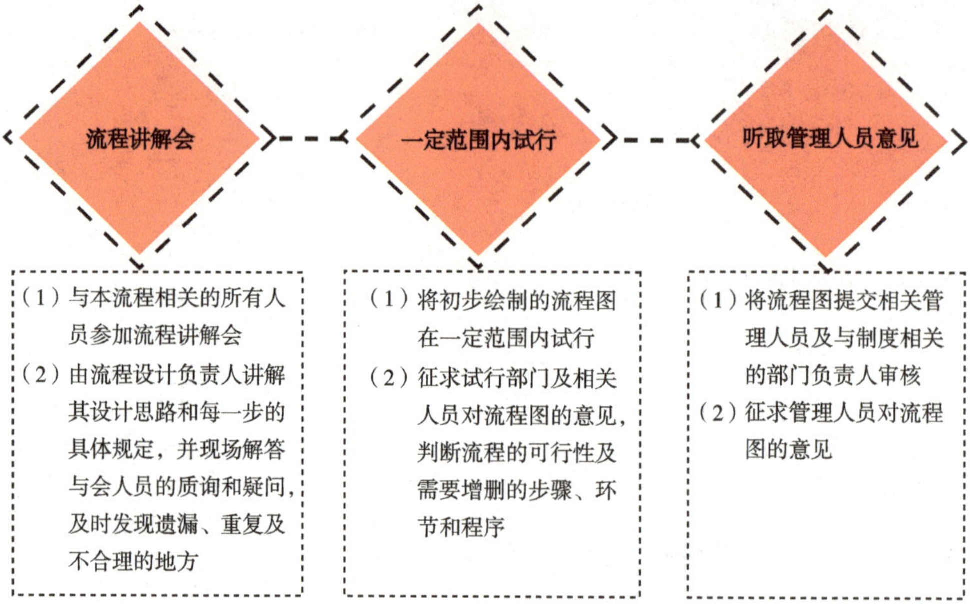
流程讲解会
（1）与本流程相关的所有人员参加流程讲解会
（2）由流程设计负责人讲解其设计思路和每一步的具体规定，并现场解答与会人员的质询和疑问，及时发现遗漏、重复及不合理的地方
一定范围内试行
（1）将初步绘制的流程图在一定范围内试行
（2）征求试行部门及相关人员对流程图的意见，判断流程的可行性及需要增删的步骤、环节和程序
听取管理人员意见
（1）将流程图提交相关管理人员及与制度相关的部门负责人审核
（2）征求管理人员对流程图的意见

图 1-11　流程图草案意见征询方式

第 7 步：流程调整修正

通过上述方式进行意见征询后，流程设计人员应综合分析意见征询结果，汇总各种修改意见，对流程图进行修改和完善，提交权限主管领导审核后再呈交总经理批准，或在董事会审议通过后公示执行。

☆ 流程定稿要求

老员工能够按流程图做事，新员工能够根据流程图知道怎样做事。

☆ 流程试运行与检查

流程设计人员要监控流程试运行过程，检查并汇总试运行过程中出现的问题，做好检查记录，为问题分析和流程改善做准备。流程实施与检查内容说明如表 1-14 所示。

表 1-14　流程实施与检查内容说明

项次	检查项目	具体检查内容
1	检查流程是否稳定	◎在实施过程中是否出现例外活动 ◎在实施过程中是否出现步骤、时间、权责方面的冲突 ◎是否出现上一部分的步骤成果（输入）不能充分影响下一步骤的活动 ◎是否出现资源（特别是人力资源）与任务不匹配的情况
2	检查程序是否合理	◎适宜性：程序适应内外部环境变化的能力 ◎充分性：程序各过程的展开程度 ◎有效性：达到的结果与所使用的资源之间的关系，确保程序的经济性

☆ 流程简化

流程简化的目标是用最少的资源执行流程，减少资源浪费。流程简化的方法包括取消环节、合并环节、环节调序、简单化环节、自动化环节以及一体化环节等。

流程简化工作的一般操作方法如下：

- 对评估流程进行再评估，确认和削减增加资源耗费的活动；
- 评估各种测量方法，判断其能否提供有用和可控的信息；
- 缩短时间，测试输出数量 / 质量是否相应减少；
- 依据上述变动调整程序简化计划；
- 将程序置于自动运行状态，通过周期性检查发现问题。

1.3.7　发布、实施与检查

1. 流程的确定与发布

流程设计人员将经过实践检验的流程图提交企业领导审核签字后，以适当的方式向全体员工公示，并自公示之日起生效，便于员工遵照执行。

一般情况下，常用的流程公示方式有四种，企业可根据实际情况选择运用，具体做法如表 1-15 所示。

表 1-15　流程公示的四种方式及操作说明

序号	公示方式	操作说明
1	全文公告公示	在企业公共区域将流程图及相关说明全文公告，并将公告现场以拍照、录像等方式记录备案
2	集中学习	召开员工会议或组织员工进行集中学习、培训，并让员工签到确认参与了学习或培训

（续表）

序号	公示方式	操作说明
3	员工阅读并签字确认	将流程及相关说明做成电子或纸质文件交由员工阅读并签字确认。确认方式包括在流程文件的尾页签名、另行制作表格登记、制作单页的“声明”或“保证”
4	作为劳动合同附件	将流程文件作为劳动合同的附件，在劳动合同专项条款中约定“劳动者已经详细阅读，并自愿遵守本企业的各项规定”等内容

企业的经营管理人员或人力资源管理人员，对流程公示工作要细心谨慎，注意以下两大事项。

事项 1：务必让当事人知晓

务必将相关通知、决定等送到当事人手中，而不是“通告一贴，高高挂起”，要确保能够达到公示与告知的目的。

事项 2：注意留存公示的证据

不同的公示方式有不同的证据留存方式。例如，让员工在“签阅确认函”上签字确认，可签“已经阅读、明了，并且承诺遵守”等。

2. 优化流程实施的环境

设计了流程并不意味着企业的运行效率和经济效益必然会有大幅度的提高，更重要的工作是抓好流程管理的落实。

在管理和实施流程的过程中，企业不能忽视对流程实施环境的管理，应该注意以下几点。

- **建立合适的企业文化**

企业流程设计或再造一般均以流程为中心、以追求客户满意度的最大化为目标，这就要求企业从传统的职能管理向过程管理转变。

企业在实施流程管理时，需要改变过去的传统观念和习惯做法，建立一种能够适应这种转变的以“积极向上、追求变革、崇尚效率”为特征的企业文化，以使每个流程中的各项活动都能实现最大化增值的目标，为企业经济效益的提高做贡献。

- **提高企业领导对流程管理的认识**

提高企业领导，特别是企业高层领导对流程管理的认识是企业发展中的重要问题，是企业提高运营效率和经济效益的重要措施，是企业战胜竞争对手的主要手段，是企业发展战略的重要因素。

只有企业的董事长、总经理、总监等高层领导重视流程管理，才能推动企业的流程再造，实施才能见到效果。

- **加强培训，使企业上下共同提高对流程的认识**

在实施流程管理的过程中，企业高、中层管理人员是推动流程管理的骨干，广大员工则是推动流程管理的重要力量。

通过培训，使企业的管理团队与员工提高对流程设计或再造的认识，共同认识到流程的意义，认识到流程再造对企业生存和发展的作用，只有这样推动与实施流程再造，才能达到良好的效果。

此外，通过培训，可以提高员工的自觉性，使员工自觉遵守新的流程。

3. 实现流程的有效落实

企业的流程图绘制完毕、装订成册后，应发给企业各部门，以便员工遵照执行。流程图实际上是企业的一项规章制度，它可以帮助企业建立正常的工作规则和工作秩序。

以下是流程有效落实的四种思路，具体如图 1-12 所示。

新员工入职流程、制度培训
明确流程负责人，实行问责制
流程E化
流程制度化

注：流程 E 化是指应用现有的 IT 技术，实现企业各项管理和业务流程的电子化。

图 1-12　流程有效落实的四种思路

4. 开展有针对性的流程检查

流程检查的目的是提高企业的效益，保证流程目标的最终实现。

- 控制流程检查的成本投入。流程检查成本投入需要与该流程的产出价值相匹配，否则既浪费资源，又不能创造价值。企业在流程检查工作中要有成本意识，强化“投资回报”的概念。
- 把握好流程检查的度。在设计流程检查方案时，需要确定流程检查的精细度、频次及抽样方法，控制检查成本。流程检查工作要抓住关键流程，抓住流程的关键环节，结合实际情况和流程的运转时间确定流程检查的频次和抽样方式。

5. 流程检查重点的选取

流程检查需要与流程实际执行情况相匹配，合理设置流程关键控制点。

- 对于流程成熟度高（流程绩效表现合理且稳定）、人员能力较强的流程，企业可降低检查投入，也可取消相关的关键控制点。
- 对于流程成熟度较低（流程绩效波动较大）的流程，企业需要加强对该流程的检查力度或新增关键控制点，以稳定流程绩效。

流程检查重点选取的矩阵分析如图 1-13 所示。

注：流程的重要程度评估请参照本章 1.3.4 所述。

图 1-13　流程检查重点选取的矩阵分析

6. 流程检查工作的实施程序

流程检查工作的实施程序如图 1-14 所示。

7. 流程绩效评估与改进

从本质上看，流程绩效评估是为企业战略与经营服务的，企业需要对某些关键的流程进行绩效评估，将流程绩效作为企业绩效管理的一个重要维度。

- **确定流程的绩效目标**

企业战略目标被分解为部门绩效目标与岗位绩效目标，并被包含在关键流程中，即流程被赋予绩效目标。因此，流程的绩效评估需围绕目标展开，实行目标导向的流程绩效评估。

- **流程绩效评估维度**

企业流程绩效评估的维度及指标如表 1-16 所示。

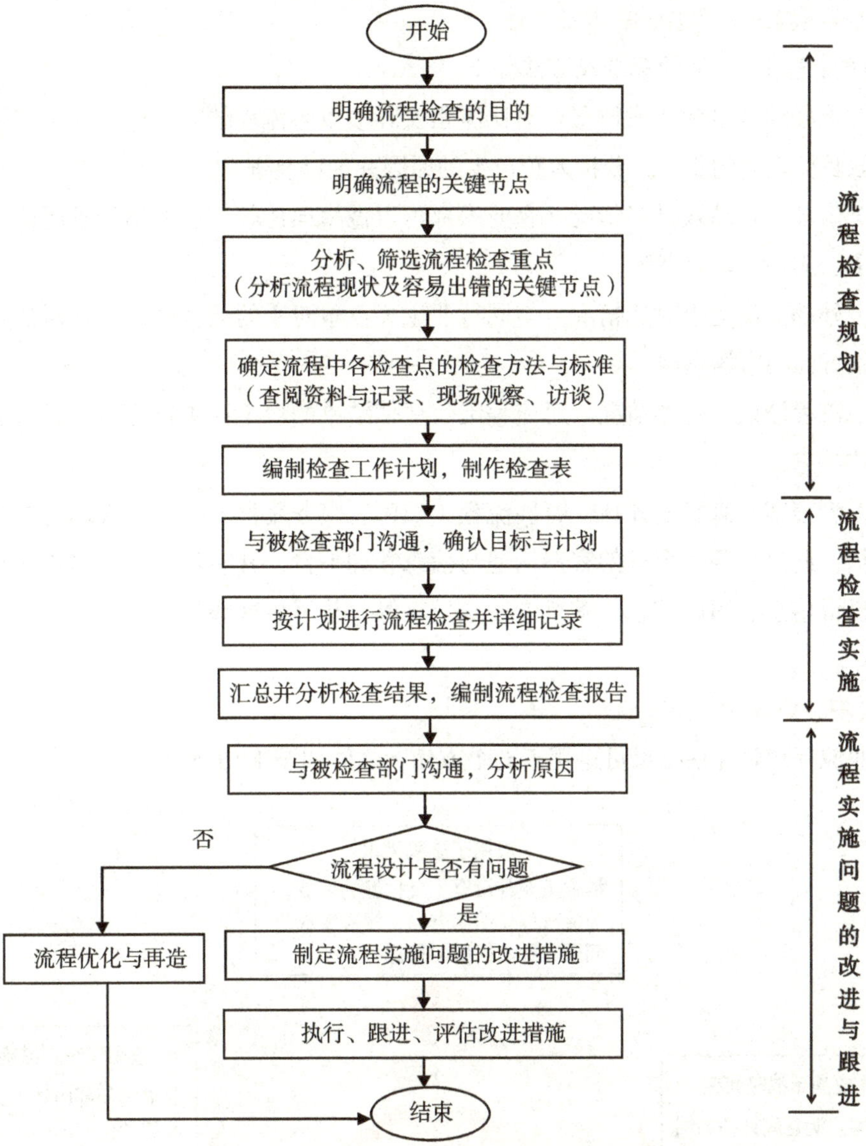
开始
明确流程检查的目的
明确流程的关键节点
分析、筛选流程检查重点
（分析流程现状及容易出错的关键节点）
确定流程中各检查点的检查方法与标准
（查阅资料与记录、现场观察、访谈）
编制检查工作计划，制作检查表
与被检查部门沟通，确认目标与计划
按计划进行流程检查并详细记录
汇总并分析检查结果，编制流程检查报告
与被检查部门沟通，分析原因
流程设计是否有问题
否
是
流程优化与再造
制定流程实施问题的改进措施
执行、跟进、评估改进措施
结束
流程检查规划
流程检查实施
流程实施问题的改进与跟进

图 1-14　流程检查工作的实施程序

表 1-16　流程绩效评估的维度及指标

评估维度	详细说明	指标举例
效果	◎流程的产出 ◎流程的产出满足客户（包括内部客户和外部客户）需求和期望的程度	产量、产值、计划目标完成率、外部客户满意度、内部客户满意度等
效率	通过效果评估，确认资源节约与浪费的情况	处理时间、投入产出比、增值时间比、质量成本等
弹性	流程应具备调整能力，以便满足客户当前的特殊要求和未来的要求	处理客户特殊要求的时间、被拒绝的特殊要求所占的比例、特殊要求递交上级处理的比例等

● 流程实施绩效评估的标准及方法

流程实施绩效评估的标准及方法如下。

（1）流程绩效目标达成情况。对比流程实际绩效与流程绩效目标，找出实际绩效与流程绩效目标之间的差距，分析差距产生的原因并加以改进。

（2）内部流程绩效排名情况。企业内部可以做横向比较，这适用于不同区域的业务流程竞争、成功经验分享等。

（3）外部同类竞争对比情况。与同行业主要竞争对手的流程绩效进行对比，以了解企业在该方面的市场表现。

（4）流程绩效稳定性情况。对流程绩效评估结果的稳定性进行分析，确认流程是否处于受控状态。

（5）流程客户满意度评估。有些流程（如售后服务流程）的绩效管理需要客户与市场的评估，此时需要一个好的客户沟通与信息管理平台，其能够记录与客户的日常沟通信息、投诉信息、回访信息、满意度调查信息等，并可将这些信息作为客户满意度评估的依据。

● 流程绩效评估结果的运用

企业流程绩效评估结果可运用于五个方面，具体如图 1-15 所示。

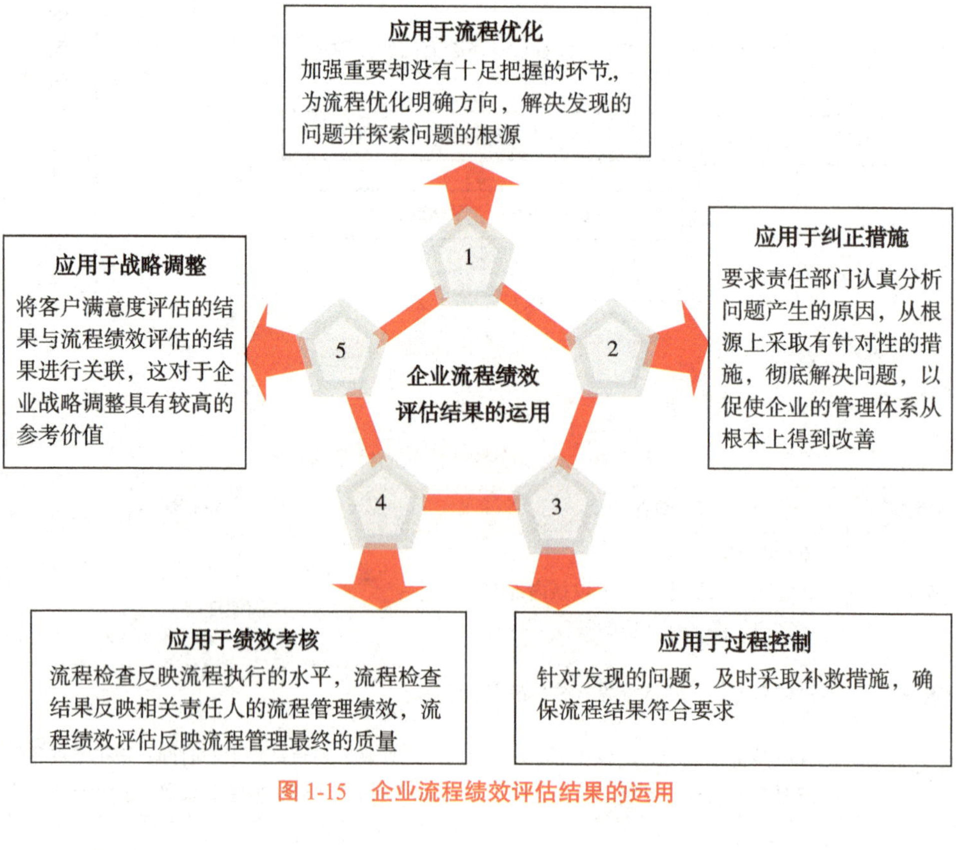

应用于流程优化
加强重要却没有十足把握的环节，为流程优化明确方向，解决发现的问题并探索问题的根源
应用于纠正措施
要求责任部门认真分析问题产生的原因，从根源上采取有针对性的措施，彻底解决问题，以促使企业的管理体系从根本上得到改善
应用于过程控制
针对发现的问题，及时采取补救措施，确保流程结果符合要求
应用于绩效考核
流程检查反映流程执行的水平，流程检查结果反映相关责任人的流程管理绩效，流程绩效评估反映流程管理最终的质量
应用于战略调整
将客户满意度评估的结果与流程绩效评估的结果进行关联，这对于企业战略调整具有较高的参考价值
1
2
3
4
5
企业流程绩效评估结果的运用

图 1-15　企业流程绩效评估结果的运用

1.4 流程执行章程设计

1.4.1 配套制度设计

制度是规范员工行为的标尺之一，是企业进行规范化、制度化管理的基础。只有不断推进规范化、制度化管理，企业才能逐步发展壮大。

1. 制度设计步骤

企业在设计流程配套制度时，要明确需要解决的问题及要达到的目的，为制度准确定位，开展内外部调研，明确制度规范化的程度，统一制度格式，等等。制度设计的步骤如图 1-16 所示。

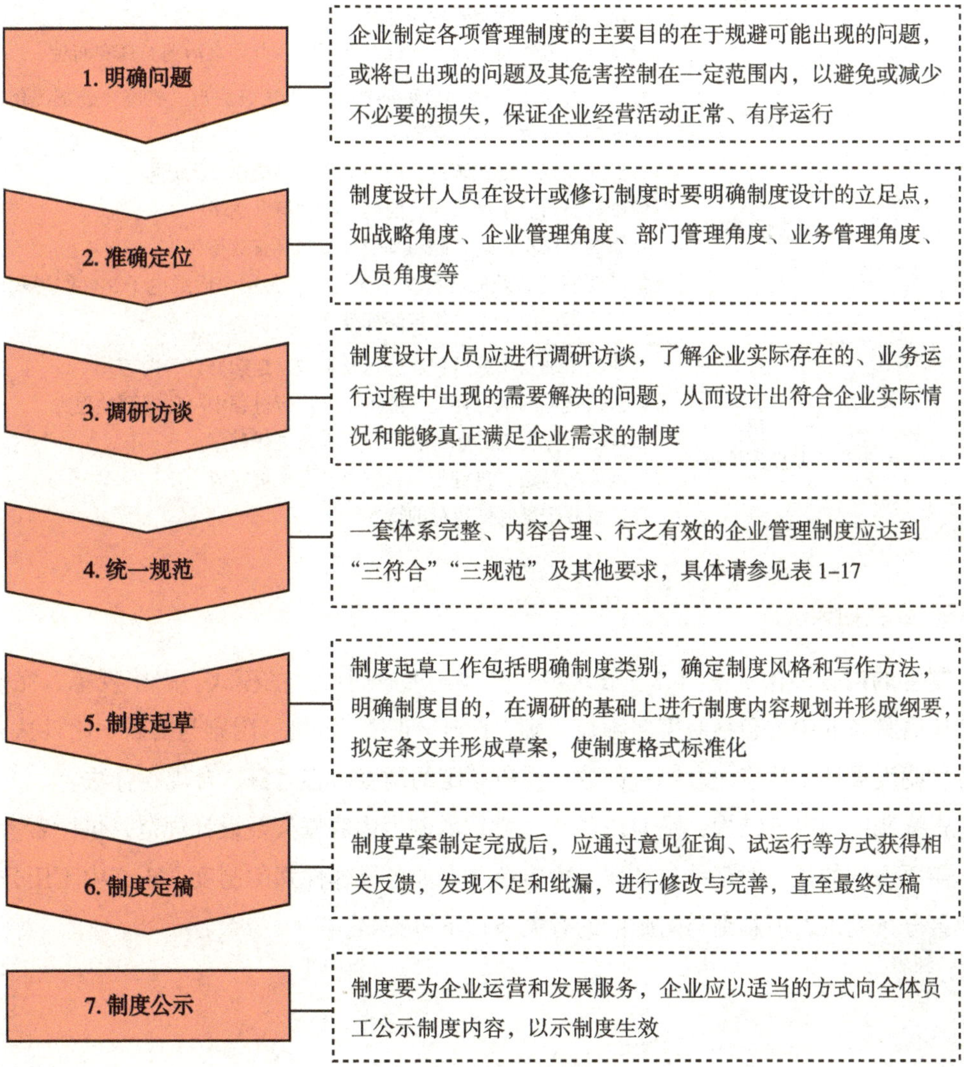

1. 明确问题
企业制定各项管理制度的主要目的在于规避可能出现的问题，或将已出现的问题及其危害控制在一定范围内，以避免或减少不必要的损失，保证企业经营活动正常、有序运行
2. 准确定位
制度设计人员在设计或修订制度时要明确制度设计的立足点，如战略角度、企业管理角度、部门管理角度、业务管理角度、人员角度等
3. 调研访谈
制度设计人员应进行调研访谈，了解企业实际存在的、业务运行过程中出现的需要解决的问题，从而设计出符合企业实际情况和能够真正满足企业需求的制度
4. 统一规范
一套体系完整、内容合理、行之有效的企业管理制度应达到“三符合”“三规范”及其他要求，具体请参见表 1-17
5. 制度起草
制度起草工作包括明确制度类别，确定制度风格和写作方法，明确制度目的，在调研的基础上进行制度内容规划并形成纲要，拟定条文并形成草案，使制度格式标准化
6. 制度定稿
制度草案制定完成后，应通过意见征询、试运行等方式获得相关反馈，发现不足和纰漏，进行修改与完善，直至最终定稿
7. 制度公示
制度要为企业运营和发展服务，企业应以适当的方式向全体员工公示制度内容，以示制度生效

图 1-16 制度设计的步骤

2. 制度设计规范及要求

要想设计一套体系完整、内容合理、行之有效的企业管理制度，制度设计人员必须遵循一定的规范及要求，具体内容如表 1-17 所示。

表 1-17　制度设计规范及要求

<table>
<tr><th>设计规范</th><th colspan="2">具体要求</th></tr>
<tr><td rowspan="3">三符合</td><td colspan="2">符合企业管理者最初设想的状态</td></tr>
<tr><td colspan="2">符合企业管理科学原理</td></tr>
<tr><td colspan="2">符合客观事物发展规律或规则</td></tr>
<tr><td rowspan="3">三规范</td><td>规范
制度制定者</td><td>◎品行好，能做到公正、客观，有较强的文字表达能力和分析能力，熟悉企业各部门的业务及具体工作方法
◎了解国家相关法律法规、社会公序良俗和员工习惯，了解制度的制定、修改、废止等程序及审批权限
◎制度所依资料全面、准确，能反映企业经营活动的真实面貌</td></tr>
<tr><td>规范
制度内容</td><td>◎合法合规，制度内容不能违反国家法律法规，要遵守公德民俗，确保制度有效、内容完善
◎形式美观、格式统一、简明扼要、易操作、无缺漏
◎语言简洁、条例清晰、前后一致、符合逻辑
◎制度可操作性强，能与其他规章制度有效衔接
◎说明制度涉及的各种文本的效力，并用书面或电子文件的形式向员工公示或向员工提供接触标准文本的机会</td></tr>
<tr><td>规范
制度实施过程</td><td>◎明确培训及实施过程、公示及管理、定期修订等内容
◎营造规范的执行环境，减少制度执行过程中可能遇到的阻力
◎规范全体员工的职责、工作行为及工作程序
◎制度的制定、执行与监督应由不同人员完成
◎监督并记录制度执行的情况</td></tr>
</table>

3. 制度框架设计

制度的内容结构常采用“一般规定—具体制度—附则”的模式。一个规范、完整的制度所需具备的内容包括制度名称、总则 / 通则、正文 / 分则、附则与落款、附件这五大部分。制度设计人员应注意每一部分，使所制定的制度内容完备、合规、合法。

根据制度的内容结构，图 1-17 给出了常用的制度内容框架及设计规范，供读者参考。

需要说明的是，对于针对性强、内容单一、业务操作性强的制度，正文中不用分章，可直接分条列出，但总则与附则中的有关条目不可省略。

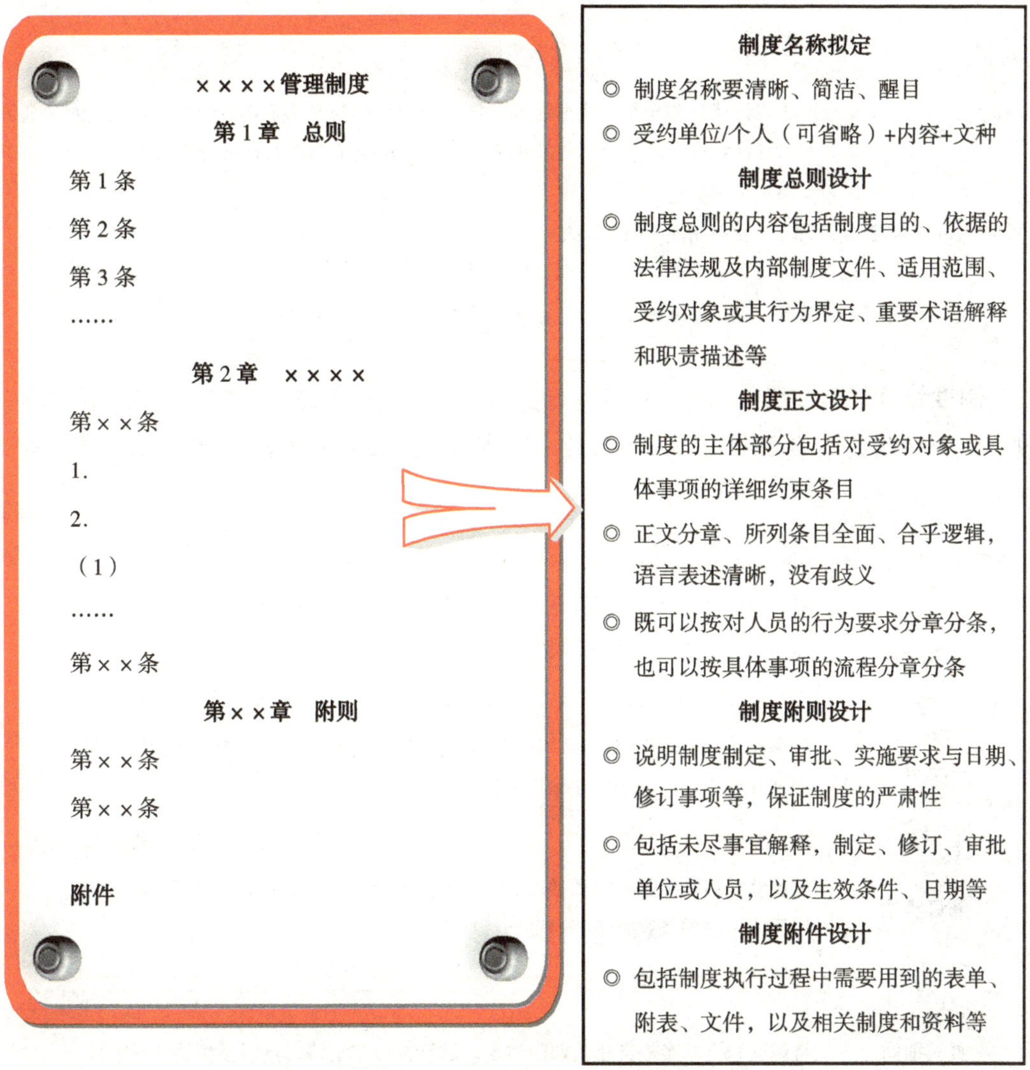
××××管理制度
第1章　总则
第1条
第2条
第3条
……
第2章　××××
第××条
1.
2.
（1）
……
第××条
第××章　附则
第××条
第××条
附件
制度名称拟定
◎ 制度名称要清晰、简洁、醒目
◎ 受约单位/个人（可省略）+内容+文种
制度总则设计
◎ 制度总则的内容包括制度目的、依据的法律法规及内部制度文件、适用范围、受约对象或其行为界定、重要术语解释和职责描述等
制度正文设计
◎ 制度的主体部分包括对受约对象或具体事项的详细约束条目
◎ 正文分章、所列条目全面、合乎逻辑，语言表述清晰，没有歧义
◎ 既可以按对人员的行为要求分章分条，也可以按具体事项的流程分章分条
制度附则设计
◎ 说明制度制定、审批、实施要求与日期、修订事项等，保证制度的严肃性
◎ 包括未尽事宜解释，制定、修订、审批单位或人员，以及生效条件、日期等
制度附件设计
◎ 包括制度执行过程中需要用到的表单、附表、文件，以及相关制度和资料等

图 1-17　制度内容框架及设计规范

4. 制度修订

企业在发展过程中，有些制度可能会成为制约其发展的主要因素，因此企业需要不断修订、完善甚至废止这些制度。总之，不断推进制度化管理伴随着企业发展的整个过程。

制度设计人员或修订人员需要根据实际情况，及时修订与企业发展不相适应的规范、规则和程序，以满足企业日常经营及长远发展的需要。配套制度修订时间的选择如表 1-18 所示。

表 1-18　配套制度修订时间的选择

状况类别	修订时间
企业外部	◎国家或地方修订或新颁布相关法律法规，导致企业某些制度或条款不合法、有缺陷或多余等 ◎企业所处的外部环境、市场条件等发生重大变化，影响了企业的日常经营活动
企业内部	◎配套的流程发生了变化 ◎企业定期统一复审制度、机构调整、岗位设置发生变化等 ◎企业各部门或各岗位通过工作实践，认为已有制度存在问题
备注	在上述情况下，如果制度确实不符合企业当前的实际情况，可撤销或合并到其他制度中

制度修订就是在现存相关制度的基础上，对制度的内容进行添加、删减、合并等处理，以及对制度的体系结构进行再设计。制度设计人员可根据图 1-18 所示的流程修订制度。

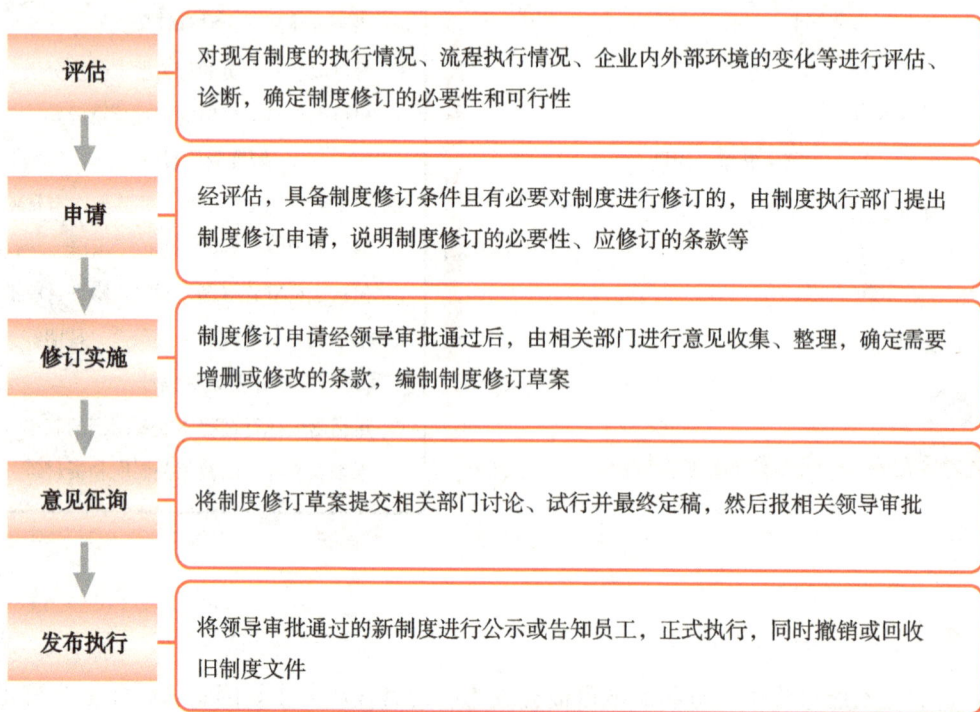

评估	对现有制度的执行情况、流程执行情况、企业内外部环境的变化等进行评估、诊断，确定制度修订的必要性和可行性
申请	经评估，具备制度修订条件且有必要对制度进行修订的，由制度执行部门提出制度修订申请，说明制度修订的必要性、应修订的条款等
修订实施	制度修订申请经领导审批通过后，由相关部门进行意见收集、整理，确定需要增删或修改的条款，编制制度修订草案
意见征询	将制度修订草案提交相关部门讨论、试行并最终定稿，然后报相关领导审批
发布执行	将领导审批通过的新制度进行公示或告知员工，正式执行，同时撤销或回收旧制度文件

图 1-18　制度修订流程

在制度修订的过程中，制度设计人员要注意以下几点：

- 要适应企业新的机构运行模式与流程管理的要求；
- 要发挥各制度管理部门的主动性和制度执行部门的能动性；
- 要强化各项工作的管理责任要求；
- 要强调各职能部门的管理服务标准；
- 要规范制度的编制格式，为制度的再修订和日后的统稿工作制定标准。

1.4.2 辅助方案设计

方案是指某一项工作或行动的具体计划或针对某一问题制定的规划。撰写工作方案是员工必须完成的一项任务。一份实操性强、思路清晰、富有创新性的方案，不仅有利于方案的实际操作，而且还能获得上级领导的称赞。

1. 方案设计的步骤

方案设计的步骤如图 1-19 所示。

第 1 步　确定方案目标主题

将方案的目标主题确立在一定范围内，力求主题明晰，重点突出

第 2 步　收集相关资料

围绕目标主题收集相关资料

第 3 步　调查外部环境态势

围绕目标主题进行全面的外部环境调查，掌握第一手资料

第 4 步　整理与分析资料

综合调查获得的第一手资料和手中的其他资料，整理出对目标主题有用的信息

第 5 步　提出具体的创意/措施

根据企业的实际需要提出方案策划的创意/措施，并将其具体化

第 6 步　选择、编制可行方案

将符合目标主题的创意细化成具体的执行方案

第 7 步　制定方案实施细则

根据选定的方案，将具体的任务分配到各职能部门，分头实施，并按进度表与预算表进行监控

第 8 步　制定检查、评估办法

对选定的方案制定出详细可行的检查办法、评估标准及成果巩固措施

图 1-19　方案设计的步骤

2. 方案的内容结构

方案一般包括指导思想、主要目标、工作重点、实施步骤、政策措施和具体要求等内容，其结构如图 1-20 所示。

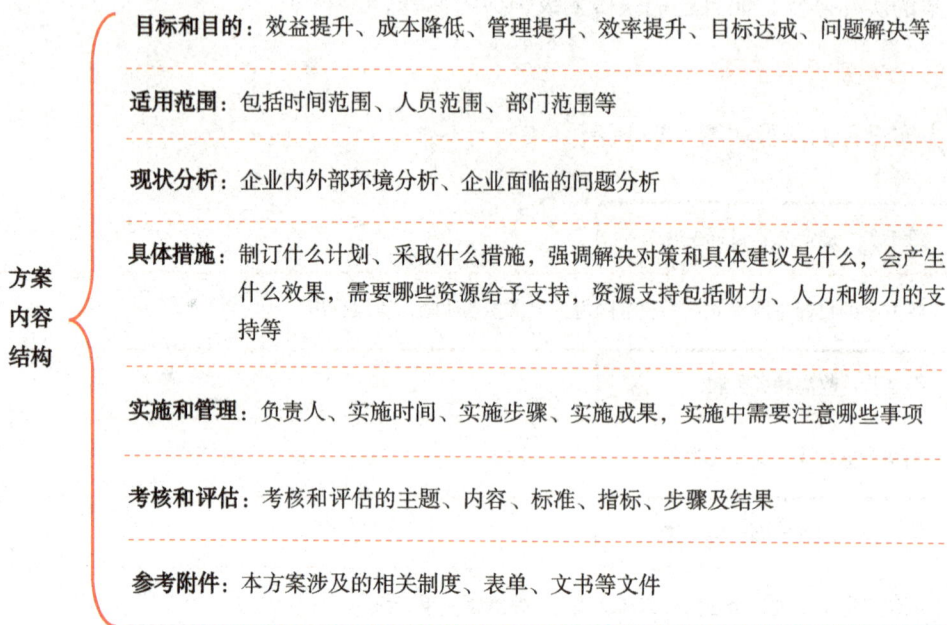

方案内容结构

- **目标和目的**：效益提升、成本降低、管理提升、效率提升、目标达成、问题解决等
- **适用范围**：包括时间范围、人员范围、部门范围等
- **现状分析**：企业内外部环境分析、企业面临的问题分析
- **具体措施**：制订什么计划、采取什么措施，强调解决对策和具体建议是什么，会产生什么效果，需要哪些资源给予支持，资源支持包括财力、人力和物力的支持等
- **实施和管理**：负责人、实施时间、实施步骤、实施成果，实施中需要注意哪些事项
- **考核和评估**：考核和评估的主题、内容、标准、指标、步骤及结果
- **参考附件**：本方案涉及的相关制度、表单、文书等文件

图 1-20　方案的内容结构

1.4.3　附带文书设计

文书是用于记录信息、交流信息和发布信息的一种工具。企业管理文书是指企业为了某种需要，按照一定的体例和要求形成的书面文字材料，包括各类文书、公文、文件等。

1. 企业管理文书分类

企业管理文书分类如表 1-19 所示。

表 1-19　企业管理文书分类

文书分类	具体文书种类
通用类文书	请示、批复、批示、通知、决定等，由企业统一规定编写格式与编号
合同类文书	劳动合同、业务合同等
会务类文书	企业各类会议的开幕词、闭幕词、演讲稿、会议记录、会议纪要、会议报告和会议提案等

（续表）

文书分类	具体文书种类
社交类文书	介绍信、感谢信、慰问信、表扬信、祝贺信和邀请函等
法务类文书	纠纷报告书、申诉书、仲裁申请书、起诉书和答辩书等
事务类文书	计划、总结、建议、报告、倡议、简报、启事、消息、号召书、意向书、企划书、调查报告等
制度规范类文书	制度、守则、规定、办法、细则、方案、手册等
与业务工作相关的文书	各项职能及日常事务相关文书，如内部竞聘公告、招聘广告、营销广告等

2. 文书设计的注意事项

- 遵循企业规定的文书格式、编写要求和编号规范。
- 语言表述规范、完整、准确，避免表达残缺、出现歧义等错误。
- 语言简明精炼、言简意赅，行文流畅，主题明确。

3. 文书设计规范

我们以工作计划为例，对文书的设计规范进行说明。工作计划是对即将开展的工作的设想和安排，如提出任务指标、任务完成时间和实施方法等。工作计划既是明确工作目标、推进工作开展的有效指导，也是对工作进度和工作质量进行考核的依据之一。工作计划的内容结构如图 1-21 所示。

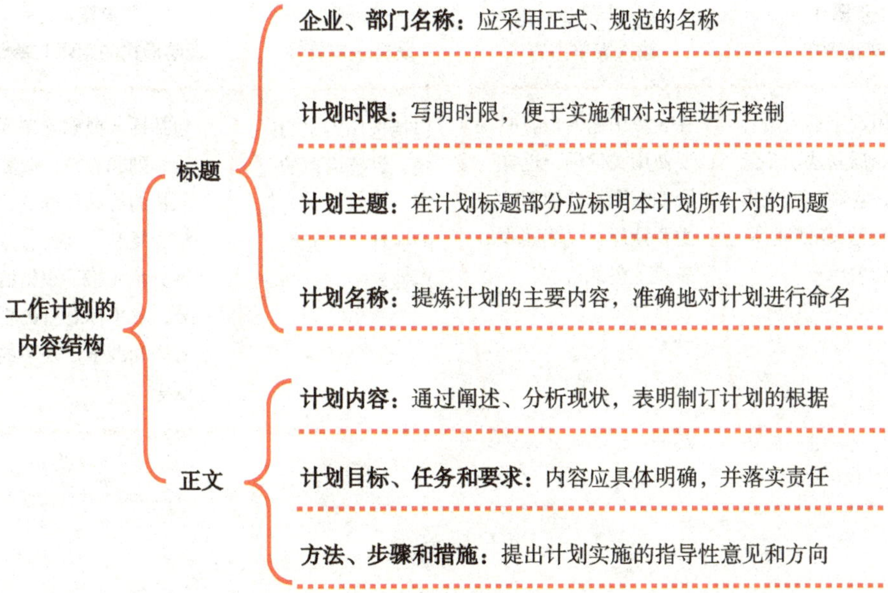
工作计划的内容结构
标题
企业、部门名称：应采用正式、规范的名称
计划时限：写明时限，便于实施和对过程进行控制
计划主题：在计划标题部分应标明本计划所针对的问题
计划名称：提炼计划的主要内容，准确地对计划进行命名
正文
计划内容：通过阐述、分析现状，表明制订计划的根据
计划目标、任务和要求：内容应具体明确，并落实责任
方法、步骤和措施：提出计划实施的指导性意见和方向

图 1-21　工作计划的内容结构

1.4.4 表单设计

1. 表单种类

表单主要分为文字表单、工具表单和数量表单三种：

- 文字表单就是将文字信息按要求整理成表单，借以说明某一概念或事项等；
- 工具表单是企业员工经常使用的一种表单；
- 数量表单用于呈现数据，以便相关人员进行统计。

2. 表单的编制要求

表单的编制要求如下：

- 表单的内容要与标题相符；
- 表单的内容应言简意赅；
- 表单的格式应简洁明了且前后连贯。

3. 设计表单

设计表单就是将表单的行、列看作一个坐标的横轴、纵轴，将需要表达的内容清晰、简洁、直观地置入坐标中予以展现。

常见的表单绘制工具有 Word、Excel 等，表单设计人员可以根据工作需要进行选择。下面以 Word 为例介绍绘制表单的步骤，具体如图 1-22 所示。

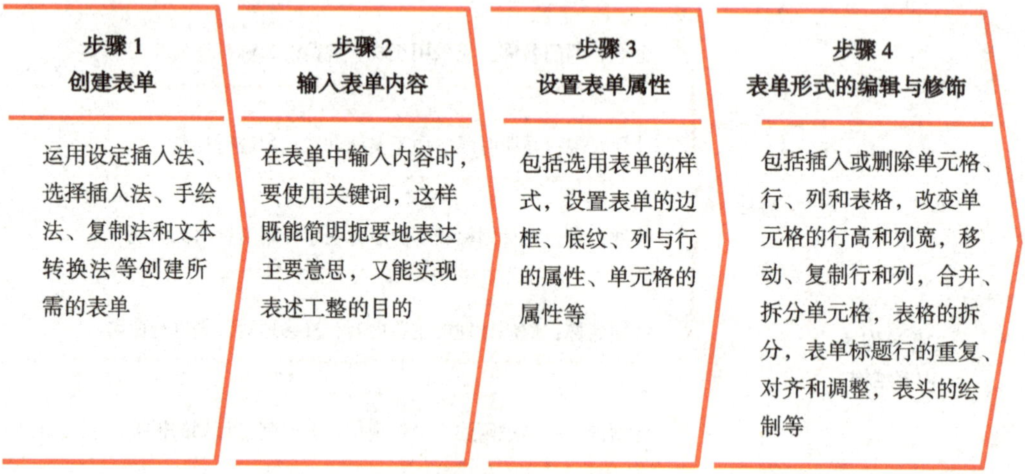

步骤 1
创建表单
运用设定插入法、选择插入法、手绘法、复制法和文本转换法等创建所需的表单
步骤 2
输入表单内容
在表单中输入内容时，要使用关键词，这样既能简明扼要地表达主要意思，又能实现表述工整的目的
步骤 3
设置表单属性
包括选用表单的样式，设置表单的边框、底纹、列与行的属性、单元格的属性等
步骤 4
表单形式的编辑与修饰
包括插入或删除单元格、行、列和表格，改变单元格的行高和列宽，移动、复制行和列，合并、拆分单元格，表格的拆分，表单标题行的重复、对齐和调整，表头的绘制等

图 1-22 绘制表单的步骤

1.5 流程诊断与优化

1.5.1 流程诊断分析

流程优化的前提是对现有流程进行调查和研究，分析流程中存在的问题，即流程诊断。

1. 流程诊断分析工作的步骤

流程诊断分析工作的步骤如表 1-20 所示。

表 1-20 流程诊断分析工作的步骤

步骤	工作内容	采用的方法
1. 流程信息收集	◎收集信息 / 数据，了解企业流程执行现状 ◎找出流程建设、管理中存在的问题 ◎了解企业员工所关心的问题 ◎加强企业员工之间的沟通，让所有员工树立流程管理意识	内部调查、专家访谈、讨论会、外部客户访谈和座谈会等
2. 问题查找与分析	◎清晰地阐述需要解决的问题 ◎将大问题细分成若干小问题，这样更容易解决 ◎分析、探究问题的根源，提出解决方案	NVA/VA 分析法、5Why 分析法、鱼骨图法和逻辑树法等
3. 编制诊断报告	◎根据问题的根源，结合企业的实际情况，编制诊断报告 ◎提出问题解决方案，提供创意，优化 / 再造流程	—

2. 流程诊断分析工作的要求

在流程诊断分析过程中，流程管理人员要重视以下要求，提高诊断工作的科学性、合理性和有效性。

- 不要拘泥于数据，要探究“我试图回答什么问题”。
- 不要在一个问题上绕圈子。
- 开阔视野，避免钻牛角尖。
- 假设也可能被推翻。
- 反复检验观点。
- 细心观察。
- 寻找突破性的观点。

3. 流程诊断分析的方法

企业常用的流程诊断分析方法有 NVA/VA 分析法、5Why 分析法等，具体内容如下。

● NVA/VA 分析法

NVA/VA 分析法是指将构成某一个流程的各项工作任务分为三类，即非增值活动、增值活动和浪费。NVA/VA 分析法的说明如图 1-23 所示。

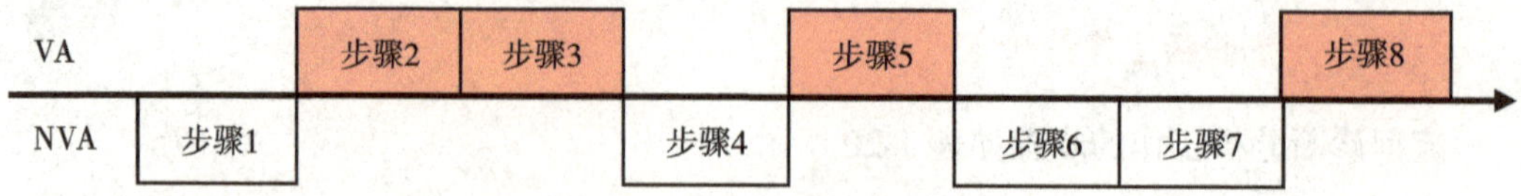

VA
NVA
步骤1
步骤2
步骤3
步骤4
步骤5
步骤6
步骤7
步骤8

注：了解增值活动（VA）在流程的全部活动中所占的比重，找出需要改进的重点，制定切实可行的改进目标。

◆非增值活动（NVA）指不增加附加值，但却是实现增值不可缺少的活动，是各项增值活动的重要衔接。

◆增值活动（VA）指能提高产品或服务的附加值的活动。

◆浪费（Waste）指既不能增值，也不是必需的活动。

图 1-23　NVA/VA 分析法的说明

● 5Why 分析法

5Why 分析法是指在对某一个流程进行诊断、分析和改进时，需针对其提出以下问题并给出答案。

◆为什么确定这样的工作内容？

◆为什么在这个时间和这个地点做？

◆为什么由这个人来做？

◆为什么采用这种方式做？

◆为什么需要这么长时间？

流程管理人员根据以上五个问题的答案，找出企业流程在实际运行过程中存在的问题，分析问题的根源，从而制定流程优化或再造方案。

1.5.2　流程优化的注意事项

流程优化的注意事项如下：

● 优化那些不能给企业带来利润或者效率、效益较差的流程，或者在日常运行中容易出现问题的流程；

● 优化那些对企业运营非常重要且急需改造的流程；

● 优化流程必须先易后难；

● 经过优化的流程必须和原有流程紧密衔接，确保流程管理的系统性和全面性；

● 经过优化的流程必须具有可操作性和稳定性。

1.5.3 流程优化程序

企业流程优化工作应抓住重点，找出最急迫和最重要的需求点。流程优化的具体程序如图 1-24 所示。

1. 总体规划	◎ 得到企业管理层的支持与委托，设定基本方向，明确战略目标和内部需求 ◎ 确定流程优化目标和范围、项目组成员、项目预算和计划
2. 流程优化 项目启动	◎ 召开项目启动大会，进行全体动员，宣传造势 ◎ 开展内部流程优化理念培训
3. 流程描述 诊断分析	◎ 通过内外部环境分析及客户满意度调查，了解流程现状 ◎ 描述和分析现有流程，进行问题归集并分析，编制诊断报告
4. 流程优化 设计	◎ 设定目标，确认关键流程，明确改进方向，制定流程优化设计方案 ◎ 初步形成配套辅助信息，确定优化方案
5. 配套方案 设计	收集与整理配套辅助信息，调整职能方案，设计配套方案
6. 方案实施	制订详细的优化工作计划，组织实施计划，并完善配套方案

图 1-24 流程优化的具体程序

总体来说，流程优化工作包括以下三步：

- 现在何处——流程现状分析；
- 应在何处——流程优化目标；
- 如何到达该处——流程优化方法和途径。

1.5.4 流程优化 ESIA 法

企业流程优化可以从清除（Eliminate）、简化（Simplify）、整合（Integrate）和自动化（Automate）四个方面入手，该方法简称为“ESIA 法”，它可以帮助企业减少流程中的非增值活动和调整流程的核心增值活动。

1. 清除

清除主要指对企业现有流程内的非增值活动予以清除。

企业可通过以下问题判断某一活动环节是属于增值还是非增值。

- 这个环节存在的意义？
- 这个环节的成果是整个流程完成的必要条件吗？
- 这个环节有哪些直接或间接的影响？
- 清除该环节可以解决哪些问题？
- 清除该环节可行吗？

需要明确的是，对于流程而言，超过需要的产出就是一种浪费，因为它占用了流程有限的资源。浪费现象包括但不限于以下几种：

- 过量产出；
- 活动间的等待；
- 不必要的运输；
- 反复的作业；
- 过量的库存（包括流程运行过程中大量文件和信息的淤积）；
- 缺陷、失误；
- 重复的活动，如信息重复录入；
- 活动的重组；
- 不必要的跨部门协调。

2. 简化

简化是指在尽可能清除非必要的非增值环节后，对剩下的活动进一步简化。

简化的方法包括但不限于以下几种。

- 简化表单：消除表单设计上的重复内容，借助相关技术，梳理表单的流转，从而减少工作量和一些不必要的活动环节。
- 简化流程步骤 / 环节：运用 IT 技术，提高员工处理信息的能力，简化流程步骤，整合工作内容，提高流程结构效率。
- 简化沟通。
- 简化物流：如调整任务顺序或增加信息的提供。

3. 整合

整合，即对分解的流程进行整合，以使流程顺畅、连贯，更好地满足客户的需求。

- 活动整合：将活动进行整合，授权一个人完成一系列简单活动，减少活动转交过程中的出错率，缩短工作处理时间。

- 团队整合：合并专家组成团队，形成“个案团队”或“责任团队”，缩短物料、信息和文件传递的距离，改善在同一流程中工作的人与人之间的沟通。
- 供应商（流程的上游）整合：减少企业和供应商之间的一些不必要的业务手续，建立信任和伙伴关系，整合双方流程。
- 客户（流程的下游）整合：面向客户，与客户建立良好的合作关系，整合企业和客户的各种关系。

4. 自动化

- 简单、重复与乏味的工作自动化。
- 数据的采集与传输自动化。减少反复的数据采集，并缩短单次采集的时间。
- 数据的分析自动化。通过分析软件，对数据进行收集、整理与分析，提高信息利用率。

1.6 流程再造

1.6.1 流程再造的核心

企业流程再造也叫作“企业再造”，或简称为“再造”。它是 20 世纪 90 年代初期兴起的一种新的管理理念和管理方法，被誉为继“科学管理”和全面质量管理（TQC）之后的“第三次管理革命”。

企业再造概念的创始者迈克尔·哈默（Michael Hammer）和詹姆斯·钱皮（James Champy）在《企业再造——商业革命宣言》（*Reengineering the Corporation: A Manifesto for Business Revolution*）一书中指出，“再造就是对企业的流程、组织结构、文化进行彻底的、急剧的重塑，以达到绩效的飞跃。”

流程再造的核心，不是单纯地对企业的管理与业务流程进行再造，而是将以职能为核心的传统企业改造成以流程为核心的新型企业，这也就是我们所说的企业再造。通过不断地变革与创新（从广义上讲，这里不仅包括流程再造，还包括企业组织的再造和变革），使原来趋向衰落的企业重新焕发生机，并且永远充满朝气和活力。

1.6.2 流程再造的基础

当前，市场竞争越来越激烈，企业要想在激烈的市场竞争中求得生存和发展，且立于不败之地，就必须全面、彻底地了解客户的需求，最大限度地满足客户的需求，并且不断适应外部市场环境的变化。企业进行流程设计与流程再造的目的是使内部管理流程规范化，并对其不断加以改造，只有这样企业才能适应不断变化的市场形势。

通常情况下，现代企业所面临的外部挑战主要来自客户（Customer）、变化（Change）、竞争（Competition）三个方面。由于这三个英文单词的首字母都是C，所以外部挑战又称为“3C”。企业在进行流程设计与流程再造时，切记要把握好“3C”。只有这样，企业所设计或再造的流程才能够适应自身的发展和市场的变化，满足客户的需求。

以上是企业进行流程设计或流程再造时的外部条件。

就企业内部而言，企业中长期发展战略规划是流程设计与流程再造的基础条件。因此，企业应先制定出发展战略，再着手开展流程设计与流程再造工作。

1.6.3 流程再造的程序

企业流程再造的一般程序如表1-21所示。

表1-21 企业流程再造的一般程序

一般程序	具体事项
1. 设定基本方向	（1）得到高层管理者的支持 （2）明确战略目标，确定流程再造的基本方针 （3）分析流程再造的可行性 （4）设定流程再造的出发点
2. 项目准备与启动	（1）成立流程再造小组 （2）设立具体工作目标 （3）宣传流程再造工作 （4）设计与落实相关的培训
3. 流程问题诊断	（1）进行现状分析，包括内外部环境分析、现行流程状态分析等 （2）发现问题
4. 确定再造方案，重设流程	（1）明确流程方案设计与工作重点 （2）确认工作计划目标、时间以及预算计划等 （3）分解责任、任务 （4）明确监督与考核办法 （5）制定具体行动策略
5. 实施流程再造方案	（1）成立实施小组 （2）对参加人员进行培训 （3）发动全员配合 （4）新流程试验性启动、检验 （5）全面开展新流程

（续表）

一般程序	具体事项
6. 流程监测与改善	（1）观察流程运作状况 （2）与预定再造目标进行比较分析 （3）对不足之处进行修正和改善

企业流程评估及流程再造的操作要点如下。

1. 流程评估的操作要点

- 确定企业与上下游互动关系的流程。
- 定义企业核心流程绩效评估的指标。
- 分析企业现有流程运作模式的优势和劣势。
- 确认企业流程现有运作模式。
- 确认企业流程的客户价值点。
- 确认企业流程与组织的关系。
- 确认企业流程的资源及成本。
- 分析决定企业流程再造的优先级别。

2. 流程再造的操作要点

- 了解现有流程及其目标、范围。
- 对比现有流程结构的优势和劣势。
- 分析流程各活动环节的责任归属。
- 确认与流程相匹配的绩效指标。
- 分析流程的瓶颈及再造切入点。
- 确定是否对流程控制点重新设计。
- 确认经重新设计的新流程系统。
- 建立评估体系，对新流程进行监测。

1.6.4 流程再造的技巧

图 1-25 提供了一些流程再造的技巧，供读者参考。

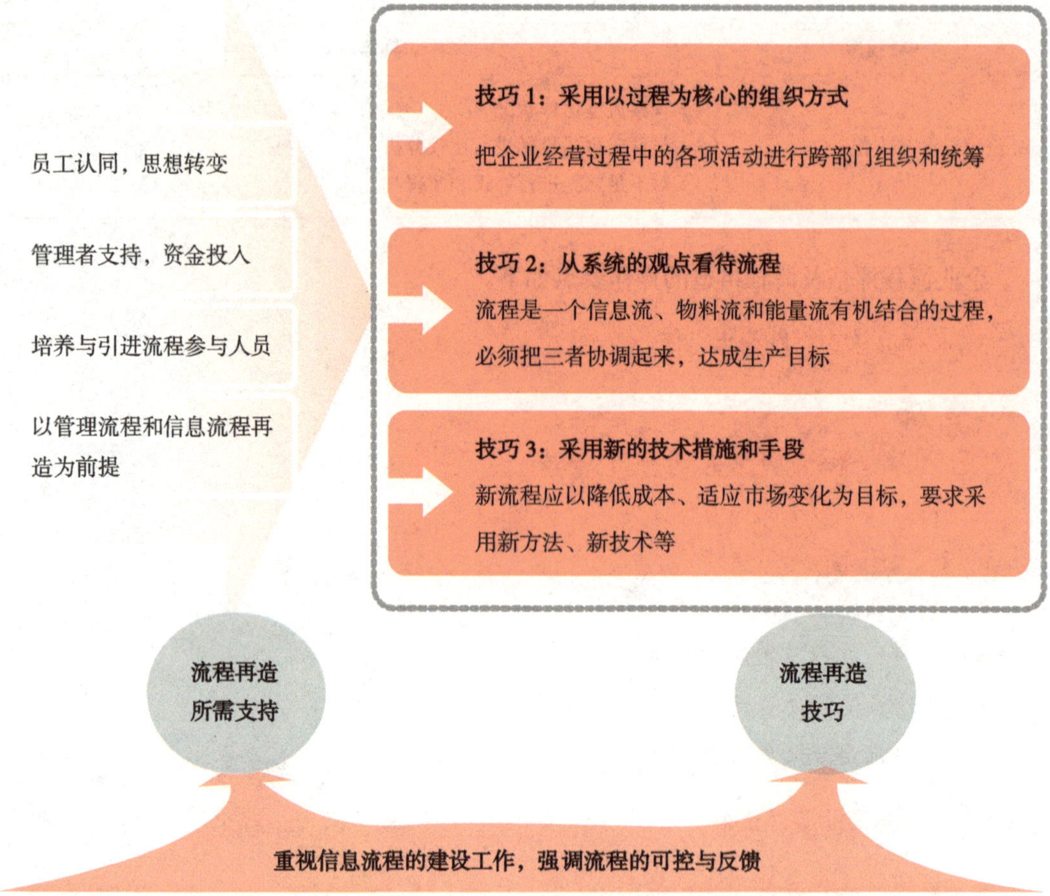
员工认同，思想转变
管理者支持，资金投入
培养与引进流程参与人员
以管理流程和信息流程再造为前提
技巧 1：采用以过程为核心的组织方式
把企业经营过程中的各项活动进行跨部门组织和统筹
技巧 2：从系统的观点看待流程
流程是一个信息流、物料流和能量流有机结合的过程，必须把三者协调起来，达成生产目标
技巧 3：采用新的技术措施和手段
新流程应以降低成本、适应市场变化为目标，要求采用新方法、新技术等
流程再造所需支持
流程再造技巧
重视信息流程的建设工作，强调流程的可控与反馈

图 1-25　流程再造的技巧

第2章 产品规划管理

2.1 产品需求分析与商业分析管理

2.1.1 产品需求分析与商业分析管理流程设计

2.1.1.1 流程设计的目的

企业设计产品需求分析与商业分析管理流程的目的如下：

（1）明确产品需求分析与商业分析工作的重要工作节点，避免工作逻辑混乱；

（2）促进产品需求分析与商业分析工作的科学化和规范化；

（3）明确各部门员工的工作职责，避免工作时产生纠纷，提高工作效率。

2.1.1.2 流程结构设计

产品需求分析与商业分析管理可细分为三个事项，就每个事项设计流程，即产品需求分析管理流程、产品用户画像管理流程和产品商业分析管理流程，具体如图 2-1 所示。

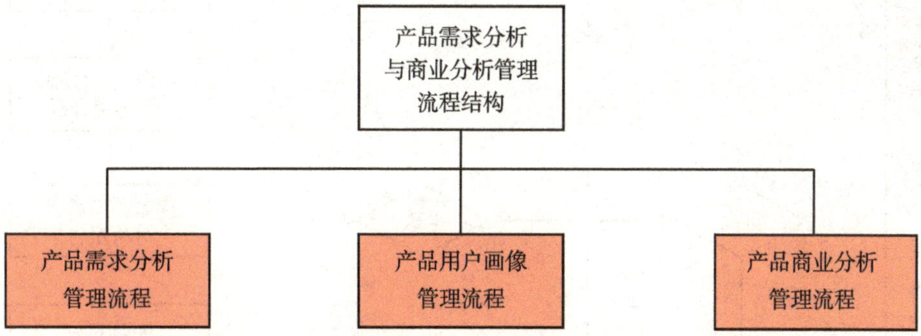

图 2-1　产品需求分析与商业分析管理流程结构设计

2.1.2 产品需求分析管理流程设计与工作执行

2.1.2.1 产品需求分析管理流程设计

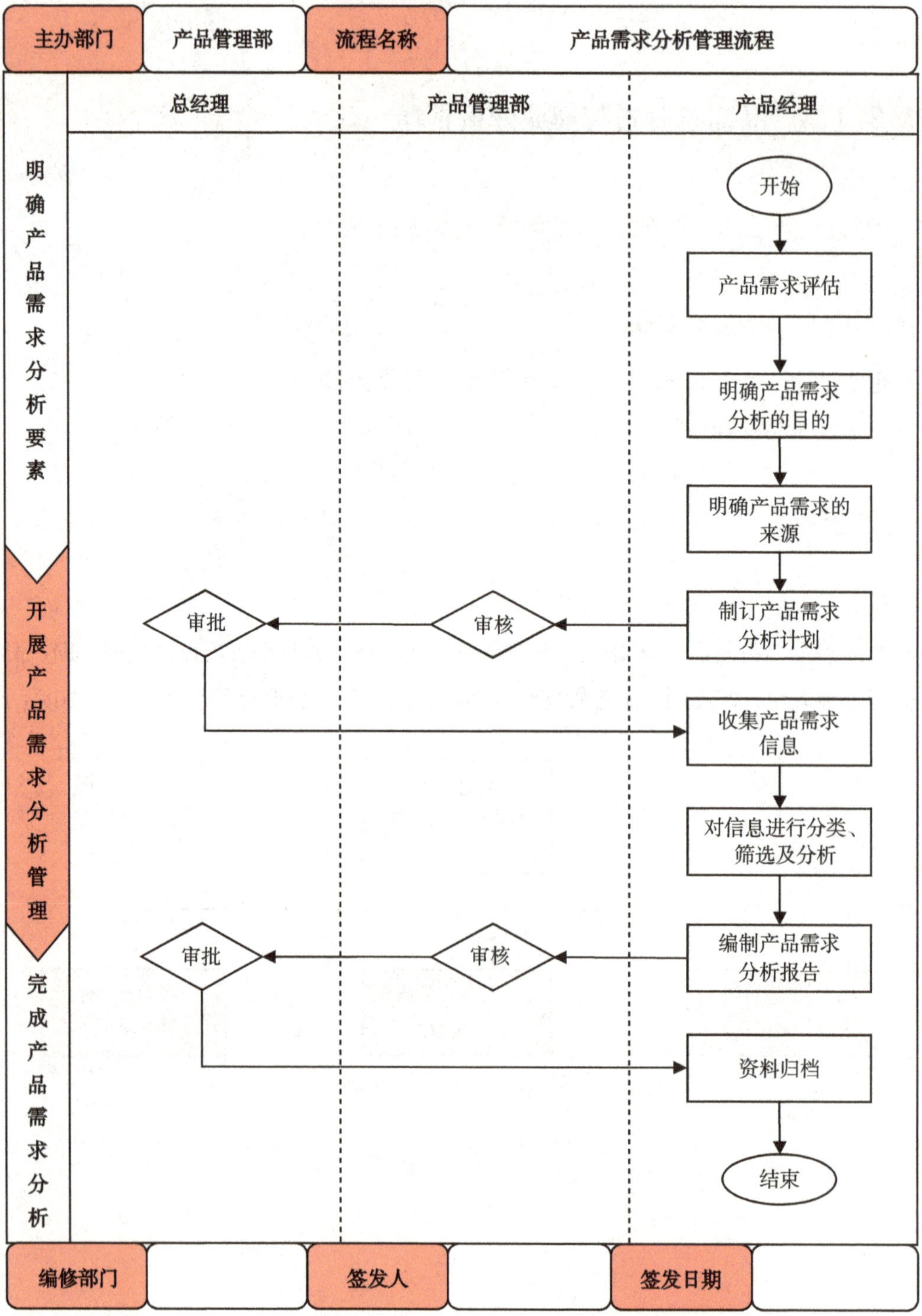
主办部门
产品管理部
流程名称
产品需求分析管理流程
总经理
产品管理部
产品经理
明确产品需求分析要素
开展产品需求分析管理
完成产品需求分析
开始
产品需求评估
明确产品需求分析的目的
明确产品需求的来源
制订产品需求分析计划
审核
审批
收集产品需求信息
对信息进行分类、筛选及分析
编制产品需求分析报告
审核
审批
资料归档
结束
编修部门
签发人
签发日期

2.1.2.2 产品需求分析管理执行程序、工作标准、考核指标、执行规范

任务名称	执行程序、工作标准与考核指标
明确产品需求分析要素	**执行程序** **1. 产品需求评估** ☆在进行产品需求分析之前，产品经理应先评估产品需求分析的必要性，列出主要理由，罗列主要矛盾方向。 ☆一般而言，产品管理项目立项工作就是产品需求评估的重点内容。 **2. 明确产品需求分析的目的** 产品经理先要明确做产品需求分析的目的，通过产品需求分析要得到何种结论，创造何种价值，避免工作的盲目性。 **3. 明确产品需求的来源** 产品经理要明确产品需求的来源，方便后续有针对性地开展工作。 **工作重点** ☆产品需求的来源主要有用户需求、运营需求和组织需求等。 ☆产品需求分析其实就是一个“去伪求真”的过程，产品经理需要在总需求池中进行分析、筛选。 **工作标准** ☆依据标准：企业内外部竞争产品需求分析要素的确立办法和程序。 ☆目标标准：明确产品需求分析的要素，顺利开展下一步工作。
开展产品需求分析管理	**执行程序** **1. 制订产品需求分析计划** ☆产品经理要在明确产品需求分析要素的基础上制订产品需求分析计划，明确产品需求分析工作的程序、人员配置及时间安排。 ☆产品经理须将产品需求分析计划报产品管理部审核、总经理审批。 **2. 收集产品需求信息** ☆产品需求分析计划审批通过后，产品经理组织相关人员执行该计划。 ☆产品需求分析的首要任务是汇总需求，形成需求池。产品经理要组织相关人员对运营、客户、营销等各个需求子集展开调研，收集产品需求信息。 **3. 对信息进行分类、筛选及分析** 在完成产品需求信息的收集工作后，产品经理要组织召开产品需求信息分析研讨会，与相关人员对产品需求信息进行分类、筛选及分析。 **4. 编制产品需求分析报告** ☆在完成上述工作后，产品经理要编制产品需求分析报告，阐述产品需求分析的总过程和结论。 ☆产品需求分析报告编制完成后，产品经理应将其报产品管理部审核、总经理审批。 **工作重点** 对产品需求信息进行分类、筛选及分析是一个集体共智的过程，产品经理要与相关人员充分沟通，从多个角度看待问题，将问题研究透彻。

（续）

任务名称	执行程序、工作标准与考核指标
开展产品需求分析管理	**工作标准**
	☆依据标准：产品需求分析计划与产品需求分析报告的制订与编制须以企业文书写作相关标准为依据。 ☆目标标准：按时完成产品需求分析工作，找出主要产品需求来源，并完成产品需求分析报告的编制工作。
	考核指标
	☆产品需求分析计划与产品需求分析报告制订与编制的及时性：应在____个工作日内完成。 ☆产品需求分析计划与产品需求分析报告一次性审批通过率：目标值为 100%。
完成产品需求分析	**执行程序**
	产品经理应将产品需求分析工作过程中产生的各种资料进行归档。 **工作重点** 产品需求分析工作完成后，产品经理要及时将各种资料进行归档，为开展后续工作提供依据。
	工作标准
	资料的归档可参照企业的相关制度执行。
执行规范	
“产品需求分析计划”“产品需求分析报告”。	

2.1.3 产品用户画像管理流程设计与工作执行

2.1.3.1 产品用户画像管理流程设计

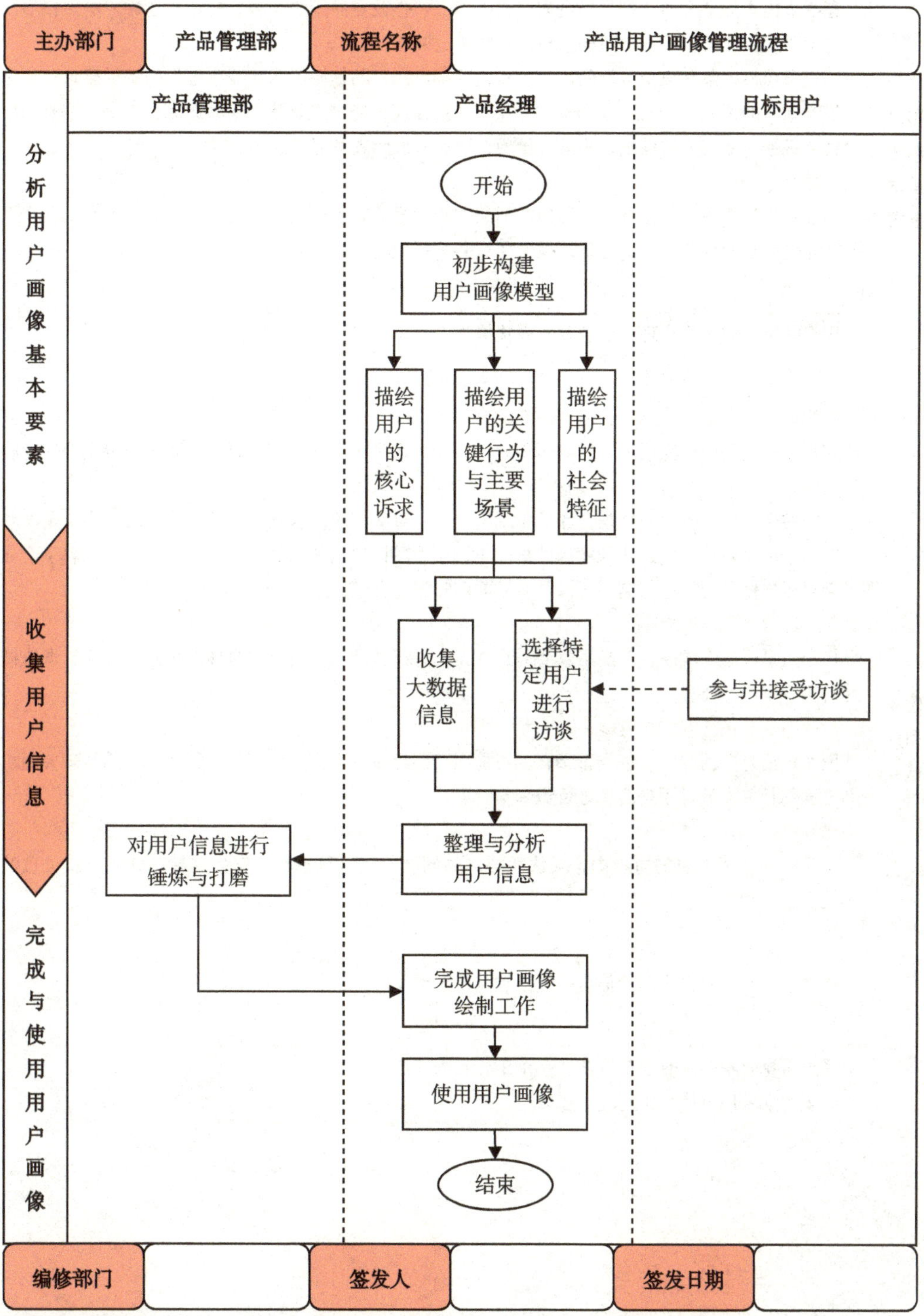
主办部门
产品管理部
流程名称
产品用户画像管理流程
产品管理部
产品经理
目标用户
分析用户画像基本要素
收集用户信息
完成与使用用户画像
开始
初步构建用户画像模型
描绘用户的核心诉求
描绘用户的关键行为与主要场景
描绘用户的社会特征
收集大数据信息
选择特定用户进行访谈
参与并接受访谈
整理与分析用户信息
对用户信息进行锤炼与打磨
完成用户画像绘制工作
使用用户画像
结束
编修部门
签发人
签发日期

2.1.3.2 产品用户画像管理执行程序、工作标准、考核指标、执行规范

任务名称	执行程序、工作标准与考核指标
分析用户画像基本要素	**执行程序**
	☆在收集用户信息之前，产品经理先要根据产品特性及竞品用户生态，初步构建用户画像模型，确立用户画像的基本要素，明确用户信息收集的要点。 ☆用户画像模型包含三个方面的内容：一是要描绘用户的核心诉求，找准客户消费敏感点；二是要描绘用户的关键行为与主要场景，即用户一般在何种场景主要使用何种产品；三是要描绘用户的社会特征，如用户的性别、年龄、学历、职业和人际关系等。 **工作重点** 通过初步构建用户画像模型，可以为后续用户信息调查工作指明主要方向，此处列举的几个维度不能完全概括所有要素，但这却是最重要也必不可少的几个要素。
	工作标准
	用户画像模型构建合理，信息要素设置恰当。
收集用户信息	**执行程序**
	1. 收集大数据信息，选择特定用户进行访谈 ☆用户画像模型构建完成后，产品经理要组织相关人员按照该模型设置的各要素开展用户信息收集工作。 ☆传统的用户信息收集一般是选择目标用户进行一对一访谈，这就要求客户质量高，访谈人数多。 ☆在当今网络发达、信息化程度高的情况下，企业可以通过大数据收集用户信息，这依赖于企业长期对客户信息的收集与储存，以及对互联网知识的合理运用。 **2. 整理与分析用户信息** 用户信息收集完成后，产品经理要对这些信息进行整理与分析，使具体的信息拟人化，形成概括性的主要用户特征。 **3. 对用户信息进行锤炼与打磨** 因用户信息数据庞大，种类繁杂，不可能由产品经理一人完成分析工作，因此产品经理要组织产品管理部相关人员对用户信息进行锤炼与打磨。 **工作重点** 产品经在访谈客户的过程中，要注意提出的问题不能对目标客户产生误导，确保所获信息的真实性。
	工作标准
	产品经理要按时完成用户信息的收集和分析工作。
	考核指标
	☆用户信息收集的及时性：应在____个工作日内完成。 ☆收集的无效用户信息不超过____%。

（续）

任务名称	执行程序、工作标准与考核指标
完成与使用用户画像	**执行程序** **1. 完成用户画像绘制工作** 用户信息分析工作完成后，产品经理接下来要完成用户画像的绘制工作。 **2. 使用用户画像** 用户画像绘制完成后，便可将其投入实际使用。用户画像的使用场景十分广泛，它可以帮助产品经理对产品优先级进行决策，清晰定位产品和目标客户，让企业在产品上更加专注，产品结果更加适应市场。 **工作重点** 用户画像是一个虚拟的“人”，它能将市场上万千客户的各种属性按类别抽象概括到一起，其逻辑类似十二星座，产品经理可以给不同虚拟的用户画像起一个方便记忆又能准确概括其特点的名字，如“狮子”“少女”“老树”等。
	工作标准
	用户画像绘制完成并投入使用。
	考核指标
	用户画像绘制的及时性：应在____个工作日内完成。

2.1.4 产品商业分析管理流程设计与工作执行

2.1.4.1 产品商业分析管理流程设计

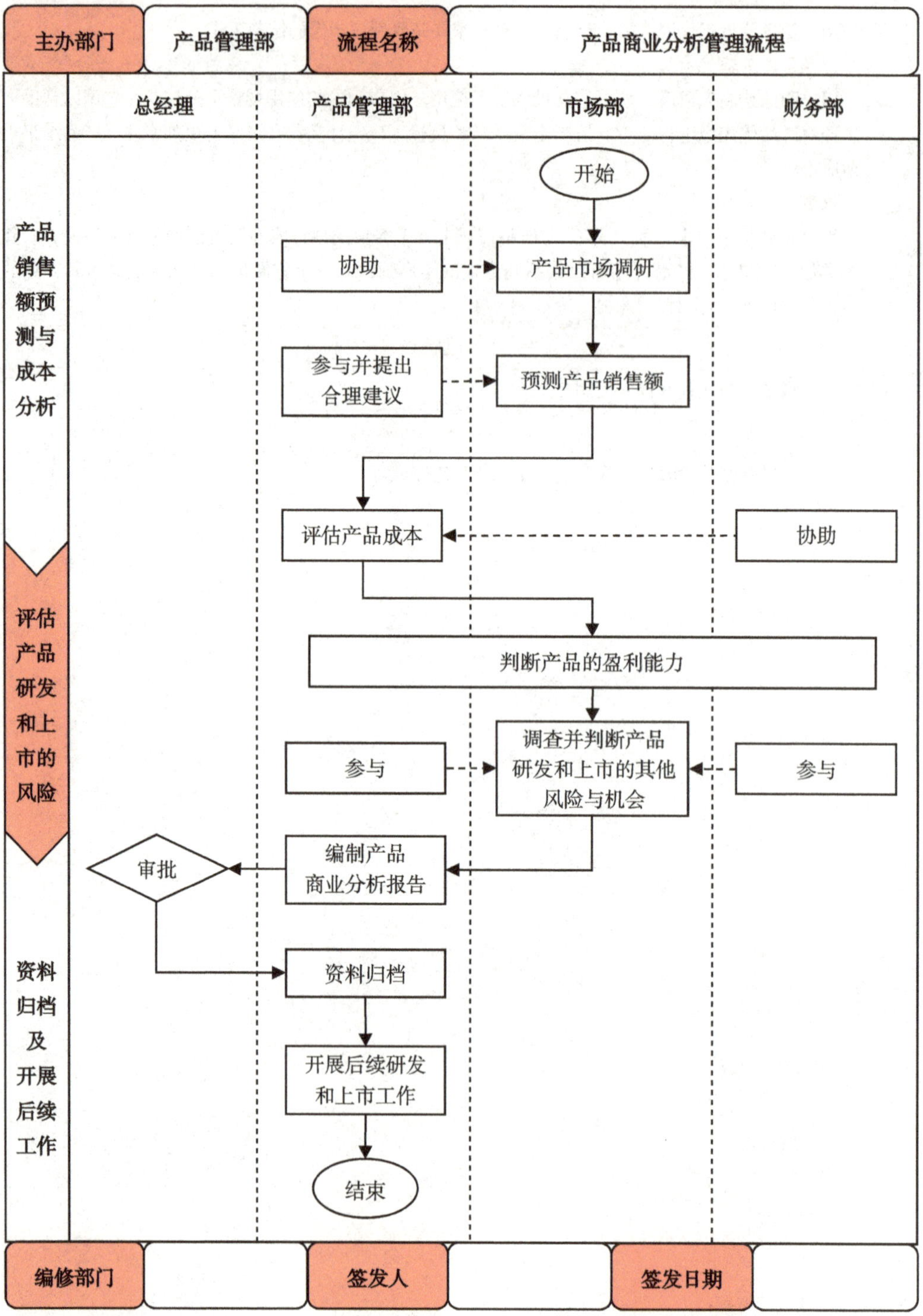

主办部门
产品管理部
流程名称
产品商业分析管理流程
总经理
产品管理部
市场部
财务部
产品销售额预测与成本分析
评估产品研发和上市的风险
资料归档及开展后续工作
开始
协助
产品市场调研
参与并提出合理建议
预测产品销售额
评估产品成本
协助
判断产品的盈利能力
参与
调查并判断产品研发和上市的其他风险与机会
参与
审批
编制产品商业分析报告
资料归档
开展后续研发和上市工作
结束
编修部门
签发人
签发日期

2.1.4.2 产品商业分析管理执行程序、工作标准、考核指标、执行规范

任务名称	执行程序、工作标准与考核指标
产品销售额预测与成本分析	**执行程序** **1. 产品市场调研** ☆在开展产品研发工作之前，市场部要先对同类产品的目标市场进行调研，了解该产品的市场生态。 ☆产品管理部要协助市场部做好产品市场调研工作。 **2. 预测产品销售额** ☆通过市场调研得到的数据，再结合企业的产品实际情况及往期销售数据，市场部要对产品研发及产品上市后的销售额进行合理的预测。 ☆产品管理部参与产品销售额预测工作，并提出合理建议。 **3. 评估产品成本** ☆产品管理部要根据产品构思及企业自身的研发和生产能力，结合市场上的原材料价格水平和后期宣传成本，评估产品从研发到上市的所有成本。 ☆财务部要协助产品管理部做好产品成本评估工作。 **工作重点** 产品市场调研是预测产品销售额和评估产品成本的前提，市场部要根据竞品生态和企业的实际情况，深入调研产品市场，获取更多有价值的信息，为后续决策提供依据。 **工作标准** ☆完成标准：通过产品市场调研，获取足够多的信息。 ☆质量标准：通过产品市场调研，所获信息真实有效，能够发挥应有价值。 **考核指标** 产品市场调研的及时性：应在____个工作日内完成。
评估产品研发和上市的风险	**执行程序** **1. 判断产品的盈利能力** ☆产品成本评估工作完成后，产品管理部、市场部和财务部须对产品的盈利能力进行判断。 ☆若产品具有较强的盈利能力，可着手进行产品研发工作；若产品盈利能力不足或不能盈利，则需要重新设计产品概念或重新开展产品市场调研工作。 **2. 调查并判断产品研发和上市的其他风险与机会** 除了盈利能力，市场部还要协同产品管理部和财务部对产品研发和上市的其他风险进行调查，并做出准确判断。其他风险包括产品寿命、品牌危机、行业形势、政策形势、全球经济发展趋势及其他不可避免的风险等。同时，还要判断是否存在机会，如拓宽产业链、加快企业转型升级等。 **3. 编制产品商业分析报告** ☆上述工作完成后，产品管理部要编制产品商业分析报告，总结商业分析工作，陈述商业分析结论。 ☆产品管理部应将产品商业分析报告报总经理审批，审批通过后方可开展后续工作。 **工作重点** 产品上市之前，若对产品上市的风险没有足够把握，产品上市后可能存在的亏损是不可估计的，产品管理部与其他相关部门一定要仔细论证，反复分析，与领导充分沟通，确保排除所有不稳定因素。

（续）

任务名称	执行程序、工作标准与考核指标
评估产品研发和上市的风险	**工作标准**
	☆目标标准：产品研发和上市前的风险评估工作顺利完成，得出能或不能进行产品研发和上市的结论。 ☆参照标准：产品商业分析报告的编制可参照企业文书写作相关标准执行。
	考核指标
	☆产品商业分析报告编制的及时性：应在____个工作日内完成。 ☆产品商业分析报告一次性审批通过率：目标值为100%。
资料归档及开展后续工作	**执行程序**
	1. 资料归档 产品商业分析报告审批通过后，产品管理部须将产品商业分析工作中产生的各种资料进行归档，为开展后续工作提供依据。 **2. 开展后续研发和上市工作** 产品商业分析工作完成后，产品管理部可着手进行产品研发和上市工作。 **工作重点** 资料的归档应严格按照企业相关标准执行。
	工作标准
	产品管理部员工应及时将产品商业分析过程中产生的各种资料归档。
	考核指标
	资料归档工作的失误率：目标值为0。
执行规范	
“产品商业分析报告”。	

2.2 产品调研管理

2.2.1 产品调研管理流程设计

2.2.1.1 流程设计的目的

企业设计产品调研管理流程的目的如下：

（1）规范产品调研各个事项的工作程序，使各项工作有序进行，避免出现操作上的失误；

（2）提高产品调研工作的效率，快速抓住市场需求，提高企业的经济效益；

（3）确保企业产品调研工作的正常开展，提高企业持续发展的能力，促进企业战略目标的实现。

2.2.1.2 流程结构设计

产品调研管理流程结构设计采取总分式结构，即先设计产品调研实施管理流程，再设计竞争对手调研管理、产品市场问卷调查管理和调查问卷设计管理三个子流程，具体如图 2-2 所示。

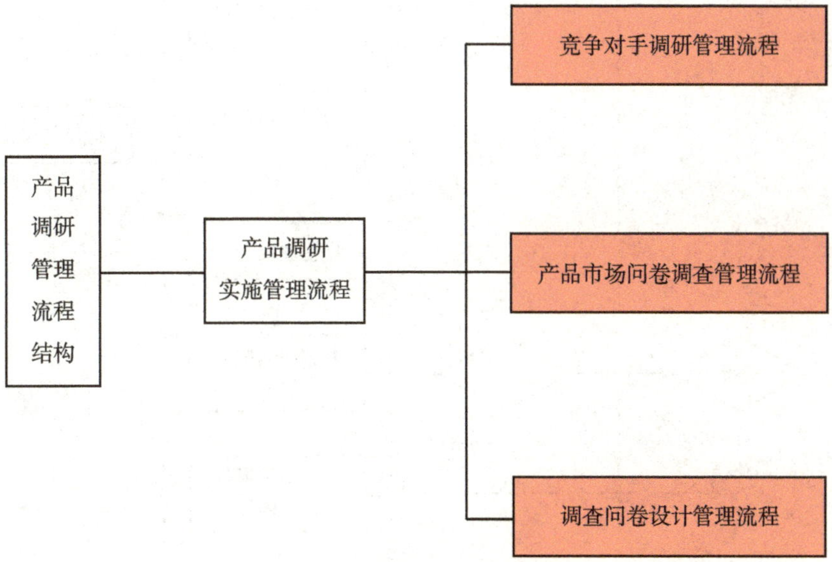

图 2-2 产品调研管理流程结构设计

2.2.2 产品调研实施管理流程设计与工作执行

2.2.2.1 产品调研实施管理流程设计

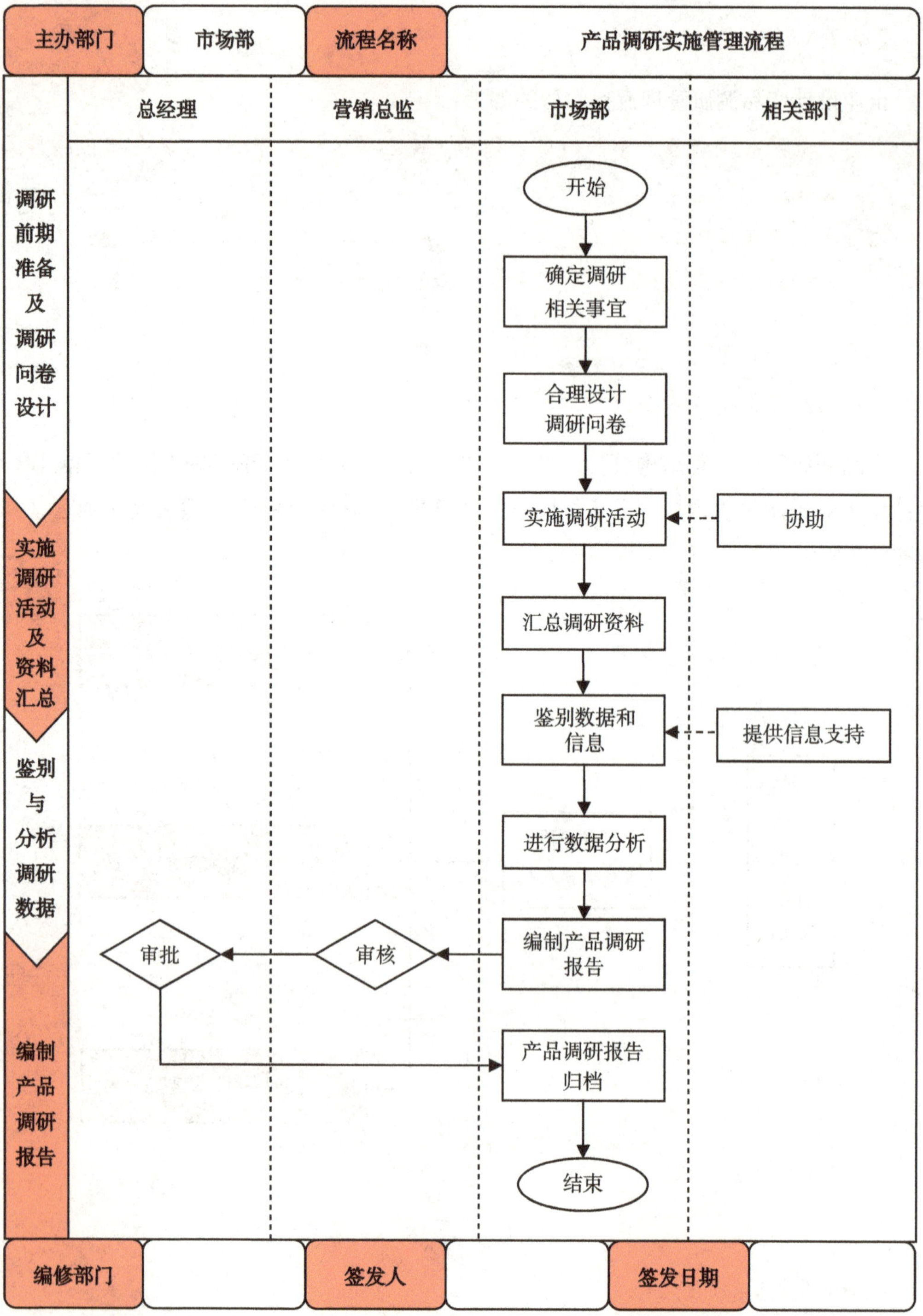
主办部门
市场部
流程名称
产品调研实施管理流程
总经理
营销总监
市场部
相关部门
调研前期准备及调研问卷设计
实施调研活动及资料汇总
鉴别与分析调研数据
编制产品调研报告
开始
确定调研相关事宜
合理设计调研问卷
实施调研活动
协助
汇总调研资料
鉴别数据和信息
提供信息支持
进行数据分析
编制产品调研报告
审核
审批
产品调研报告归档
结束
编修部门
签发人
签发日期

2.2.2.2 产品调研实施管理执行程序、工作标准、考核指标、执行规范

任务名称	执行程序、工作标准与考核指标
调研前期准备及调研问卷设计	**执行程序**
	1. 确定调研相关事宜 ☆市场部根据实际情况确定调研的目的、时间、人员与地点。 ☆市场部应确定市场调研的内容，主要包括产品价格、产品渠道等。 ☆市场部应确定市场调研方法，主要有电话访问法、调研问卷法等（下面以调研问卷法为例）。 **2. 合理设计调研问卷** ☆市场部应针对调研对象设计调研问卷。设计调研问卷的步骤主要包括收集相关资料、确定问题的内容、设计问答题的结构、安排问题的顺序、拟定调研问卷的初稿、编制正式的调研问卷。 ☆调研问卷的内容要通俗易读，要考虑到受访者的知识水平及文化程度。 **工作重点** 调研问卷的问题设计要灵活，便于受访者回答，通常应包括开放式问题、封闭式问题和量表应答式问题等。
	工作标准
	市场部员工设计的调研问卷要有助于企业获取真实资料。
	考核指标
	☆调研问卷的深度：要求问卷中所涉及的信息能够为决策者提供参考。 ☆调研问卷问题的针对性：问题要紧扣主题，所有问题都要与调研主题相关。 ☆调研问卷的严密性：所有问题都要有对应的答案，问题设置不存在前后矛盾的情况。
实施调研活动及资料汇总	**执行程序**
	1. 实施调研活动 ☆市场部协同其他相关部门实施调研活动。 ☆活动过程中要注意控制时间进度，保证在规定的时间内完成调研活动。 **2. 汇总调研资料** 调研活动结束后，市场部要及时汇总调研资料。 **工作重点** 市场部要有计划地实施调研活动。
	工作标准
	市场部应按时完成调研活动，并及时汇总调研资料。
	考核指标
	☆调研活动实施的规范性、严谨性：确保调研活动的工作流程、操作步骤和检验标准严格按照规定执行。 ☆调研所用时间不得超过规定调研期限的____天。

（续）

<table>
<tr><th>任务名称</th><th>执行程序、工作标准与考核指标</th></tr>
<tr><td rowspan="4">鉴别与分析调研数据</td><td>执行程序</td></tr>
<tr><td>1. 鉴别数据和信息
市场部在汇总调研资料的过程中，要鉴别真实信息与虚假信息，对于存在明显错误的数据和信息，要及时剔除。
2. 进行数据分析
☆数据和信息确认无误后，市场部着手进行数据分析。常用的数据分析方法有 SWOT 分析法、回归分析法、关键因素分析法等。
☆若有必要，市场部员工可以使用不同的分析方法对同一数据进行分析，互相验证结论的真伪，从而进一步提升结论的真实性与准确性。
工作重点
☆市场部在鉴别数据和信息时，对于不好把握的数据和信息，要寻求其他相关部门的信息支持，如有必要，员工可以亲自到现场核实。
☆数据分析的方法要根据企业的经营理念及过去的经验来选择。</td></tr>
<tr><td>工作标准</td></tr>
<tr><td>市场部人员在鉴别和分析数据时可参照同行业其他企业的调研数据的验证与分析过程资料。</td></tr>
<tr><td rowspan="4">编制产品调研报告</td><td>执行程序</td></tr>
<tr><td>1. 编制产品调研报告
☆市场部应根据数据分析结果，编制产品调研报告。
☆产品调研报告中必须准确阐述全部论据，包括从问题的提出到引出的结论，论证的全部过程，分析研究问题的方法，还应当有可供企业决策者进行独立思考的全部调查结果和必要的市场信息，以及对这些情况和内容的分析评论。
☆市场部须将产品调研报告报营销总监审核、总经理审批。
2. 产品调研报告归档
市场部须将审批通过的产品调研报告进行归档，以作为企业日后营销活动的依据。
工作重点
产品调研报告的编制要规范，报告内容全面、结构清晰且无重大纰漏。</td></tr>
<tr><td>工作标准</td></tr>
<tr><td>产品调研报告可以为企业营销活动提供强有力的决策支持。</td></tr>
<tr><td colspan="2">执行规范</td></tr>
<tr><td colspan="2">“产品调研计划”“产品调研报告”。</td></tr>
</table>

2.2.3 竞争对手调研管理流程设计与工作执行

2.2.3.1 竞争对手调研管理流程设计

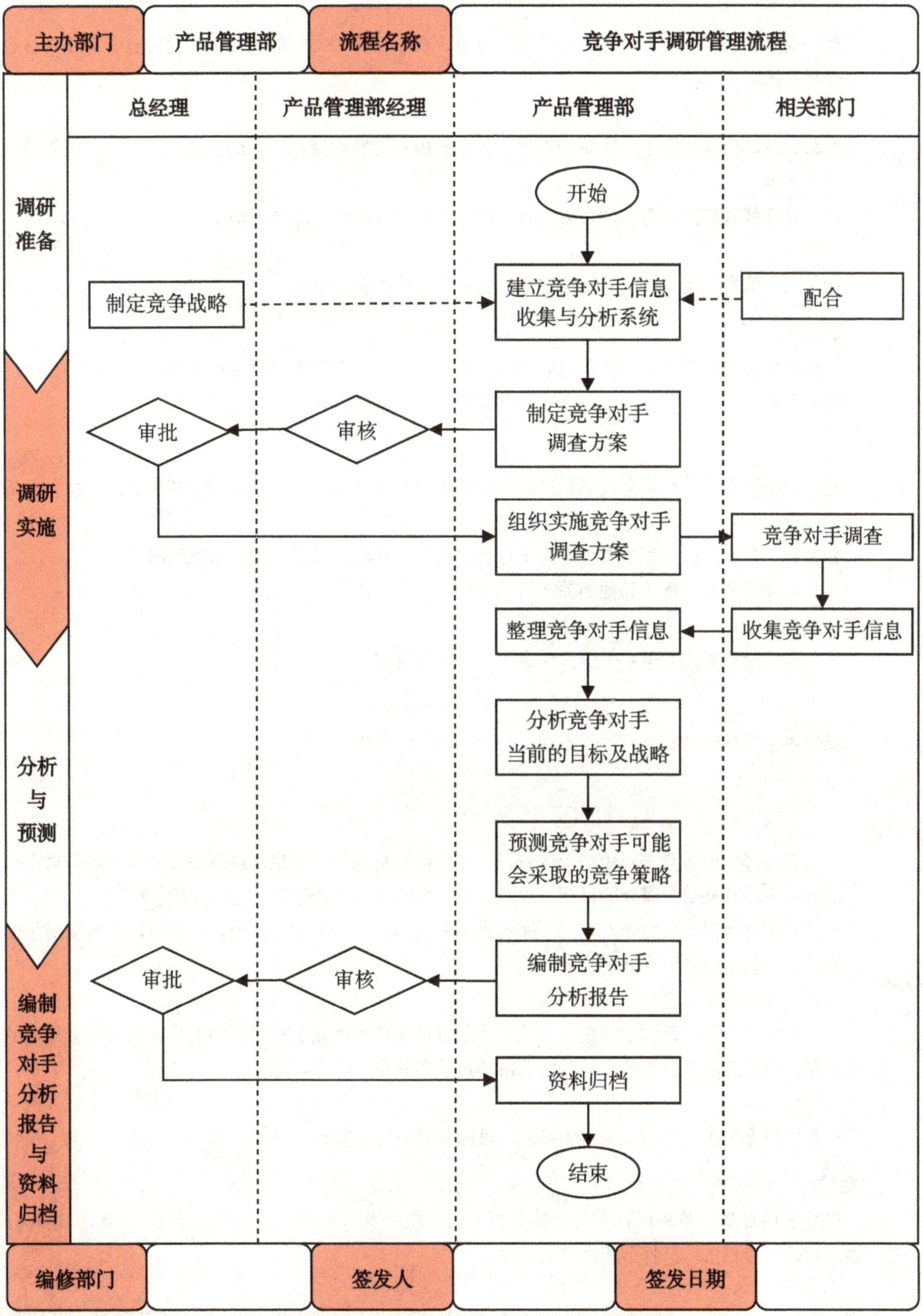
主办部门
产品管理部
流程名称
竞争对手调研管理流程
总经理
产品管理部经理
产品管理部
相关部门
调研准备
调研实施
分析与预测
编制竞争对手分析报告与资料归档
开始
制定竞争战略
建立竞争对手信息收集与分析系统
配合
制定竞争对手调查方案
审核
审批
组织实施竞争对手调查方案
竞争对手调查
收集竞争对手信息
整理竞争对手信息
分析竞争对手当前的目标及战略
预测竞争对手可能会采取的竞争策略
编制竞争对手分析报告
审核
审批
资料归档
结束
编修部门
签发人
签发日期

2.2.3.2 竞争对手调研管理执行程序、工作标准、考核指标、执行规范

任务名称	执行程序、工作标准与考核指标
调研准备	**执行程序**
	1. 建立竞争对手信息收集与分析系统 产品管理部根据企业总经理制定的竞争战略，在其他相关部门的配合下，建立竞争对手信息收集与分析系统。 **2. 制定竞争对手调查方案** ☆产品管理部应制定竞争对手调查方案。方案的内容主要包括调查目的、调查方法、调查对象、参与人员等。 ☆产品管理部应将竞争对手调查方案报产品管理部经理审核、总经理审批。 **工作重点** 竞争对手信息收集与分析系统的建立需要结合企业的实际情况。
	工作标准
	产品管理部在建立竞争对手信息收集与分析系统时，需要从竞争对手的财务指标、产品分析、竞争优势来源、重大经营活动、国际化经营规模、关键成功因素等方面进行考虑。
调研实施	**执行程序**
	☆竞争对手调查方案审批通过后，产品管理部组织实施该方案，并协同其他相关部门对竞争对手进行调查。 ☆相关部门在调查的过程中要收集竞争对手的信息，并将信息反馈给产品管理部。 ☆产品管理部要及时整理其他相关部门反馈的竞争对手信息。 **工作重点** 相关部门所收集的竞争对手信息要全面、完整、有效。
	工作标准
	竞争对手信息收集的及时性：应在____个工作日内完成。
分析与预测	**执行程序**
	1. 分析竞争对手当前的目标及战略 ☆产品管理部要分析竞争对手当前的目标，一般可以从竞争对手在市场里找寻什么、竞争对手行为的驱动力、利润目标以外的目标，以及竞争对手的目标组合等方面进行分析。 ☆产品管理部还要分析竞争对手为了实现当前的目标可能会采取的战略，一般可以从竞争对手的营销战略、技术战略两方面展开分析。 **2. 预测竞争对手可能会采取的竞争策略** 结合竞争对手的经营哲学和企业文化，产品管理部要预测竞争对手在面对竞争时可能会采取的竞争策略，以及其对本企业的产品营销、市场定位等战略的反应。 **工作重点** 产品管理部员工在分析竞争对手当前的目标及战略时要客观、具体。
	工作标准
	产品管理部员工要采用科学合理的分析方法分析竞争对手当前的目标及战略，如组织矩阵分析法、价值链分析法、标杆分析法等。

（续）

<table>
<tr><th>任务名称</th><th>执行程序、工作标准与考核指标</th></tr>
<tr><td rowspan="6">编制竞争对手分析报告与资料归档</td><td>执行程序</td></tr>
<tr><td>1. 编制竞争对手分析报告
产品经理以调查所获得的资料为依据，在上述各项分析结果的基础上，编制竞争对手分析报告，并将其报产品管理部经理审核、总经理审批。
2. 资料归档
产品管理部应及时将审批通过的竞争对手分析报告连同相关资料一并归档。
工作重点
资料的归档按照规定程序进行，以为开展后续工作提供依据。</td></tr>
<tr><td>工作标准</td></tr>
<tr><td>竞争对手分析报告的内容要全面、合理。</td></tr>
<tr><td>考核指标</td></tr>
<tr><td>☆竞争对手分析报告一次性审批通过率：目标值为100%。
☆竞争对手分析报告编制的及时性：应在____个工作日内完成。</td></tr>
<tr><td colspan="2">执行规范</td></tr>
<tr><td colspan="2">“竞争对手分析报告”“竞争对手调查方案”。</td></tr>
</table>

2.2.4 产品市场问卷调查管理流程设计与工作执行

2.2.4.1 产品市场问卷调查管理流程设计

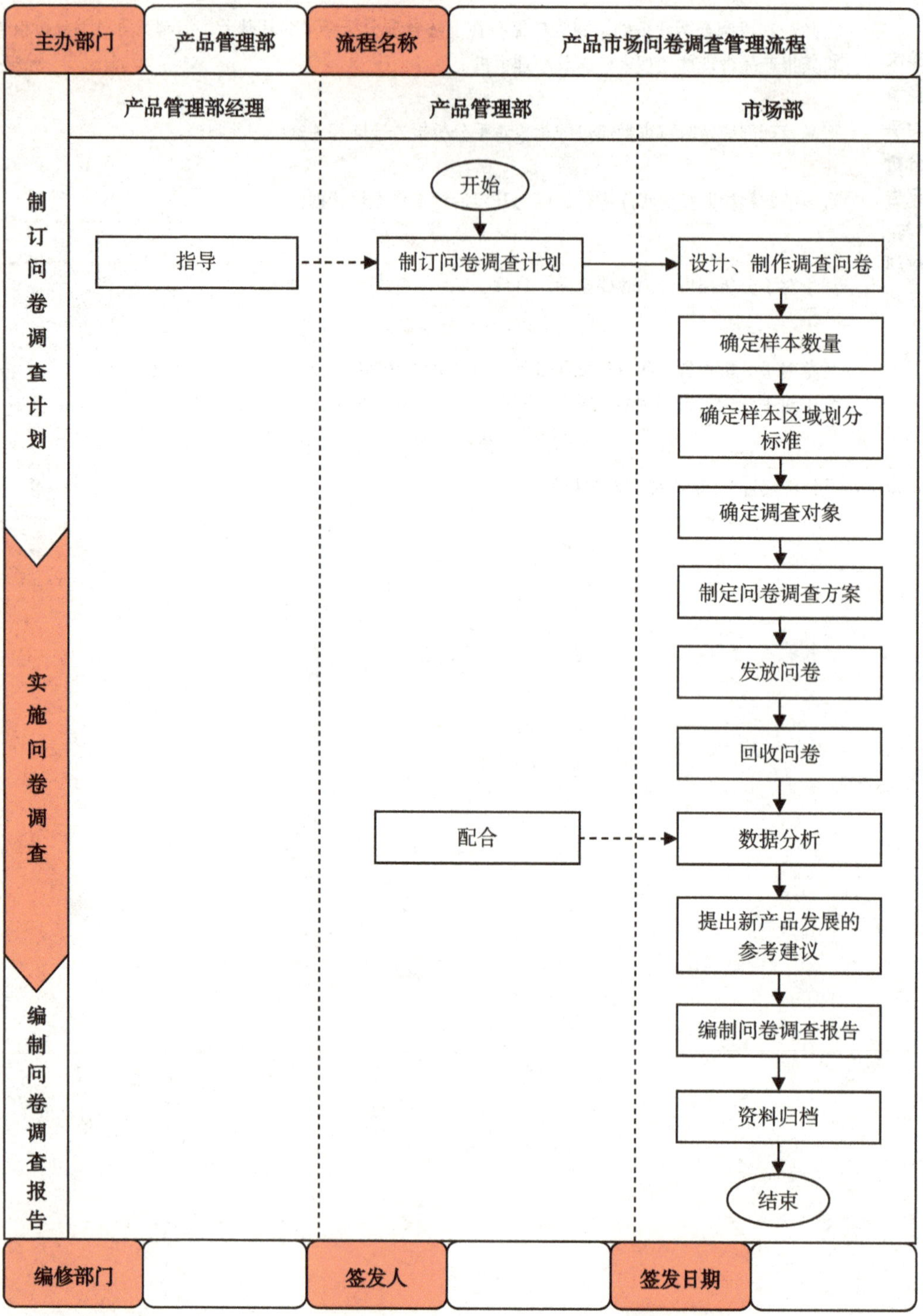
主办部门
产品管理部
流程名称
产品市场问卷调查管理流程
产品管理部经理
产品管理部
市场部
制订问卷调查计划
实施问卷调查
编制问卷调查报告
开始
指导
制订问卷调查计划
设计、制作调查问卷
确定样本数量
确定样本区域划分标准
确定调查对象
制定问卷调查方案
发放问卷
回收问卷
配合
数据分析
提出新产品发展的参考建议
编制问卷调查报告
资料归档
结束
编修部门
签发人
签发日期

2.2.4.2 产品市场问卷调查管理执行程序、工作标准、考核指标、执行规范

<table>
<tr><th>任务名称</th><th>执行程序、工作标准与考核指标</th></tr>
<tr><td rowspan="4">制订问卷调查计划</td><td>执行程序</td></tr>
<tr><td>1. 制订问卷调查计划
产品管理部在产品管理部经理的指导下，根据企业的发展战略规划制订问卷调查计划。
2. 设计、制作调查问卷
市场部根据产品管理部制订的问卷调查计划，设计、制作调查问卷。
3. 确定样本数量、样本区域划分标准及调查对象
市场部根据问卷调查计划及问卷调查的具体要求，确定此次市场调查的样本数量、样本区域划分标准及调查对象。
4. 制定问卷调查方案
☆市场部根据本部门的工作计划，安排进行问卷调查的人员，并划分好每个人所负责的调查区域。
☆市场部根据上述工作内容制定问卷调查方案。
工作重点
调查问卷制作完成后，市场部员工应先进行合理性验证，避免出现无效问卷。</td></tr>
<tr><td>工作标准</td></tr>
<tr><td>市场部应按时完成调查问卷的设计、制作工作。</td></tr>
<tr><td rowspan="4">实施问卷调查</td><td>执行程序</td></tr>
<tr><td>1. 发放问卷
☆市场部在规定的调查区域内向符合要求的调查对象发放问卷。
☆在征求调查对象同意的前提下，市场部按问题的顺序边提问、边记录。
2. 数据分析
市场部在产品管理部的配合下，运用科学合理的方法对回收的问卷的数据进行分析。
工作重点
市场部员工按照企业的数据录入工作规范录入调查问卷的数据。</td></tr>
<tr><td>工作标准</td></tr>
<tr><td>问卷数据统计无遗漏，数据分析科学合理。</td></tr>
<tr><td rowspan="2">编制问卷调查报告</td><td>执行程序</td></tr>
<tr><td>1. 提出新产品发展的参考建议，编制问卷调查报告
市场部根据数据分析结果，提出新产品发展的参考建议，编制问卷调查报告。
2. 资料归档
市场部应及时将产品市场问卷调查管理过程中产生的各种资料归档。
工作重点
问卷调查报告要尽可能详细准确地描述调查结果，以为开展后续工作提供依据。</td></tr>
</table>

（续）

任务名称	执行程序、工作标准与考核指标
编制问卷调查报告	**工作标准**
	问卷调查报告内容完整，数据分析结果准确，有较强的参考意义。
	考核指标
	问卷调查报告编制的及时性：应在____个工作日内完成。
执行规范	
“问卷调查报告”“问卷调查方案”“问卷调查计划”。	

2.2.5 调查问卷设计管理流程设计与工作执行

2.2.5.1 调查问卷设计管理流程设计

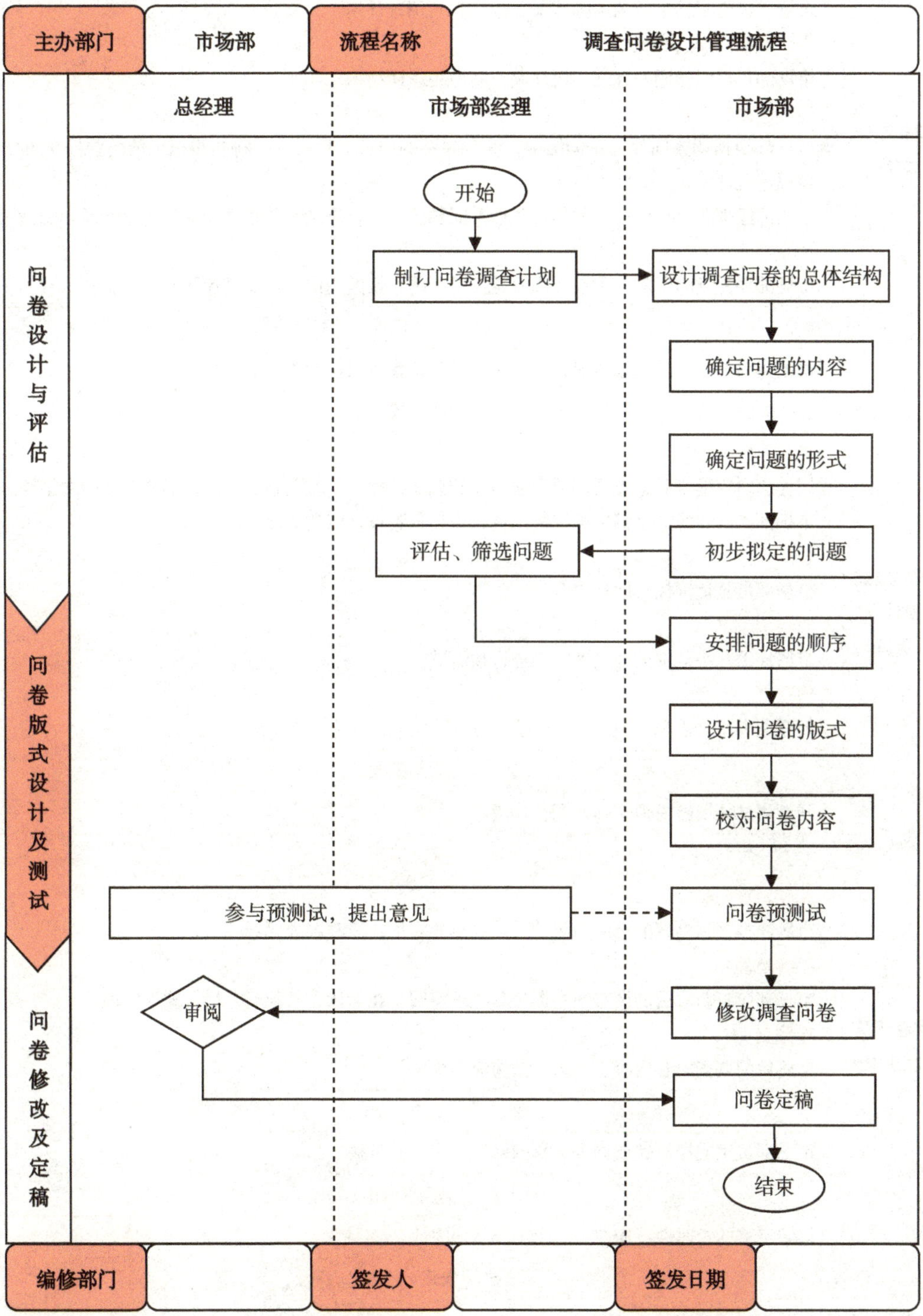

主办部门
市场部
流程名称
调查问卷设计管理流程
总经理
市场部经理
市场部
问卷设计与评估
问卷版式设计及测试
问卷修改及定稿
开始
制订问卷调查计划
设计调查问卷的总体结构
确定问题的内容
确定问题的形式
初步拟定的问题
评估、筛选问题
安排问题的顺序
设计问卷的版式
校对问卷内容
参与预测试，提出意见
问卷预测试
修改调查问卷
审阅
问卷定稿
结束
编修部门
签发人
签发日期

2.2.5.2 调查问卷设计管理执行程序、工作标准、考核指标、执行规范

任务名称	执行程序、工作标准与考核指标
问卷设计与评估	**执行程序** **1. 制订问卷调查计划** 市场部经理根据企业的实际需要，制订问卷调查计划。 **2. 设计调查问卷的总体结构** 市场部根据问卷调查计划，设计调查问卷的总体结构。 **3. 评估、筛选问题** ☆市场部根据调查问卷的总体结构，确定问题的内容、形式，并将初步拟定的问题提交市场部经理进行评估。 ☆市场部经理要评估所有问题的合理性及问题选项的合理性，并根据调查目的进行问题的筛选。 **工作重点** 市场部要注意问题的着眼点，既要避免使用诱导性的用语，也要避免涉及个人隐私。 **工作标准** 调查问卷的总体结构包括前言、正文，以及调查者及被调查者的信息。
问卷版式设计及测试	**执行程序** **1. 设计问卷的版式** ☆问卷的内容确定后，市场部要根据问卷的总体结构，安排问题的顺序，形成问卷的文字稿。 ☆市场部将问卷的文字稿交给排版人员，由其负责设计问卷的版式。 **2. 校对问卷内容** 市场部员工负责校对问卷内容。 **3. 问卷预测试** 市场部须在小范围内对调查问卷进行预测试。 **工作重点** 问题顺序符合逻辑，版式设计简洁大方。 **工作标准** 问卷测试环境能模拟实际的调查环境。
问卷修改及定稿	**执行程序** **1. 修改调查问卷** 市场部根据预测试的结果和相关人员提出的意见，修改调查问卷。 **2. 问卷定稿** 市场部应将修改后的调查问卷提交总经理审阅，在确认无其他问题后，即可定稿。 **工作重点** 定稿后的调查问卷内容要全面、结构应合理。 **工作标准** 市场部员工应按时完成调查问卷的修改工作，并定稿。 **考核指标** 问卷定稿的及时性：应在____个工作日内完成。
执行规范	
“问卷调查计划”。	

2.3 产品规划与选择工作管理

2.3.1 产品规划与选择工作管理流程设计

2.3.1.1 流程设计的目的

企业设计产品规划与选择工作管理流程的目的如下：

（1）明确企业产品规划与选择工作的相关内容；

（2）加强产品规划与选择工作决策的科学性、合理性，使其符合企业发展战略规划的要求；

（3）明确产品规划与选择工作的关键事项，保证工作效率。

2.3.1.2 流程结构设计

产品规划与选择工作管理流程结构设计采取总分式结构，即先设计产品规划管理流程，再设计产品概念选择管理和产品构思筛选管理两个子流程，具体如图 2-3 所示。

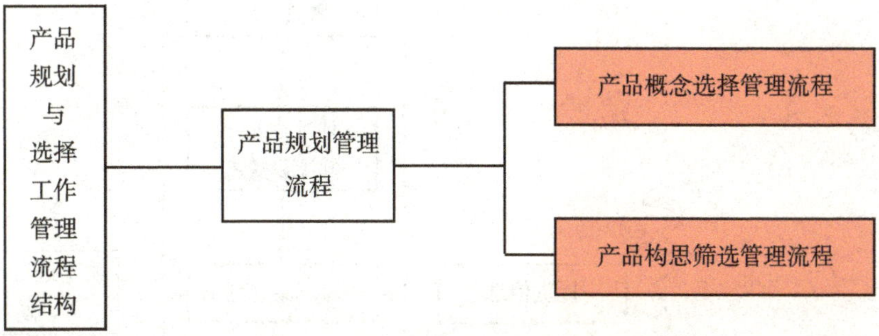

图 2-3　产品规划与选择工作管理流程结构设计

2.3.2 产品规划管理流程设计与工作执行

2.3.2.1 产品规划管理流程设计

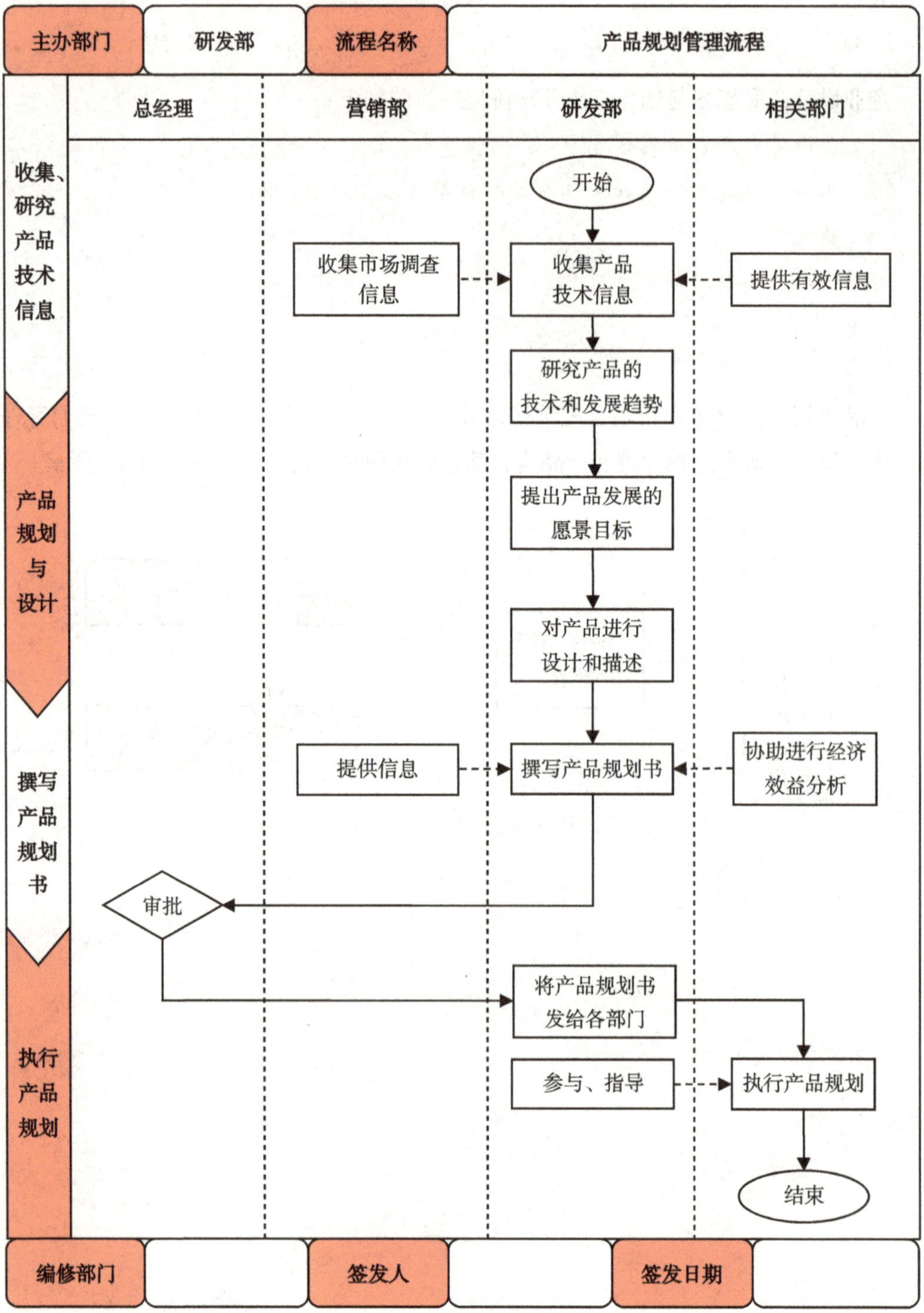
主办部门
研发部
流程名称
产品规划管理流程
总经理
营销部
研发部
相关部门
收集、研究产品技术信息
产品规划与设计
撰写产品规划书
执行产品规划
开始
收集市场调查信息
收集产品技术信息
提供有效信息
研究产品的技术和发展趋势
提出产品发展的愿景目标
对产品进行设计和描述
提供信息
撰写产品规划书
协助进行经济效益分析
审批
将产品规划书发给各部门
参与、指导
执行产品规划
结束
编修部门
签发人
签发日期

2.3.2.2 产品规划管理执行程序、工作标准、考核指标、执行规范

任务名称	执行程序、工作标准与考核指标
收集、研究产品技术信息	**执行程序** **1. 收集产品技术信息** ☆研发部组织相关人员收集产品技术信息，其他相关部门为研发部提供有效信息。 ☆营销部组织市场调查人员定期对近似产品、竞争产品等展开市场调查，收集有关产品的市场占有率、市场覆盖率、消费者购买偏好、研发及销售等信息。 **2. 研究产品的技术和发展趋势** 研发部根据所收集的信息，对产品的技术和发展趋势进行研究，探索更受市场认可、更具有发展潜力的产品方式或关于产品的最佳技术方案。 **工作重点** 从近似产品、竞争产品身上找到本企业产品的卖点，这是产品规划的第一步，也是重要一环。 **工作标准** 通过研究产品的技术和发展趋势，总结出本企业未来产品所需要具备的特点。
产品规划与设计	**执行程序** **1. 提出产品发展的愿景目标** ☆研发部提出未来 3 ~ 5 年产品发展的愿景目标，这是产品规划工作的基本任务。 ☆研发部要让企业内部的相关部门和人员熟悉和理解这个愿景目标。 **2. 对产品进行设计和描述** 研发部须对产品进行具体的设计和描述，要将宏观的、概括的发展目标具体到产品所要达到的技术标准或所要实现的功能上。 **工作重点** 在对产品进行描述的过程中，产品的架构、功能会越来越清晰。 **工作标准** 通过具体的设计和描述，研发部要逐渐形成概念上的新产品。 **考核指标** 产品发展的愿景目标设定的合理性：可在____年内实现。
撰写产品规划书	**执行程序** ☆营销部要为研发部的产品规划设计提供市场、客户和产品销量等方面的信息，其他相关部门要协助研发部进行经济效益分析。 ☆研发部要深入研究已有资料和信息，结合企业的实际情况，撰写产品规划书，并将其报总经理审批。 **工作重点** 产品规划书的撰写要规范，规划书内容全面、结构清晰且无重大纰漏。 **工作标准** 产品规划书的撰写应符合企业规范。

（续）

<table>
<tr><th>任务名称</th><th>执行程序、工作标准与考核指标</th></tr>
<tr><td rowspan="6">执行产品规划</td><td>执行程序</td></tr>
<tr><td>1. 将产品规划书发给各部门
研发部须将审批通过后的产品规划书发给各部门，做好产品研发准备。
2. 执行产品规划
☆相关部门收到研发部发来的产品规划书后，立即安排相关人员按照规划书的内容执行产品规划。
☆研发部参与执行产品规划，并为各部门提供指导。
工作重点
相关部门在执行产品规划时，需要与研发部密切配合。</td></tr>
<tr><td>工作标准</td></tr>
<tr><td>产品规划书顺利实施，新产品见到雏形。</td></tr>
<tr><td>考核指标</td></tr>
<tr><td>产品规划目标按计划完成率，其计算公式如下。
$$产品规划目标按计划完成率=\frac{实际完成的产品规划目标数}{应完成的产品规划目标数}\times 100\%$$</td></tr>
<tr><td colspan="2">执行规范</td></tr>
<tr><td colspan="2">“产品市场调查报告”“产品规划书”“产品研发管理制度”。</td></tr>
</table>

2.3.3 产品概念选择管理流程设计与工作执行

2.3.3.1 产品概念选择管理流程设计

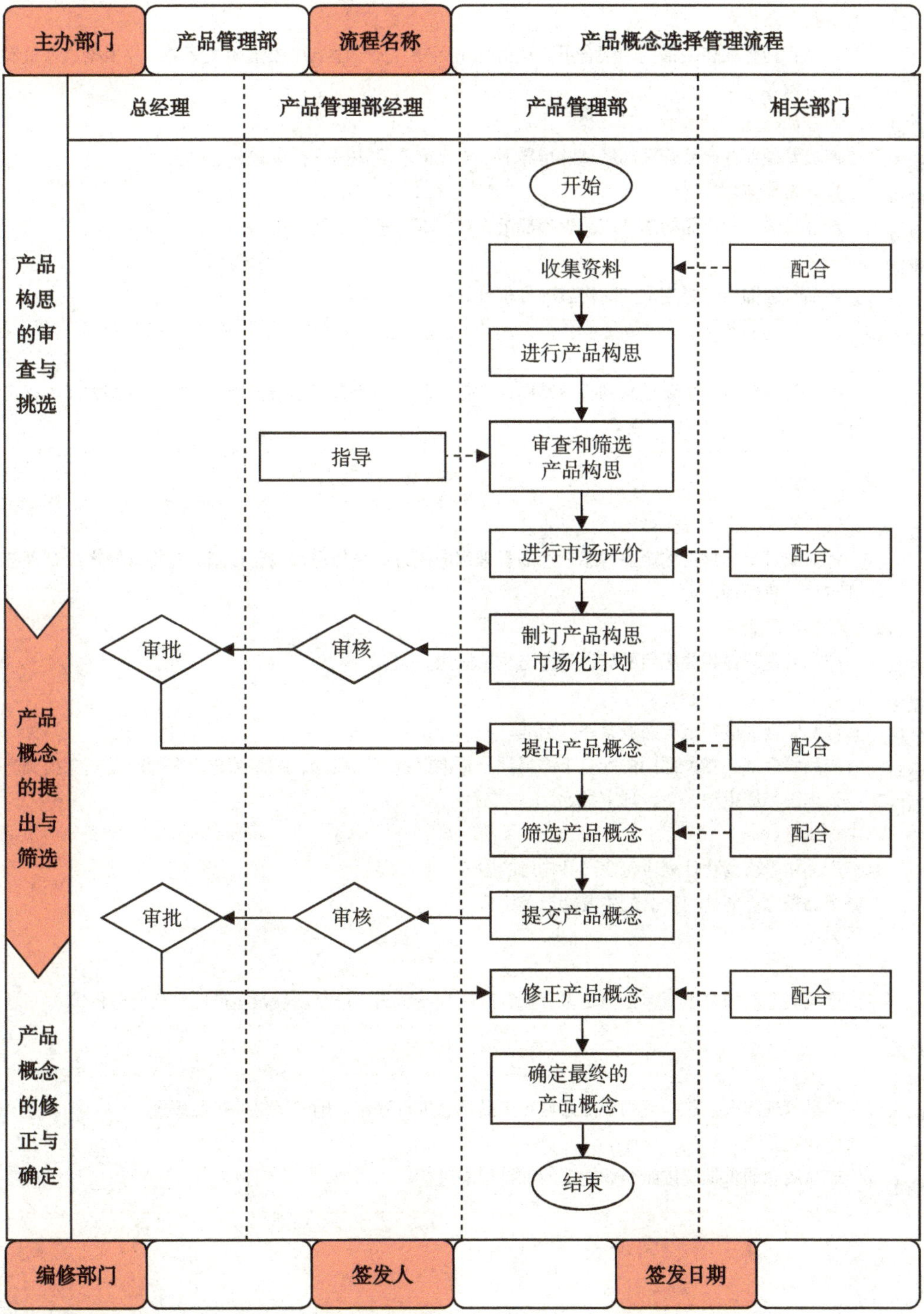
主办部门
产品管理部
流程名称
产品概念选择管理流程
总经理
产品管理部经理
产品管理部
相关部门
产品构思的审查与挑选
产品概念的提出与筛选
产品概念的修正与确定
开始
收集资料
配合
进行产品构思
指导
审查和筛选产品构思
进行市场评价
配合
审批
审核
制订产品构思市场化计划
提出产品概念
配合
筛选产品概念
配合
审批
审核
提交产品概念
修正产品概念
配合
确定最终的产品概念
结束
编修部门
签发人
签发日期

2.3.3.2 产品概念选择管理执行程序、工作标准、考核指标、执行规范

任务名称	执行程序、工作标准与考核指标
产品构思的审查与挑选	**执行程序**
	1. 进行产品构思 产品管理部在相关部门的配合下，从贸易出版物、大学学刊中收集相关资料，并根据这些资料进行产品构思。 **2. 审查和筛选产品构思** 产品管理部在产品管理部经理的指导下，对已有产品构思进行审查和筛选。 **3. 进行市场评价** 对经过筛选的产品构思，产品管理部组织相关部门进行市场评价。 **工作重点** 产品管理部员工要注重产品构思的日积月累。
	工作标准
	产品管理部员工主要是从同行业动向、类似产品、消费者、销售区域及目标市场等方面进行市场评价。
产品概念的提出与筛选	**执行程序**
	1. 制订产品构思市场化计划 针对通过市场评价的产品构思，产品管理部应制订产品构思市场化计划，并将其报产品管理部经理审核、总经理审批。 **2. 提出产品概念** 产品管理部在相关部门的配合下提出产品概念。 **3. 筛选并提交产品概念** ☆产品管理部应制定产品概念评分标准。 ☆产品管理部在相关部门的配合下根据评分标准筛选产品概念，并将筛选出来的产品概念提交产品管理部经理审核、总经理审批。 **工作重点** ☆产品构思市场化计划应包含产品构思的内容。 ☆产品概念应能体现产品的主要特点及优势。
	工作标准
	产品概念的内容主要包括消费者分析、产品利益承诺、产品研发及生产的可行性分析等。
产品概念的修正与确定	**执行程序**
	产品管理部根据总经理的审批意见对产品概念进行修正，确定最终的产品概念。 **工作重点** 产品概念的审批应按照企业规定的审批程序进行。

（续）

任务名称	执行程序、工作标准与考核指标
产品概念的修正与确定	工作标准
	产品管理部员工须根据总经理的审批意见修改并最终确定产品概念。
	考核指标
	产品概念确定的及时性：应在____个工作日内完成。
执行规范	
“产品构思市场化计划”。	

2.3.4 产品构思筛选管理流程设计与工作执行

2.3.4.1 产品构思筛选管理流程设计

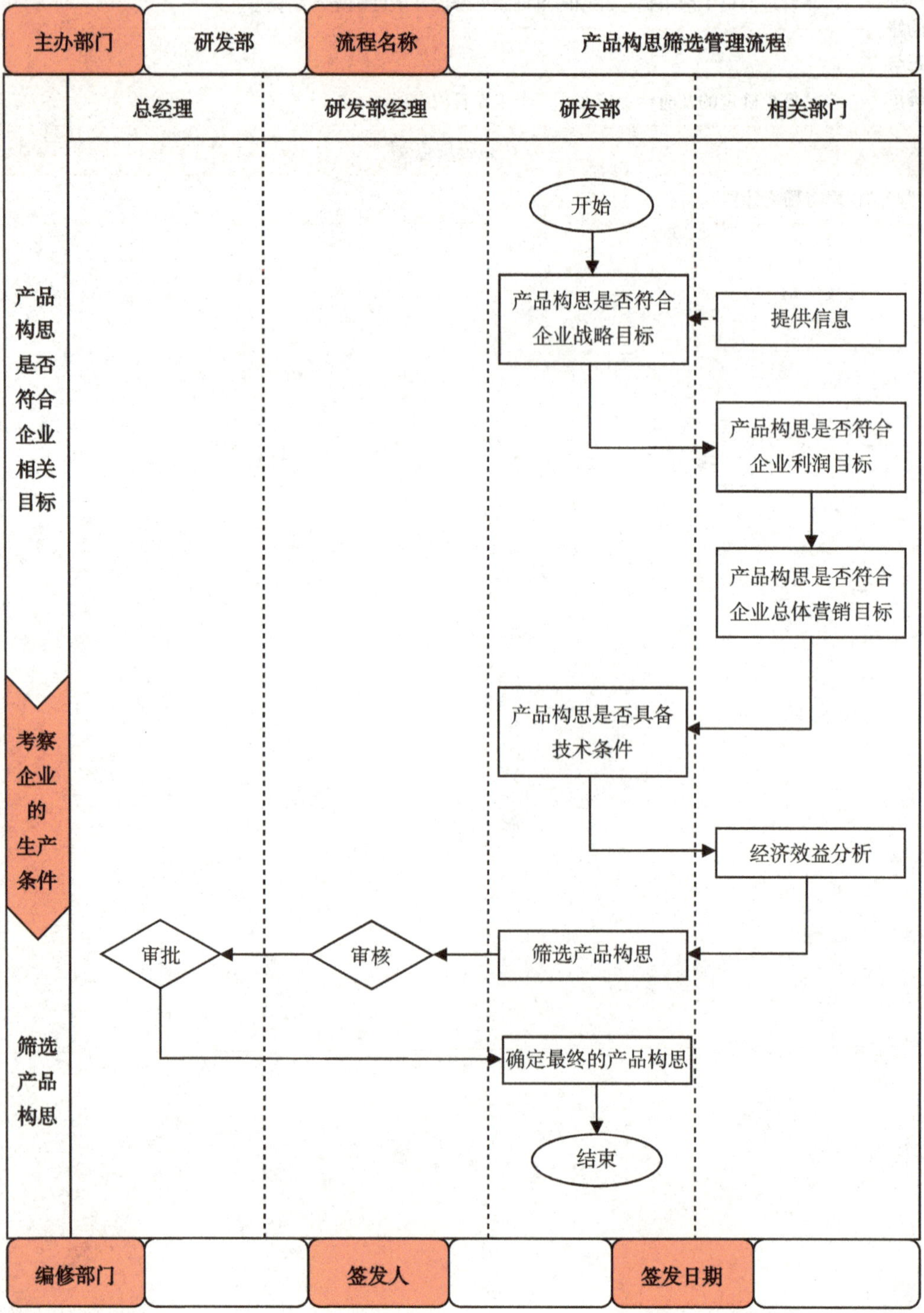
主办部门
研发部
流程名称
产品构思筛选管理流程
总经理
研发部经理
研发部
相关部门
产品构思是否符合企业相关目标
考察企业的生产条件
筛选产品构思
开始
产品构思是否符合企业战略目标
提供信息
产品构思是否符合企业利润目标
产品构思是否符合企业总体营销目标
产品构思是否具备技术条件
经济效益分析
筛选产品构思
审核
审批
确定最终的产品构思
结束
编修部门
签发人
签发日期

2.3.4.2 产品构思筛选管理执行程序、工作标准、考核指标、执行规范

任务名称	执行程序、工作标准与考核指标
产品构思是否符合企业相关目标	**执行程序**
	1. 产品构思是否符合企业战略目标 研发部开会讨论产品构思是否符合企业战略目标。相关部门为研发部提供相关信息，具体包括与产品相关的市场信息、营销信息、生产信息、库存信息和人员信息等。 **2. 产品构思是否符合企业利润目标** 相关部门研究产品构思是否符合企业利润目标。衡量的标准应参考企业的长期目标、中期目标和短期目标，产品投入市场后为企业带来的预期利润应不低于____元。 **3. 产品构思是否符合企业总体营销目标** 相关部门研究产品构思是否符合企业总体营销目标，主要研究产品构思是否有利于企业营销渠道的建设和完善，是否有利于促销活动的进行，是否有利于对分销商的管理。 **工作重点** 产品构思出现之后，必须先过一过现实的“筛子”，上面所列的只是部分筛选选项，研发部还可以增加其他选项。
	工作标准
	通过该阶段的筛选，过滤掉那些主业不聚焦、市场价值堪忧的产品构思。
考察企业的生产条件	**执行程序**
	研发部研究企业是否具备生产所构思的产品所需要的技术条件，包括与该产品相关的技术力量现状、技术水平、技术人员数量、是否存在过高的技术壁垒等。 **工作重点** 研发部在考察企业的技术条件时要客观，对本企业技术水平的上限要有一个合理的评估。
	工作标准
	通过该阶段的筛选，过滤掉那些符合企业目标但不具备可操作性的产品构思。
筛选产品构思	**执行程序**
	1. 经济效益分析 相关部门利用各种资料和工具，分析产品构思落实所需要的投入和可能的产出，预测产品能否使企业获得预期的经济效益。 **2. 确定最终的产品构思** 研发部根据相关部门的经济效益分析结果，筛选出符合企业发展需要的产品构思，并将其报研发部经理审核、总经理审批。审批通过后，研发部根据总经理的审批意见确定最终的产品构思。 **工作重点** 筛选出的产品构思通常不超过三个。

（续）

任务名称	执行程序、工作标准与考核指标
筛选产品构思	**工作标准**
	研发部筛选出的产品构思通过领导的审核与审批。
	考核指标
	产品构思一次性审批通过率，其计算公式如下。 $产品构思一次性审批通过率=\frac{一次性审批通过的产品构思数}{提交审批的产品构思数}\times 100\%$
执行规范	
“产品研发管理制度”“产品构思筛选管理办法”“经济效益分析报告”。	

第3章 产品设计管理

3.1 产品结构设计管理

3.1.1 产品结构设计管理流程设计

3.1.1.1 流程设计的目的

企业设计产品结构设计管理流程的目的如下：

（1）增强产品结构设计的公正性和客观性，提高产品结构设计的总体水平，保障技术研发成果的价值；

（2）规范产品图纸的设计、评审及使用流程，安排好产品结构设计管理所需的人、财、物等各项工作。

3.1.1.2 流程结构设计

产品结构设计管理可细分为四个事项，就每个事项设计流程，即产品图纸设计管理流程、产品图纸工艺评审管理流程、产品样品设计管理流程和产品模具设计管理流程，具体如图 3-1 所示。

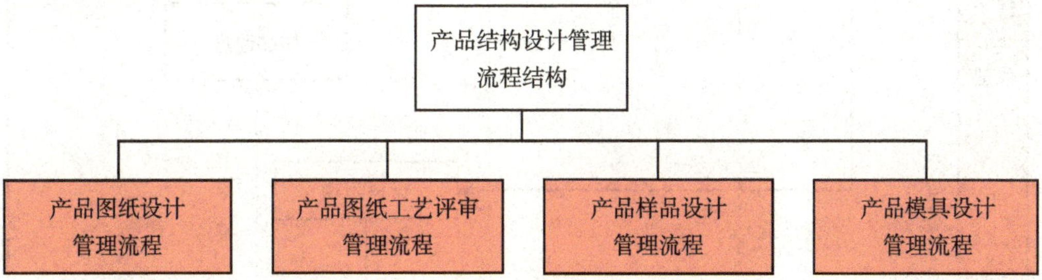

图 3-1 产品结构设计管理流程结构设计

3.1.2 产品图纸设计管理流程设计与工作执行

3.1.2.1 产品图纸设计管理流程设计

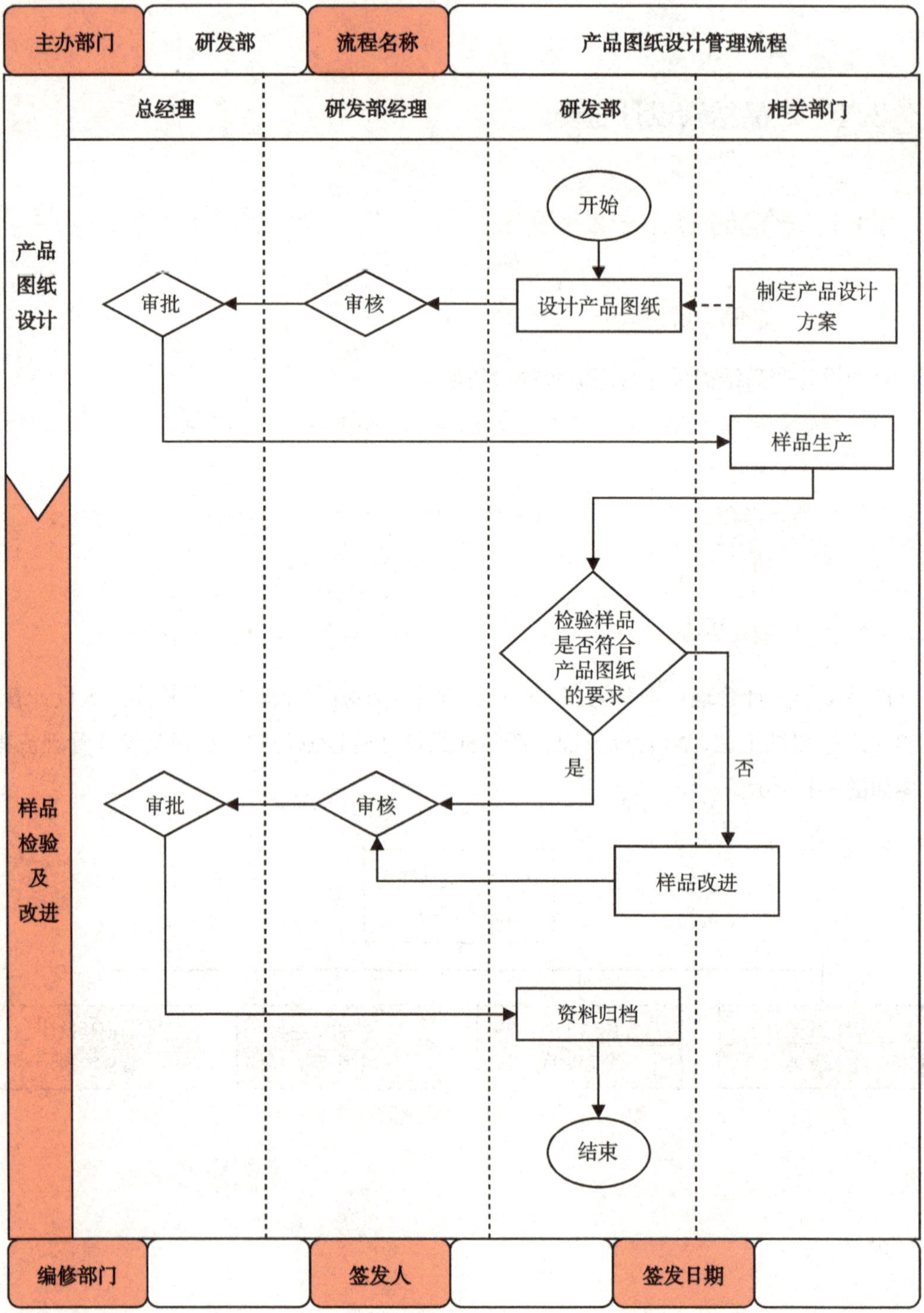
主办部门
研发部
流程名称
产品图纸设计管理流程
总经理
研发部经理
研发部
相关部门
产品图纸设计
开始
设计产品图纸
制定产品设计方案
审核
审批
样品生产
样品检验及改进
检验样品是否符合产品图纸的要求
是
否
审核
审批
样品改进
资料归档
结束
编修部门
签发人
签发日期

3.1.2.2 产品图纸设计管理执行程序、工作标准、考核指标、执行规范

任务名称	执行程序、工作标准与考核指标
产品图纸设计	**执行程序** ☆研发部员工根据其他相关部门制定的产品设计方案设计产品图纸。 ☆研发部须将产品图纸报研发部经理审核、总经理审批。 **工作重点** 产品图纸的设计要符合企业的图纸设计规范。 **工作标准** ☆目标标准：将产品由具体的概念、方案变为可以生产的内容。 ☆质量标准：产品图纸须严格按照产品设计方案设计。 **考核指标** 产品图纸应与企业的产品设计方案一致。
样品检验及改进	**执行程序** **1. 样品生产** ☆相关部门根据样品生产通知书、生产计划、产品图纸的要求生产样品，及时完成样品的生产、装配和报检。 ☆在生产样品的过程中，相关人员若发现异常情况，应暂时停止样品生产作业，同时将现场情况反映给产品研发人员、质量管理人员和工艺技术人员，由他们协商解决。 **2. 检验样品是否符合产品图纸的要求** ☆样品生产出来后，相关部门要将样品交至研发部进行检验，看其是否符合产品图纸的要求。 ☆样品经检验符合产品图纸要求的，研发部须将样品交给研发部经理审核、总经理审批。审批通过后，研发部应及时将相关资料归档。 ☆样品经检验不符合产品图纸要求的，研发部协同其他相关部门进行样品改进。研发部须将改进后的样品交给研发部经理审核、总经理审批。 ☆产品图纸设计出来后，经过制造过程、使用过程等的实践检验，可能需要进行修改与完善，在更改原有设计时，应注意所有更改内容必须经过相关负责人的审查与批准，更改内容应清晰、明确。 **工作重点** ☆在生产样品之前，相关部门人员要准备好样品生产所需物料。准备方式一般包括仓储领料及采购两种。生产部在接到样品试制任务后，应根据相关要求及方法确定所需物料的名称、规格、数量等，从而与仓储部进行沟通，确定相关生产物料是否有库存，若有，应从库存中提取；若没有，则通知采购部进行采购。 ☆在生产样品的过程中，产品研发人员、质量管理人员和工艺技术人员要到生产一线，根据现场情况灵活处理各种突发状况。 ☆样品的检验要严格按照企业规范进行。 ☆样品生产出来后，相关部门要协助研发部对样品进行检验，编制样品质量总结报告。一旦发现重大质量问题，相关部门要组织召开质量分析会，对报告中的异常问题进行分析，及时采取处理措施。

（续）

<table>
<tr><th>任务名称</th><th>执行程序、工作标准与考核指标</th></tr>
<tr><td rowspan="4">样品检验及改进</td><td>工作标准</td></tr>
<tr><td>☆目标标准：通过该阶段的样品检验与改进，及时完善产品图纸。
☆参照标准：同行业其他企业的样品生产资料。
☆质量标准：样品的生产、检验、审定和改进应严格按照企业规范进行。</td></tr>
<tr><td>考核指标</td></tr>
<tr><td>☆样品改进的及时性：应在____个工作日内完成。
☆产品图纸评定人员满意度：改进后的产品图纸应该有较高的满意度，通常应达到____分。
☆样品检验合格率，目标值为____%，其计算公式如下。
$$样品检验合格率=\frac{检验合格的样品数}{检验样品总数}\times 100\%$$</td></tr>
<tr><td colspan="2">执行规范</td></tr>
<tr><td colspan="2">“产品设计方案”“产品图纸设计管理制度”“样品试制计划”“产品质量控制计划”“样品质量总结报告”“产品设计确认报告”。</td></tr>
</table>

3.1.3 产品图纸工艺评审管理流程设计与工作执行

3.1.3.1 产品图纸工艺评审管理流程设计

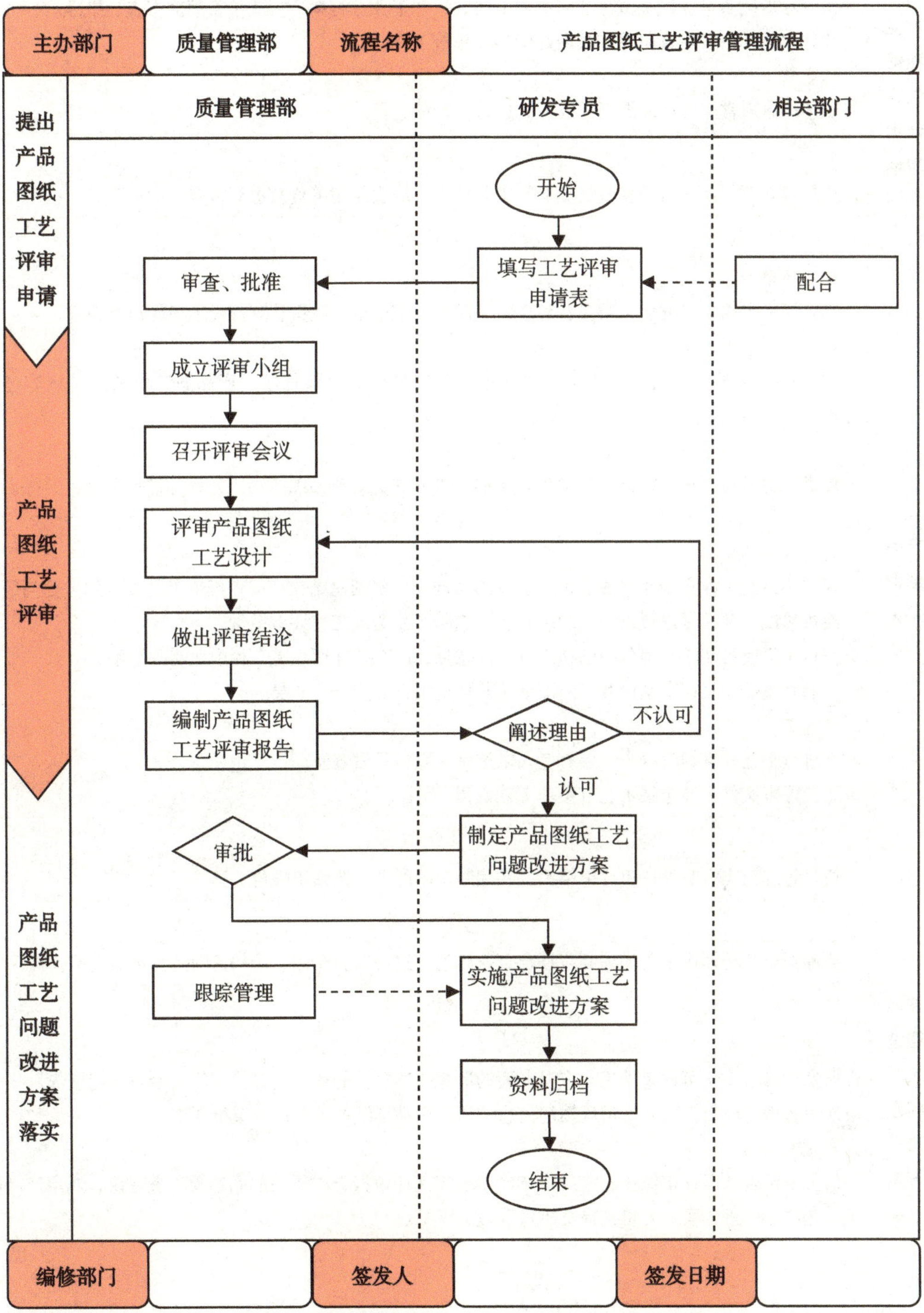
主办部门
质量管理部
流程名称
产品图纸工艺评审管理流程
质量管理部
研发专员
相关部门
提出产品图纸工艺评审申请
产品图纸工艺评审
产品图纸工艺问题改进方案落实
开始
填写工艺评审申请表
配合
审查、批准
成立评审小组
召开评审会议
评审产品图纸工艺设计
做出评审结论
编制产品图纸工艺评审报告
阐述理由
不认可
认可
制定产品图纸工艺问题改进方案
审批
跟踪管理
实施产品图纸工艺问题改进方案
资料归档
结束
编修部门
签发人
签发日期

3.1.3.2 产品图纸工艺评审管理执行程序、工作标准、考核指标、执行规范

任务名称	执行程序、工作标准与考核指标
提出产品图纸工艺评审申请	**执行程序** ☆研发专员按照企业规范填写工艺评审申请表，并附评审材料，报质量管理部审查、批准。 ☆其他相关部门须配合研发专员做好资料收集等工作。 **工作重点** 工艺评审通常应在产品图纸下发后，投入生产前进行。 **工作标准** 质量管理部须仔细对研发专员提交的工艺评审申请表及相关资料进行审查、批准。
产品图纸工艺评审	**执行程序** **1. 成立评审小组** 工艺评审申请表批准后，质量管理部组织成立评审小组，质量管理部经理担任小组组长。 **2. 召开评审会议** 评审小组组长主持召开评审会议，评审小组成员按照会议程序对产品图纸中的工艺内容进行评审。 **3. 评审产品图纸工艺设计** 评审小组通过汇报、审议、答辩和现场抽样等方式，对产品图纸的工艺设计进行评审，并提出改进建议。 **4. 做出评审结论** ☆评审小组组长在集中小组成员评审意见的基础上，概括总结该产品图纸里工艺设计的主要问题及改进建议，并在做出评审结论的基础上，编制产品图纸工艺评审报告。 ☆评审小组成员如果对报告中的结论有不同意见，应在“保留意见”栏中注明并签字。 ☆质量管理部应将评审结论和产品图纸工艺评审报告提交研发专员。 **工作重点** ☆在进行工艺评审的过程中，要有专人做记录，以备日后查验。 ☆工艺评审文件主要包括工艺方案、工艺说明书等。 **工作标准** 质量管理部应客观地做出评审结论，并编制产品图纸工艺评审报告。 **考核指标** 产品图纸工艺评审报告的编制应符合企业规范，报告内容全面、结构清晰且无重大纰漏。
产品图纸工艺问题改进方案落实	**执行程序** **1. 阐述理由** ☆研发专员若不认可评审结论，应以书面的形式阐述自己的理由，并将其反馈给质量管理部。 ☆质量管理部应根据研发专员反馈的信息重新对产品图纸的工艺设计进行评审。 **2. 制定产品图纸工艺问题改进方案** 研发专员若认可评审结论，应针对产品图纸工艺评审报告中所列的问题及改进建议，制定产品图纸工艺问题改进方案，并将其提交质量管理部审批。

（续）

任务名称	执行程序、工作标准与考核指标
产品图纸工艺问题改进方案落实	**3. 实施产品图纸工艺问题改进方案** ☆产品图纸工艺问题改进方案审批通过后，研发专员实施该方案。 ☆质量管理部应对产品图纸工艺问题改进方案的落实情况进行跟踪管理。 **4. 资料归档** 研发专员应及时将产品图纸工艺评审管理过程中产生的各种资料归档。 **工作重点** 每一个重要步骤都要留下文字记录。
	工作标准
	产品图纸工艺问题改进方案得以全面落实，生产工艺得到完善。
	考核指标
	产品图纸工艺问题改进方案制定的有效性：研发专员应针对工艺设计评审结论，制定产品图纸工艺问题改进方案。
执行规范	
“工艺评审管理细则”“产品图纸工艺评审报告”“产品图纸工艺问题改进方案”“工艺评审申请表”。	

3.1.4 产品样品设计管理流程设计与工作执行

3.1.4.1 产品样品设计管理流程设计

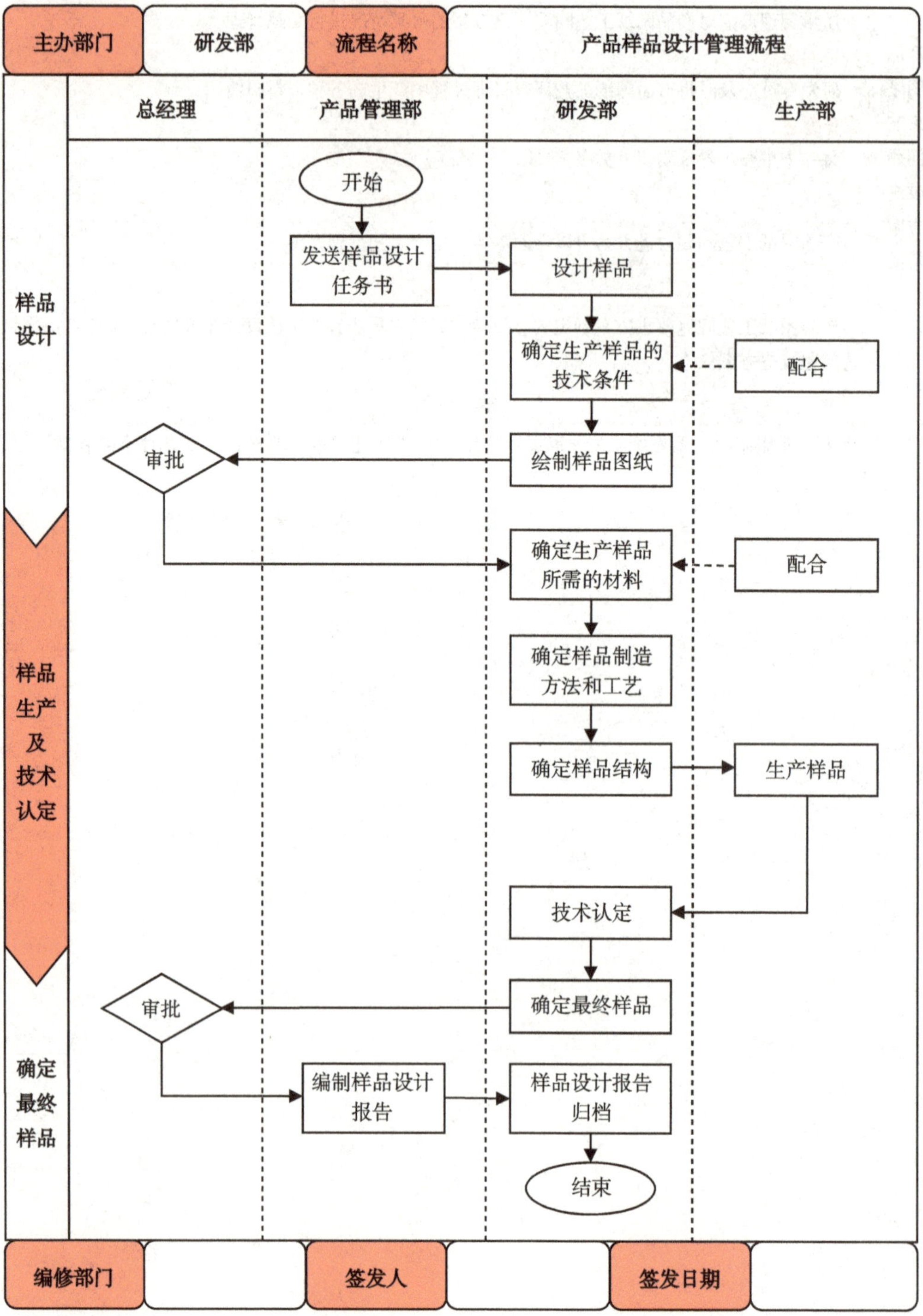
主办部门
研发部
流程名称
产品样品设计管理流程
总经理
产品管理部
研发部
生产部
样品设计
样品生产及技术认定
确定最终样品
开始
发送样品设计任务书
设计样品
确定生产样品的技术条件
配合
绘制样品图纸
审批
确定生产样品所需的材料
配合
确定样品制造方法和工艺
确定样品结构
生产样品
技术认定
确定最终样品
审批
编制样品设计报告
样品设计报告归档
结束
编修部门
签发人
签发日期

3.1.4.2 产品样品设计管理执行程序、工作标准、考核指标、执行规范

<table>
<tr><th>任务名称</th><th>执行程序、工作标准与考核指标</th></tr>
<tr><td rowspan="6">样品设计</td><td>执行程序</td></tr>
<tr><td>1. 发送样品设计任务书
☆研发部在接到产品管理部发来的样品设计任务书后，准备进行样品设计工作。
☆样品设计任务书的内容应包括所设计的产品外形与功能概念、质量要求等。
2. 设计样品
☆研发部应根据样品设计任务书的要求进行具体的功能设计。
☆研发部应在生产部的配合下，确定满足生产样品的技术条件，如设备要求、环境要求和技术要求等。
3. 绘制样品图纸
☆研发部结合可行的技术条件进行讨论，初步绘制样品图纸，明确样品外形、各种功能用途及其零部件、技术要求、设备要求、质量要求等。
☆研发部须将样品图纸报总经理审批。
工作重点
样品图纸的绘制要符合企业的图纸设计规范。</td></tr>
<tr><td>工作标准</td></tr>
<tr><td>☆目标标准：通过样品设计，初步将产品由具体的概念、方案变为可以生产的内容。
☆质量标准：样品的设计应严格按照样品设计任务书的要求进行。</td></tr>
<tr><td>考核指标</td></tr>
<tr><td>样品图纸与样品设计任务书的契合性：样品图纸应与企业的样品设计任务书一致。</td></tr>
<tr><td rowspan="6">样品生产及技术认定</td><td>执行程序</td></tr>
<tr><td>1. 生产样品
☆研发部应根据样品图纸，确定生产样品所需的材料、制造方法和工艺及其结构（根据样品的类型、性能等方面确定所需材料；根据所需材料确定样品的制造方法和工艺；结合样品的功能、质量要求、材料、制造工艺等确定样品结构）。
☆生产部根据研发部确定的生产样品的所需材料、制造方法和工艺、结构生产样品。
2. 技术认定
研发部须对生产部生产出来的样品进行技术认定，具体可以从样品的功能、质量等方面展开。
工作重点
生产部在生产样品之前要与研发部进行反复沟通，确保生产出来的样品符合样品图纸的要求。</td></tr>
<tr><td>工作标准</td></tr>
<tr><td>☆参照标准：同行业其他企业的样品生产及技术认定资料。
☆质量标准：样品的生产和技术认定应严格按照企业规范进行，各项指标符合要求并得到质量管理人员的认可。</td></tr>
<tr><td>考核指标</td></tr>
<tr><td>样品检验合格率，目标值为____%，其计算公式如下。
$$样品检验合格率=\frac{检验合格的样品数}{检验样品总数}\times 100\%$$</td></tr>
</table>

（续）

任务名称	执行程序、工作标准与考核指标
确定最终样品	**执行程序**
	1. 确定最终样品 研发部将确定的最终样品连同样品图纸等相关资料提交总经理审批。 **2. 样品设计报告归档** ☆产品管理部根据总经理的审批意见编制样品设计报告。该报告应包括样品设计任务书、样品图纸、技术认定说明书等相关资料。 ☆研发部应及时将产品管理部编制的样品设计报告归档，以为日后改进工作提供依据。 **工作重点** 样品设计报告的编制要符合企业规范，报告内容全面、结构清晰且无重大纰漏。
	工作标准
	最终确定样品生产的结果，为后续的技术研发和生产提供帮助。
执行规范	
“样品设计任务书”“技术认定说明书”“样品设计报告”。	

3.1.5 产品模具设计管理流程设计与工作执行

3.1.5.1 产品模具设计管理流程设计

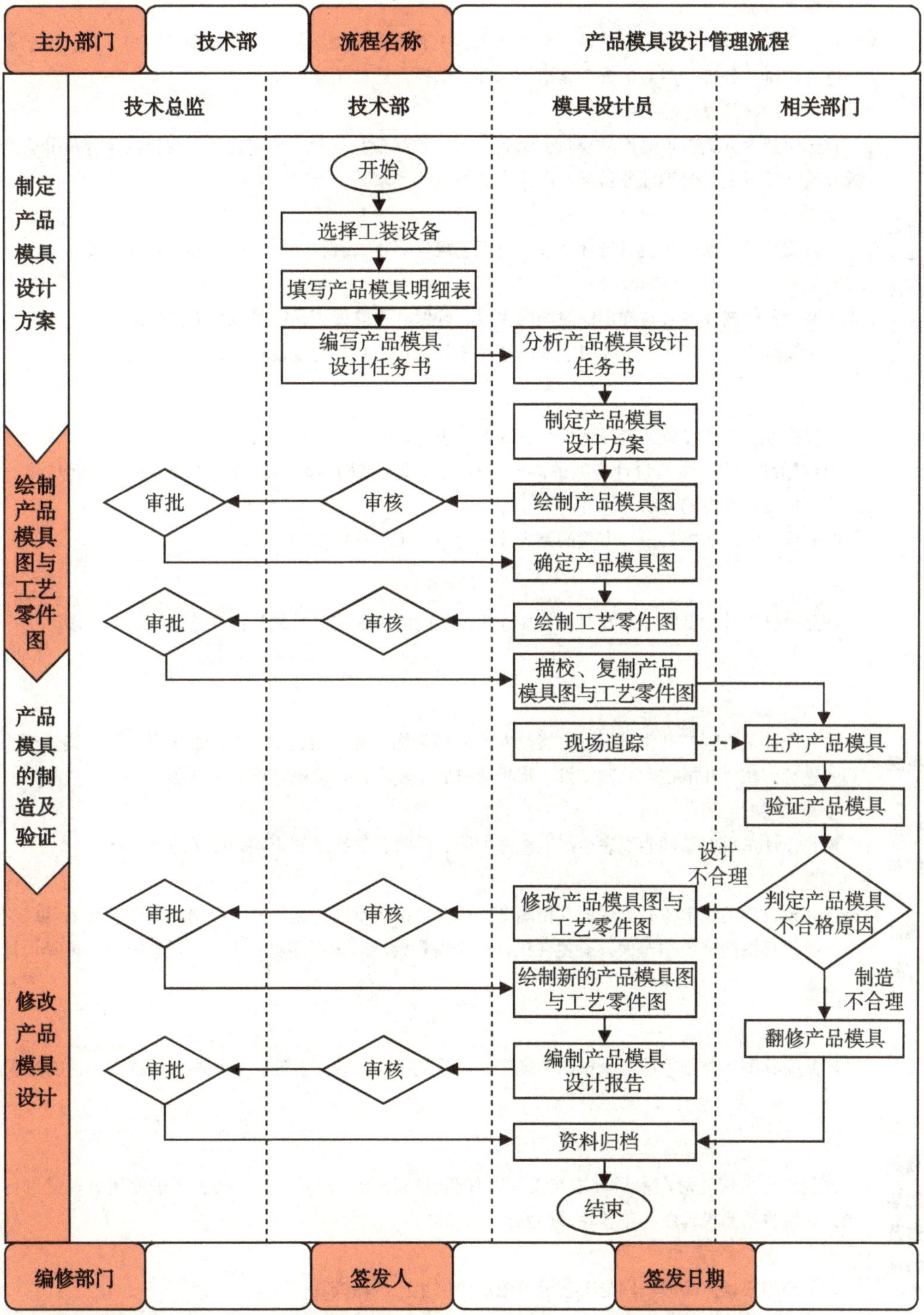

主办部门
技术部
流程名称
产品模具设计管理流程
技术总监
技术部
模具设计员
相关部门
制定产品模具设计方案
绘制产品模具图与工艺零件图
产品模具的制造及验证
修改产品模具设计
开始
选择工装设备
填写产品模具明细表
编写产品模具设计任务书
分析产品模具设计任务书
制定产品模具设计方案
绘制产品模具图
审核
审批
确定产品模具图
绘制工艺零件图
审核
审批
描校、复制产品模具图与工艺零件图
生产产品模具
现场追踪
验证产品模具
判定产品模具不合格原因
设计不合理
修改产品模具图与工艺零件图
审核
审批
制造不合理
翻修产品模具
绘制新的产品模具图与工艺零件图
编制产品模具设计报告
审核
审批
资料归档
结束
编修部门
签发人
签发日期

3.1.5.2 产品模具设计管理执行程序、工作标准、考核指标、执行规范

任务名称	执行程序、工作标准与考核指标
制定产品模具设计方案	**执行程序** **1. 选择工装设备** 技术部应先针对产品结构特点、精度要求，工艺工序分类情况，生产计划与组织形式、工艺条件等进行调研、分析，然后根据工装选择标准，选择合适的工装设备。 **2. 分析产品模具设计任务书** 首先由技术部负责填写产品模具明细表，编写产品模具设计任务书，然后由模具设计员分析产品模具设计任务书，明确任务目标及产品模具的性能要求等。 **3. 制定产品模具设计方案** 模具设计员根据产品模具设计任务书、工艺规程等相关资料，制定产品模具设计方案。 **工作重点** ☆工装设备的选择务必在规定的时间内完成，确保其不耽误产品模具设计方案的制定。 ☆产品模具设计方案的制定须以企业的产品模具设计执行规范为依据。 **工作标准** ☆选择标准：工装设备的选择标准是保证产品生产设备的高效性、通用性和经济性。 ☆内容标准：产品模具设计方案的内容包括产品模具结构示意图，选择主要原件，进行刚度、强度、精度及受力的分析计算等。 ☆时间标准：产品模具设计方案的制定须在____个工作日内完成。 **考核指标** 产品模具设计方案制定的及时性：应在规定的时间内完成产品模具设计方案的制定工作。
绘制产品模具图与工艺零件图	**执行程序** **1. 绘制产品模具图** 模具设计员根据产品模具设计方案绘制产品模具图，然后由技术部对产品模具设计方案及产品模具图进行审核，并报技术总监审批。审批通过后，模具设计员确定产品模具图。 **2. 绘制工艺零件图** 模具设计员根据零件明细表绘制工艺零件图，并将其报技术部审核、技术总监审批。 **工作重点** ☆产品模具图的绘制务必要保证其精确度，确保图纸所示的产品尺寸、结构和比例准确无误。 ☆产品模具图的种类须全面，避免在执行产品模具设计时因所需材料不齐全而影响产品模具设计的进程。 **工作标准** 产品模具图的绘制须符合机械图的规定，应达到正确、统一、完整、清晰及结构工艺性的要求。
产品模具的制造及验证	**执行程序** **1. 描校、复制产品模具图与工艺零件图** 模具设计员应先对产品模具图与工艺零件图进行描绘、校对，然后根据图纸使用需求量进行复制，最后将产品模具图与工艺零件图发给相关部门。 **2. 生产产品模具** 相关部门根据产品模具图与工艺零件图的要求生产产品模具。

（续）

<table>
<tr><th>任务名称</th><th>执行程序、工作标准与考核指标</th></tr>
<tr><td rowspan="3">产品模具的制造及验证</td><td>3. 验证产品模具
☆相关部门要对生产出来的产品模具进行验证，同时生产人员要严格按照工艺文件、工艺规程的要求进行试生产。
☆产品模具验证合格，验证人员应填写产品模具验证书，可转入生产，并在产品模具图上加盖验证合格标记；产品模具验证不合格，验证人员也要填写产品模具验证书，参与验证的人员会签后进行返修，并注明“返修后验证”或“返修后不验证”的字样。
工作重点
模具设计员必须到生产现场进行追踪，及时解决发现的问题。</td></tr>
<tr><td>工作标准</td></tr>
<tr><td>产品模具一般在工艺工序中使用 1 ～ 3 次，产品零部件一般验证 1 ～ 5 件以判断是否合格。</td></tr>
<tr><td rowspan="4">修改产品模具设计</td><td>执行程序</td></tr>
<tr><td>1. 判定产品模具不合格原因
☆产品模具使用部门要对产品模具不合格原因进行判定，判定其是设计不合理还是制造不合理。
☆若是制造不合理，相关部门应根据产品模具验证书中的意见对产品模具进行翻修。
☆若是设计不合理，模具设计员应按照产品模具验证书中的意见修改产品模具图与工艺零件图，并将修改后的产品模具图与工艺零件图报技术部审核、技术总监审批。
2. 绘制新的产品模具图与工艺零件图
模具设计员根据技术总监的审批意见，绘制新的产品模具图与工艺零件图，并将它们发给相关部门使用。
3. 编制产品模具设计报告
模具设计员应根据产品模具设计的全过程编制产品模具设计报告，并将其报技术部审核、技术总监审批。审批通过后，模具设计员应及时将产品模具设计过程中产生的相关资料归档。
工作重点
相关部门人员要准确判定产品模具不合格的原因，避免因判定失误导致产品模具设计调整方向出错。</td></tr>
<tr><td>工作标准</td></tr>
<tr><td>产品模具设计报告的内容应包括产品模具设计方案、实际执行过程及产品模具设计方案修改内容等。</td></tr>
<tr><td colspan="2">执行规范</td></tr>
<tr><td colspan="2">“产品模具设计任务书”“产品工艺规程”“产品模具明细表”“产品模具设计方案”“产品模具结构示意图”“产品模具图”“零件明细表”“工艺零件图”“产品模具验证书”“产品模具设计修改方案”“产品模具设计修改图纸”“产品模具设计报告”。</td></tr>
</table>

3.2 硬件设计管理

3.2.1 硬件设计管理流程设计

3.2.1.1 流程设计的目的

企业设计硬件设计管理流程的目的如下：

（1）规范本企业硬件设计管理执行流程，满足企业对硬件设计开发工作的整体要求；

（2）加强对硬件设计开发任务的管理，有效提升企业硬件设计开发绩效和质量水平，降低企业硬件设计开发管理成本，确保企业稳步发展；

（3）优化硬件设计开发测试流程，合理配置测试工作所需的人、财、物等各种资源。

3.2.1.2 流程结构设计

硬件设计管理可细分为三个事项，就每个事项设计流程，即硬件设计开发管理流程、硬件设计成本控制管理流程和硬件样件测试管理流程，具体如图 3-2 所示。

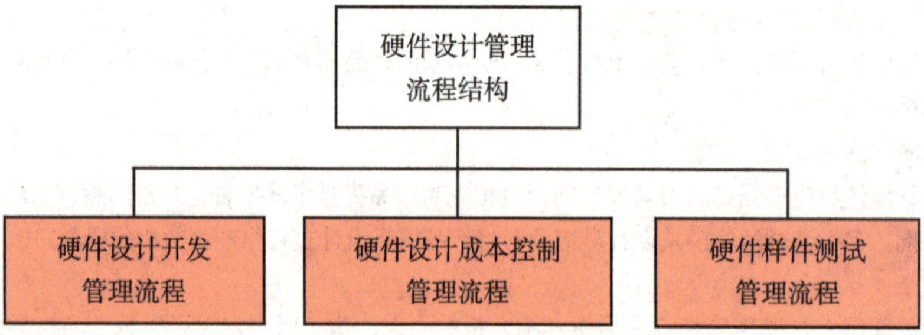

图 3-2 硬件设计管理流程结构设计

3.2.2 硬件设计开发管理流程设计与工作执行

3.2.2.1 硬件设计开发管理流程设计

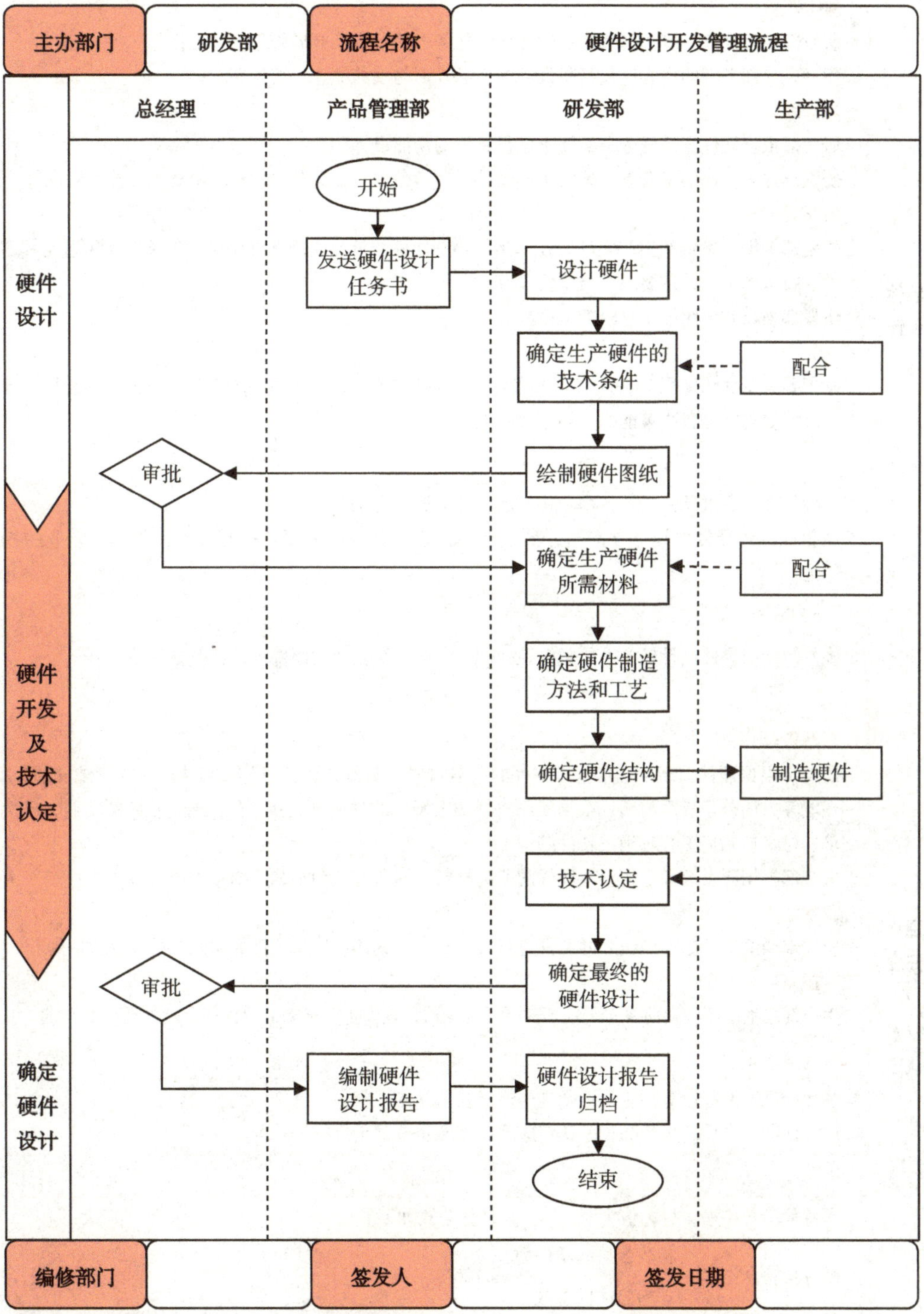
主办部门
研发部
流程名称
硬件设计开发管理流程
总经理
产品管理部
研发部
生产部
硬件设计
硬件开发及技术认定
确定硬件设计
开始
发送硬件设计任务书
设计硬件
确定生产硬件的技术条件
配合
审批
绘制硬件图纸
确定生产硬件所需材料
配合
确定硬件制造方法和工艺
确定硬件结构
制造硬件
技术认定
审批
确定最终的硬件设计
编制硬件设计报告
硬件设计报告归档
结束
编修部门
签发人
签发日期

3.2.2.2 硬件设计开发管理执行程序、工作标准、考核指标、执行规范

<table>
<tr><th>任务名称</th><th>执行程序、工作标准与考核指标</th></tr>
<tr><td rowspan="6">硬件设计</td><td>执行程序</td></tr>
<tr><td>1. 发送硬件设计任务书
☆研发部在接到产品管理部发来的硬件设计任务书后，准备开展硬件设计工作。
☆硬件设计任务书的内容应包括所设计的产品外形与功能概念、质量要求等。
2. 设计硬件
☆研发部根据硬件设计任务书的要求进行具体的功能设计。
☆研发部在生产部的配合下，确定生产硬件的技术条件，如设备要求、环境要求和技术要求等。
3. 绘制硬件图纸
☆研发部根据已确定的生产硬件的技术条件绘制硬件图纸，明确硬件外形、各种功能用途及其零部件、技术要求、设备要求、质量要求等。
☆研发部须将硬件图纸报总经理审批。
工作重点
除了要具备熟练使用 Protel、CAD 绘图软件等基本能力，还要进一步提升研发人员的逻辑思维能力、统筹规划能力、决策能力、问题分析能力和文档编写能力。</td></tr>
<tr><td>工作标准</td></tr>
<tr><td>☆目标标准：通过硬件设计，初步将产品的外形展现出来。
☆质量标准：硬件的设计须严格按照企业硬件设计任务书的要求进行，而且要符合企业的相关规范。</td></tr>
<tr><td>考核指标</td></tr>
<tr><td>硬件图纸与硬件设计任务书的契合性：硬件图纸应与企业的硬件设计任务书一致。</td></tr>
<tr><td rowspan="6">硬件开发及技术认定</td><td>执行程序</td></tr>
<tr><td>1. 制造硬件
☆研发部根据硬件图纸，确定生产硬件的所需材料、制造方法和工艺及其结构（根据硬件的类型、性能等方面确定所需材料；根据所需材料确定硬件的制造方法和工艺；结合硬件的功能、质量要求、材料、制造工艺等确定硬件结构）。
☆生产部根据研发部确定的生产硬件的所需材料、制造方法和工艺、结构生产硬件。
2. 技术认定
研发部须对生产部生产出来的硬件进行技术认定，具体可以从硬件的功能、质量等方面展开。
工作重点
生产部在生产硬件之前要与研发部进行反复沟通，确保生产出来的硬件符合硬件图纸的要求。</td></tr>
<tr><td>工作标准</td></tr>
<tr><td>☆参照标准：同行业其他企业的硬件生产及技术认定资料。
☆质量标准：硬件的生产和技术认定应严格按照企业规范进行。</td></tr>
<tr><td>考核指标</td></tr>
<tr><td>硬件检验合格率，目标值为____%，其计算公式如下。
$$硬件检验合格率=\frac{检验合格的硬件数}{检验硬件总数}\times 100\%$$</td></tr>
</table>

（续）

任务名称	执行程序、工作标准与考核指标
确定硬件设计	执行程序
	1. 确定最终的硬件设计 研发部将确定的最终硬件设计连同硬件图纸等相关资料报总经理审批。 2. 硬件设计报告归档 ☆产品管理部应根据总经理的审批意见编制硬件设计报告。该报告应包括硬件设计任务书、硬件图纸、技术认定说明书等相关资料。 ☆研发部应及时将产品管理部编制的硬件设计报告归档，以为日后改进工作提供依据。 工作重点 硬件设计报告的编制要符合企业规范，报告内容全面、结构清晰且无重大纰漏。
	工作标准
	最终确定硬件开发的结果，为后续的硬件设计和制造提供帮助。
执行规范	
“硬件设计任务书”“技术认定说明书”“硬件设计报告”。	

3.2.3　硬件设计成本控制管理流程设计与工作执行

3.2.3.1　硬件设计成本控制管理流程设计

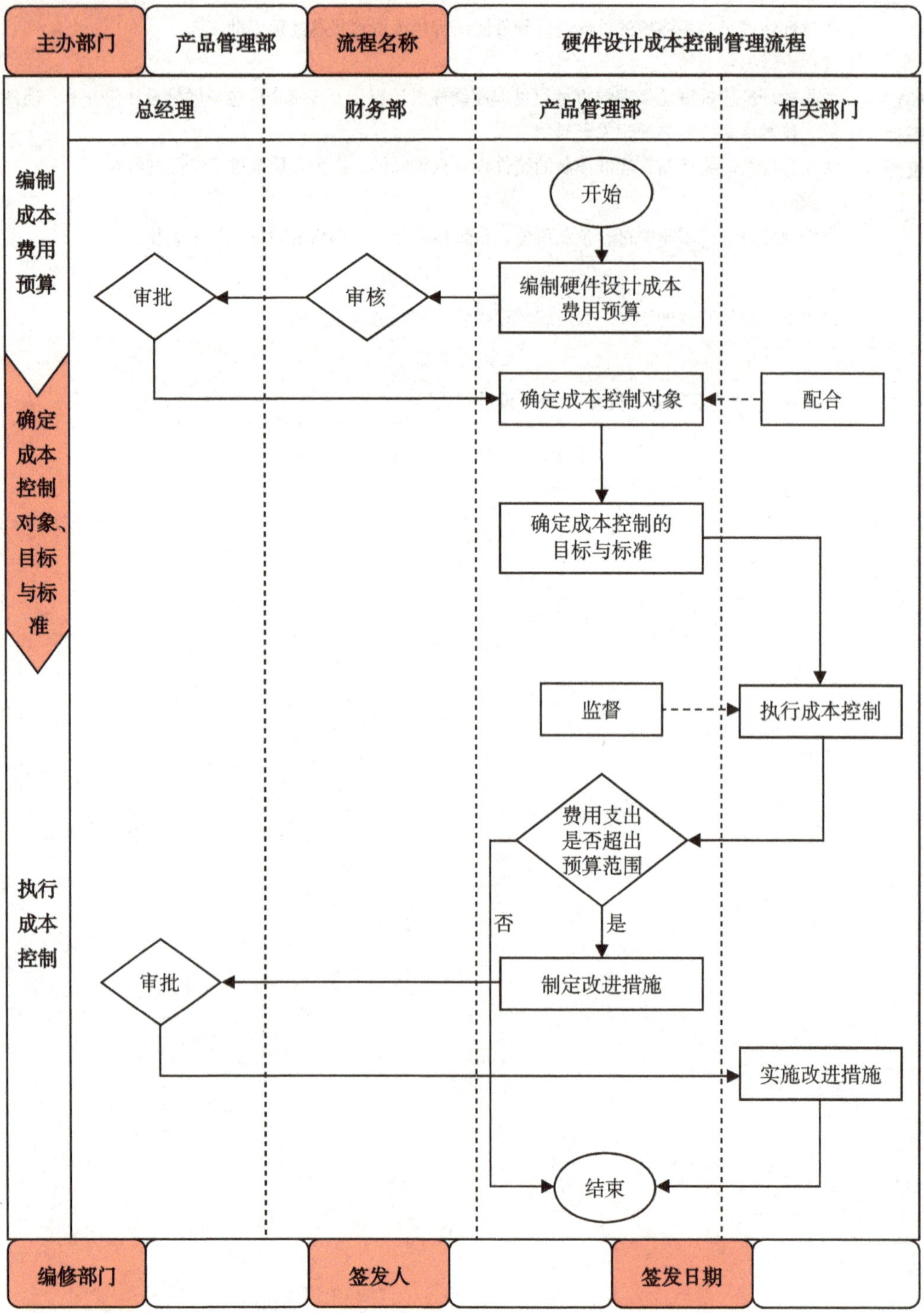
主办部门
产品管理部
流程名称
硬件设计成本控制管理流程
总经理
财务部
产品管理部
相关部门
编制成本费用预算
确定成本控制对象、目标与标准
执行成本控制
开始
编制硬件设计成本费用预算
审核
审批
确定成本控制对象
配合
确定成本控制的目标与标准
监督
执行成本控制
费用支出是否超出预算范围
否
是
制定改进措施
审批
实施改进措施
结束
编修部门
签发人
签发日期

3.2.3.2 硬件设计成本控制管理执行程序、工作标准、考核指标、执行规范

<table>
<tr><th>任务名称</th><th>执行程序、工作标准与考核指标</th></tr>
<tr><td rowspan="4">编制成本费用预算</td><td>执行程序</td></tr>
<tr><td>产品管理部根据本部门的硬件设计情况，编制硬件设计成本费用预算，并将其报财务部审核、总经理审批。
工作重点
☆硬件设计成本费用控制要注意多部门、综合性的管理，除了上面所说的产品管理部，其他相关部门也要担负责任。其中，生产部负责预测硬件在制造时可能会产生的成本费用等；营销部负责预测硬件在推广、试销售阶段可能会产生的成本费用，拟定销售费用管控办法，制订销售费用管理计划等；财务部负责核实硬件设计成本的各项数据，参与硬件设计成本的决策、计划、控制与考核等工作。
☆编制科学合理的硬件设计成本费用预算需要用到以下资料：本企业的发展战略与产品目标；本企业硬件设计成本的历史数据；同行业的硬件设计质量水平、硬件设计成本水平等；有关硬件设计的技术资料；本企业所处的管理和技术环境；可供选择的硬件设计成本管控方案。</td></tr>
<tr><td>工作标准</td></tr>
<tr><td>通过硬件设计成本费用预算，可以了解硬件设计成本，找到成本控制要点。</td></tr>
<tr><td rowspan="6">确定成本控制对象、目标与标准</td><td>执行程序</td></tr>
<tr><td>1. 确定成本控制对象
产品管理部根据硬件设计的不同阶段，确定成本控制对象。例如，在硬件设计开发阶段，成本控制的对象包括市场调研阶段费用支出、硬件设计阶段费用支出、试制阶段费用支出等。
2. 确定成本控制的目标与标准
产品管理部通过分析各种资料，确定成本控制的目标与标准，并将其发给相关部门执行。
工作重点
成本控制的目标要尽可能量化，要分解并落实到每一个硬件设计环节。</td></tr>
<tr><td>工作标准</td></tr>
<tr><td>☆参照标准：企业过去年度硬件的成本控制目标与标准资料。
☆质量标准：成本控制对象设定合理，成本控制目标与标准符合实际。</td></tr>
<tr><td>考核指标</td></tr>
<tr><td>成本控制对象、目标与标准确定的及时性：应在____个工作日内完成。</td></tr>
<tr><td rowspan="2">执行成本控制</td><td>执行程序</td></tr>
<tr><td>☆产品管理部须对相关部门执行成本控制的情况进行监督。
☆产品管理部要将实际费用支出与成本费用预算进行比较，若费用支出超出预算范围，应进行差异分析，并制定相应的改进措施，经总经理审批通过后，组织相关部门实施该措施。
工作重点
企业要加强对硬件设计成本的管控。</td></tr>
</table>

（续）

任务名称	执行程序、工作标准与考核指标
执行成本控制	**工作标准**
	通过成本控制，可以将费用支出控制在预算范围内。
	考核指标
	硬件设计成本控制率，其计算公式如下。 $$硬件设计成本控制率=\frac{硬件设计成本实际支出金额}{硬件设计成本预算金额}\times 100\%$$
执行规范	
“硬件设计成本控制制度”“产品成本管理制度”“硬件设计成本管控办法”。	

3.2.4 硬件样件测试管理流程设计与工作执行

3.2.4.1 硬件样件测试管理流程设计

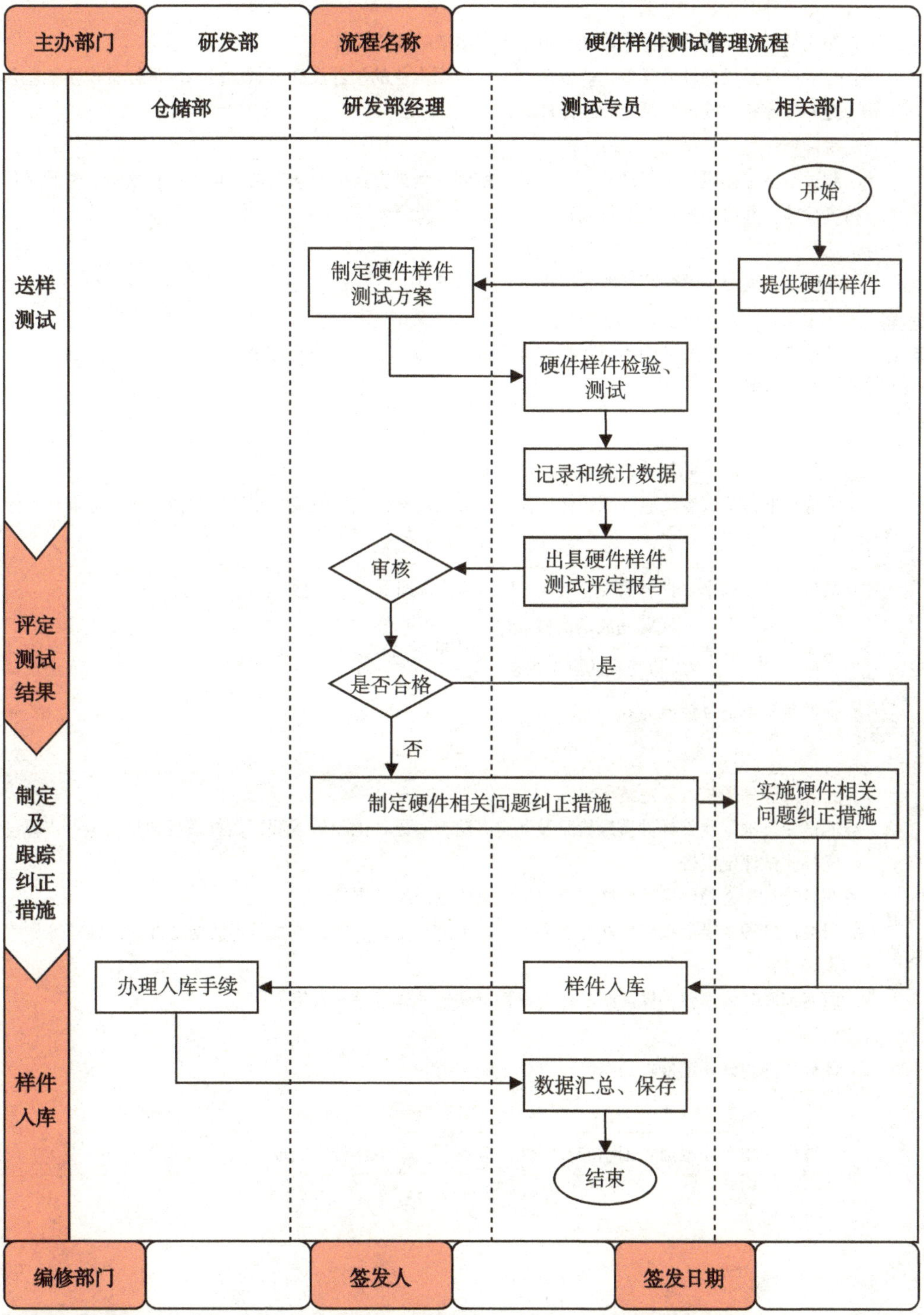

主办部门
研发部
流程名称
硬件样件测试管理流程
仓储部
研发部经理
测试专员
相关部门
送样测试
评定测试结果
制定及跟踪纠正措施
样件入库
开始
提供硬件样件
制定硬件样件测试方案
硬件样件检验、测试
记录和统计数据
出具硬件样件测试评定报告
审核
是否合格
是
否
制定硬件相关问题纠正措施
实施硬件相关问题纠正措施
样件入库
办理入库手续
数据汇总、保存
结束
编修部门
签发人
签发日期

3.2.4.2 硬件样件测试管理执行程序、工作标准、考核指标、执行规范

任务名称	执行程序、工作标准与考核指标
送样测试	**执行程序** **1. 制定硬件样件测试方案** ☆相关部门应向研发部提供按硬件图纸生产出来的硬件样件。 ☆对生产部提供的硬件样件，研发部经理应根据企业的硬件设计测试制度和硬件样件质量检验及评定办法等相关规定，制定硬件样件测试方案。 **2. 硬件样件检验、测试** 测试专员根据研发部经理的工作安排，按硬件测试方案的要求对硬件样件进行质量、外观及尺寸精度检验，并对相关性能进行测试。 **3. 记录和统计数据** 测试专员要对检验、测试的数据进行记录和统计。 **工作重点** 硬件样件测试方案的内容应包括硬件样件的型号、数量、检验方法、检验流程、所需器具、人员及时间安排等。 **工作标准** ☆参照标准：同行业其他企业的硬件样件测试方案。 ☆完成标准：测试专员应按照硬件样件测试方案对样件进行检验、测试，并做好数据记录和统计。 **考核指标** ☆测试工作完成率，目标值为____%，其计算公式如下。 $测试工作完成率=\frac{实际完成的测试数量}{应完成的测试数量}\times 100\%$ ☆样件漏检率：目标值为0。
评定测试结果	**执行程序** **1. 出具硬件样件测试评定报告** ☆测试专员根据硬件样件质量检验及评定办法，对硬件的检验、测试数据进行初步评定，出具硬件样件测试评定报告。 ☆测试专员须将硬件样件测试评定报告提交研发部经理审核。 ☆研究部经理主要审核硬件样件的测试方法和流程是否有效，测试所得数据是否存在异常等。 **2. 是否合格** 研发部经理根据硬件样件测试评定报告审核硬件样件是否合格。 **工作重点** 硬件样件测试评定报告的编制要符合企业规范。 **工作标准** 硬件样件测试评定报告编制的及时性：应在____个工作日内完成。

（续）

任务名称	执行程序、工作标准与考核指标
制定及跟踪纠正措施	**执行程序** 对于不合格的硬件，研发部经理应组织测试专员针对硬件相关问题制定纠正措施，并发给相关部门实施。 **工作重点** 研发部对硬件相关问题整改的跟踪、验证最好形成规范。 **工作标准** ☆参考标准：同行业其他企业的硬件问题纠正措施。 ☆完成标准：通过实施硬件相关问题纠正措施，硬件样件检测、测试合格。 **考核指标** ☆硬件相关问题纠正措施的有效性：硬件样件测试达标，不影响企业生产的质量水平。 ☆硬件相关问题纠正措施的执行率应达到____%。
样件入库	**执行程序** **1. 办理入库手续** 仓储部应为合格的硬件样件办理入库手续。 **2. 数据汇总、保存** 硬件样件测试工作完成后，测试专员须对硬件样件的测试评定数据进行汇总、保存。 **工作重点** 测试人员要定期对汇总的数据进行分析、研究，以便找到硬件设计方面的一些规律。 **工作标准** 仓储部应按照企业的相关规定办理硬件样件入库手续。 **考核指标** 硬件样件入库手续的完备性：样件信息标识清晰、容易辨认，样件存放位置合理、拿取方便。
执行规范	
“硬件设计测试制度”“硬件样件质量检验及评定办法”“硬件样件测试方案”“硬件样件测试评定报告”“硬件相关问题纠正措施”。	

3.3 软件设计管理

3.3.1 软件设计管理流程设计

3.3.1.1 流程设计的目的

企业设计软件设计管理流程的目的如下：

（1）规范本企业软件设计管理的执行流程，满足企业对软件设计开发工作的整体要求；

（2）加强对软件设计开发任务的管理，有效提升企业软件设计开发绩效和质量水平，降低企业软件设计开发管理成本，确保企业稳步发展；

（3）优化软件设计开发的需求分析和测试流程，安排好需求分析和测试工作所需的人、财、物等各项工作。

3.3.1.2 流程结构设计

软件设计管理可细分为三个事项，就每个事项设计流程，即软件设计开发管理流程、软件设计需求分析管理流程和软件设计测试管理流程，具体如图 3-3 所示。

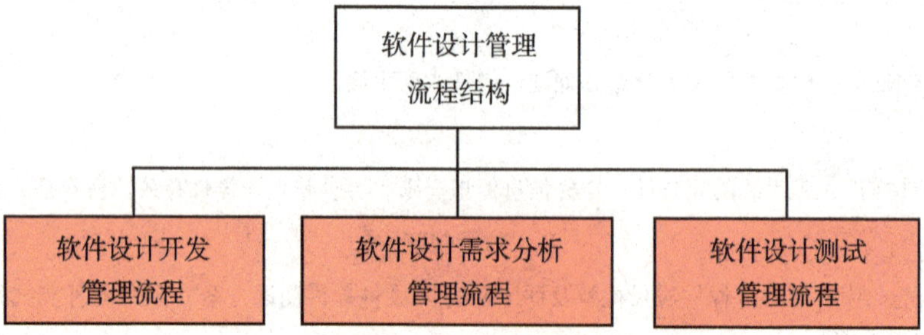

图 3-3　软件设计管理流程结构设计

3.3.2 软件设计开发管理流程设计与工作执行

3.3.2.1 软件设计开发管理流程设计

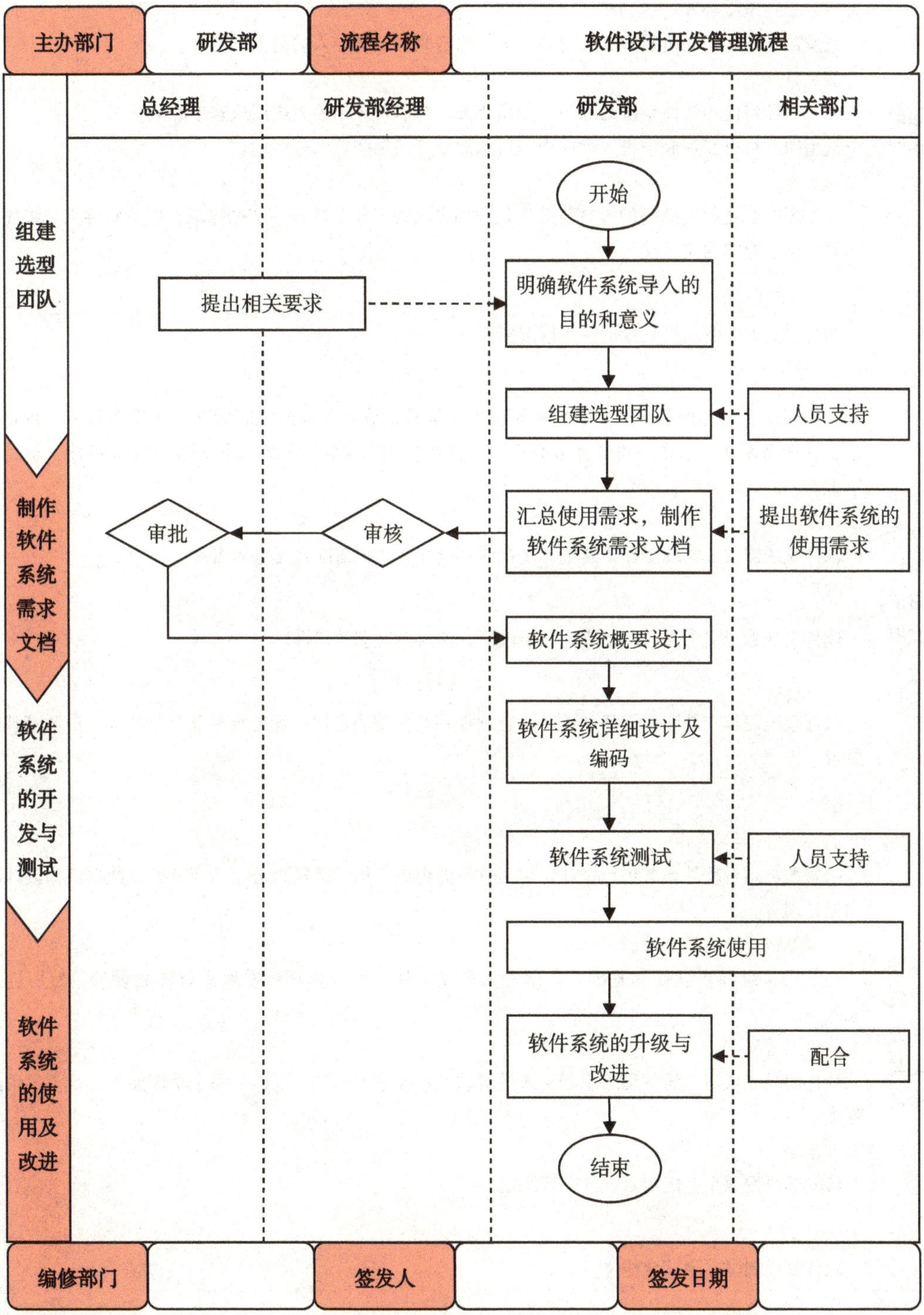

主办部门
研发部
流程名称
软件设计开发管理流程
总经理
研发部经理
研发部
相关部门
组建选型团队
制作软件系统需求文档
软件系统的开发与测试
软件系统的使用及改进
开始
提出相关要求
明确软件系统导入的目的和意义
组建选型团队
人员支持
审批
审核
汇总使用需求，制作软件系统需求文档
提出软件系统的使用需求
软件系统概要设计
软件系统详细设计及编码
软件系统测试
人员支持
软件系统使用
软件系统的升级与改进
配合
结束
编修部门
签发人
签发日期

3.3.2.2　软件设计开发管理执行程序、工作标准、考核指标、执行规范

任务名称	执行程序、工作标准与考核指标
组建选型团队	**执行程序**
	1. 明确软件系统导入的目的和意义 研发部在总经理和研发部经理的要求下，明确软件系统导入的目的和意义。 **2. 组建选型团队** ☆从每个即将使用软件系统的部门中抽调代表，与研发部相关人员组成选型团队。 ☆选型团队可以在企业中进行软件相关概念的推广、早期培训等活动。 **工作重点** 选型团队要让相关部门的人员清楚地认识到自己的工作对软件系统的需求，以及软件系统将如何深刻影响企业的商业活动。
	工作标准
	同行业其他企业软件系统的使用情况资料。
制作软件系统需求文档	**执行程序**
	选型团队要汇总相关部门对软件系统的使用需求，分析各部门之间的交互作用有哪些。在此基础上，选型团队要制作一份企业最高级的软件系统需求文档，并将其报研发部经理审核、总经理审批。 **工作重点** 软件系统需求文档的制作要规范，文档内容全面、结构清晰且无重大纰漏。
	工作标准
	软件系统需求文档经过反复审定、修改后，通过总经理的审批。
	考核指标
	软件系统需求文档制作的科学性：符合软件系统的功能定位、管理水平及企业的客户资源管理的要求。
软件系统的开发与测试	**执行程序**
	1. 软件系统概要设计 研发人员须对软件系统进行设计，包括软件的组织结构、模板划分、功能分配、数据结构设计及出错处理等。 **2. 软件系统详细设计及编码** 在软件系统概要设计的基础上，研发人员须对软件系统内部各模块进行详细设计，然后进行编码。 **3. 软件系统测试** 软件编写完成后，研发部组织相关人员对软件系统进行测试，以确认每个功能能否实现及实现的程度。 **工作重点** 研发部要按照企业规范对软件进行测试。
	工作标准
	软件完成测试并测试合格。

（续）

任务名称	执行程序、工作标准与考核指标
软件系统的使用及改进	**执行程序**
	1. 软件系统使用 ☆在使用软件系统之前，研发部应组织相关部门对系统使用人员进行培训，包括系统的使用方法及注意事项等。 ☆培训结束后，相关人员开始在工作中使用软件系统。 **2. 软件系统的升级与改进** 相关人员如果在使用软件系统的过程中发现问题，应及时将问题反映给研发部。研发部须及时对软件系统进行升级与改进，并做好记录。 **工作重点** 软件系统的升级与改进是一个持续的过程，企业的研发人员要不断学习，并总结相关经验。
	工作标准
	软件系统的使用和持续升级与改进，能有效提升企业的管理效能，促进相关业务的开展。
执行规范	
“软件系统需求文档”“软件系统使用效果监测报告”。	

3.3.3 软件设计需求分析管理流程设计与工作执行

3.3.3.1 软件设计需求分析管理流程设计

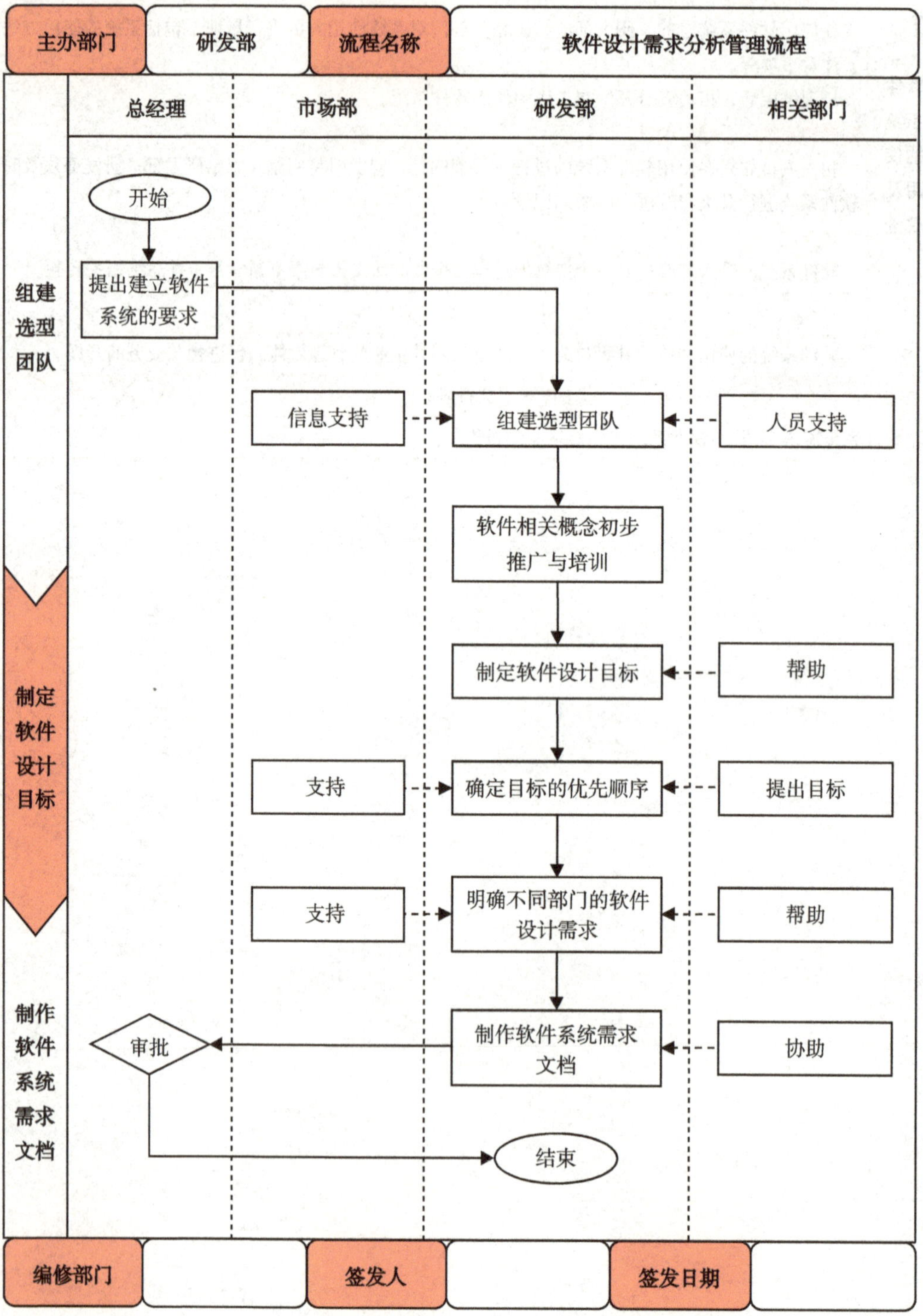

主办部门
研发部
流程名称
软件设计需求分析管理流程
总经理
市场部
研发部
相关部门
组建选型团队
制定软件设计目标
制作软件系统需求文档
开始
提出建立软件系统的要求
信息支持
组建选型团队
人员支持
软件相关概念初步推广与培训
制定软件设计目标
帮助
支持
确定目标的优先顺序
提出目标
支持
明确不同部门的软件设计需求
帮助
审批
制作软件系统需求文档
协助
结束
编修部门
签发人
签发日期

3.3.3.2 软件设计需求分析管理执行程序、工作标准、考核指标、执行规范

<table>
<tr><th>任务名称</th><th>执行程序、工作标准与考核指标</th></tr>
<tr><td rowspan="6">组建选型团队</td><td>执行程序</td></tr>
<tr><td>1. 提出建立软件系统的要求
总经理通过对市场未来趋势、竞争对手技术发展水平、AI 技术应用趋势等因素的综合观察与判断，提出建立企业软件系统的要求。
2. 组建选型团队
以研发部为主，从生产部、市场部等相关部门中抽调代表组成选型团队，负责规划软件系统的相关规格和参数。
3. 软件相关概念初步推广与培训
选型团队负责收集、整理相关资料，在企业中对软件的相关概念进行初步推广与培训。
工作重点
软件系统的建立是一项综合性、全局性和战略性的工作，企业的总经理必须认识其价值和必要性，这是企业建立软件系统的基础。</td></tr>
<tr><td>工作标准</td></tr>
<tr><td>组建选型团队，并在企业范围内对相关概念进行初步推广与培训，为开展后续工作奠定基础。</td></tr>
<tr><td>考核指标</td></tr>
<tr><td>企业建立软件系统的现实性：企业拥有较高的品牌知名度，业务众多。</td></tr>
<tr><td rowspan="6">制定软件设计目标</td><td>执行程序</td></tr>
<tr><td>1. 制定软件设计目标
☆研发部从企业的愿景和战略出发，结合企业相关业务的实际情况，制定软件设计目标。
☆与业务相关的部门和人员都可以提出具体的目标。
2. 确定目标的优先顺序
选型团队要收集各部门和人员提出的具体目标，并分析这些目标，确定其优先顺序。
工作重点
研发部制定的软件设计目标要可量化、可实现。</td></tr>
<tr><td>工作标准</td></tr>
<tr><td>综合企业业务相关部门和人员的意见，明确软件设计目标的优先顺序，方便后期开展软件系统的设计工作。</td></tr>
<tr><td>考核指标</td></tr>
<tr><td>软件设计目标制定的规范性：要严格按照企业的规范制定。</td></tr>
<tr><td rowspan="2">制作软件系统需求文档</td><td>执行程序</td></tr>
<tr><td>1. 明确不同部门的软件设计需求
☆选型团队要明确不同部门的软件设计需求。
☆对某些专业问题，选型团队可以请相关部门提供帮助。
2. 制作软件系统需求文档
在明确不同部门的软件设计需求的基础上，选型团队在相关部门的协助下制作一份企业最高级的软件系统需求文档，并将其报总经理审批。</td></tr>
</table>

（续）

任务名称	执行程序、工作标准与考核指标
制作软件系统需求文档	工作重点 ☆软件系统需求文档的制作要规范，文档内容全面、重点突出且无重大纰漏。 ☆软件系统需求文档的内容主要包括前言、系统总体设计、数据库设计、模块功能需求、功能设计和非功能性需求等。
	工作标准
	本企业的软件系统需求文档可参照同行业其他优秀企业的软件系统需求文档制作。
	考核指标
	选型团队的专业度：能够对不同部门的软件设计需求进行综合概括、归纳，制作出符合企业规范的高水平软件系统需求文档。
执行规范	
“软件系统开发方案”“软件系统需求文档”。	

3.3.4 软件设计测试管理流程设计与工作执行

3.3.4.1 软件设计测试管理流程设计

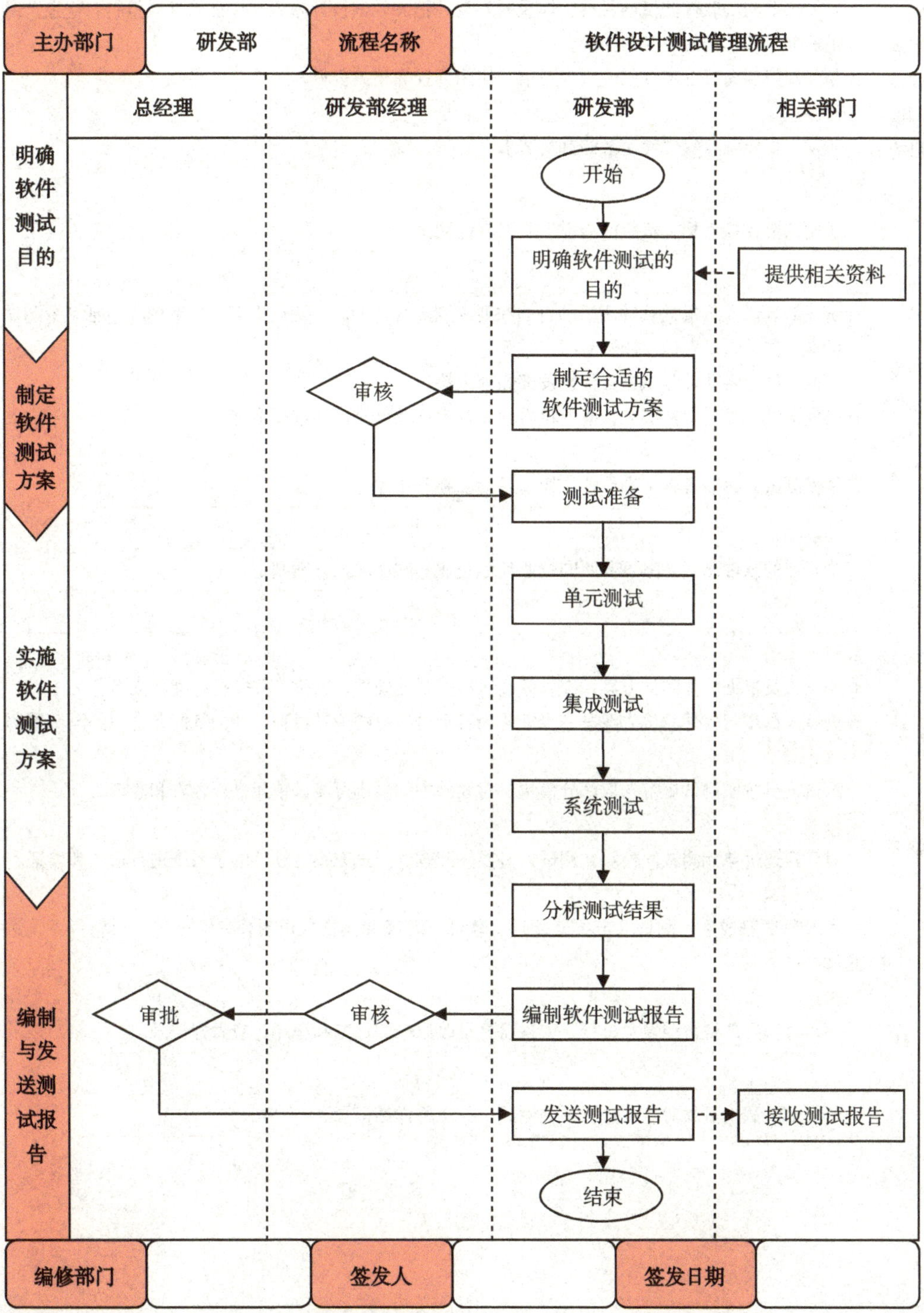

主办部门
研发部
流程名称
软件设计测试管理流程
总经理
研发部经理
研发部
相关部门
明确软件测试目的
制定软件测试方案
实施软件测试方案
编制与发送测试报告
开始
明确软件测试的目的
提供相关资料
制定合适的软件测试方案
审核
测试准备
单元测试
集成测试
系统测试
分析测试结果
编制软件测试报告
审核
审批
发送测试报告
接收测试报告
结束
编修部门
签发人
签发日期

第3章 产品设计管理

3.3.4.2 软件设计测试管理执行程序、工作标准、考核指标、执行规范

任务名称	执行程序、工作标准与考核指标
明确软件测试目的	**执行程序** ☆研发部要明确软件测试的目的，即及时发现并消除软件设计隐患，保证软件质量符合企业产品质量标准，并达到使用者的要求。 ☆相关部门要向研发部提供使用者要求、使用场景等相关资料。 **工作重点** 研发人员要洞察软件使用者的真实需求。 **工作标准** 研发部要在参考相关资料的前提下明确软件测试的目的。
制定软件测试方案	**执行程序** ☆研发部测试人员根据软件测试的目的和要求制定合适的软件测试方案。方案内容包括黑盒测试的标准、测试人员安排、测试时间安排等。 ☆测试人员应将软件测试方案报研发部经理审核。 ☆研发部经理须对软件测试方案的科学性、有效性及可操作性进行审核。 **工作重点** 软件测试方案要具有可操作性，便于后期实施和操作。 **工作标准** 本企业的软件测试方案可参照同行业其他企业的软件测试方案制定。
实施软件测试方案	**执行程序** **1. 测试准备** ☆测试人员根据软件测试方案，准备好测试所需要的硬件、软件，并安排好操作人员。 ☆测试人员要将软件测试方案进一步细化为若干可执行的测试过程，并为其配备合适的测试用例。 **2. 单元测试** 测试人员按照测试规范选取部分模块，对软件中的最小可测试单元进行检查和验证。 **3. 集成测试** 对已经通过单元测试的模块，测试人员要按照软件测试方案对软件的子系统进行检查和验证。 **4. 系统测试** 集成测试完成后，测试人员要将硬件、软件、环境和操作人员看作一个整体，对整个系统进行测试。 **工作重点** 测试过程要严格按照要求进行，如果需要更改原来的标准和程序，应做好记录。 **工作标准** 研发部测试人员须对软件进行系统测试，并做好详细记录。

（续）

<table>
<tr><th>任务名称</th><th>执行程序、工作标准与考核指标</th></tr>
<tr><td rowspan="6">编制与发送测试报告</td><td>执行程序</td></tr>
<tr><td>1. 分析测试结果
测试人员须对测试结果进行分析。
2. 编制软件测试报告
研发部依据相关要求编制软件测试报告，并将其报研发部经理审核、总经理审批。审批通过后，研发部将软件测试报告发给相关部门。
工作重点
软件测试报告的内容主要包括软件名称、设计要求、设计时间、测试项目、测试过程、测试人员、测试器具和测试结果等。</td></tr>
<tr><td>工作标准</td></tr>
<tr><td>研发部要按照企业规范编制软件测试报告，并将其发给相关部门。</td></tr>
<tr><td>考核指标</td></tr>
<tr><td>软件测试报告编制的及时性：应在____个工作日内完成。</td></tr>
<tr><td colspan="2">执行规范</td></tr>
<tr><td colspan="2">“软件测试方案”“软件测试报告”。</td></tr>
</table>

3.4 技术设计管理

3.4.1 技术设计管理流程设计

3.4.1.1 流程设计的目的

企业设计技术设计管理流程的目的如下：

（1）规范本企业技术设计管理的执行流程，满足企业对技术设计开发工作的整体要求；

（2）优化产品技术引进和改进工作流程，安排好产品技术引进和改进工作所需的人、财、物等各项工作。

3.4.1.2 流程结构设计

技术设计管理可细分为三个事项，就每个事项设计流程，即新产品技术设计管理流程、产品技术引进管理流程和产品技术改进管理流程，具体如图 3-4 所示。

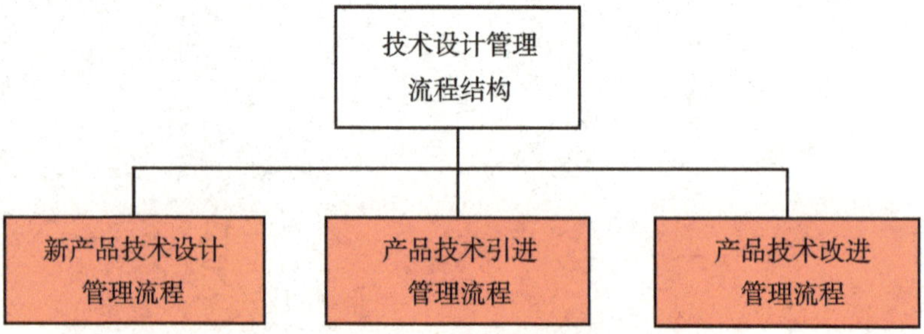

图 3-4 技术设计管理流程结构设计

3.4.2 新产品技术设计管理流程设计与工作执行

3.4.2.1 新产品技术设计管理流程设计

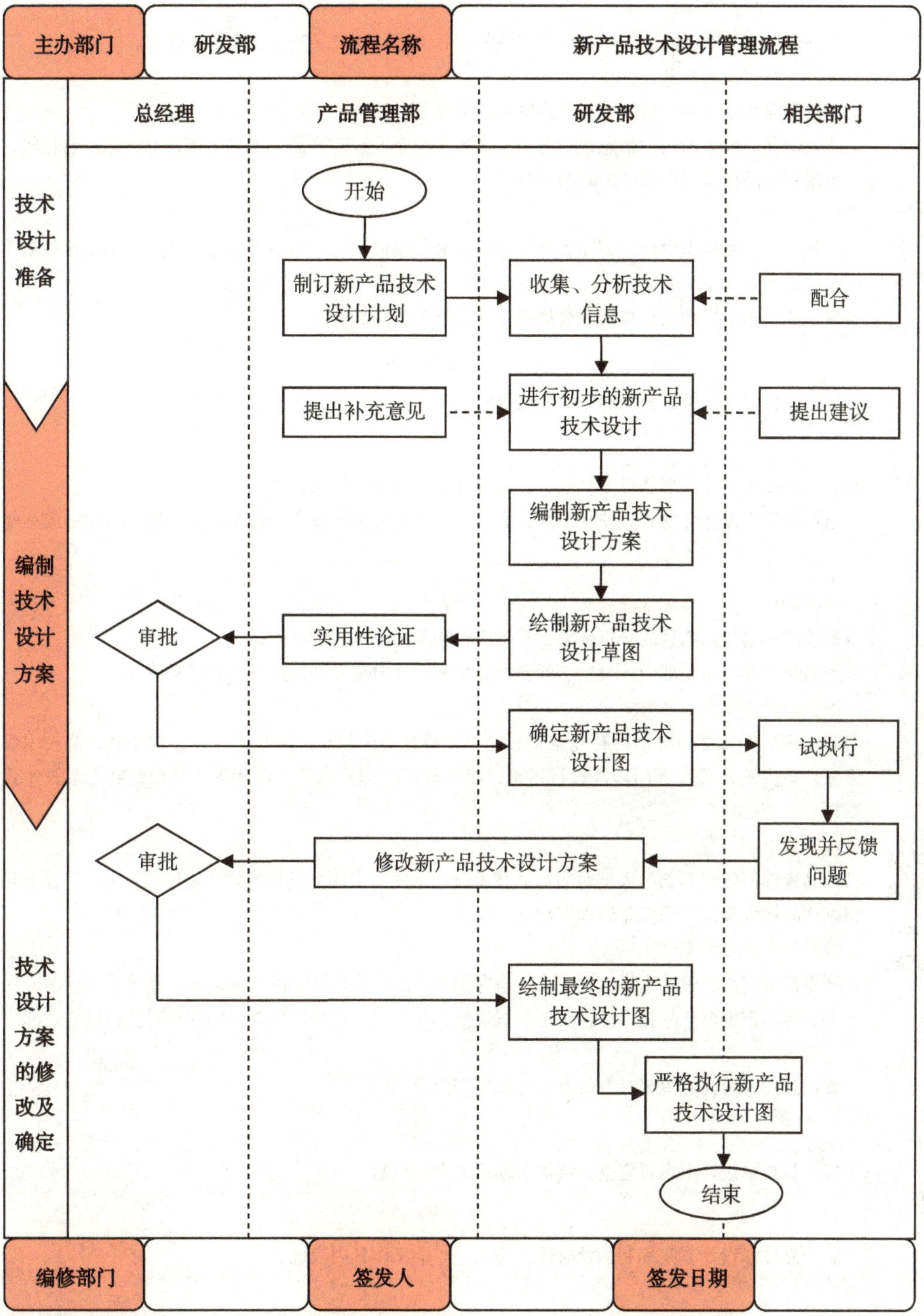
主办部门
研发部
流程名称
新产品技术设计管理流程
总经理
产品管理部
研发部
相关部门
技术设计准备
编制技术设计方案
技术设计方案的修改及确定
开始
制订新产品技术设计计划
收集、分析技术信息
配合
提出补充意见
进行初步的新产品技术设计
提出建议
编制新产品技术设计方案
审批
实用性论证
绘制新产品技术设计草图
确定新产品技术设计图
试执行
审批
修改新产品技术设计方案
发现并反馈问题
绘制最终的新产品技术设计图
严格执行新产品技术设计图
结束
编修部门
签发人
签发日期

3.4.2.2 新产品技术设计管理执行程序、工作标准、考核指标、执行规范

任务名称	执行程序、工作标准与考核指标
技术设计准备	**执行程序** **1. 制订新产品技术设计计划** 产品管理部根据产品计划及市场和产品的实际情况，制订新产品技术设计计划。 **2. 收集、分析技术信息** ☆研发部应在相关部门的配合下收集国内外市场各行业与技术有关的信息。 ☆研发部须对收集的技术信息进行分析，主要是将企业现有产品技术与最新产品技术进行比较，分析现有产品技术存在哪些缺陷与不足等。 **工作重点** ☆在制订新产品技术设计计划时，产品管理部必须明确项目组各成员的工作职责，避免因职责不清晰导致人员分工不明确。 ☆研发部应制定技术信息需求的具体标准，供相关部门参考。
	工作标准
	各部门各司其职做好分内的工作，为日后的新产品技术设计工作打好基础。
	考核指标
	☆新产品技术设计计划制订的规范性：应符合企业的总体战略。 ☆新产品技术设计计划调整的合理性：要随着内外部环境的改变而做出相应调整，不应一成不变。
编制技术设计方案	**执行程序** **1. 进行初步的新产品技术设计** ☆研发部根据技术信息的分析结果，开始进行初步的新产品技术设计。 ☆产品管理部与相关部门针对初步的新产品技术设计向研发部提出补充意见和建议。 **2. 编制新产品技术设计方案** 研发部根据各部门提出的补充意见和建议，结合初步的新产品技术设计，编制新产品技术设计方案。该方案需要在部门内部进行讨论，经本部门经理同意后，由相关人员绘制新产品技术设计草图。 **3. 实用性论证** 产品管理部组织本部门人员对新产品技术设计草图的实用性进行论证。论证通过后，产品管理部将新产品技术设计草图报总经理审批。 **4. 确定新产品技术设计图** ☆研发部根据总经理的审批意见，修订与完善新产品技术设计草图，确定新产品技术设计图。 ☆相关部门依据新产品技术设计图进行试执行，并将执行过程中出现的问题及时反馈给研发部。 **工作重点** 新产品技术设计方案要具有可操作性和实用性。
	工作标准
	新产品技术设计图内容完整、结构清晰且无重大纰漏。
	考核指标
	新产品技术设计方案编制的及时性：应在____个工作日内完成。

（续）

任务名称	执行程序、工作标准与考核指标
技术设计方案的修改及确定	**执行程序** **1. 修改新产品技术设计方案** 产品管理部与研发部针对相关部门在试执行的过程中发现的问题，对新产品技术设计方案进行修改（例如，产品技术处于初期或成长期，应对产品技术进行优化；产品技术处于成熟期或衰退期，应找出新的核心技术替代原有核心技术），并将修改后的新产品技术设计方案报总经理审批。 **2. 绘制最终的新产品技术设计图** 研发部相关人员根据总经理的审批意见，绘制最终的新产品技术设计图。 **3. 严格执行新产品技术设计图** 研发部与相关部门在工作中必须严格执行新产品技术设计图。 **工作重点** 修改后的新产品技术设计方案内容全面、结构清晰且无重大纰漏。 **工作标准** 修改后的新产品技术设计方案具有较强的可操作性，且通过总经理的审批。 **考核指标** 新产品技术设计方案修改的及时性：应在____个工作日内完成。
执行规范	
“新产品技术设计计划”“新产品技术设计草图”“新产品技术设计方案”“新产品技术设计图”。	

3.4.3 产品技术引进管理流程设计与工作执行

3.4.3.1 产品技术引进管理流程设计

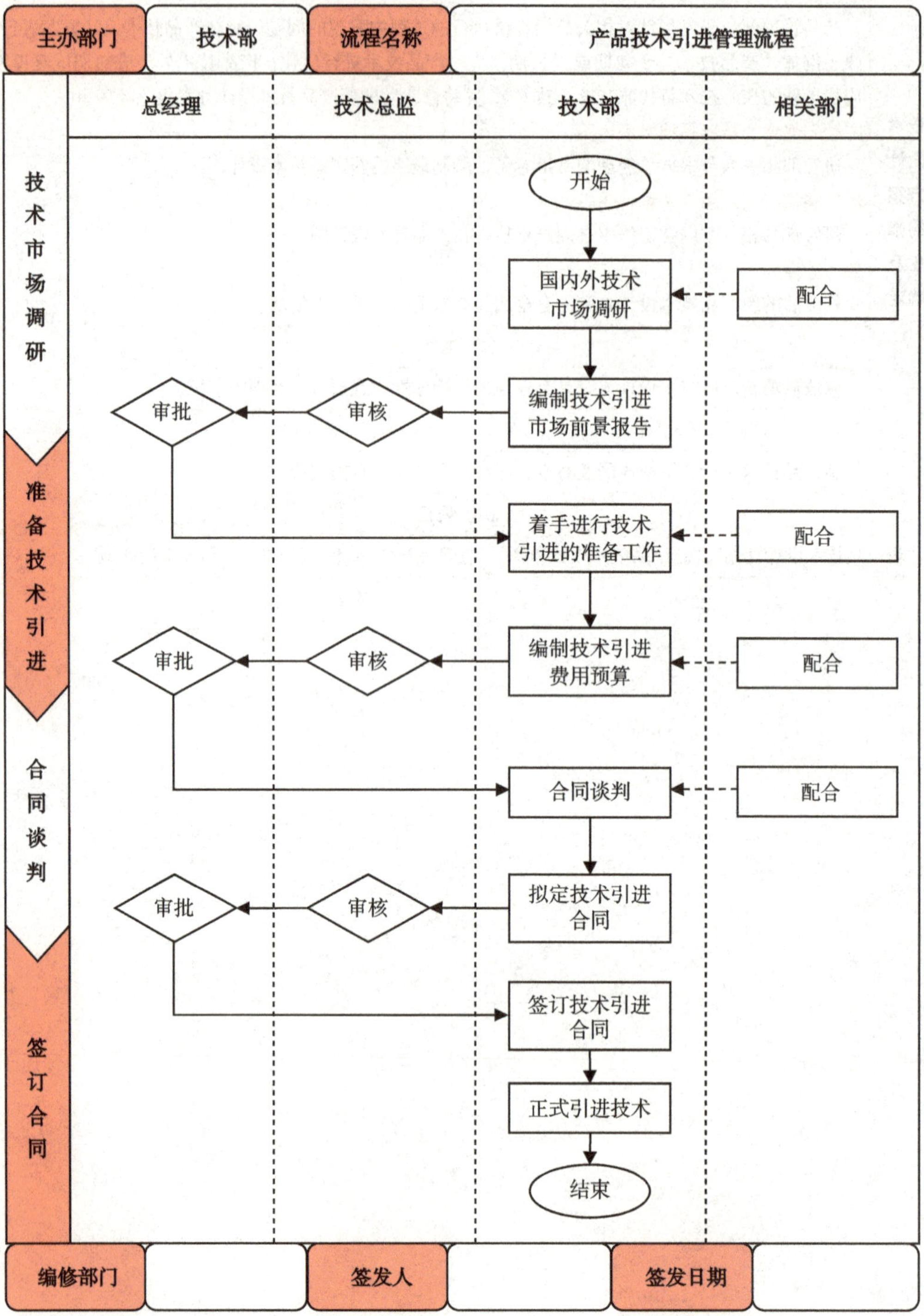
主办部门
技术部
流程名称
产品技术引进管理流程
总经理
技术总监
技术部
相关部门
技术市场调研
准备技术引进
合同谈判
签订合同
开始
国内外技术市场调研
配合
编制技术引进市场前景报告
审核
审批
着手进行技术引进的准备工作
配合
编制技术引进费用预算
审核
审批
配合
合同谈判
配合
拟定技术引进合同
审核
审批
签订技术引进合同
正式引进技术
结束
编修部门
签发人
签发日期

3.4.3.2 产品技术引进管理执行程序、工作标准、考核指标、执行规范

<table>
<tr><th>任务名称</th><th>执行程序、工作标准与考核指标</th></tr>
<tr><td rowspan="4">技术市场调研</td><td>执行程序</td></tr>
<tr><td>1. 国内外技术市场调研
技术部在相关部门的配合下，对国内外技术市场进行调研。
2. 编制技术引进市场前景报告
技术部负责定期编制技术引进市场前景报告，并将其报技术总监审核、总经理审批。
工作重点
☆技术部在对技术市场进行调研时，应在与国外各有关部门供方进行技术交流和初步询价的基础上，选择 2 ~ 3 个供方对象进行深入了解，必要时可组织相关人员出国考察。
☆技术引进市场前景报告的编制务必及时，避免影响后续的工作。</td></tr>
<tr><td>工作标准</td></tr>
<tr><td>☆内容标准：技术引进市场前景报告的内容包括新科技成果的国内外发展情况、各类信息情报、技术引进的成效预估、技术引进的成本预估及新技术的潜在市场。
☆时间标准：技术引进市场前景报告应在技术市场调研工作结束后____个工作日内编制完成。</td></tr>
<tr><td rowspan="4">准备技术引进</td><td>执行程序</td></tr>
<tr><td>1. 着手进行技术引进的准备工作
技术部在相关部门的配合下，根据技术引进市场前景报告，着手进行技术引进的准备工作。
2. 编制技术引进费用预算
技术部在相关部门的配合下，编制技术引进费用预算，并将其报技术总监审核、总经理审批。
工作重点
企业须加强对技术引进费用预算的审核与审批，确保预算的完整性，防止预算漏报和项目模糊不清而产生各种营私舞弊行为。</td></tr>
<tr><td>工作标准</td></tr>
<tr><td>技术引进费用预算的审批须以技术引进费用预算为依据。</td></tr>
<tr><td rowspan="2">合同谈判</td><td>执行程序</td></tr>
<tr><td>1. 合同谈判
技术部在相关部门的配合下，与技术引进单位就合作事项进行合同谈判。
2. 拟定技术引进合同
技术部根据合同谈判结果，拟定技术引进合同，并将其报技术总监审核、总经理审批。
工作重点
☆技术部在与技术引进单位进行合同谈判之前，须先明确此次合同谈判的重点，避免谈判时因重点不明确导致在关键点做出不当的让步，给企业造成损失。
☆企业须加强对技术引进合同的审核与审批，确保合同条款符合国家相关法律法规的规定。</td></tr>
</table>

（续）

任务名称	执行程序、工作标准与考核指标
合同谈判	**工作标准**
	技术引进合同的拟定须在____个工作日内完成。
签订合同	**执行程序**
	技术部代表企业与技术引进单位签订技术引进合同，然后正式开展技术引进工作。 **工作重点** 视签约地点的不同，签约仪式安排人员需注意双方的商务礼仪。
	工作标准
	技术引进合同的拟定须符合国家相关法律法规的规定。
执行规范	
“技术引进市场前景报告”“技术引进费用预算”“技术引进合同”。	

3.4.4 产品技术改进管理流程设计与工作执行

3.4.4.1 产品技术改进管理流程设计

主办部门	研发部	流程名称	产品技术改进管理流程

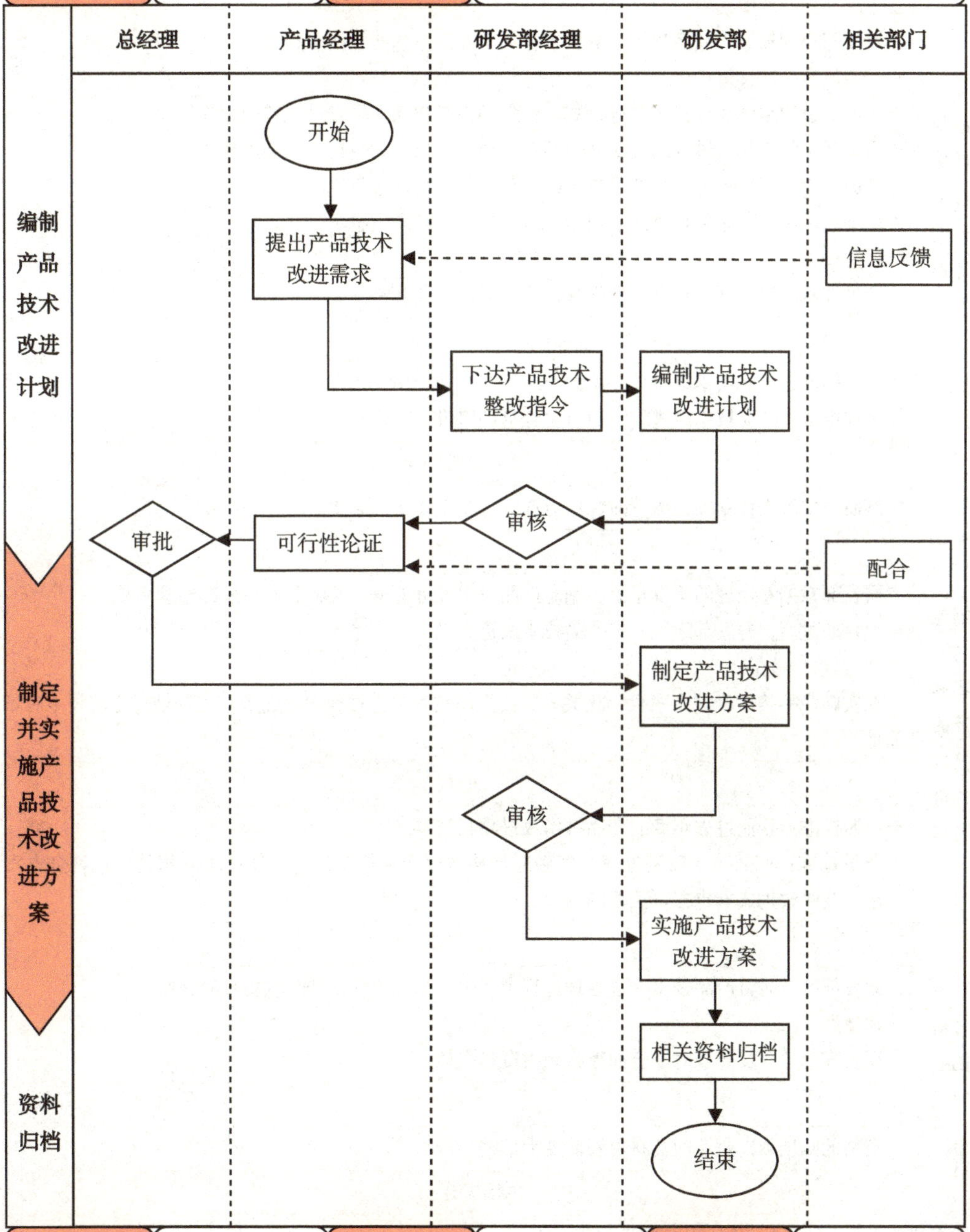

总经理
产品经理
研发部经理
研发部
相关部门
编制产品技术改进计划
制定并实施产品技术改进方案
资料归档
开始
提出产品技术改进需求
信息反馈
下达产品技术整改指令
编制产品技术改进计划
审核
可行性论证
审批
配合
制定产品技术改进方案
审核
实施产品技术改进方案
相关资料归档
结束

编修部门		签发人		签发日期	

3.4.4.2 产品技术改进管理执行程序、工作标准、考核指标、执行规范

任务名称	执行程序、工作标准与考核指标
编制产品技术改进计划	**执行程序**
	1. 提出产品技术改进需求 产品经理根据相关部门的信息反馈，向研发部经理提出技术改进需求。 **2. 下达产品技术整改指令** 研发部经理根据产品经理提出的要求，向研发部下达产品技术整改指令。 **3. 编制产品技术改进计划** ☆研发部组织编制产品技术改进计划。计划的内容包括人员安排、费用预算等。 ☆研发部须将产品改进计划报研发部经理审核，审核通过后提交产品经理。 ☆产品经理组织相关部门对产品技术改进计划的可行性进行论证。 ☆论证通过后，产品经理将产品技术改进计划报总经理审批。 **工作重点** 产品技术改进计划要具有可操作性，便于后期实施和操作。
	工作标准
	☆质量标准：产品技术改进计划编制及时，人员及费用安排合理。 ☆完成标准：产品技术改进计划通过总经理的审批。
	考核指标
	产品技术改进计划编制的及时性：应在____个工作日内完成。
制定并实施产品技术改进方案	**执行程序**
	☆研发部根据总经理的审批意见，制定产品技术改进方案，并将其报研发部经理审核。 ☆审核通过后，研发部组织实施产品技术改进方案。 **工作重点** 在实施产品技术改进方案时，相关人员要把握技术改进过程中的细节，尤其是与之前技术有不同的地方。
	工作标准
	☆参照标准：企业过去年度的产品技术改进项目资料。 ☆质量标准：产品技术改进方案的实施应严格按照企业规范进行，新技术的相关参数符合方案要求，技术改进成本也在可控范围内。
资料归档	**执行程序**
	研发部要及时将产品技术改进管理过程中产生的相关资料归档，以备日后查验。 **工作重点** 研发部相关人员要及时、全面地将相关资料归档。
	工作标准
	资料的归档须以企业的资料保管制度为依据。
执行规范	
“产品技术改进计划”“产品技术改进方案”。	

3.5 工艺设计管理

3.5.1 工艺设计管理流程设计

3.5.1.1 流程设计的目的

企业设计工艺设计管理流程的目的如下：

（1）规范产品生产技术、工艺流程和工艺装备的设计工作，做好工艺技术准备工作，确保生产工艺规程标准化程度和工艺装备通用化程度稳居行业前列；

（2）加强对工艺文件的培训与检查，确保生产操作人员完全理解生产工艺的要求，并严格执行工艺纪律；

（3）规范生产工艺改造及产品工装设计工作，逐步提升企业的技术水平。

3.5.1.2 流程结构设计

工艺设计管理可细分为五个事项，就每个事项设计流程，即技术工艺标准制定管理流程、产品工艺技术文件编制管理流程、产品技术工艺管理流程、产品工艺改造管理流程和产品工艺装备设计管理流程，具体如图 3-5 所示。

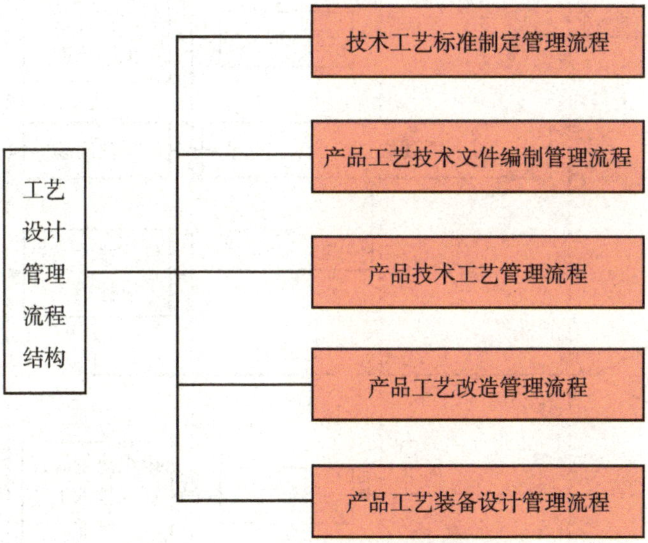

图 3-5 工艺设计管理流程结构设计

3.5.2 技术工艺标准制定管理流程设计与工作执行

3.5.2.1 技术工艺标准制定管理流程设计

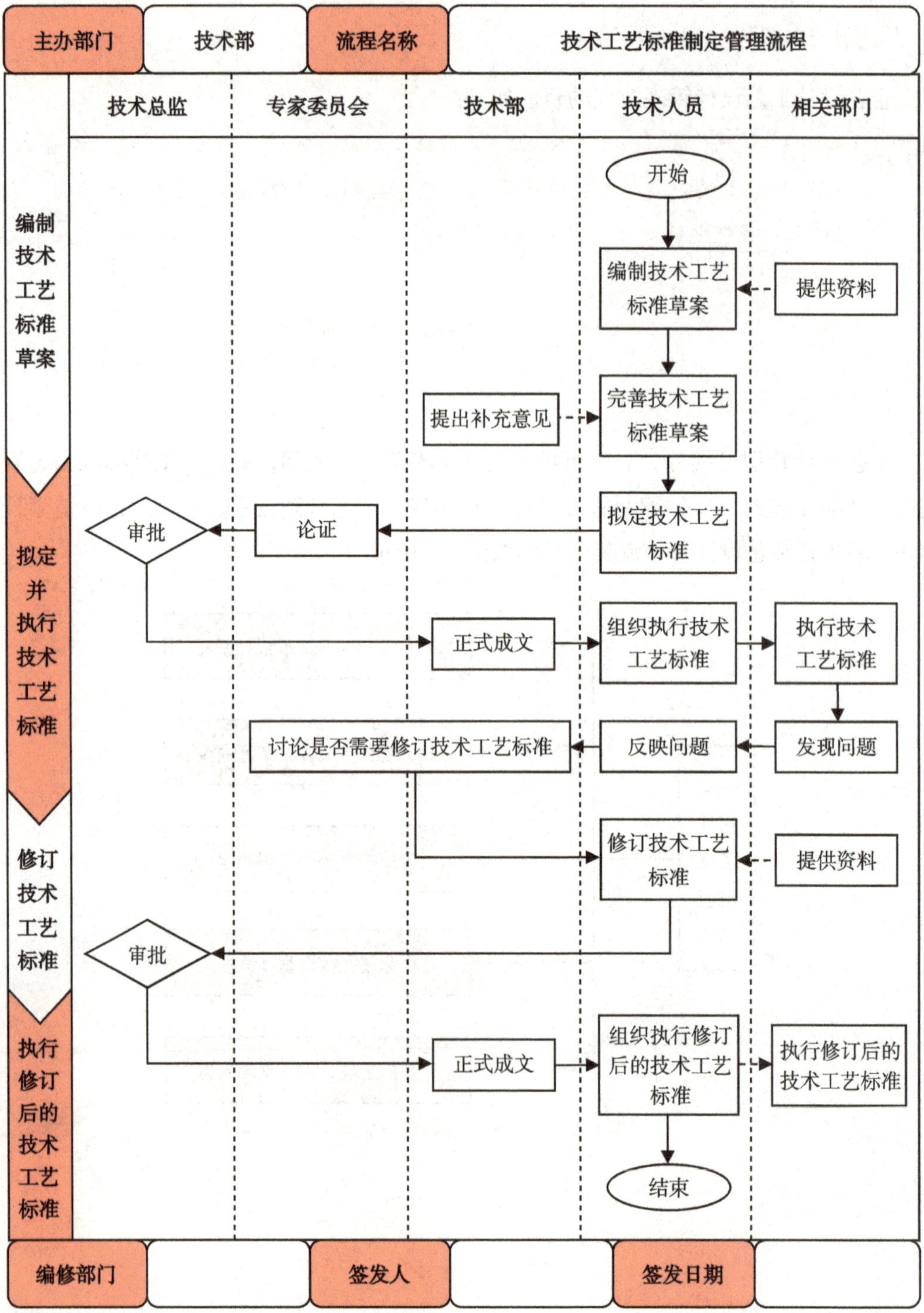
主办部门
技术部
流程名称
技术工艺标准制定管理流程
技术总监
专家委员会
技术部
技术人员
相关部门
编制技术工艺标准草案
拟定并执行技术工艺标准
修订技术工艺标准
执行修订后的技术工艺标准
开始
编制技术工艺标准草案
提供资料
提出补充意见
完善技术工艺标准草案
审批
论证
拟定技术工艺标准
正式成文
组织执行技术工艺标准
执行技术工艺标准
讨论是否需要修订技术工艺标准
反映问题
发现问题
修订技术工艺标准
提供资料
审批
正式成文
组织执行修订后的技术工艺标准
执行修订后的技术工艺标准
结束
编修部门
签发人
签发日期

3.5.2.2 技术工艺标准制定管理执行程序、工作标准、考核指标、执行规范

任务名称	执行程序、工作标准与考核指标
编制技术工艺标准草案	**执行程序** **1. 编制技术工艺标准草案** 技术人员根据相关部门提供的资料，编制技术工艺标准草案。 **2. 完善技术工艺标准草案** 技术人员根据技术部提出的补充意见，完善技术工艺标准草案。 **工作重点** ☆企业须加强对收集的资料进行审核和鉴别，确保其真实性和合理性，避免因资料不准确导致编制的技术工艺标准草案不合理。 ☆技术工艺标准草案的编制应以企业的工艺管理制度为依据。 **工作标准** 技术工艺标准草案的内容应包括产品的结构工艺性要求、零部件的要求标准、精度要求、加工方式要求等。 **考核指标** 技术工艺标准草案编制的及时性：应在规定的时间内完成技术工艺标准草案的编制工作。
拟定并执行技术工艺标准	**执行程序** **1. 拟定技术工艺标准** ☆技术人员根据技术工艺标准草案，拟定技术工艺标准，然后将其提交专家委员会进行论证，论证通过后报技术总监审批。 ☆审批通过后，技术部将技术工艺标准正式成文。 **2. 组织执行技术工艺标准** 技术人员组织相关部门执行技术工艺标准。 **3. 反映问题** ☆相关部门在执行技术工艺标准的过程中发现技术工艺方面的问题，应及时记录并向技术人员汇报，然后技术人员汇总问题并反映给领导。 ☆技术部与专家委员会针对技术人员反映的问题，讨论是否需要修订技术工艺标准。 **工作重点** 专家委员会和技术部相关人员必须从问题产生的原因、规模、影响程度等方面讨论是否需要修订技术工艺标准。 **工作标准** 技术工艺标准的拟定须符合企业规范。 **考核指标** 技术工艺标准拟定的及时性：应在____个工作日内完成。
修订技术工艺标准	**执行程序** ☆技术人员根据专家委会员和技术部讨论的结果及相关部门提供的资料，修订技术工艺标准，并将修订后的技术工艺标准报技术总监审批。 ☆审批通过后，技术部将修订后的技术工艺标准正式成文。

（续）

任务名称	执行程序、工作标准与考核指标
修订技术工艺标准	**工作重点** 技术人员须及时修订技术工艺标准，确保及时解决问题。
	工作标准
	修订后的技术工艺标准内容全面，无重大纰漏。
	考核指标
	技术工艺标准修订的及时性：应在规定的时间内完成技术工艺标准的修订工作。
执行修订后的技术工艺标准	**执行程序**
	技术人员组织相关部门执行修订后的技术工艺标准。 **工作重点** 技术人员务必严格贯彻执行修订后的技术工艺标准。
	工作标准
	修订后的技术工艺标准得到全面落实。
执行规范	
“技术工艺标准草案”“技术工艺标准”。	

3.5.3 产品工艺技术文件编制管理流程设计与工作执行

3.5.3.1 产品工艺技术文件编制管理流程设计

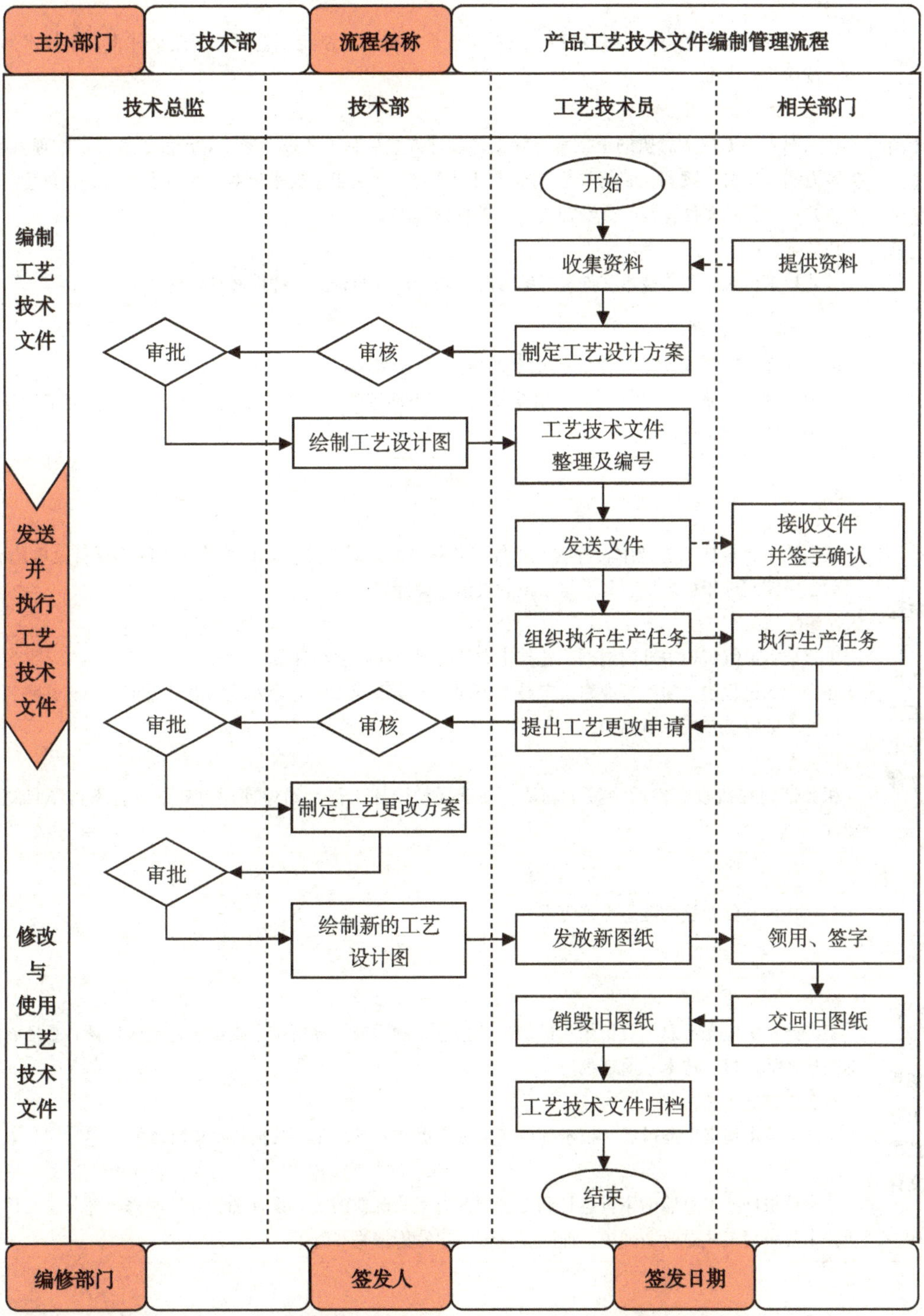
主办部门
技术部
流程名称
产品工艺技术文件编制管理流程
技术总监
技术部
工艺技术员
相关部门
编制工艺技术文件
发送并执行工艺技术文件
修改与使用工艺技术文件
开始
收集资料
提供资料
制定工艺设计方案
审核
审批
绘制工艺设计图
工艺技术文件整理及编号
发送文件
接收文件并签字确认
组织执行生产任务
执行生产任务
提出工艺更改申请
审核
审批
制定工艺更改方案
审批
绘制新的工艺设计图
发放新图纸
领用、签字
交回旧图纸
销毁旧图纸
工艺技术文件归档
结束
编修部门
签发人
签发日期

3.5.3.2 产品工艺技术文件编制管理执行程序、工作标准、考核指标、执行规范

任务名称	执行程序、工作标准与考核指标
编制工艺技术文件	**执行程序** **1. 制定工艺设计方案** 工艺技术员根据收集的相关资料，按照工艺设计标准，制定工艺设计方案，并将其报技术部审核、技术总监审批。 **2. 工艺技术文件整理及编号** 技术部先根据技术总监的审批意见和工艺设计方案绘制工艺设计图，对产品的性能、物理参数、拆装方法、排料方案和包装清单等做出详细的规划，然后工艺技术员对工艺技术文件进行整理、编号，并按“受控文件”与“非受控文件”进行管理。 **工作重点** 工艺技术员在对工艺技术文件进行编号时，须严格按照企业文件编号管理制度执行。
	工作标准 ☆内容标准：工艺设计方案的内容包括设计概念、所需物料等。 ☆分类标准：直接用于指导生产、检验及发给供方使用的文件为“受控文件”，不直接用于指导生产的文件为“非受控文件”。
发送并执行工艺技术文件	**执行程序** **1. 发送文件** 工艺技术员根据工艺技术文件的使用部门和数量准备好文件，并在受控文件的首页右上角盖章，然后在受控文件印章内填写分发号，最后发给相关部门。 **2. 组织执行生产任务** ☆工艺技术员组织相关部门根据工艺技术文件的要求执行生产任务。 ☆在生产的过程中，生产部要对工艺技术方面不能实现或不能完全实现的设计进行记录，并将相关信息反馈给工艺技术员。 **工作重点** 相关部门在接收文件后须签字确认，妥善保管受控文件，确保使用有效版本，不得私自复制文件。
	工作标准 工艺技术文件发放的数量准确无误。
修改与使用工艺技术文件	**执行程序** **1. 提出工艺更改申请** 工艺技术员应先汇总、分析生产部的反馈信息，然后根据分析结果提出工艺更改申请，最后将其提交技术部审核、技术总监审批。 **2. 制定工艺更改方案** 工艺更改申请审批通过后，技术部应制定工艺更改方案，并将其报技术总监审批。 **3. 发放新图纸** 技术部根据技术总监的审批意见和工艺更改方案绘制新的工艺设计图，并标明修改部分，然后工艺技术员填写工艺更改通知单，连同新图纸一起发给相关部门。

（续）

<table>
<tr><th>任务名称</th><th>执行程序、工作标准与考核指标</th></tr>
<tr><td rowspan="3">修改与使用工艺技术文件</td><td>4. 销毁旧图纸
相关部门应将旧图纸交回给工艺技术员。工艺技术员按照文件销毁规定对旧图纸进行销毁，并将工艺技术文件归档。
工作重点
☆工艺的更改必须及时，避免影响后续新图纸的绘制进程。
☆旧图纸必须及时收回并销毁，避免旧图纸与新图纸混淆。</td></tr>
<tr><td>工作标准</td></tr>
<tr><td>☆审核标准：技术部经理对工艺更改申请的审核，主要是审核图纸是否有错漏，工艺技术设计是否有缺陷。
☆依据标准：旧图纸的销毁须以企业的工艺技术文件销毁规定为依据。</td></tr>
<tr><td colspan="2">执行规范</td></tr>
<tr><td colspan="2">“工艺设计方案”“工艺设计图”“工艺更改通知单”“工艺更改方案”“工艺技术文件销毁规定”。</td></tr>
</table>

3.5.4　产品技术工艺管理流程设计与工作执行

3.5.4.1　产品技术工艺管理流程设计

主办部门	研发部	流程名称	产品技术工艺管理流程

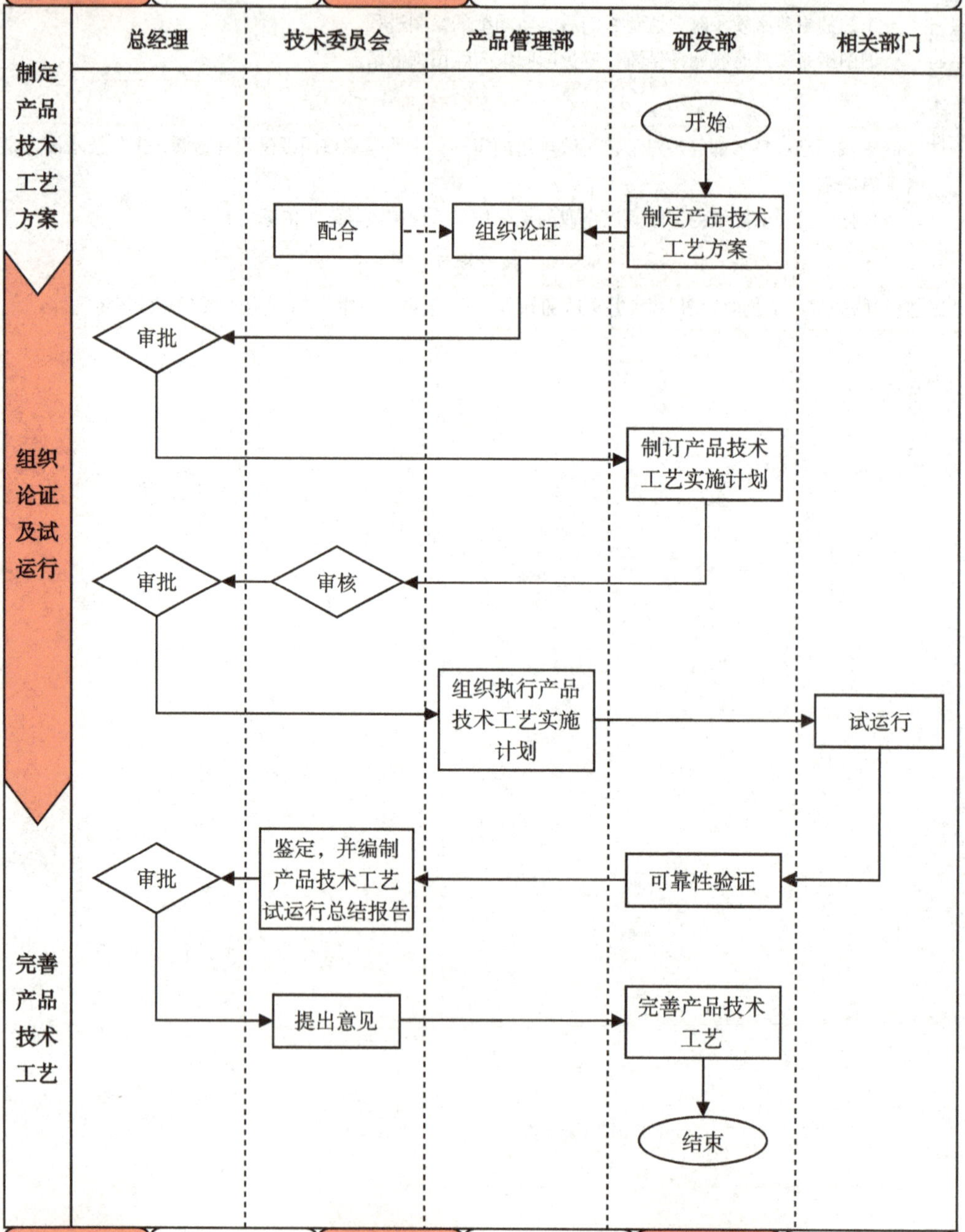

总经理
技术委员会
产品管理部
研发部
相关部门
制定产品技术工艺方案
组织论证及试运行
完善产品技术工艺
开始
制定产品技术工艺方案
组织论证
配合
审批
制订产品技术工艺实施计划
审核
审批
组织执行产品技术工艺实施计划
试运行
可靠性验证
鉴定，并编制产品技术工艺试运行总结报告
审批
提出意见
完善产品技术工艺
结束

编修部门		签发人		签发日期	

3.5.4.2 产品技术工艺管理执行程序、工作标准、考核指标、执行规范

任务名称	执行程序、工作标准与考核指标
制定产品技术工艺方案	**执行程序** ☆研发部根据产品项目的不同，制定产品技术工艺方案，并将其提交产品管理部。 ☆产品管理部在技术委员会专家的配合下，对产品技术工艺方案进行论证。论证通过后，产品管理部将该方案报总经理审批。 **工作重点** 产品技术工艺方案不仅要具有可操作性，更要立足实际，便于后期实施和操作。 **工作标准** 产品技术工艺方案可参照企业以往年度的产品技术工艺方案资料制定。
组织论证及试运行	**执行程序** **1. 制订产品技术工艺实施计划** 研发部根据总经理的审批意见，综合各种实验资料，制订产品技术工艺实施计划，并将其报技术委员会审核、总经理审批。 **2. 组织执行产品技术工艺实施计划** 产品技术工艺实施计划审批通过后，产品管理部组织相关部门执行该计划。 **3. 试运行** 生产部按照产品技术工艺实施计划进行试运行，并做好记录。 **工作重点** 相关部门应将试运行过程中发现的问题如实地记录下来。 **工作标准** 通过组织论证和试运行，可以发现技术工艺的漏洞，防范技术风险，提高产品质量。 **考核指标** 论证过程公开、透明，论证结果客观、公正。
完善产品技术工艺	**执行程序** **1. 可靠性验证** ☆试运行结束后，研发部须对产品技术工艺的可靠性进行验证，确保技术工艺能够适应未来生产的需要。 ☆技术委员会须对产品工艺的技术路线及技术经济性是否符合设计要求进行鉴定，编制产品技术工艺试运行总结报告，并将报告报总经理审批。 **2. 完善产品技术工艺** 研发部根据总经理的审批意见，综合技术委员会的意见，对产品技术工艺进行完善。

（续）

任务名称	执行程序、工作标准与考核指标
完善产品技术工艺	**工作重点** 相关部门在日常生产过程中应该随时留意新产品技术工艺存在的不足或缺陷，以便在日后的工作中持续改进。
	工作标准
	通过完善产品技术工艺，可以提高产品技术工艺的水平。
	考核指标
	可靠性验证的及时性：应在试运行结束后____个工作日内完成。
执行规范	
“产品技术工艺方案”“产品技术工艺实施计划”“产品技术工艺试运行总结报告”。	

3.5.5 产品工艺改造管理流程设计与工作执行

3.5.5.1 产品工艺改造管理流程设计

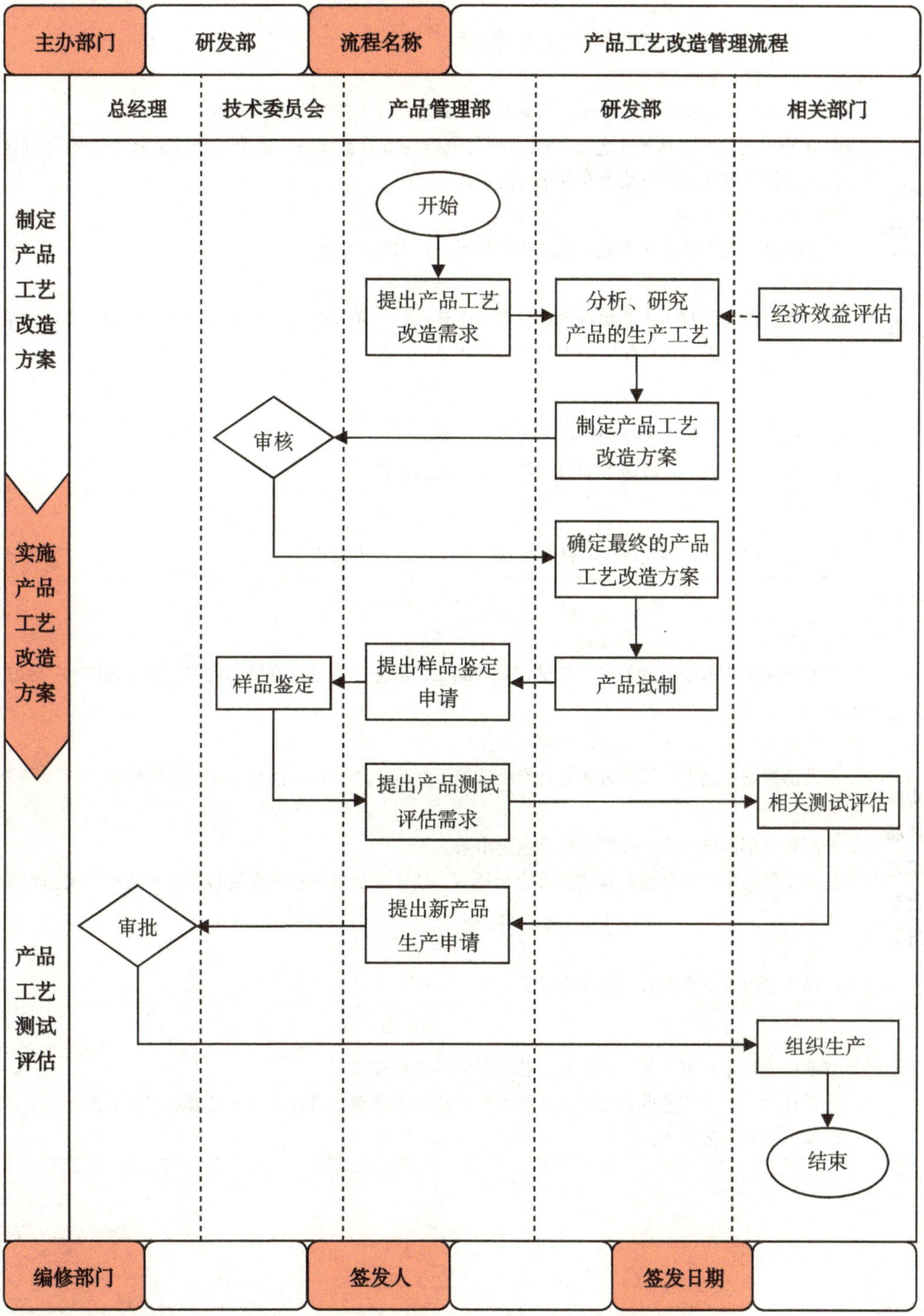
主办部门
研发部
流程名称
产品工艺改造管理流程
总经理
技术委员会
产品管理部
研发部
相关部门
制定产品工艺改造方案
实施产品工艺改造方案
产品工艺测试评估
开始
提出产品工艺改造需求
分析、研究产品的生产工艺
经济效益评估
制定产品工艺改造方案
审核
确定最终的产品工艺改造方案
产品试制
提出样品鉴定申请
样品鉴定
提出产品测试评估需求
相关测试评估
提出新产品生产申请
审批
组织生产
结束
编修部门
签发人
签发日期

3.5.5.2 产品工艺改造管理执行程序、工作标准、考核指标、执行规范

任务名称	执行程序、工作标准与考核指标
制定产品工艺改造方案	**执行程序** **1. 提出产品工艺改造需求** 产品管理部向研发部提出产品工艺改造需求。 **2. 分析、研究产品的生产工艺** ☆研发部根据产品管理部的要求，认真对产品的生产工艺进行分析、研究。 ☆财务部负责对已立项的工艺技术改造项目进行经济效益评估，提交项目在经济方面的可行性报告，确保技改项目能够给企业带来经济效益。 **3. 制定产品工艺改造方案** 研发部应制定产品工艺改造方案，并将其提交技术委员会审核。 **工作重点** 当出现以下情况时，企业须着手进行产品工艺改造：企业的工艺技术水平严重滞后于市场水平或同行水平，设备因老化或使用不当严重影响产品的产量与质量等。 **工作标准** ☆参照标准：企业过去年度的产品工艺改造方案。 ☆完成标准：产品工艺改造方案通过技术委员会的审核。 **考核指标** 产品工艺改造方案制定的及时性：须在____个工作日内完成。
实施产品工艺改造方案	**执行程序** **1. 确定最终的产品工艺改造方案** 研发部根据技术委员会的审核意见，对产品工艺改造方案进行修订与完善，确定最终的产品工艺改造方案。 **2. 产品试制** 研发部根据产品工艺改造方案进行产品试制，并将生产出来的样品送交产品管理部。 **3. 样品鉴定** ☆产品管理部向技术委员会提出样品鉴定申请。 ☆技术委员会须对样品进行鉴定。鉴定合格后，技术委员会将技术鉴定报告及相关资料交给产品管理部。 **工作重点** 产品工艺改造方案要具有可操作性。 **工作标准** ☆参照标准：企业过去年度的产品工艺改造项目过程资料。 ☆质量标准：产品工艺改造方案的实施须严格按照企业规范进行，新工艺参数符合方案要求，改造成本也在可控范围内。

（续）

<table>
<tr><th>任务名称</th><th>执行程序、工作标准与考核指标</th></tr>
<tr><td rowspan="5">产品工艺测试评估</td><td>执行程序</td></tr>
<tr><td>1. 相关测试评估
☆产品管理部向相关部门提出对产品测试评估的需求。
☆相关部门根据产品管理部的要求，对研发部生产出来的样品进行测试评估。例如，市场部应进行市场试销、质量管理部应进行质量测试、财务部应进行财务分析、生产部应进行制造测试等。
2. 提出新产品生产申请
产品管理部根据相关部门的测试评估结果，向总经理提出新产品生产申请。经总经理审批通过后，由相关部门组织生产。
工作重点
相关部门要严格按照规定的程序和标准对产品进行测试评估，不能跳序、漏序。</td></tr>
<tr><td>工作标准</td></tr>
<tr><td>☆参照标准：企业过去年度的产品测试评估过程资料。
☆质量标准：测试评估过程规范，各项设计符合产品工艺改造方案的要求。</td></tr>
<tr><td></td></tr>
<tr><td colspan="2">执行规范</td></tr>
<tr><td colspan="2">“产品工艺改造方案”“样品鉴定申请书”。</td></tr>
</table>

3.5.6 产品工艺装备设计管理流程设计与工作执行

3.5.6.1 产品工艺装备设计管理流程设计

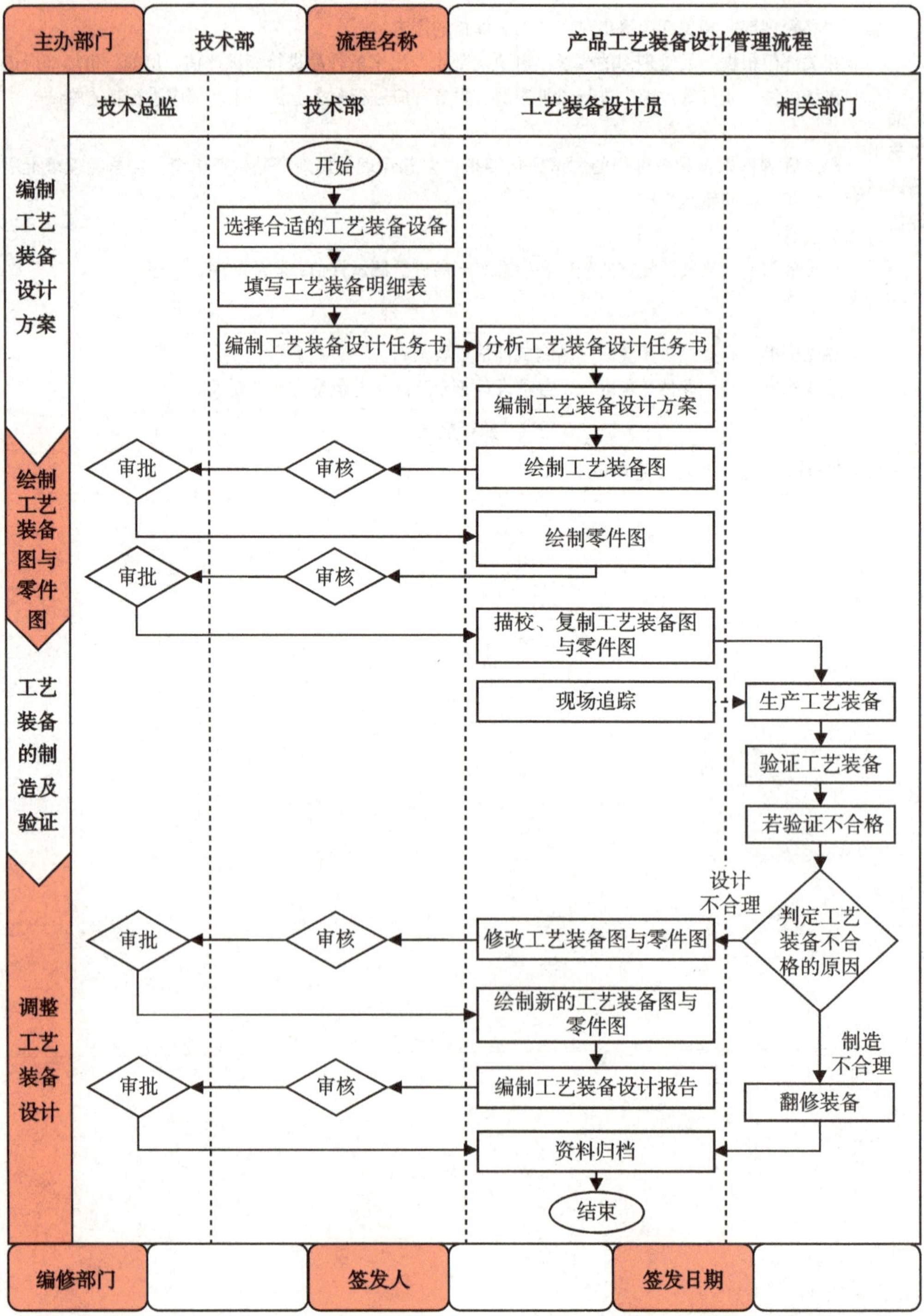

主办部门
技术部
流程名称
产品工艺装备设计管理流程
技术总监
技术部
工艺装备设计员
相关部门
编制工艺装备设计方案
绘制工艺装备图与零件图
工艺装备的制造及验证
调整工艺装备设计
开始
选择合适的工艺装备设备
填写工艺装备明细表
编制工艺装备设计任务书
分析工艺装备设计任务书
编制工艺装备设计方案
审批
审核
绘制工艺装备图
绘制零件图
审批
审核
描校、复制工艺装备图与零件图
现场追踪
生产工艺装备
验证工艺装备
若验证不合格
设计不合理
判定工艺装备不合格的原因
审批
审核
修改工艺装备图与零件图
绘制新的工艺装备图与零件图
制造不合理
审批
审核
编制工艺装备设计报告
翻修装备
资料归档
结束
编修部门
签发人
签发日期

3.5.6.2 产品工艺装备设计管理执行程序、工作标准、考核指标、执行规范

任务名称	执行程序、工作标准与考核指标
编制工艺装备设计方案	**执行程序** **1. 选择合适的工艺装备设备** 技术部应先针对产品的结构特点、精度要求，工艺、工序分类情况，生产计划与组织形式、工艺条件等进行调研、分析，然后根据工艺装备选择标准，选择合适的工艺装备设备。 **2. 分析工艺装备设计任务书** 技术部负责填写工艺装备明细表，编制工艺装备设计任务书，然后由工艺装备设计员分析工艺装备设计任务书，明确任务目标、工艺设备的性能要求、各项考核指标及成本预算等。 **3. 编制工艺装备设计方案** 工艺装备设计员根据工艺装备设计任务书、工艺规程等相关资料，编制工艺装备设计方案。 **工作重点** ☆工艺装备设备的选择务必在规定的时间内完成，确保其不耽误工艺装备设计方案的编制。 ☆工艺装备设计方案的编制应以企业的工艺装备设计执行规范为依据。 **工作标准** ☆选择标准：工艺装备的选择标准是保证工艺装备设备的高效性、通用性和经济性。 ☆内容标准：工艺装备设计方案的内容包括工艺装备结构示意图，选择主要原件，进行刚度、强度、精度及受力的分析计算等。 ☆时间标准：工艺装备设计方案的编制须在____个工作日内完成。 **考核指标** 工艺装备设计方案编制的及时性：应在规定的时间内完成工艺装备设计方案的编制工作。
绘制工艺装备图与零件图	**执行程序** **1. 绘制工艺装备图** 工艺装备设计员根据工艺装备设计方案，绘制工艺装备图，并将其报技术部审核、技术总监审批。 **2. 绘制零件图** ☆工艺装备设计员根据零件明细表绘制零件图，并注明各零件的尺寸、公差配合、技术要求及运动位置等。 ☆工艺装备设计员须将零件图报技术部审核、技术总监审批。 **工作重点** 工艺装备图的绘制务必保证其精确度，确保图中所示的产品尺寸、结构、比例准确无误。 **工作标准** 工艺装备图的绘制须符合机械图的规定，应达到正确、统一、完整、清晰及结构工艺性的要求。
工艺装备的制造及验证	**执行程序** **1. 描校、复制工艺装备图与零件图** 工艺装备设计员应先对工艺装备图与零件图进行描绘、校对，然后根据图纸的使用需求量进行复制，最后发给生产部。 **2. 生产工艺装备** 生产部根据工艺装备图与零件图的要求生产工艺装备。

（续）

任务名称	执行程序、工作标准与考核指标
工艺装备的制造及验证	**3. 验证工艺装备** ☆工艺装备使用部门须对生产部生产出来的工艺装备进行验证。 ☆若验证合格，验证人员应填写工艺装备验证书，可转入生产，并在工艺装备图上加盖验证合格标识；若验证不合格，验证人员也要填写工艺装备验证书，参与验证的人员会签后进行返修，并注明“返修后验证”或“返修后不验证”的字样。下面主要对验证不合格的情况进行说明。 **工作重点** 工艺装备设计员必须到生产现场进行追踪，及时解决发现的问题，并做好记录。
	工作标准
	工艺装备一般在工艺工序中使用 1 ~ 3 次，产品零部件一般验证 1 ~ 5 件以判断是否合格。
调整工艺装备设计	**执行程序**
	1. 判定工艺装备不合格的原因 ☆工艺装备使用部门须对工艺装备不合格的原因进行判定，判定其是设计不合理还是制造不合理。 ☆若是制造不合理，生产部应根据工艺装备验证书中的意见对工艺装备进行翻修。 ☆若是设计不合理，工艺装备设计员应按照工艺装备验证书中的意见修改工艺装备图与零件图，并将修改后的工艺装备图与零件图报技术部审核、技术总监审批。 **2. 绘制新的工艺装备图与零件图** 工艺装备设计员根据技术总监的审批意见，绘制新的工艺装备图与零件图。 **3. 编制工艺装备设计报告** 工艺装备设计员根据工艺装备设计的实际情况，编制工艺装备设计报告，并将其报技术部审核、技术总监审批。审批通过后，工艺装备设计员要及时将工艺装备设计文件和工艺装备设计报告归档。 **工作重点** 工艺装备使用部门须准确判断工艺装备不合格的原因，避免因判断失误导致工艺装备设计调整方向出错。
	工作标准
	工艺装备设计报告的内容应包括工艺装备设计方案、实际执行过程、工艺装备设计方案修改内容、投入成本分析计算、人员考核等。
执行规范	
“工艺装备设计任务书”“工艺装备明细表”“工艺装备设计方案”“工艺装备图”“零件明细表”“零件图”“工艺装备设计修改方案”“工艺装备设计修改图纸”“工艺装备设计报告”。	

第4章 产品研发管理

4.1 产品研发计划与立项管理

4.1.1 产品研发计划与立项管理流程设计

4.1.1.1 流程设计的目的

企业设计产品研发计划与立项管理流程的目的如下：

（1）规范产品研发计划与立项管理各个事项的工作流程，提高工作效率；

（2）提高新产品研发的效率，快速响应市场需求，提高企业的经济效益；

（3）确保企业产品研发计划与立项管理工作的正常开展，提高企业持续发展的能力，促进企业战略目标的实现。

4.1.1.2 流程结构设计

产品研发计划与立项管理可细分为三个事项，就每个事项设计流程，即新产品研发计划制订管理流程、新产品研发风险评估管理流程和新产品立项审批管理流程，具体如图 4-1 所示。

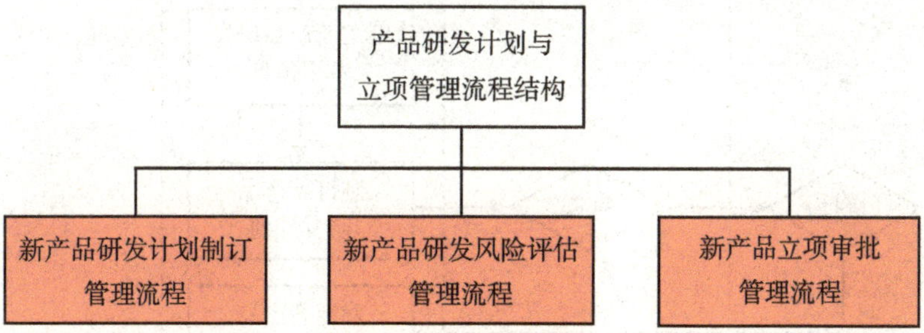

图 4-1 产品研发计划与立项管理流程结构设计

4.1.2 新产品研发计划制订管理流程设计与工作执行

4.1.2.1 新产品研发计划制订管理流程设计

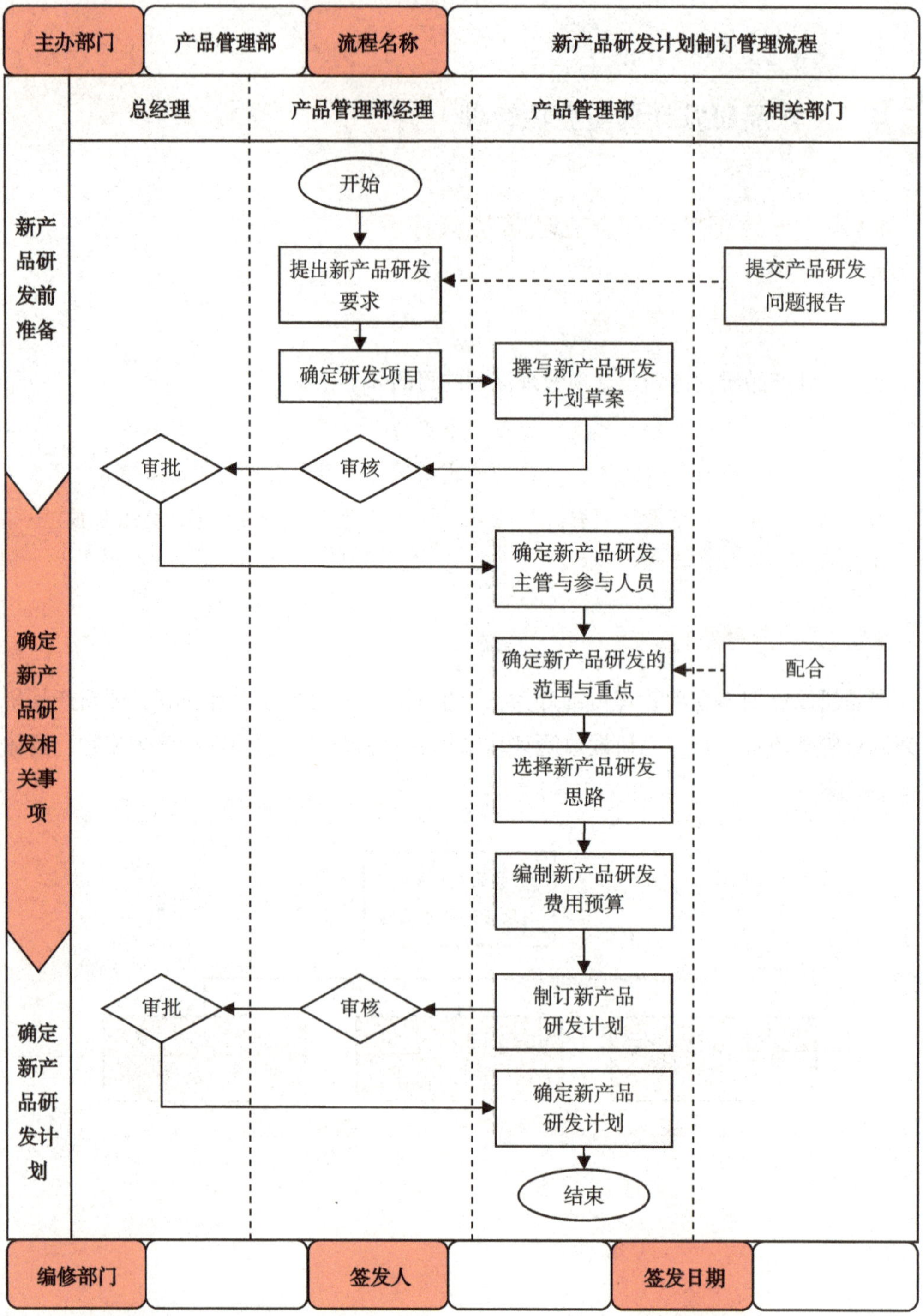
主办部门
产品管理部
流程名称
新产品研发计划制订管理流程
总经理
产品管理部经理
产品管理部
相关部门
新产品研发前准备
确定新产品研发相关事项
确定新产品研发计划
开始
提出新产品研发要求
提交产品研发问题报告
确定研发项目
撰写新产品研发计划草案
审批
审核
确定新产品研发主管与参与人员
确定新产品研发的范围与重点
配合
选择新产品研发思路
编制新产品研发费用预算
制订新产品研发计划
审批
审核
确定新产品研发计划
结束
编修部门
签发人
签发日期

4.1.2.2 新产品研发计划制订管理执行程序、工作标准、考核指标、执行规范

任务名称	执行程序、工作标准与考核指标
新产品研发前准备	**执行程序**
	1. 提出新产品研发要求 ☆相关部门的人员在实际工作中发现有利于企业发展的市场机会，将涉及产品研发的问题整理成报告，提交产品管理部经理。 ☆产品管理部经理收到相关部门提交的产品研发问题报告后，若发现企业的产品工艺存在问题，认为需要通过研发新工艺进行产品升级的，可提出新产品研发要求。 **2. 确定研发项目** 产品管理部经理根据企业产品的实际情况，确定研发项目。 **3. 撰写新产品研发计划草案** 研发项目确定后，产品管理部着手撰写新产品研发计划草案，并将其报产品管理部经理审核、总经理审批。 **工作重点** 产品管理部要随时关注同类产品的市场状况，定期进行市场调研，对目标消费者的需求、竞争对手的情况等进行深入调查、分析。
	工作标准
	☆参照标准：同行业其他企业的新产品研发项目资料。 ☆完成标准：新产品研发计划草案通过总经理的审批。
	考核指标
	发现问题的敏感度：月（季）度提出有利于企业发展机会的建设性意见超过____次。
确定新产品研发相关事项	**执行程序**
	1. 确定新产品研发主管与参与人员 产品管理部根据互补原则，确定新产品研发主管与参与人员。 **2. 确定新产品研发的范围与重点** 产品管理部要研究确定新产品研发的范围与重点，研发范围要明确，研发重点要有代表性。 **3. 选择新产品研发思路** 产品管理部根据已有资料，结合企业的实际情况，选择合适的新产品研发思路。 **4. 编制新产品研发费用预算** 产品管理部根据新产品研发的范围与重点，估算产品研发所需费用，编制新产品研发费用预算。 **工作重点** 新产品研发人员要具备丰富的新产品研发经验，对新产品研发项目有充分的了解，能快速开展新产品研发工作。
	工作标准
	新产品研发的范围与重点可参照企业过去年度的新产品研发项目资料确定。
	考核指标
	新产品研发费用预算编制的及时性：应在____个工作日内完成。

（续）

<table>
<tr><th>任务名称</th><th>执行程序、工作标准与考核指标</th></tr>
<tr><td rowspan="4">确定新产品研发计划</td><td>执行程序</td></tr>
<tr><td>1. 制订新产品研发计划
☆新产品研发事项确定后，产品管理部应制订新产品研发计划。计划的内容包括研发目的、研发内容、研发对象、研发进度安排、研发人员的责任分工、研发思路及注意事项等。
☆产品管理部应将新产品研发计划报产品管理部经理审核、总经理审批。
2. 确定新产品研发计划
产品管理部根据总经理的审批意见，对新产品研发计划进行修订与完善，确定新产品研发计划。
工作重点
新产品研发计划要具有较强的可操作性，计划内容要切实可行。</td></tr>
<tr><td>工作标准</td></tr>
<tr><td>☆参照标准：企业过去年度的新产品研发计划。
☆完成标准：新产品研发计划通过总经理的审批。</td></tr>
<tr><td colspan="2">执行规范</td></tr>
<tr><td colspan="2">“产品市场调研报告”“新产品研发计划草案”“新产品研发计划”。</td></tr>
</table>

4.1.3 新产品研发风险评估管理流程设计与工作执行

4.1.3.1 新产品研发风险评估管理流程设计

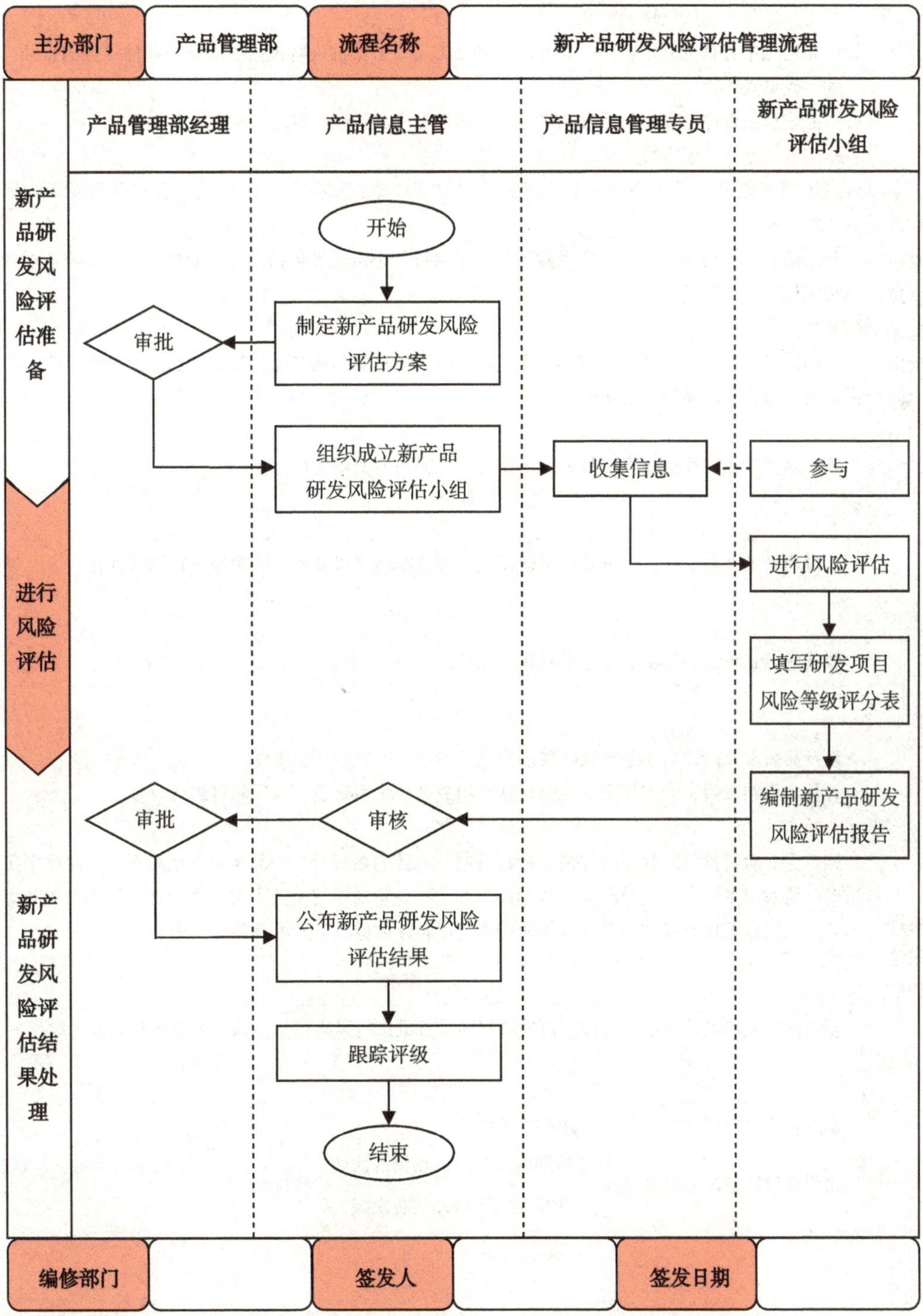
主办部门
产品管理部
流程名称
新产品研发风险评估管理流程
产品管理部经理
产品信息主管
产品信息管理专员
新产品研发风险评估小组
新产品研发风险评估准备
进行风险评估
新产品研发风险评估结果处理
开始
制定新产品研发风险评估方案
审批
组织成立新产品研发风险评估小组
收集信息
参与
进行风险评估
填写研发项目风险等级评分表
编制新产品研发风险评估报告
审核
审批
公布新产品研发风险评估结果
跟踪评级
结束
编修部门
签发人
签发日期

4.1.3.2 新产品研发风险评估管理执行程序、工作标准、考核指标、执行规范

<table>
<tr><th>任务名称</th><th>执行程序、工作标准与考核指标</th></tr>
<tr><td rowspan="6">新产品研发风险评估准备</td><td>执行程序</td></tr>
<tr><td>1. 制定新产品研发风险评估方案
☆产品信息主管负责制定新产品研发风险评估方案。方案的内容包括研发风险评估实施的目的、时间、人员安排等。
☆产品信息主管应将新产品研发风险评估方案提交产品管理部经理审批。
2. 组织成立新产品研发风险评估小组
☆在正式实施研发风险评估之前，产品信息主管应根据实际需要组织成立新产品研发风险评估小组。
☆产品信息主管担任新产品研发风险评估小组组长，小组成员包括外部专业机构人士、企业财务部和销售部相关人员等。
3. 收集信息
产品信息管理专员负责信息收集工作。所需收集的信息包括产品类别、产品生命周期、市场前三强的财务报表、产品技术情况等。
工作重点
新产品研发风险评估方案要具有可操作性，方案内容要切实可行。</td></tr>
<tr><td>工作标准</td></tr>
<tr><td>通过周密的准备工作，保证新产品研发风险评估小组可以及时、准确地进行风险评估。</td></tr>
<tr><td>考核指标</td></tr>
<tr><td>收集的信息全面、真实，并且具有代表性。</td></tr>
<tr><td rowspan="6">进行风险评估</td><td>执行程序</td></tr>
<tr><td>☆新产品研发风险评估小组根据收集的信息，着手进行风险评估工作。
☆评估工作结束后，新产品研发风险评估小组成员要填写研发项目风险等级评分表。
工作重点
通常企业对研发风险状况的评估实行百分制，具体的指标分为产品生命周期要素、产品技术研发情况、研发成本情况、新产品未来盈利能力和主要竞争对手情况五大类，并对各项指标设置相应分值。产品信息管理专员应提前将具体的评估指标和评估标准下发给评估小组成员。</td></tr>
<tr><td>工作标准</td></tr>
<tr><td>新产品研发风险评估小组应按照研发项目风险标准进行风险评估，确定研发项目风险等级。</td></tr>
<tr><td>考核指标</td></tr>
<tr><td>研发项目风险评估出错率，其计算公式如下。
$$\text{研发项目风险评估出错率}=\frac{\text{考核期内风险评估出错的次数}}{\text{考核期内风险评估总次数}}\times 100\%$$</td></tr>
</table>

（续）

<table>
<tr><th>任务名称</th><th>执行程序、工作标准与考核指标</th></tr>
<tr><td rowspan="6">新产品研发风险评估结果处理</td><td>执行程序</td></tr>
<tr><td>1. 编制新产品研发风险评估报告
新产品研发风险评估小组根据新产品研发风险评估方案和评估结果，编制新产品研发风险评估报告，并将其报产品信息主管审核、产品管理部经理审批。
2. 公布新产品研发风险评估结果
☆新产品研发风险评估报告审批通过后，产品信息主管要及时公布评估结果。
☆评估结果发布的内容一般包括评估对象名称、风险等级、评级观点及主要评级依据。
3. 跟踪评级
☆产品信息主管应在新产品研发风险评估等级有效期内进行定期和不定期的跟踪评级。
☆跟踪评级期间，产品管理部要持续关注产品的技术变化情况、竞争对手的财务变化情况、外部经营环境的变化情况等。
工作重点
新产品研发风险评估报告的编制要规范，报告内容全面、结构清晰且无重大纰漏。</td></tr>
<tr><td>工作标准</td></tr>
<tr><td>新产品研发风险评估科学合理，新产品研发风险评估报告内容全面。</td></tr>
<tr><td>考核指标</td></tr>
<tr><td>新产品研发风险评估报告编制的及时性：应在规定的时间内完成新产品研发风险评估报告的编制工作。</td></tr>
<tr><td colspan="2">执行规范</td></tr>
<tr><td colspan="2">“新产品研发风险评估方案”“新产品研发风险评估报告”“研发项目风险等级评分表”。</td></tr>
</table>

4.1.4 新产品立项审批管理流程设计与工作执行

4.1.4.1 新产品立项审批管理流程设计

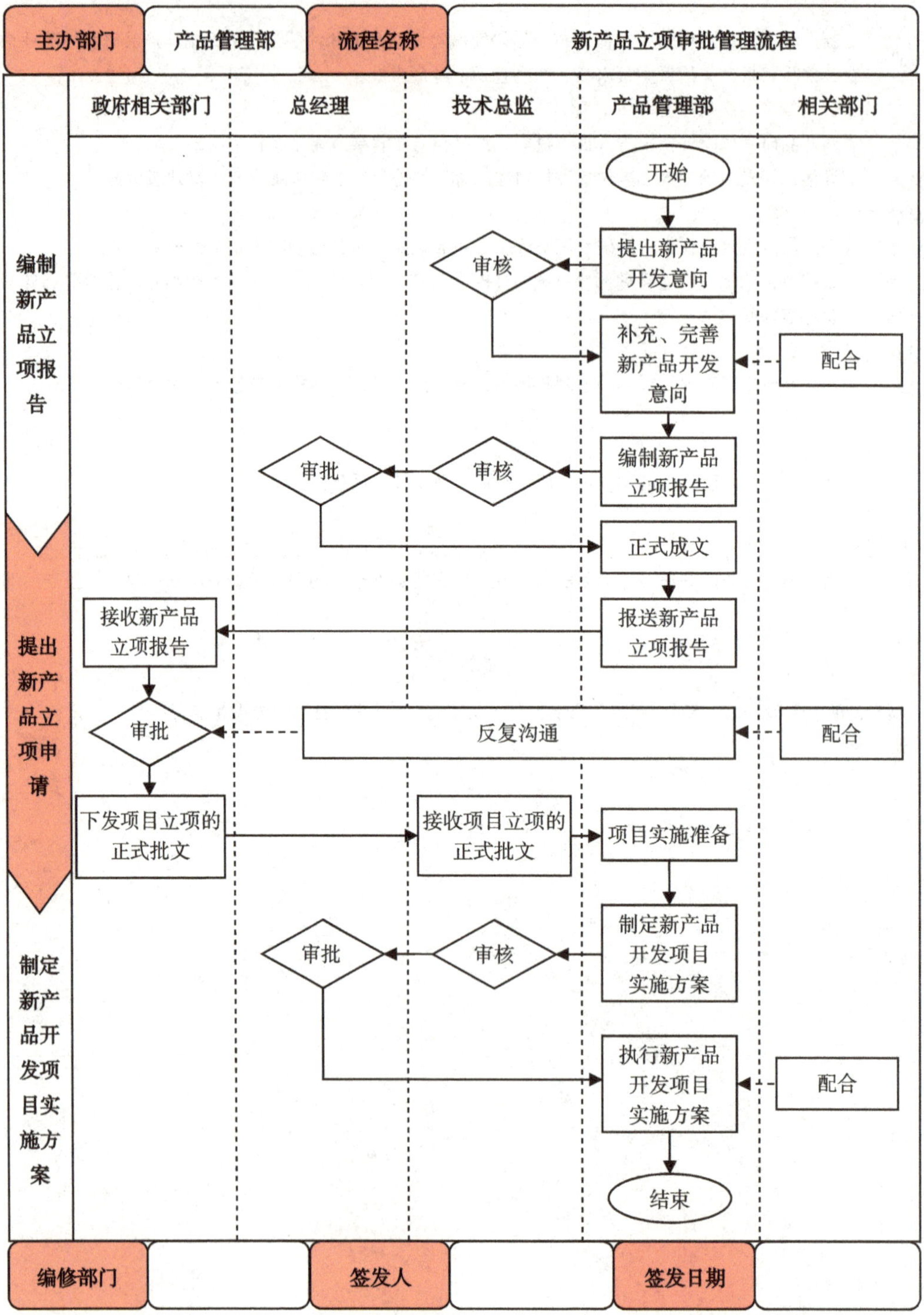
主办部门
产品管理部
流程名称
新产品立项审批管理流程
政府相关部门
总经理
技术总监
产品管理部
相关部门
编制新产品立项报告
提出新产品立项申请
制定新产品开发项目实施方案
开始
提出新产品开发意向
审核
补充、完善新产品开发意向
配合
编制新产品立项报告
审核
审批
正式成文
报送新产品立项报告
接收新产品立项报告
审批
反复沟通
配合
下发项目立项的正式批文
接收项目立项的正式批文
项目实施准备
制定新产品开发项目实施方案
审核
审批
执行新产品开发项目实施方案
配合
结束
编修部门
签发人
签发日期

4.1.4.2 新产品立项审批管理执行程序、工作标准、考核指标、执行规范

<table>
<tr><th>任务名称</th><th>执行程序、工作标准与考核指标</th></tr>
<tr><td rowspan="5">编制新产品立项报告</td><td>执行程序</td></tr>
<tr><td>1. 提出新产品开发意向
产品管理部根据企业的发展战略提出新产品开发意向，结合本部门掌握的材料，拟写初步新产品开发意向书，并将其报技术总监审核。
2. 编制新产品立项报告
☆产品管理部根据技术总监的审核意见，对新产品开发意向进行补充、完善。
☆产品管理部应编制新产品立项报告，并将其报技术总监审核、总经理审批。
3. 正式成文
产品管理部根据总经理的审批意见，将新产品立项报告正式成文。
工作重点
☆新产品开发意向要紧扣企业的经营战略，更要着眼于现实竞争环境和消费者偏好的变化。
☆新产品立项报告的编制要规范，报告内容全面、结构清晰且无重大纰漏。</td></tr>
<tr><td>工作标准
本企业的新产品立项报告可参照同行业其他企业的新产品立项报告编制。</td></tr>
<tr><td>考核指标</td></tr>
<tr><td>新产品立项报告的内容全面、完整，论据充分且报告中的数据准确无误。</td></tr>
<tr><td rowspan="6">提出新产品立项申请</td><td>执行程序</td></tr>
<tr><td>1. 报送新产品立项报告
☆产品管理部在向政府相关部门报送新产品立项报告之前，应检查政府要求的文件是否准备齐全。
☆产品管理部应在政府相关部门指定的时间内报送新产品立项报告，并于政府办事人员初步审查立项报告时，有礼貌地回答各种问题，配合政府相关部门做好立项报告的审批工作。
2. 审批
政府相关部门在收到新产品立项报告后，应就报告中所涉及的问题，与企业的总经理、技术总监和产品管理部相关人员进行反复沟通，以消除报告中存在的疑问或不明确因素。
3. 下发项目立项的正式批文
☆政府相关部门根据对新产品立项报告的审批情况，同意项目立项，并下发项目立项的正式批文。
☆技术总监要及时接收政府相关部门下发的项目立项的正式批文。
工作重点
项目通常具有较高的时效性。为了使项目立项申请一次性通过，企业要对政府相关部门的政策、规划进行深入研究，精心准备申请文件，必要时可请业内专家进行指导。</td></tr>
<tr><td>工作标准</td></tr>
<tr><td>新产品立项可参照本企业过去年度的新产品立项申请程序及注意事项执行。</td></tr>
<tr><td>考核指标</td></tr>
<tr><td>立项文件的合规性：立项文件应符合国家相关法律法规的规定。</td></tr>
</table>

（续）

任务名称	执行程序、工作标准与考核指标
制定新产品开发项目实施方案	**执行程序** **1. 制定新产品开发项目实施方案** ☆产品管理部按照批文的意见着手进行项目实施的准备工作，包括准备相关资料、成立项目组等。 ☆项目组负责编制新产品开发项目实施方案，并将其报技术总监审核、总经理审批。 **2. 执行新产品开发项目实施方案** 新产品开发项目实施方案审批通过后，产品管理部组织执行该方案。 **工作重点** 新产品开发项目实施方案不仅要具有可操作性，更要立足实际，便于后期实施和操作。 **工作标准** ☆参照标准：企业过去年度的新产品开发项目实施方案。 ☆质量标准：新产品开发项目实施方案具有较高的可操作性，对一些预期出现的问题有相应的应对策略，项目执行顺利。 **考核指标** 新产品开发项目实施方案制定的及时性：应在____个工作日内完成。
执行规范	
“新产品开发意向书”“新产品开发项目立项管理制度”“新产品立项报告”“新产品开发项目实施方案”。	

4.2 产品研发过程管理

4.2.1 产品研发过程管理流程设计

4.2.1.1 流程设计的目的

企业设计产品研发过程管理流程的目的如下：

（1）加强对产品研发过程的管理，使各项工作有序进行，避免出现操作上的失误；

（2）确保企业产品研发工作正常开展，安排好样品试制、新产品研发验收所需的人、财、物等各项工作。

4.2.1.2 流程结构设计

产品研发过程管理可细分为四个事项，就每个事项设计流程，即新产品研发管理流程、新产品研发过程管理流程、新产品样品试制管理流程和新产品研发验收管理流程，具体如图 4-2 所示。

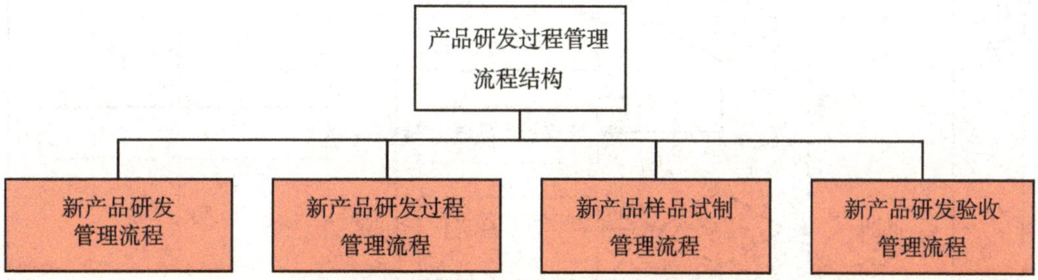

图 4-2 产品研发过程管理流程结构设计

4.2.2 新产品研发管理流程设计与工作执行

4.2.2.1 新产品研发管理流程设计

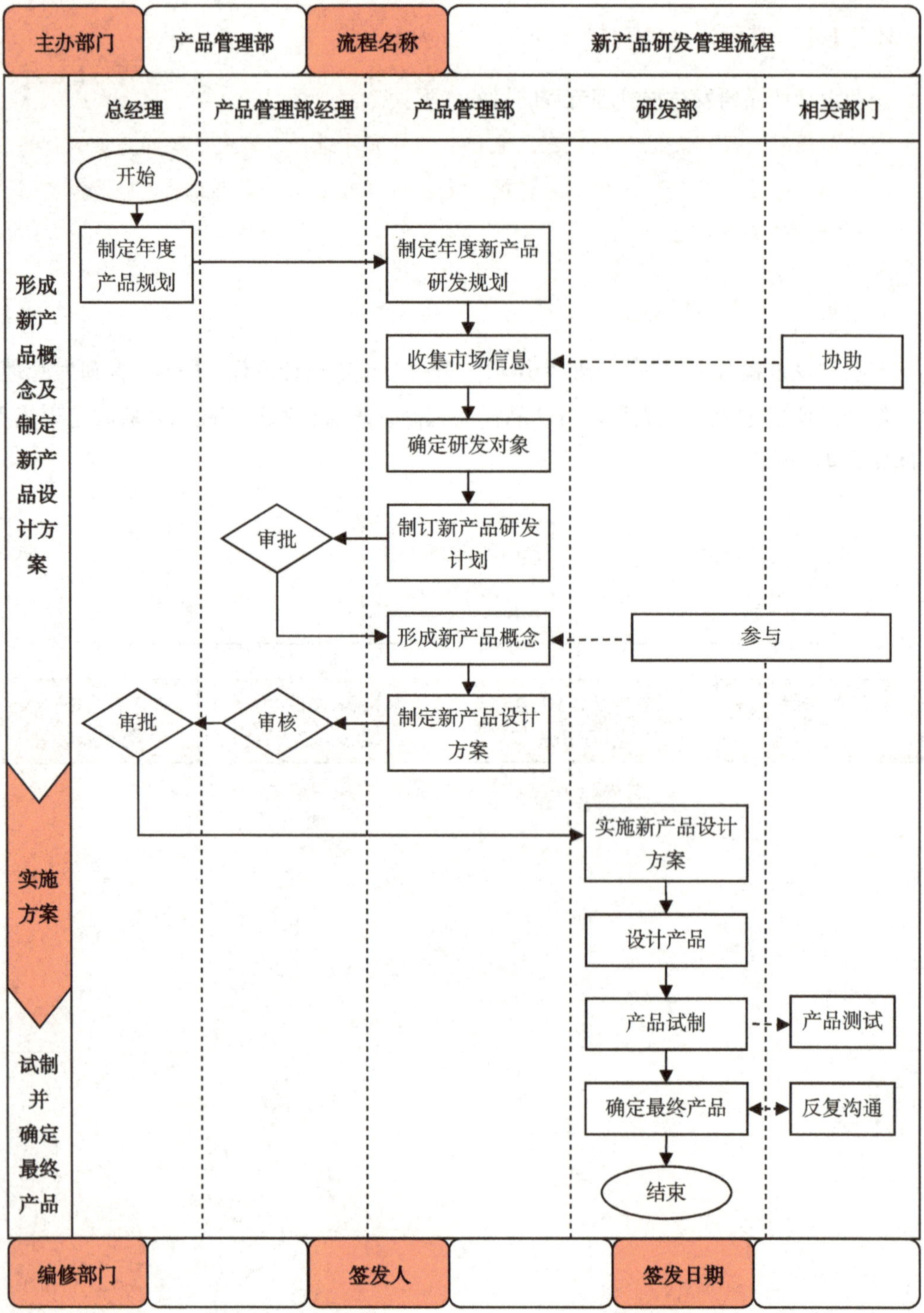
主办部门
产品管理部
流程名称
新产品研发管理流程
总经理
产品管理部经理
产品管理部
研发部
相关部门
形成新产品概念及制定新产品设计方案
实施方案
试制并确定最终产品
开始
制定年度产品规划
制定年度新产品研发规划
收集市场信息
协助
确定研发对象
审批
制订新产品研发计划
形成新产品概念
参与
审批
审核
制定新产品设计方案
实施新产品设计方案
设计产品
产品试制
产品测试
确定最终产品
反复沟通
结束
编修部门
签发人
签发日期

4.2.2.2　新产品研发管理执行程序、工作标准、考核指标、执行规范

任务名称	执行程序、工作标准与考核指标
形成新产品概念及制定新产品设计方案	**执行程序** **1. 制定年度产品规划** 总经理根据企业的实际情况，制定企业本年度的产品规划。 **2. 制定年度新产品研发规划** 产品管理部根据企业的年度产品规划，制定年度新产品研发规划。 **3. 收集市场信息** ☆产品管理部应安排人员收集与产品市场有关的信息。 ☆产品管理部应对收集的信息进行汇总、分析。 ☆产品管理部根据信息分析结果，确定研发对象，具体包括产品种类、市场方向、产品消费群体等。 **4. 制订新产品研发计划** ☆产品管理部根据确定的研发对象，结合汇总的信息，制订新产品研发计划。计划的内容包括研发人员安排、研发费用预算及改进现有产品的建议等。 ☆产品管理部应将新产品研发计划报产品管理部经理审批。 **5. 形成新产品概念** ☆产品管理部要在企业内部收集新产品创意。 ☆产品管理部人员须对收集的创意进行初步评价与修改，形成新产品概念。 ☆产品管理部协同研发部与其他相关部门采用科学的方法，从技术、市场等角度对新产品概念进行分析、筛选，以增强新产品概念的可操作性和可行性。 **6. 制定新产品设计方案** ☆产品管理部根据筛选出来的新产品概念，制定新产品设计方案。 ☆产品管理部应将新产品设计方案报产品管理部经理审核、总经理审批。 **工作重点** ☆精细的市场调研是新产品开发的基础。调研的内容包括现有产品市场信息、同类产品信息、市场占有情况、同行业相关产品信息、市场需求信息等。 ☆新产品设计方案不仅要具有可操作性，更要立足实际，便于后期实施和操作。
	工作标准 ☆参照标准：国内优秀企业的新产品概念及设计方案形成过程资料。 ☆完成标准：新产品设计方案通过总经理的审批。
	考核指标 提出新产品设计建议采纳率，其计算公式如下。 $提出新产品设计建议采纳率=\frac{提出新产品设计建议被采纳数}{提出的新产品设计建议总数}\times 100\%$
实施方案	**执行程序** **1. 实施新产品设计方案** 新产品设计方案审批通过后，研发部组织实施该方案。

（续）

任务名称	执行程序、工作标准与考核指标
实施方案	**2. 设计产品** ☆研发部安排相关人员进行产品设计讨论，包括产品造型设计、功能设计、产品成本设计、品牌设计、包装设计等。 ☆研发部应将产品设计讨论结论形成产品设计图纸或建立模型。 **工作重点** ☆研发人员要具备丰富的新产品研发经验，对研发项目有充分的了解，能快速开展新产品研发工作。 ☆研发人员在实施新产品设计方案时要把握设计过程中的细节，每一个环节都力争做到最好。
	工作标准
	☆参照标准：企业过去年度的新产品研发项目资料。 ☆质量标准：新产品设计方案的实施应严格按照企业规范进行，新产品相关参数符合方案要求，研发成本也在可控范围内。
试制并确定最终产品	**执行程序**
	1. 产品试制 ☆产品设计完成后，研发部应组织相关人员进行产品试制。研发人员应将试制出来的产品提交相关部门进行测试。 ☆相关部门应对产品进行功能测试、使用测试、消费者测试、经济状况测试，并预估产品的销售量、成本和利润。 **2. 确定最终产品** 研发部与相关部门反复沟通后确定最终产品。 **工作重点** 研发部要严格按照规定的程序、标准进行产品试制。
	工作标准
	☆参照标准：企业过去年度的新产品试制过程资料。 ☆质量标准：产品试制过程规范，各项设计符合新产品设计方案的要求。
执行规范	
“年度产品规划”“年度新产品研发规划”“新产品研发计划”“新产品设计方案”“产品测试报告”。	

4.2.3　新产品研发过程管理流程设计与工作执行

4.2.3.1　新产品研发过程管理流程设计

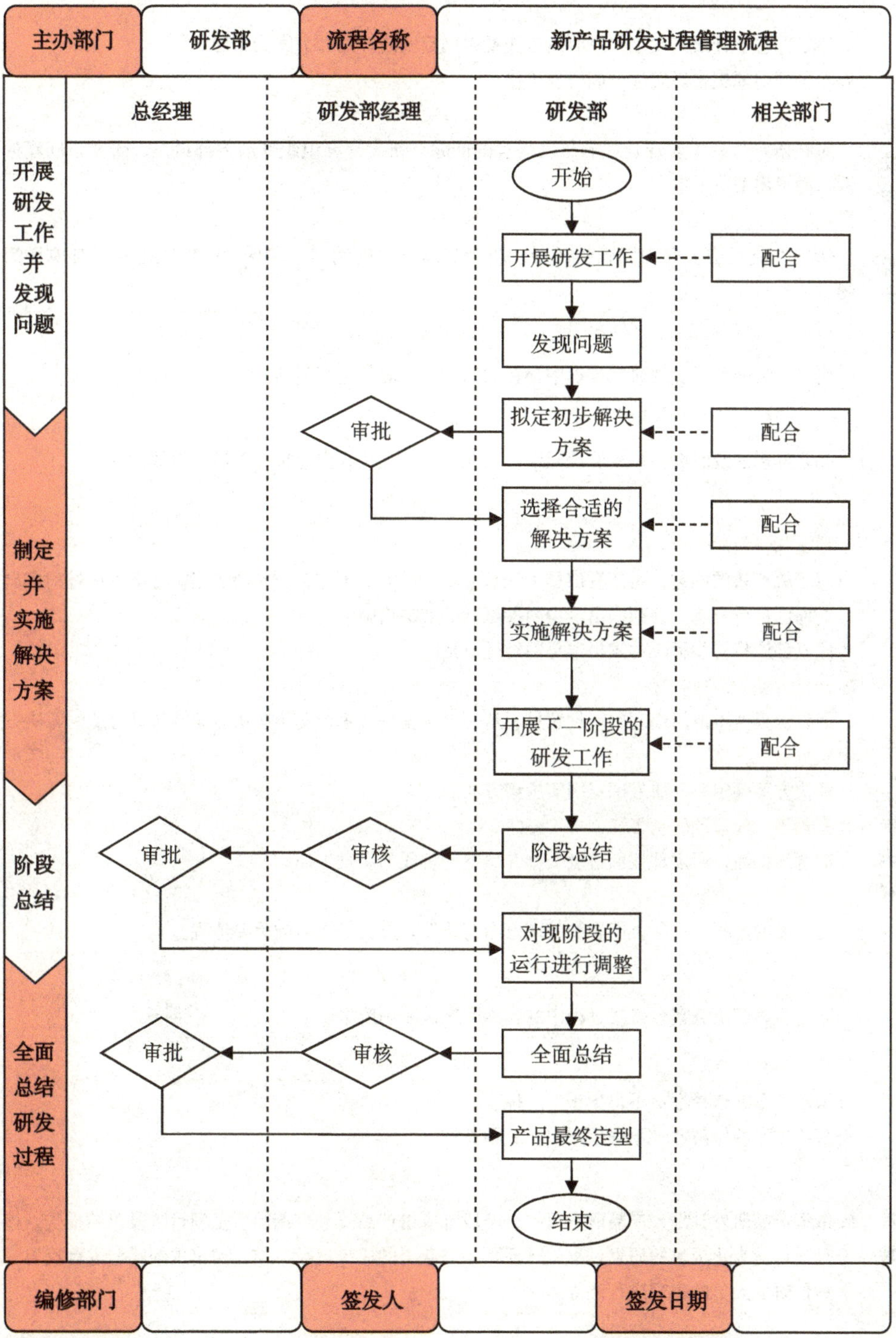
主办部门
研发部
流程名称
新产品研发过程管理流程
总经理
研发部经理
研发部
相关部门
开展研发工作并发现问题
制定并实施解决方案
阶段总结
全面总结研发过程
开始
开展研发工作
配合
发现问题
审批
拟定初步解决方案
配合
选择合适的解决方案
配合
实施解决方案
配合
开展下一阶段的研发工作
配合
审批
审核
阶段总结
对现阶段的运行进行调整
审批
审核
全面总结
产品最终定型
结束
编修部门
签发人
签发日期

4.2.3.2 新产品研发过程管理执行程序、工作标准、考核指标、执行规范

任务名称	执行程序、工作标准与考核指标
开展研发工作并发现问题	**执行程序** **1. 开展研发工作** ☆研发部着手开展研发工作。研发工作要以项目实施计划和方案为指导。 ☆相关部门要配合研发部开展研发工作。 **2. 发现问题** 对在研发过程中发现且影响研发进程的问题，研发部要组织部门内部讨论，研究该问题的严重性，并提出解决方案。 **工作重点** 研发人员要擅于发现隐蔽性问题，越是难以觉察的问题，发现后的价值越高，对项目的贡献越大。
	工作标准
	研发人员能及时发现研发过程中存在的问题，并对其进行概括。
	考核指标
	问题发现的及时性：一旦发现问题，应在____个工作日内上报，并进行内部讨论。
制定并实施解决方案	**执行程序** **1. 拟定初步解决方案** ☆对于较严重的问题，由研发部员工认真分析、研究后拟定初步解决方案。方案中应针对问题产生的原因进行分析，并列举出至少两种可行的解决措施。 ☆研发部应将初步解决方案报本部门经理审批。 **2. 选择合适的解决方案** 研发部根据本部门经理的审批意见，从多个角度综合考量初步解决方案，选择合适的解决方案。 **3. 实施解决方案** 解决方案确定后，研发部组织实施该方案。 **4. 开展下一阶段的研发工作** 问题解决后，研发部按照进度安排开展下一阶段的研发工作。 **工作重点** 在研发的过程中，各类问题的处理能力是研发人员工作能力的重要体现。
	工作标准
	通过实施解决方案，研发过程中的各类问题被顺利解决。
	考核指标
	☆解决方案的选择性：不得少于____种。 ☆解决方案的经济性：不得超过项目总预算的____%。
阶段总结	**执行程序** ☆依据产品研发计划，产品研发每一个阶段都应由产品管理部撰写研发项目阶段总结报告。该报告是对目前为止项目的研发过程进行回顾，对获得的成果进行总结，对出现的问题进行反思，并对每位研发人员的表现进行评价。

（续）

任务名称	执行程序、工作标准与考核指标
阶段总结	☆研发部应将研发项目阶段总结报告报研发部经理审核、总经理审批，并依据总经理的审批意见，对项目现阶段的运行进行调整。 **工作重点** 阶段总结要有一定的深度，应对本阶段研发的进度、成果、困难，以及如何克服困难及研发人员的职责完成情况均应进行深入分析。
	工作标准
	通过阶段总结，为下一阶段研发工作提供经验支持。
	考核指标
	研发项目阶段总结报告中所述事项均符合实际情况，不存在谎报成果、虚报真实进度等情况。
全面总结研发过程	**执行程序**
	1. 全面总结 ☆新产品研发完成后，研发部应撰写研发项目全面总结报告，总结整个研发过程中的经验教训，展示研发成果。 ☆研发部应将研发项目全面总结报告报研发部经理审核、总经理审批。 **2. 产品最终定型** 研发部根据总经理的审批意见对产品进行最终定型。 **工作重点** 研发项目全面总结要对整个研发过程进行评定，应重点对研发过程中的经验教训和重要事项进行说明，为日后的研发工作提供借鉴。
	工作标准
	☆完成标准：研发项目全面总结报告通过总经理的审批。 ☆目标标准：通过全面总结，可以有效提高研发人员的工作能力，同时为后续研发工作提供有益的借鉴。
执行规范	
“产品研发计划”“产品研发实施方案”“研发会议记录”“研发过程突发事件解决方案”“研发项目阶段总结报告”“研发项目全面总结报告”。	

4.2.4 新产品样品试制管理流程设计与工作执行

4.2.4.1 新产品样品试制管理流程设计

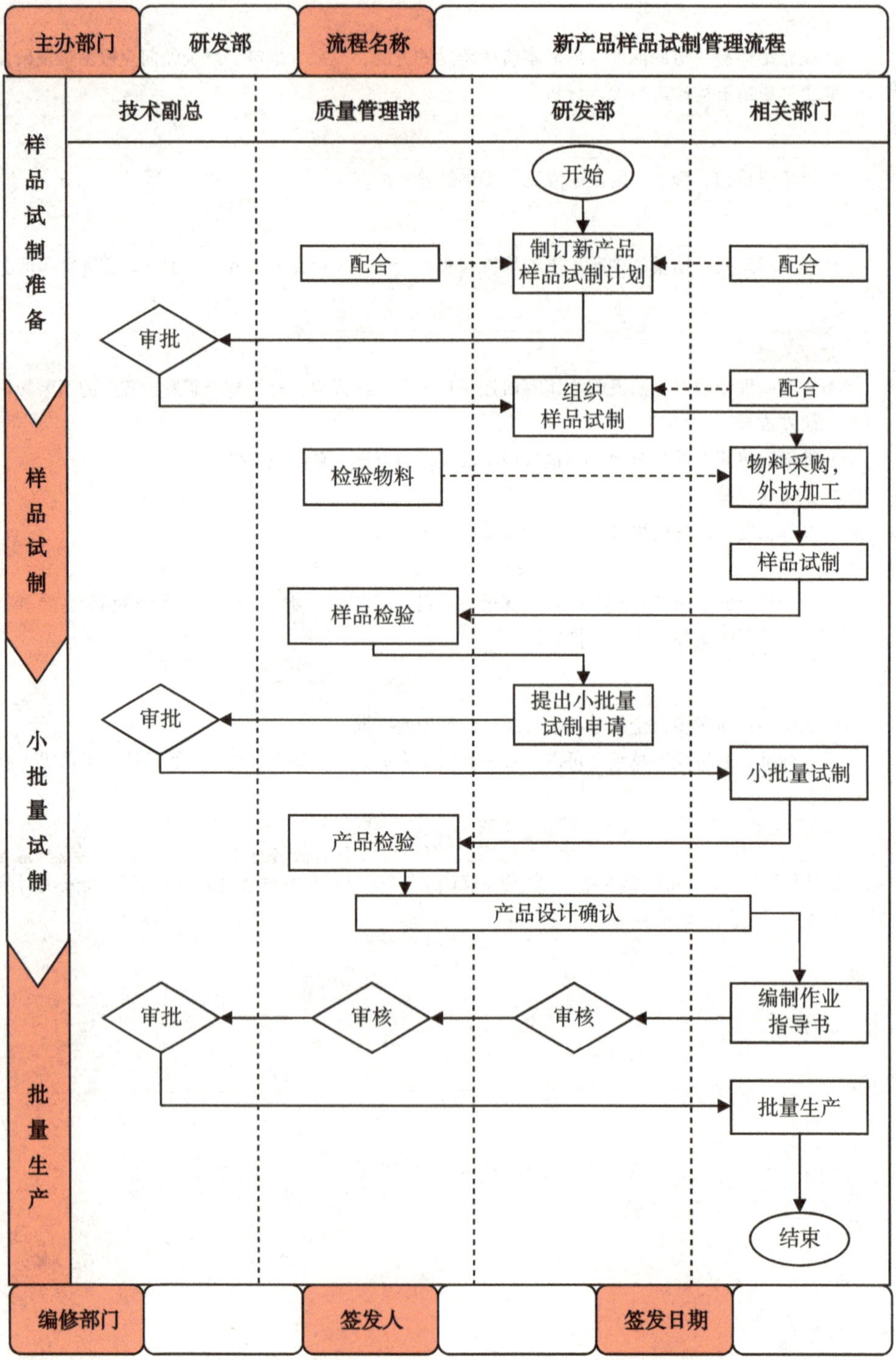
主办部门
研发部
流程名称
新产品样品试制管理流程
技术副总
质量管理部
研发部
相关部门
样品试制准备
样品试制
小批量试制
批量生产
开始
配合
制订新产品样品试制计划
配合
审批
组织样品试制
配合
检验物料
物料采购，外协加工
样品试制
样品检验
提出小批量试制申请
审批
小批量试制
产品检验
产品设计确认
编制作业指导书
审核
审核
审批
批量生产
结束
编修部门
签发人
签发日期

4.2.4.2 新产品样品试制管理执行程序、工作标准、考核指标、执行规范

任务名称	执行程序、工作标准与考核指标
样品试制准备	**执行程序** **1. 制订新产品样品试制计划** 研发部在质量管理部和其他相关部门的配合下，按照全套产品图纸制订新产品样品试制计划，并将其报技术副总审批。 **2. 组织样品试制** ☆研发部根据本企业新产品研发总计划和新产品样品试制计划，制订相应的项目实施计划。 ☆研发部将新产品图纸发给生产部试制车间后，应在____个工作日内向生产部发送新产品试制通知书和新产品零部件明细表（含全部外购外协件、自制件）。 ☆研发部要准备好相应的试验和检验规范等技术资料，为新产品试制做好技术准备工作。 **工作重点** 研发部需要准备的新产品技术资料包括产品质量标准、产品图纸、零部件图、总装配图、工艺技术文件等。
	工作标准 ☆参照标准：同行业其他企业的新产品样品试制计划和项目计划进度表等资料。 ☆完成标准：各项试制准备工作就绪。
	考核指标 新产品样品试制计划制订的及时性：应在规定的时间内完成新产品样品试制计划的制订工作。
样品试制	**执行程序** **1. 物料采购，外协加工** ☆采购部依据外购外协件明细表制订外购外协件采购计划，及时采购试制所需的合格物料。 ☆外协件到货时，质量管理部应根据零部件的检验标准和进货检验作业指导书对其进行检验，所有零部件必须经检验合格后方可使用。 **2. 样品试制** ☆生产部的试制车间根据新产品试制通知书、生产计划和产品图纸的要求进行样品试制，及时完成样品的生产、装配和报检，确保样品的质量符合产品图纸的要求。 ☆在试制样品的过程中，如发现异常情况，生产人员应暂时停止试制生产作业，同时将相关情况反映给研发人员、质量管理人员和工艺技术人员，由他们协商处理。 ☆试制车间必须在样品试制工作结束后填写样品试制信息反馈表，尤其要做好异常信息的记录。 **3. 样品检验** 生产部应将试制出来的样品送交质量管理部进行检验。 **工作重点** 在试制样品的过程中，研发人员、质量管理人员和工艺技术人员要到生产一线，根据现场情况灵活处理各种突发状况。
	工作标准 ☆参照标准：同行业其他企业的样品试制资料。 ☆完成标准：样品试制顺利完成，并且通过质量管理部的检验。

（续）

任务名称	执行程序、工作标准与考核指标
样品试制	**考核指标** 样品试制的规范性、生产部应按照企业工艺文件的要求进行样品试制，并对具体质量指标、特性指标进行修正。
小批量试制	**执行程序** **1. 提出小批量试制申请** 研发部经理向技术副总提出小批量试制申请。经技术副总审批通过后，生产部组织进行小批量试制。 **2. 小批量试制** 生产部的试制车间应采用新产品试制报告表跟踪解决小批量生产过程中存在的技术和质量问题。 **3. 产品设计确认** ☆质量管理部应对生产出来的产品进行检验。 ☆产品检验合格后，研发部组织质量管理部及其他相关部门对产品设计进行确认，主要是确认产品的功能完备性、工艺可行性、安全可靠性等。 **工作重点** 相关部门应对小批量试制中的技术和质量问题做好记录，包括问题出现的频率、原因及解决措施等。 **工作标准** ☆参照标准：同行业其他企业的小批量试制的程序、注意事项等资料。 ☆完成标准：产品设计得到各部门的确认。 **考核指标** 小批量试制样品合格率，其计算公式如下。 $\text{小批量试制样品合格率}=\frac{\text{小批量试制样品的合格数}}{\text{小批量试制样品总数}}\times 100\%$
批量生产	**执行程序** **1. 编制作业指导书** 小批量试制结束后，工艺技术部负责根据试制成果文件编制作业指导书，并将其报研发部审核、质量管理部审核、技术副总审批。 **2. 批量生产** 生产部根据作业指导书的要求进行产品的批量生产。 **工作重点** 工艺技术部要按照企业规范编制作业指导书，要将样品试制过程中的各类问题都考虑进去。 **工作标准** 本企业的作业指导书可参照同行业其他企业最新的作业指导书编制。 **考核指标** 工艺技术部编制的作业指导书易于理解、可操作性强。
执行规范	
“新产品样品试制计划”“项目实施计划”“作业指导书”。	

4.2.5 新产品研发验收管理流程设计与工作执行

4.2.5.1 新产品研发验收管理流程设计

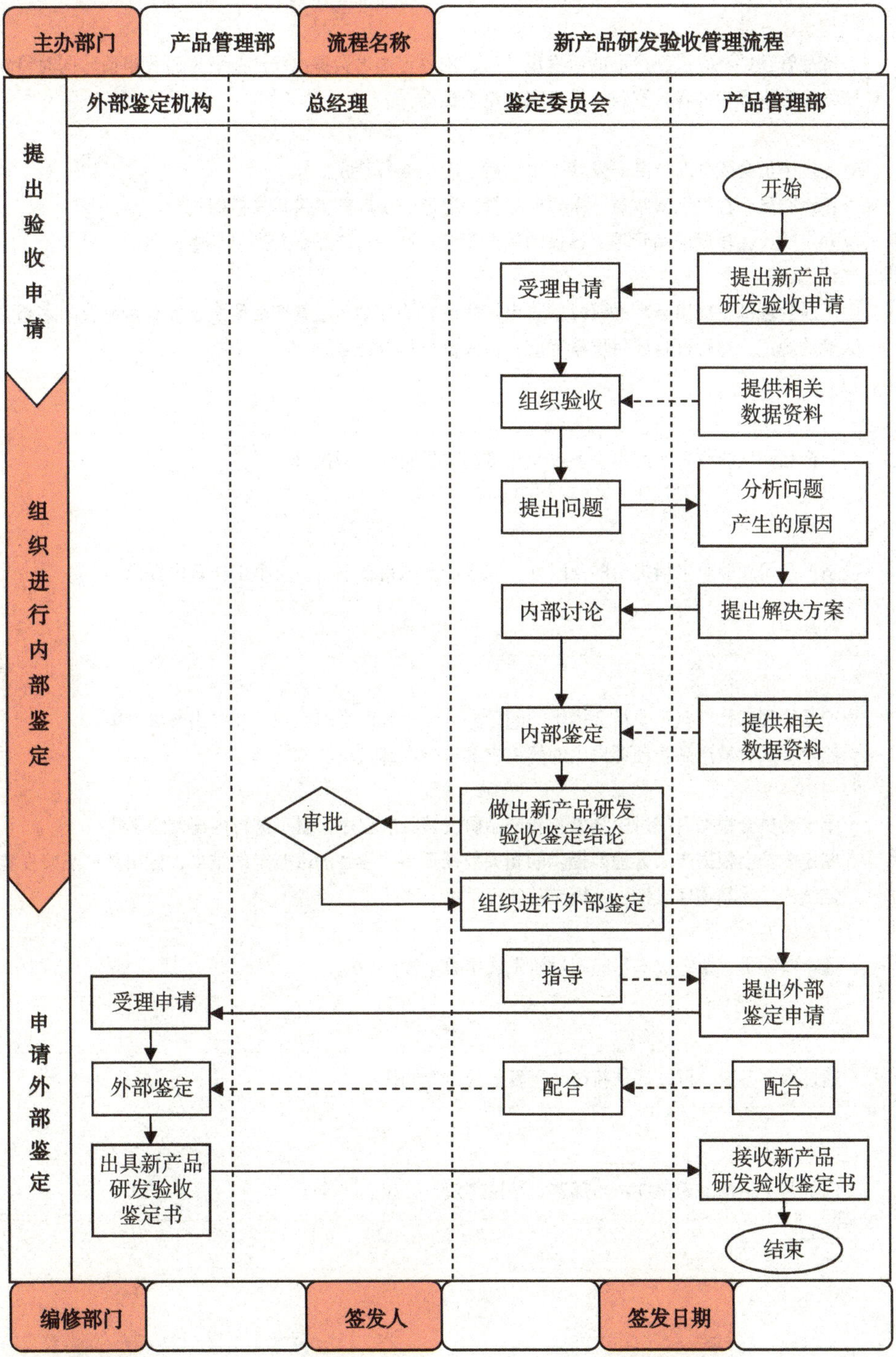
主办部门
产品管理部
流程名称
新产品研发验收管理流程
外部鉴定机构
总经理
鉴定委员会
产品管理部
提出验收申请
组织进行内部鉴定
申请外部鉴定
开始
提出新产品研发验收申请
受理申请
提供相关数据资料
组织验收
提出问题
分析问题产生的原因
提出解决方案
内部讨论
提供相关数据资料
内部鉴定
做出新产品研发验收鉴定结论
审批
组织进行外部鉴定
指导
提出外部鉴定申请
受理申请
外部鉴定
配合
配合
出具新产品研发验收鉴定书
接收新产品研发验收鉴定书
结束
编修部门
签发人
签发日期

4.2.5.2 新产品研发验收管理执行程序、工作标准、考核指标、执行规范

<table>
<tr><th>任务名称</th><th>执行程序、工作标准与考核指标</th></tr>
<tr><td rowspan="6">提出验收申请</td><td>执行程序</td></tr>
<tr><td>1. 提出新产品研发验收申请
产品管理部在完成新产品的研发设计后，向鉴定委员会提出新产品研发验收申请，同时将新产品研发过程中产生的各种资料一并送交鉴定委员会。
2. 受理申请
☆鉴定委员会受理新产品研发验收申请后，着手准备验收工作。
☆鉴定委员会在组织验收时，需要产品管理部进一步向其提供相关数据资料。
☆鉴定委员会根据产品管理部提供的数据资料，针对新产品研发提出具体的问题。
工作重点
产品管理部在提出新产品研发验收申请之前，要仔细审查新产品研发设计是否符合国家相关法律法规的规定，是否符合项目质量标准，验收资料是否齐全。</td></tr>
<tr><td>工作标准</td></tr>
<tr><td>新产品研发验收可参照本企业过年年度的项目验收资料执行。</td></tr>
<tr><td>考核指标</td></tr>
<tr><td>新产品研发验收申请提出的及时性：应于研发项目结束后____个工作日内提出。</td></tr>
<tr><td rowspan="6">组织进行内部鉴定</td><td>执行程序</td></tr>
<tr><td>1. 内部讨论
☆产品管理部针对鉴定委员会提出的问题，分析问题产生的原因，并提出解决方案。
☆鉴定委员会就产品管理部提出的解决方案进行内部讨论。
2. 内部鉴定
☆鉴定委员会根据内部讨论结果及新产品研发验收的程序，着手进行内部鉴定工作。
☆鉴定委员会根据产品管理部提供的相关数据资料，参考内部鉴定的结果，做出新产品研发验收鉴定结论，将其整理成报告，提交总经理审批。
工作重点
通常情况下，鉴定成本不能超过研发成本总金额的30%。</td></tr>
<tr><td>工作标准</td></tr>
<tr><td>通过内部鉴定，可以评估新产品研发的成本控制情况。</td></tr>
<tr><td>考核指标</td></tr>
<tr><td>内部鉴定结论的客观性：内部鉴定结论客观、公正。</td></tr>
</table>

（续）

任务名称	执行程序、工作标准与考核指标
申请外部鉴定	**执行程序**
	1. 提出外部鉴定申请 ☆内部鉴定结论经总经理审批通过后，鉴定委员会组织进行外部鉴定，联系外部鉴定机构。 ☆产品管理部应在鉴定委员会的指导下，向外部鉴定机构提出外部鉴定申请。 **2. 接收新产品研发验收鉴定书** 外部鉴定机构会根据鉴定结果出具新产品研发验收鉴定书，企业产品管理部要注意接收。 **工作重点** 产品管理部和鉴定委员会的相关人员要精心准备，确保一次性通过外部鉴定。
	工作标准
	通过外部鉴定，可以评估新产品研发的质量等情况。
	考核指标
	外部鉴定申请提出的及时性：应在内部鉴定结束后____个工作日内提出。
执行规范	
外部鉴定机构的“新产品研发验收鉴定书”及企业的“新产品研发验收管理制度”。	

4.3 产品研发过程控制管理

4.3.1 产品研发过程控制管理流程设计

4.3.1.1 流程设计的目的

企业设计产品研发过程控制管理流程的目的如下：

（1）加强对本企业产品研发过程控制的管理，满足企业对产品研发整体工作的控制要求；

（2）提升企业研发管理绩效和质量水平，降低企业研发任务管理成本，确保企业稳步发展；

（3）明确各岗位人员的工作职责，提高工作效率。

4.3.1.2 流程结构设计

产品研发过程控制管理可细分为三个事项，就每个事项设计流程，即技术评审管理流程、产品研发阶段成果管理流程和产品研发问题汇总与解决管理流程，具体如图 4-3 所示。

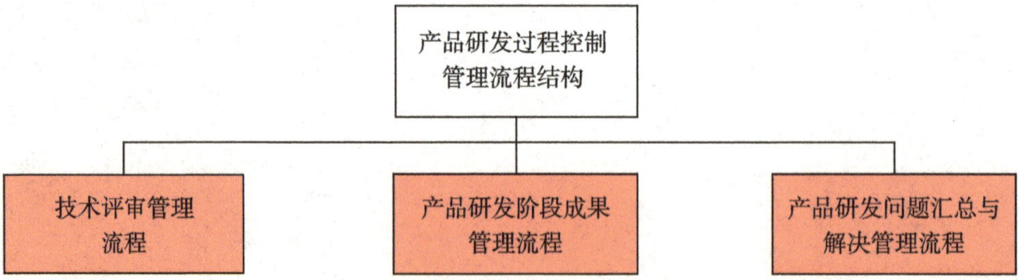

图 4-3 产品研发过程控制管理流程结构设计

4.3.2 技术评审管理流程设计与工作执行

4.3.2.1 技术评审管理流程设计

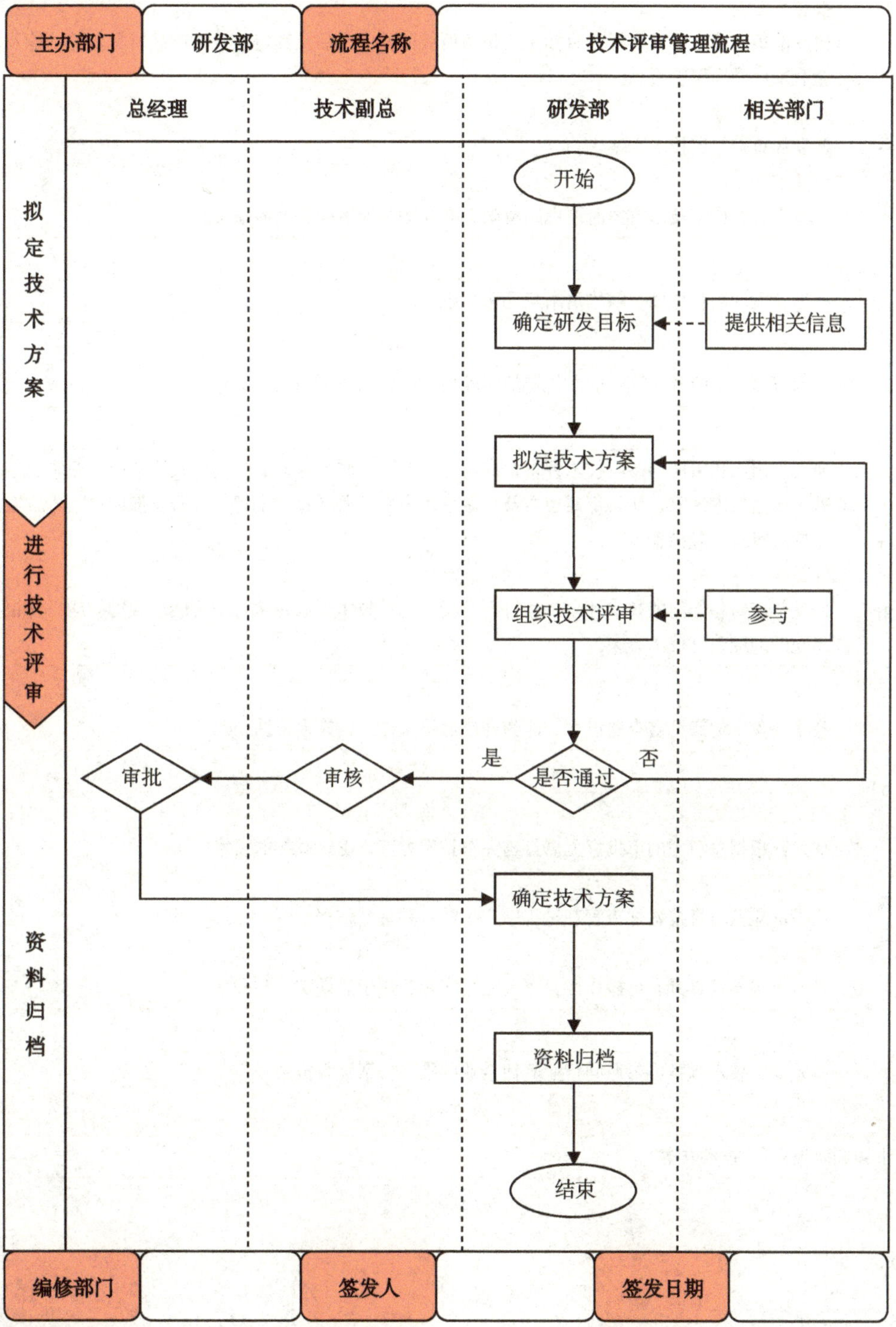

主办部门
研发部
流程名称
技术评审管理流程
总经理
技术副总
研发部
相关部门
拟定技术方案
进行技术评审
资料归档
开始
确定研发目标
提供相关信息
拟定技术方案
组织技术评审
参与
是
否
是否通过
审核
审批
确定技术方案
资料归档
结束
编修部门
签发人
签发日期

4.3.2.2 技术评审管理执行程序、工作标准、考核指标、执行规范

任务名称	执行程序、工作标准与考核指标
拟定技术方案	**执行程序**
	1. 确定研发目标 研发部负责确定研发目标。目标主要包括所要研发的产品及其定位、该产品所具备的功能及其能为企业发展做出哪些贡献。 **2. 拟定技术方案** 研发部负责拟定技术方案。 **工作重点** 研发人员在拟定技术方案时要思路清晰，必要的情况下能提供多条思路。
	工作标准
	技术方案的内容全面、结构清晰且无重大纰漏。
	考核指标
	技术方案拟定的及时性：应在规定的时间内完成技术方案的拟定工作。
进行技术评审	**执行程序**
	☆研发部组织相关部门参与技术评审，参与评审的人员应当是各部门负责人及该产品领域的专家。 ☆若未通过技术评审，研发部需要重新拟定技术方案；若通过技术评审，研发部应将技术方案报技术副总审核、总经理审批。 **工作重点** 研发部应对各部门的技术评审过程进行分析，总结技术方案在执行中可能出现的问题，并根据可能出现的问题改进技术方案。
	工作标准
	技术评审中的意见富有建设性，能为开展后续工作提供许多帮助。
资料归档	**执行程序**
	1. 确定技术方案 研发部根据总经理的审批意见修订与完善技术方案，确定最终的技术方案。 **2. 资料归档** 研发部应及时将技术评审管理过程中产生的各种资料归档。 **工作重点** 技术方案不仅要具有可操作性，更要立足实际，便于后期实施和操作。
	工作标准
	本企业的技术方案可参照同行业其他企业的技术方案资料拟定。
执行规范	
“市场调研报告”“技术方案”。	

4.3.3 产品研发阶段成果管理流程设计与工作执行

4.3.3.1 产品研发阶段成果管理流程设计

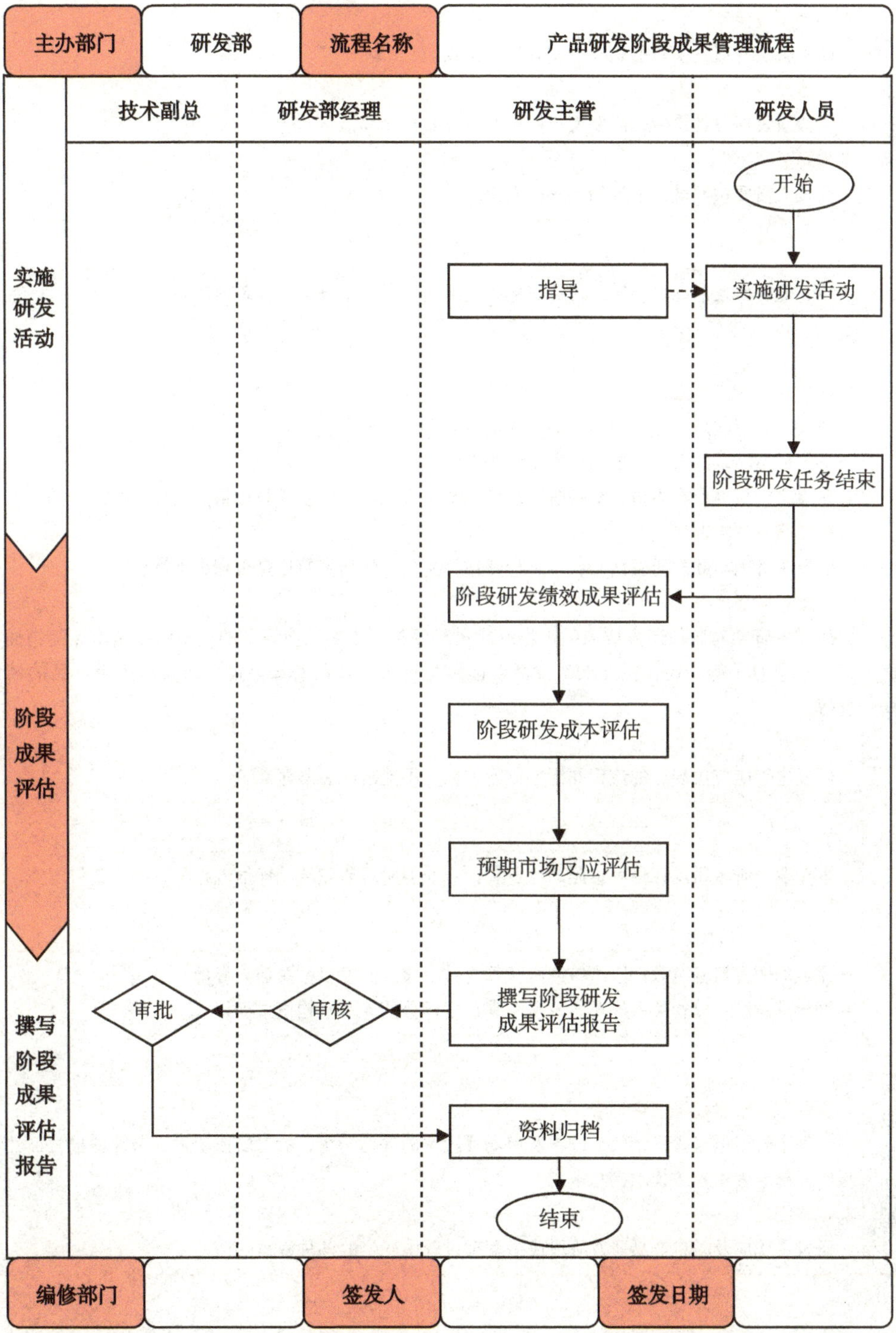
主办部门
研发部
流程名称
产品研发阶段成果管理流程
技术副总
研发部经理
研发主管
研发人员
实施研发活动
阶段成果评估
撰写阶段成果评估报告
开始
指导
实施研发活动
阶段研发任务结束
阶段研发绩效成果评估
阶段研发成本评估
预期市场反应评估
撰写阶段研发成果评估报告
审核
审批
资料归档
结束
编修部门
签发人
签发日期

4.3.3.2 产品研发阶段成果管理执行程序、工作标准、考核指标、执行规范

<table>
<tr><th>任务名称</th><th>执行程序、工作标准与考核指标</th></tr>
<tr><td rowspan="4">实施研发活动</td><td>执行程序</td></tr>
<tr><td>1. 实施研发活动
研发人员在研发主管的指导下实施研发活动。
2. 阶段研发任务结束
阶段研发任务结束后，研发人员要做好资料整理工作。
工作重点
研发人员要按照既定的计划实施研发活动。</td></tr>
<tr><td>工作标准</td></tr>
<tr><td>本企业的研发活动可参照同行业其他企业的研发活动的推进过程资料实施。</td></tr>
<tr><td rowspan="6">阶段成果评估</td><td>执行程序</td></tr>
<tr><td>1. 阶段研发绩效成果评估
☆研发主管召集所有参与研发活动的人员对阶段研发任务进行总结。
☆参与研发活动的人员需要向研发主管提交阶段活动总结。
☆研发主管根据所有人员提交的阶段活动总结，评估阶段研发绩效成果。
2. 阶段研发成本评估
研发主管须对此次研发活动成本进行评估，主要评估研发费用是否超出预算。
3. 预期市场反应评估
研发主管须对阶段研发成果的市场反应进行评估。市场反应评估的主要对象是市场经销商、客户、竞争对手等，还包括此次研发活动能否提升本企业品牌知名度、研发结束后产品的销售状况等。
工作重点
研发主管应按照规定的流程和标准进行评估，不能跳序、漏序。</td></tr>
<tr><td>工作标准</td></tr>
<tr><td>本企业的阶段研发评估可参照同行业其他企业的阶段研发活动评估流程与方法等资料实施。</td></tr>
<tr><td>考核指标</td></tr>
<tr><td>☆完成的研发目标总数：以考核期内已经通过审核的研发目标总数来衡量。
☆领导满意度：以相关领导对研发水平满意度评分的算术平均值来衡量。</td></tr>
<tr><td rowspan="2">撰写阶段成果评估报告</td><td>执行程序</td></tr>
<tr><td>1. 撰写阶段研发成果评估报告
研发主管根据对研发绩效、成本及市场反应等的评估情况，撰写阶段研发成果评估报告，并将其报研发部经理审核、技术副总审批。
2. 资料归档
研发主管应及时将产品研发阶段成果管理过程中产生的各种资料归档。</td></tr>
</table>

（续）

任务名称	执行程序、工作标准与考核指标
撰写阶段成果评估报告	**工作重点** 阶段研发成果评估报告的撰写要规范，报告内容全面、结构清晰且无重大纰漏。
	工作标准
	通过总结此次研发活动，可以为日后的研发活动提供借鉴。
	考核指标
	阶段研发成果评估报告撰写的及时性：应在规定的时间内完成阶段研发成果评估报告的撰写工作。
执行规范	
“产品研发任务书”“阶段研发成果评估报告”。	

4.3.4 产品研发问题汇总与解决管理流程设计与工作执行

4.3.4.1 产品研发问题汇总与解决管理流程设计

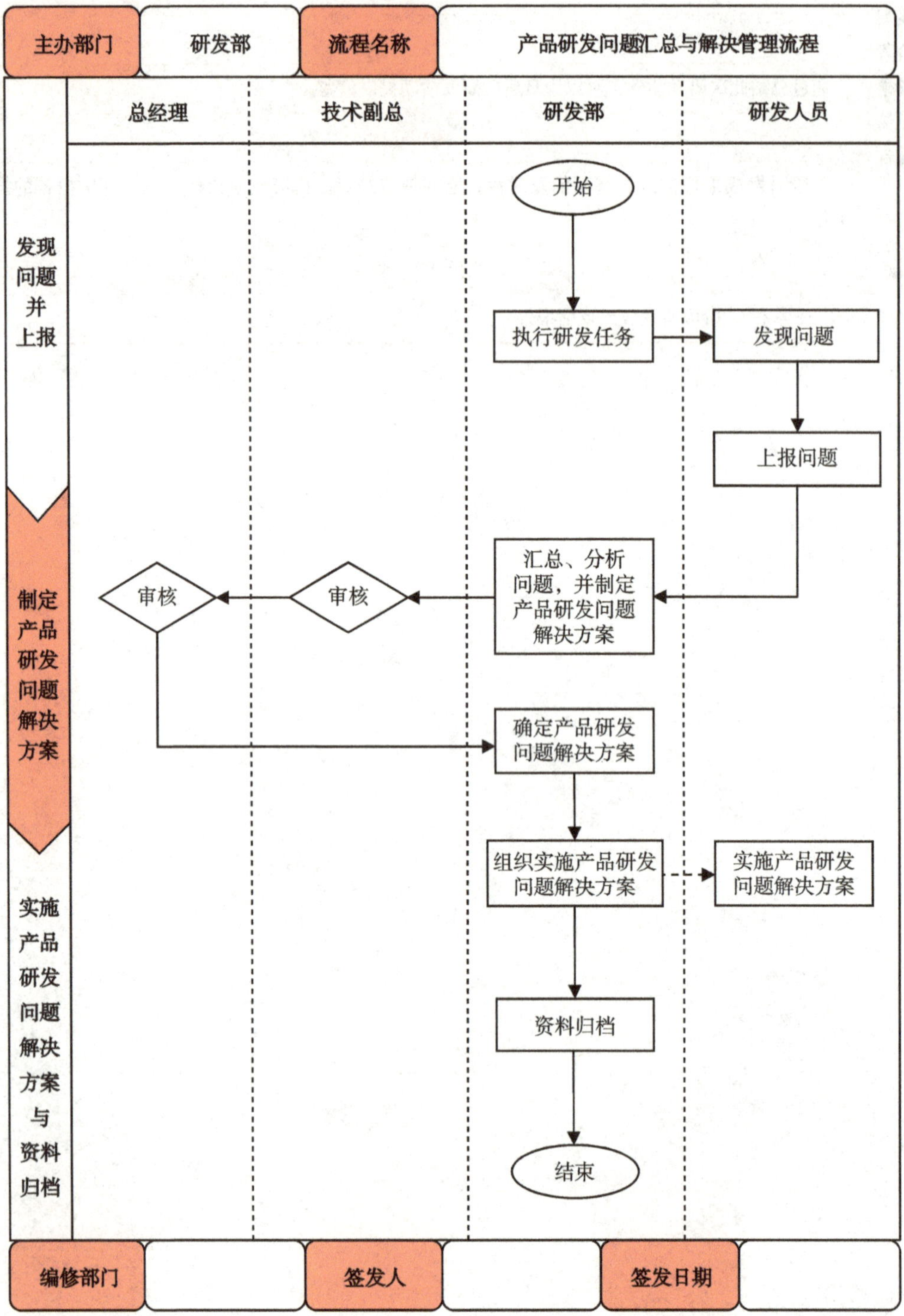
主办部门
研发部
流程名称
产品研发问题汇总与解决管理流程
总经理
技术副总
研发部
研发人员
发现问题并上报
制定产品研发问题解决方案
实施产品研发问题解决方案与资料归档
开始
执行研发任务
发现问题
上报问题
汇总、分析问题，并制定产品研发问题解决方案
审核
审核
确定产品研发问题解决方案
组织实施产品研发问题解决方案
实施产品研发问题解决方案
资料归档
结束
编修部门
签发人
签发日期

4.3.4.2 产品研发问题汇总与解决管理执行程序、工作标准、考核指标、执行规范

<table>
<tr><th>任务名称</th><th>执行程序、工作标准与考核指标</th></tr>
<tr><td rowspan="6">发现问题并上报</td><td>执行程序</td></tr>
<tr><td>1. 执行研发任务
研发部按照研发任务书的要求执行研发任务。
2. 发现问题
研发人员在执行任务的过程中发现问题。
3. 上报问题
研发人员将发现的问题上报研发部。
工作重点
在上报问题时，研发人员要将问题出现的背景、已经采取的措施等情况进行全面说明。</td></tr>
<tr><td>工作标准</td></tr>
<tr><td>☆目标标准：研发人员要及时将发现的问题上报研发部，以免影响研发工作的进度。
☆参照标准：本企业的研发问题上报标准。</td></tr>
<tr><td>考核指标</td></tr>
<tr><td>问题上报的及时性：应在发现问题后____个工作日内上报。</td></tr>
<tr><td rowspan="6">制定产品研发问题解决方案</td><td>执行程序</td></tr>
<tr><td>☆研发部应汇总、分析研发人员上报的问题，并制定产品研发问题解决方案。
☆研发部应将产品研发问题解决方案报技术副总审核、总经理审批。
工作重点
产品研发问题解决方案要具有可操作性。</td></tr>
<tr><td>工作标准</td></tr>
<tr><td>产品研发问题解决方案可参照本企业过去年度的研发问题解决方案制定。</td></tr>
<tr><td>考核指标</td></tr>
<tr><td>问题汇总的及时性：应在收到研发人员上报的问题后____个工作日内汇总完成。</td></tr>
<tr><td rowspan="4">实施产品研发问题解决方案与资料归档</td><td>执行程序</td></tr>
<tr><td>1. 确定产品研发问题解决方案
产品研发问题解决方案审批通过后，研发部根据总经理的审批意见修订与完善方案，确定方案。
2. 组织实施产品研发问题解决方案
研发部组织研发人员实施产品研发问题解决方案。
3. 资料归档
研发部应及时将相关资料归档，以备日后查验。
工作重点
资料的归档须依据企业的资料保管制度执行。</td></tr>
<tr><td>工作标准</td></tr>
<tr><td>通过实施产品研发问题解决方案，可以有效解决产品研发问题。</td></tr>
<tr><th colspan="2">执行规范</th></tr>
<tr><td colspan="2">“产品研发问题上报标准”“产品研发问题解决方案”。</td></tr>
</table>

4.4 产品研发项目团队与绩效管理

4.4.1 产品研发项目团队与绩效管理流程设计

4.4.1.1 流程设计的目的

企业设计产品研发项目团队与绩效管理流程的目的如下：

（1）合理设计产品研发项目团队的组织结构，明确产品研发项目团队各岗位人员的工作职责，保证研发项目工作有序开展；

（2）规范企业研发项目绩效考核工作流程，提高企业的绩效管理水平。

4.4.1.2 流程结构设计

产品研发项目团队与绩效管理可细分为三个事项，就每个事项设计流程，即产品研发项目团队组建管理流程、产品研发项目员工绩效考核管理流程和产品研发人员绩效改进管理流程，具体如图 4-4 所示。

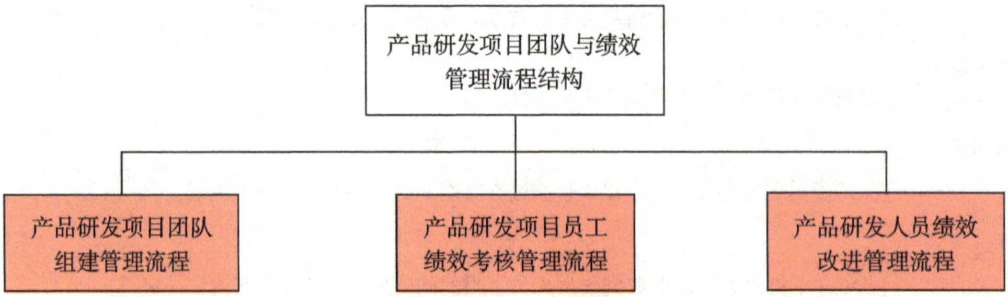

图 4-4 产品研发项目团队与绩效管理流程结构设计

4.4.2 产品研发项目团队组建管理流程设计与工作执行

4.4.2.1 产品研发项目团队组建管理流程设计

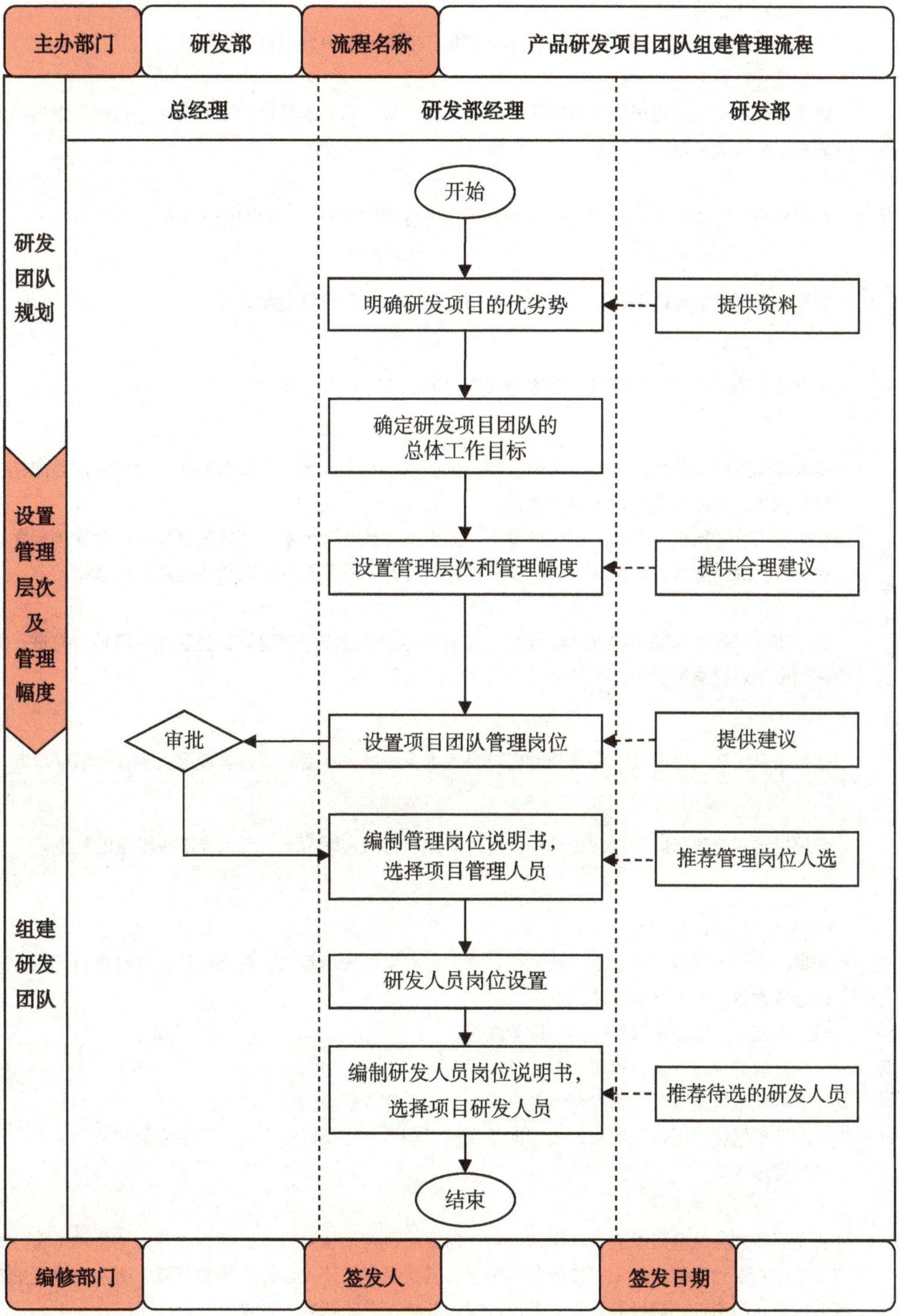
主办部门
研发部
流程名称
产品研发项目团队组建管理流程
总经理
研发部经理
研发部
研发团队规划
设置管理层次及管理幅度
组建研发团队
开始
明确研发项目的优劣势
提供资料
确定研发项目团队的总体工作目标
设置管理层次和管理幅度
提供合理建议
审批
设置项目团队管理岗位
提供建议
编制管理岗位说明书，选择项目管理人员
推荐管理岗位人选
研发人员岗位设置
编制研发人员岗位说明书，选择项目研发人员
推荐待选的研发人员
结束
编修部门
签发人
签发日期

4.4.2.2 产品研发项目团队组建管理执行程序、工作标准、考核指标、执行规范

任务名称	执行程序、工作标准与考核指标
研发团队规划	**执行程序**
	1. 明确研发项目的优劣势 研发部经理应收集、分析研发项目相关资料，明确企业研发项目的优劣势。 **2. 确定研发项目团队的总体工作目标** 研发部经理应先确定研发项目团队的总体工作目标，再确定具体的工作目标，包括研发项目的阶段成果、总体成果等。 **工作重点** 在规划研发团队之前，研发部应对研发项目进行仔细调研，以辅助企业决策。
	工作标准
	研发项目团队的总体工作目标简洁、清晰、明了，并且符合企业规范。
	考核指标
	研发项目团队的总体工作目标能够体现企业的企业文化、工作理念等。
设置管理层次及管理幅度	**执行程序**
	☆研发部经理根据管理的需要，为研发项目团队从上到下设置若干管理层次，这些层次之间是一种隶属关系，从而形成职权上的等级链。 ☆在研发项目团队组织规模一定的情况下，如果不考虑其他因素，团队的管理幅度和管理层次呈反比。研发部经理在为研发项目团队设置管理幅度时，研发部相关人员要提供合理建议。 **工作重点** 如果团队管理者的能力很强，能及时针对下属的请示给出合理建议，且管理手段较为先进，那么管理幅度不妨适当扩大。
	工作标准
	研发项目团队的管理层次和管理幅度可参照本企业过去年度的项目管理层次和管理幅度设置。
	考核指标
	管理层次和管理幅度设置的合理性：符合研发项目的实际情况，无人浮于事现象的发生。
组建研发团队	**执行程序**
	1. 设置项目团队管理岗位 ☆管理层次和管理幅度确定后，研发部经理紧接着要设置项目团队管理岗位，并将项目团队管理岗位设置方案报总经理审批。 ☆研发部相关人员要提供管理岗位设置建议。 **2. 编制管理岗位说明书，选择项目管理人员** ☆经总经理审批通过后，研发部经理负责编制研发部各管理岗位说明书。 ☆研发部根据管理岗位说明书的要求向研发部经理推荐管理岗位人选，研发部经理从中选择合适的项目管理人员。 **3. 研发人员岗位设置** 研发部经理在设置研发人员的岗位之前，需要对研发工作进行全面评价，首先把各项工作分解成若干工作元素和环节，确定工作的基本难度；其次对整个研发过程、研发环境、研发内容等主要方面进行全面的调查；最后对调查结果进行深入分析，在此基础上设置研发人员岗位。

（续）

任务名称	执行程序、工作标准与考核指标
组建研发团队	**4. 编制研发人员岗位说明书，选择项目研发人员** ☆研发人员岗位设置完成后，研发部经理根据岗位设置情况和研发部的部门目标，编制研发人员岗位说明书。 ☆研发部根据研发人员岗位说明书的要求向研发部经理推荐待选的研发人员，研发部经理从中选择合适的项目研发人员。 **工作重点** 研发部经理要合理设置研发部工作岗位。
	工作标准
	研发人员的岗位基本信息列举全面，工作内容描述详细。
执行规范	
“管理岗位说明书”“研发人员岗位说明书”。	

4.4.3 产品研发项目员工绩效考核管理流程设计与工作执行

4.4.3.1 产品研发项目员工绩效考核管理流程设计

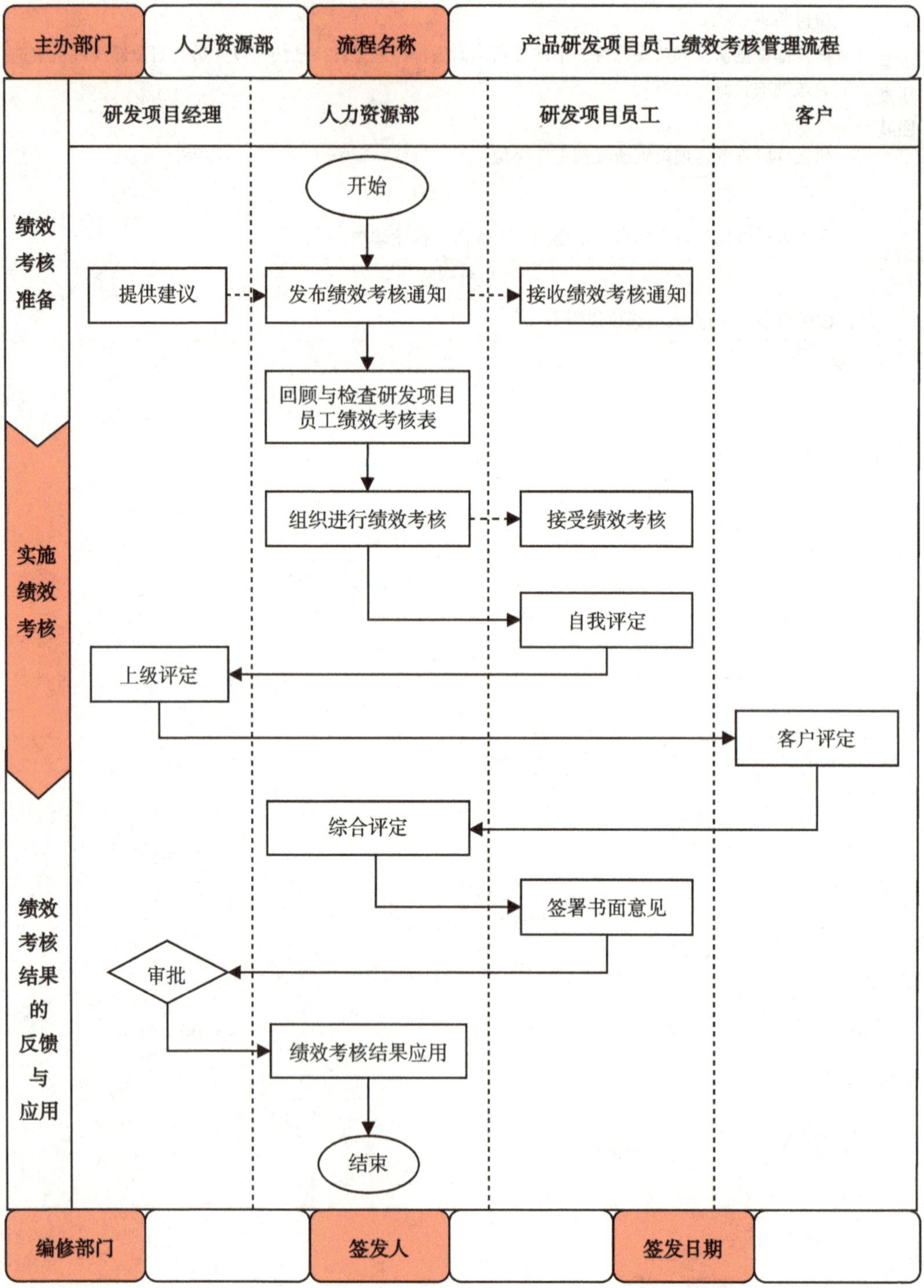

主办部门
人力资源部
流程名称
产品研发项目员工绩效考核管理流程
研发项目经理
人力资源部
研发项目员工
客户
绩效考核准备
实施绩效考核
绩效考核结果的反馈与应用
开始
提供建议
发布绩效考核通知
接收绩效考核通知
回顾与检查研发项目员工绩效考核表
组织进行绩效考核
接受绩效考核
自我评定
上级评定
客户评定
综合评定
签署书面意见
审批
绩效考核结果应用
结束
编修部门
签发人
签发日期

4.4.3.2 产品研发项目员工绩效考核管理执行程序、工作标准、考核指标、执行规范

<table>
<tr><th>任务名称</th><th>执行程序、工作标准与考核指标</th></tr>
<tr><td rowspan="6">绩效考核准备</td><td>执行程序</td></tr>
<tr><td>1. 发布绩效考核通知
☆人力资源部向研发项目员工发布绩效考核通知，说明绩效考核的目的、方式及进度安排。
☆人力资源部根据研发项目经理的建议，确认评价要素，即工作数量考核评价要素、工作质量考核评价要素、工作态度考核评价要素等。
☆人力资源部综合若干业绩考核的评价要素及企业的绩效考核管理制度，编制研发项目员工绩效考核表。
2. 回顾与检查研发项目员工绩效考核表
在实施绩效考核之前，人力资源部要对研发项目员工绩效考核表进行一次全面的回顾与检查，考察各个要素之间的评价结果是否一致。
工作重点
☆在实施绩效考核之前，人力资源部必须明确此次考核的目的。
☆绩效考核通知的内容要言简意赅，通俗易懂。</td></tr>
<tr><td>工作标准</td></tr>
<tr><td>绩效考核可参照本企业过去年度的绩效考核准备资料进行。</td></tr>
<tr><td>考核指标</td></tr>
<tr><td>绩效考核通知发布的及时性：应在____个工作日内完成。</td></tr>
<tr><td rowspan="4">实施绩效考核</td><td>执行程序</td></tr>
<tr><td>1. 组织进行绩效考核
绩效考核准备工作完成后，人力资源部组织进行绩效考核。
2. 自我评定
研发项目员工针对考核期内自己各方面的表现情况填写绩效考核表。
3. 上级评定
研发项目经理针对研发项目员工在考核期内的各方面表现填写绩效考核表。
4. 客户评定
客户针对研发项目员工在考核期内的工作表现进行客观、公正的评价。
5. 综合评定
☆人力资源部须汇总各项考核结果，对研发项目员工的工作绩效进行综合评定。
☆综合评定的评语将作为对研发项目员工进行评价的最终结果，力求做到公正、客观，忌脱离事实。
工作重点
企业应制定统一的绩效考核表，以提高工作效率。</td></tr>
<tr><td>工作标准</td></tr>
<tr><td>本企业的绩效考核可参照同行业其他企业的绩效考核过程资料实施。</td></tr>
</table>

（续）

任务名称	执行程序、工作标准与考核指标
绩效考核结果的反馈与应用	**执行程序**
	1. 签署书面意见 人力资源部须征求研发项目员工对绩效考核结果的意见，待其签署书面意见后报研发项目经理审批；研发项目员工若对考核结果有异议，可于考核结果公布之日起七日内向人力资源部提出申诉。 **2. 绩效考核结果应用** ☆研发项目员工的绩效考核结果每个月公布一次。 ☆人力资源部根据研发项目员工的绩效考核结果，对合格者给予奖励，对不合格者予以惩罚。 **工作重点** 绩效考核结果要能起到激励研发项目员工努力提升工作绩效的作用。
	工作标准
	通过绩效考核结果的应用，可以有效提升研发项目员工对企业的满意度，极大地激发员工的工作积极性。
	考核指标
	绩效考核过程公平、公正。
执行规范	
“研发项目员工绩效考核管理制度”“绩效考核通知”“研发项目员工绩效考核表”。	

4.4.4 产品研发人员绩效改进管理流程设计与工作执行

4.4.4.1 产品研发人员绩效改进管理流程设计

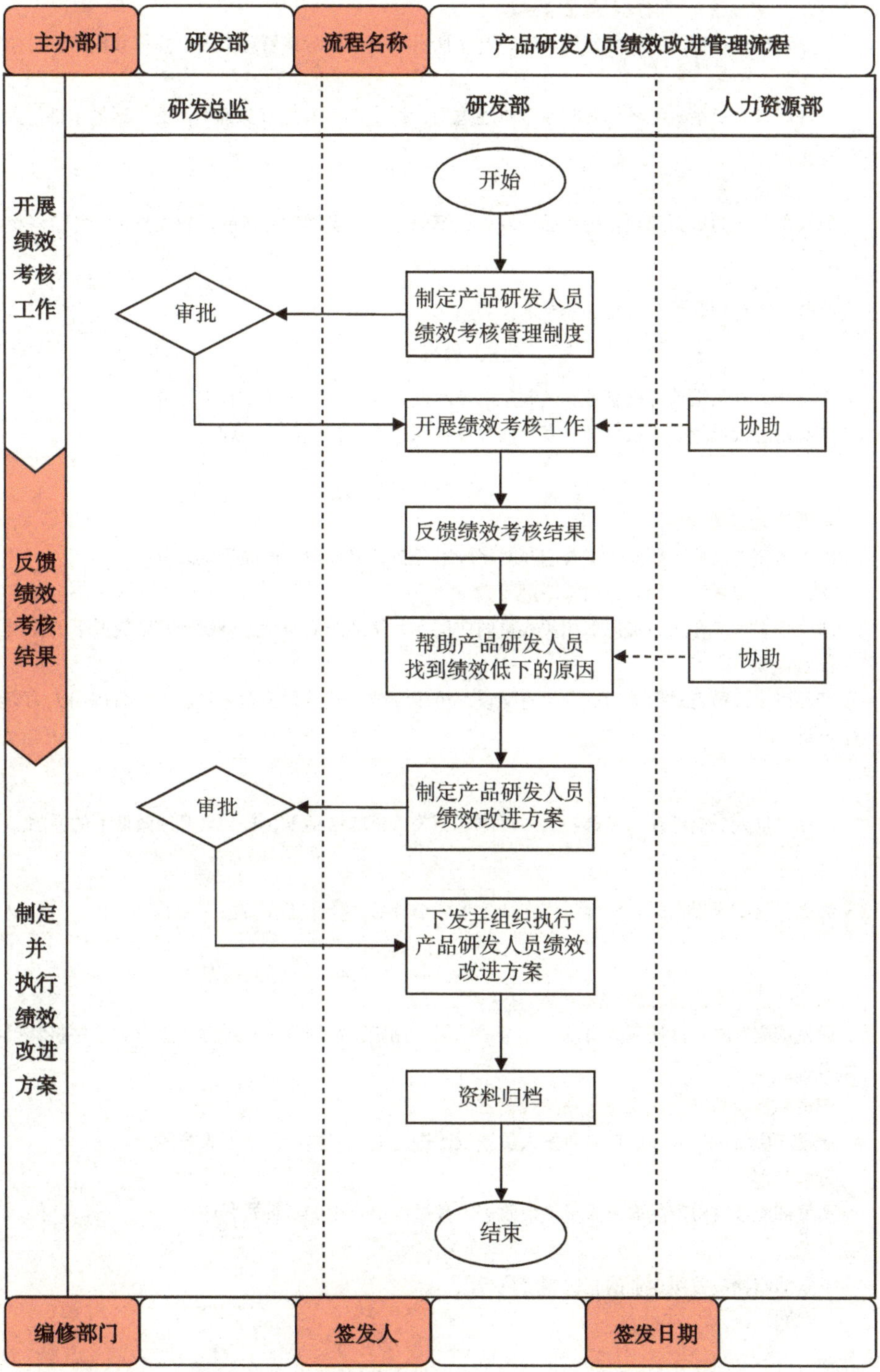
主办部门
研发部
流程名称
产品研发人员绩效改进管理流程
研发总监
研发部
人力资源部
开展绩效考核工作
反馈绩效考核结果
制定并执行绩效改进方案
开始
制定产品研发人员绩效考核管理制度
审批
开展绩效考核工作
协助
反馈绩效考核结果
帮助产品研发人员找到绩效低下的原因
协助
制定产品研发人员绩效改进方案
审批
下发并组织执行产品研发人员绩效改进方案
资料归档
结束
编修部门
签发人
签发日期

4.4.4.2 产品研发人员绩效改进管理执行程序、工作标准、考核指标、执行规范

任务名称	执行程序、工作标准与考核指标
开展绩效考核工作	**执行程序** **1. 制定产品研发人员绩效考核管理制度** 研发部根据本部门的实际情况，制定产品研发人员绩效考核管理制度，并将其报研发总监审批。 **2. 开展绩效考核工作** 产品研发人员绩效考核管理制度审批通过后，研发部在人力资源部的协助下开展本部门人员绩效考核工作。 **工作重点** 研发部与人力资源部须依据产品研发人员绩效考核管理制度对产品研发人员进行绩效考核。
	工作标准
	绩效考核过程公平、公正、公开。
	考核指标
	☆产品研发人员绩效考核管理制度制定的及时性：应在____个工作日内完成。 ☆产品研发人员绩效考核管理制度一次性审批通过率：目标值为100%。
反馈绩效考核结果	**执行程序** **1. 反馈绩效考核结果** 绩效考核结束后，研发部主管应及时将绩效考核结果反馈给产品研发人员。 **2. 帮助产品研发人员找到绩效低下的原因** 研发部主管应在人力资源部相关人员的协助下，帮助产品研发人员找到其绩效低下的原因。 **工作重点** 产品研发人员若对绩效考核结果有异议，可于绩效考核结果公布之日起____日内向人力资源部提出申诉。
	工作标准
	产品研发人员能够在研发部和人力资源部相关人员的帮助下，找到自身绩效低下的原因。
	考核指标
	绩效考核结果反馈的及时性：应在绩效考核结束后____个工作日内完成。
制定并执行绩效改进方案	**执行程序** **1. 制定产品研发人员绩效改进方案** 研发部应针对产品研发人员的绩效考核结果，制定产品研发人员绩效改进方案，并将其报研发总监审批。 **2. 下发并组织执行产品研发人员绩效改进方案** 研发部应将审批通过的产品研发人员绩效改进方案下发给产品研发人员执行。 **3. 资料归档** 研发部应及时将产品研发人员绩效改进管理过程中产生的各种资料归档。 **工作重点** 资料的归档应按照企业的相关制度执行。

（续）

任务名称	执行程序、工作标准与考核指标
制定并执行绩效改进方案	工作标准
	☆质量标准：产品研发人员绩效改进方案内容完整、条理清晰，改进措施切实可行。 ☆完成标准：产品研发人员绩效改进方案通过研发总监的审批。
	考核指标
	☆产品研发人员绩效改进方案制定的及时性：应在____个工作日内完成。 ☆产品研发人员绩效改进方案一次性审批通过率：目标值为 100%。 ☆资料归档工作的失误率为 0。
执行规范	
"产品研发人员绩效考核管理制度""产品研发人员绩效改进方案"。	

4.5 产品研发成果申报管理

4.5.1 产品研发成果申报管理流程设计

4.5.1.1 流程设计的目的

企业设计产品研发成果申报管理流程的目的如下：

（1）加强对专利产权的申报、注册及保护的管理，有效提升企业的研发成果管理水平；

（2）明确企业各部门人员的工作职责，提高工作效率。

4.5.1.2 流程结构设计

产品研发成果申报管理流程结构设计采取总分式结构，即先设计研发成果申报管理流程，再设计专利申请管理和产权专利保护管理两个子流程，具体如图 4-5 所示。

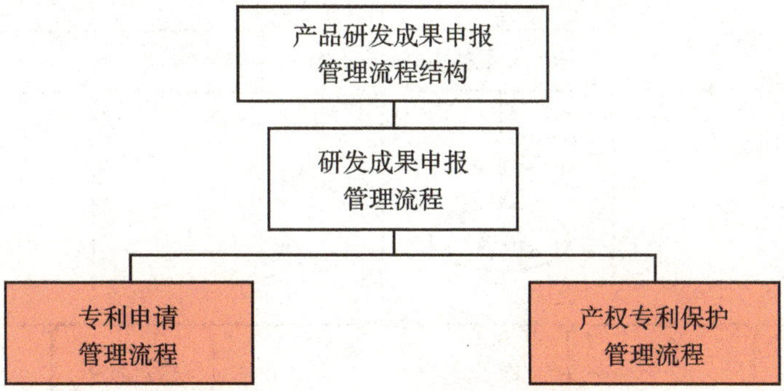

图 4-5 产品研发成果申报管理流程结构设计

4.5.2 研发成果申报管理流程设计与工作执行

4.5.2.1 研发成果申报管理流程设计

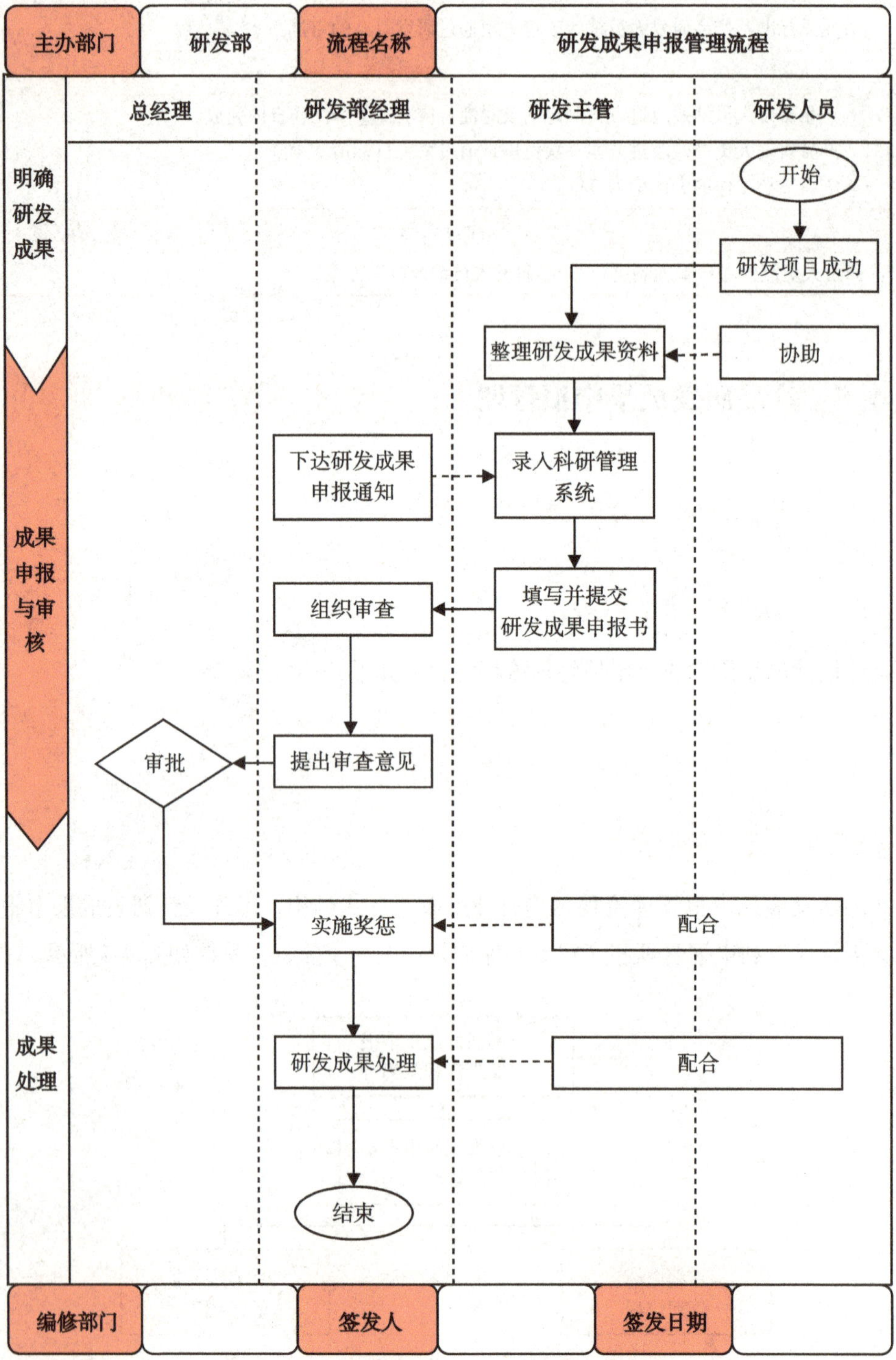
主办部门
研发部
流程名称
研发成果申报管理流程
总经理
研发部经理
研发主管
研发人员
明确研发成果
成果申报与审核
成果处理
开始
研发项目成功
整理研发成果资料
协助
下达研发成果申报通知
录入科研管理系统
组织审查
填写并提交研发成果申报书
审批
提出审查意见
实施奖惩
配合
研发成果处理
配合
结束
编修部门
签发人
签发日期

4.5.2.2 研发成果申报管理执行程序、工作标准、考核指标、执行规范

<table>
<tr><th>任务名称</th><th>执行程序、工作标准与考核指标</th></tr>
<tr><td rowspan="4">明确研发成果</td><td>执行程序</td></tr>
<tr><td>研发项目经主管领导确认成功后，研发主管在研发人员的协助下整理研发成果资料。
工作重点
研发成果资料要全面、完整。</td></tr>
<tr><td>工作标准</td></tr>
<tr><td>研发成果资料可参照本企业过去年度的研发成果资料准备。</td></tr>
<tr><td rowspan="6">成果申报与审核</td><td>执行程序</td></tr>
<tr><td>1. 录入科研管理系统
在研发部经理下达研发成果申报通知后，研发主管应及时将研发成果资料录入科研管理系统。
2. 填写并提交研发成果申报书
研发主管应按照规定填写研发成果申报书，并在规定的时间内提交研发部经理。
3. 组织审查
研发部经理收到研发主管提交的研发成果申报书后，应组织相关人员对申报书进行审查。
4. 提出审查意见
☆审查结束后，审查人员要提出审查意见，并签字确认。
☆审查意见要对研发成果的创造性、先进性进行重点说明，要与国内外的同类技术进行比较，同时还要对未来的市场经济效益进行评估。
☆研发部经理应将审查意见整理成报告，提交总经理审批。
工作重点
为了提高工作效率，研发部应制定统一的研发成果申报书模板。</td></tr>
<tr><td>工作标准</td></tr>
<tr><td>研发成果申报书的填写要规范。</td></tr>
<tr><td>考核指标</td></tr>
<tr><td>研发成果申报书提交的及时性：应在____个工作日内完成。</td></tr>
<tr><td rowspan="6">成果处理</td><td>执行程序</td></tr>
<tr><td>1. 实施奖惩
研发部经理根据总经理的审批意见，对参与产品研发的人员实施奖惩。
2. 研发成果处理
研发部经理要及时对研发成果做出具体的处理，如及时进行成果转化、申请专利保护等。
工作重点
研发部经理要根据研发成果的审查意见和总经理的审批意见，对参与产品研发的人员实施奖惩。</td></tr>
<tr><td>工作标准</td></tr>
<tr><td>☆参照标准：企业过去年度的研发成果处理资料。
☆目标标准：通过对研发成果进行处理，可以及时将研发成果转化为实际的生产能力，提升企业的效能。</td></tr>
<tr><td>考核指标</td></tr>
<tr><td>对参与产品研发的人员实施奖惩的及时性：应在____个工作日内完成。</td></tr>
<tr><td colspan="2">执行规范</td></tr>
<tr><td colspan="2">“研发成果申报管理制度”“研发成果申报书”。</td></tr>
</table>

4.5.3 专利申请管理流程设计与工作执行

4.5.3.1 专利申请管理流程设计

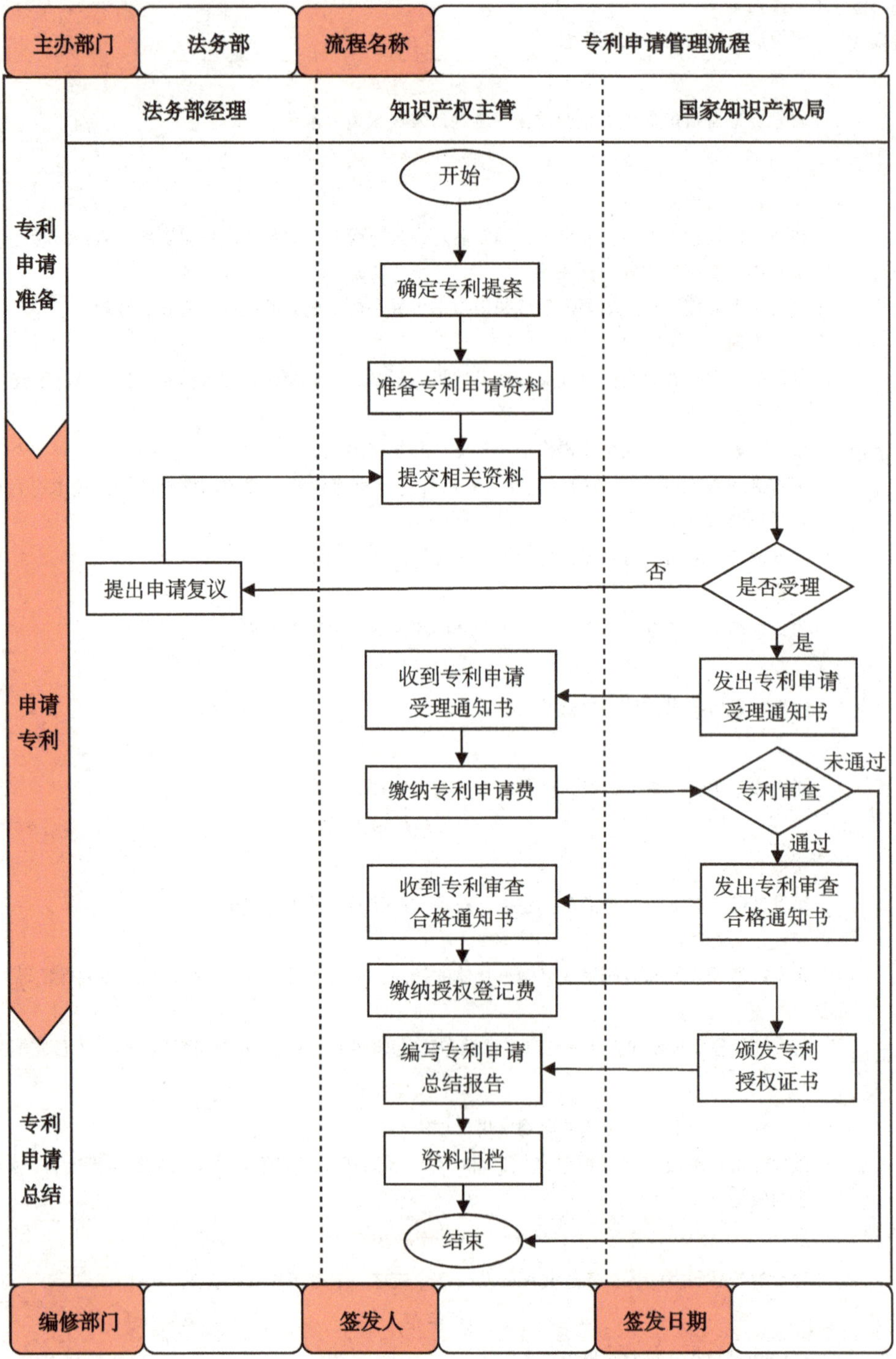
主办部门
法务部
流程名称
专利申请管理流程
法务部经理
知识产权主管
国家知识产权局
专利申请准备
申请专利
专利申请总结
开始
确定专利提案
准备专利申请资料
提交相关资料
是否受理
否
提出申请复议
是
发出专利申请受理通知书
收到专利申请受理通知书
缴纳专利申请费
专利审查
未通过
通过
发出专利审查合格通知书
收到专利审查合格通知书
缴纳授权登记费
颁发专利授权证书
编写专利申请总结报告
资料归档
结束
编修部门
签发人
签发日期

4.5.3.2 专利申请管理执行程序、工作标准、考核指标、执行规范

<table>
<tr><th>任务名称</th><th>执行程序、工作标准与考核指标</th></tr>
<tr><td rowspan="4">专利申请准备</td><td>执行程序</td></tr>
<tr><td>1. 确定专利提案
知识产权主管应对研发人员研发成功的新产品进行研究，以确定专利提案。
2. 准备专利申请资料
☆知识产权主管负责准备专利申请资料。
☆专利申请资料主要包括与申请项目有关的检索文件和背景材料，以及所申请项目的书面技术资料等。
工作重点
专利一般分三类，分别是发明专利、实用新型专利和外观设计专利。知识产权主管要与研发人员研究确定专利方向。</td></tr>
<tr><td>工作标准</td></tr>
<tr><td>专利申请资料可参照本企业过去年度的项目专利申请资料准备。</td></tr>
<tr><td rowspan="6">申请专利</td><td>执行程序</td></tr>
<tr><td>1. 提交相关资料
☆知识产权主管应向国家知识产权局提交相关资料。
☆发明和实用新型专利申请应提交请求书、权利要求书、说明书、说明书附图、说明书摘要及摘要附图；外观设计专利申请应提交请求书、外观设计图片或照片及外观设计简要说明。
☆国家知识产权局会在接到相关资料后做出是否受理的答复。
☆若国家知识产权局拒绝受理，企业的法务部经理应在规定的时间内提出申请复议，并通知知识产权主管重新准备并提交专利申请资料。
2. 收到专利申请受理通知书
☆国家知识产权局受理企业的专利申请后，会向企业发出专利申请受理通知书。
☆知识产权主管收到专利申请受理通知书后，应及时缴纳专利申请费。
3. 专利审查
☆企业提交的专利申请通过国家知识产权局的初步审查和实质审查后，国家知识产权局会向企业发出专利审查合格通知书。
☆知识产权主管收到专利审查合格通知书后，应及时缴纳授权登记费。
☆若未通过专利审查，专利申请失败。
工作重点
知识产权主管提交的专利申请资料要齐全、完整。</td></tr>
<tr><td>工作标准</td></tr>
<tr><td>通过申请专利，成功使研发成果转变为企业的专利产权。</td></tr>
<tr><td>考核指标</td></tr>
<tr><td>专利申请资料提交的及时性：知识产权主管要严格按照国家知识产权局的计划时限提交专利申请资料。</td></tr>
</table>

（续）

任务名称	执行程序、工作标准与考核指标
专利申请总结	**执行程序**
	1. 颁发专利授权证书 知识产权主管在缴纳授权登记费后，国家知识产权局会向企业颁发专利授权证书。 **2. 编写专利申请总结报告，资料归档** ☆在接受国家知识产权局的专利授权后，知识产权主管应对此次专利申请过程进行总结，并编写专利申请总结报告。 ☆知识产权主管应及时将专利申请管理过程中产生的各种资料归档。 **工作重点** 专利申请总结报告的编写要规范。
	工作标准
	通过认真总结，以增加专利申请经验，为日后工作提供借鉴。
执行规范	
国家的“专利申请受理通知书”“专利审查合格通知书”“专利授权证书”及企业的“专利提案管理制度”“专利提案确认书”“专利申请总结报告”。	

4.5.4 产权专利保护管理流程设计与工作执行

4.5.4.1 产权专利保护管理流程设计

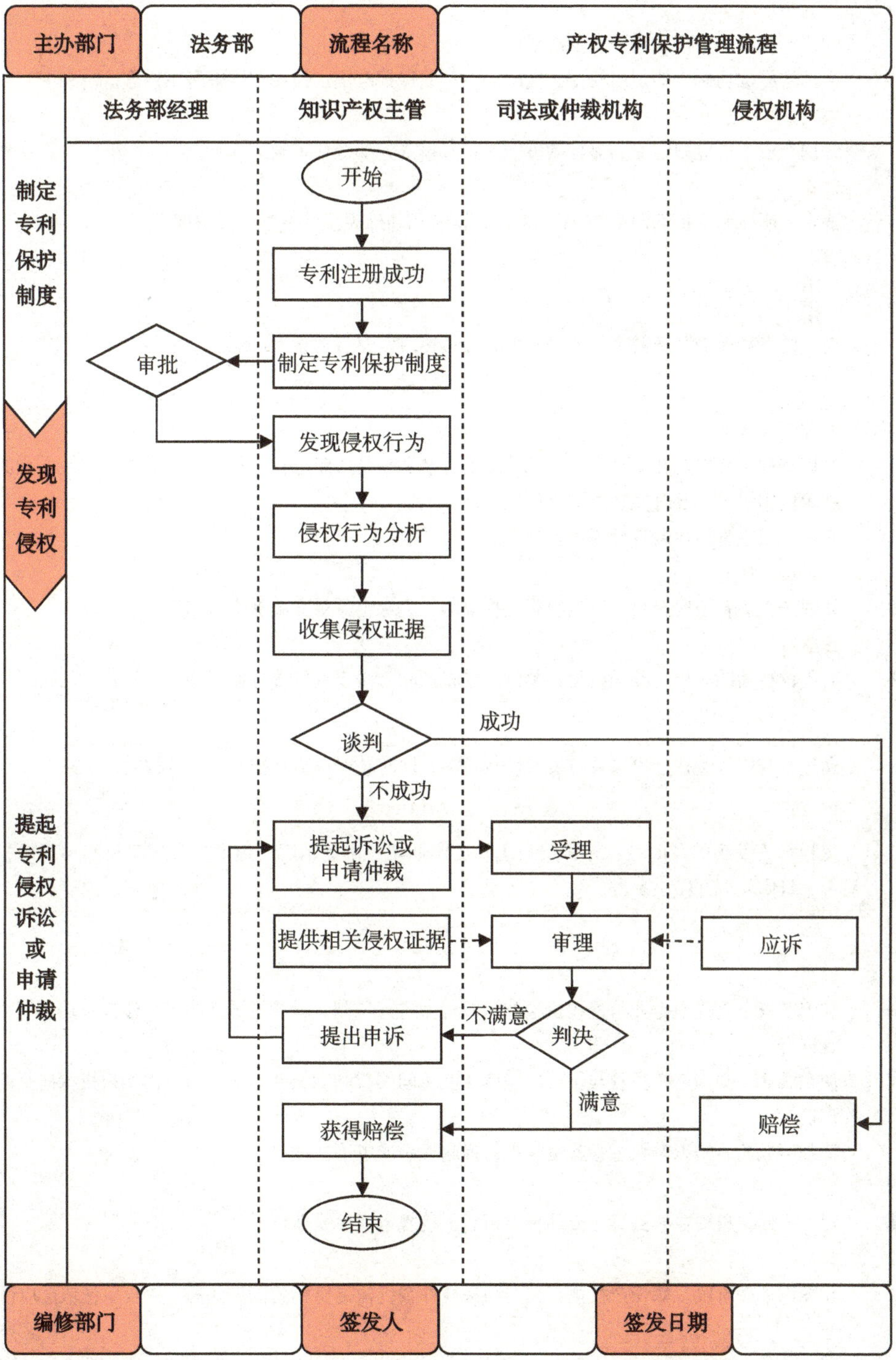

主办部门
法务部
流程名称
产权专利保护管理流程
法务部经理
知识产权主管
司法或仲裁机构
侵权机构
制定专利保护制度
发现专利侵权
提起专利侵权诉讼或申请仲裁
开始
专利注册成功
制定专利保护制度
审批
发现侵权行为
侵权行为分析
收集侵权证据
谈判
成功
不成功
提起诉讼或申请仲裁
受理
提供相关侵权证据
审理
应诉
不满意
判决
提出申诉
满意
获得赔偿
赔偿
结束
编修部门
签发人
签发日期

4.5.4.2　产权专利保护管理执行程序、工作标准、考核指标、执行规范

<table>
<tr><th>任务名称</th><th>执行程序、工作标准与考核指标</th></tr>
<tr><td rowspan="4">制定专利保护制度</td><td>执行程序</td></tr>
<tr><td>1. 专利注册成功
☆知识产权主管负责专利申请及注册。
☆专利注册成功后，知识产权主管应明确专利的保护范围、使用年限等基本内容。
2. 制定专利保护制度
知识产权主管应制定专利保护制度，并将其报法务部经理审批。
工作重点
通常发明专利保护期限为 20 年，实用新型专利和外观设计专利的保护期限为 10 年，均自申请日起算。</td></tr>
<tr><td>工作标准</td></tr>
<tr><td>企业的专利保护制度健全，人员到位，能迅速对侵权行为做出反应。</td></tr>
<tr><td rowspan="6">发现专利侵权</td><td>执行程序</td></tr>
<tr><td>1. 发现侵权行为
☆知识产权主管应对在专利申请日期之后的专利和科技文献进行定期跟踪，并关注市场上相关产品技术使用情况，及时发现并记录侵权行为。
☆知识产权主管须对侵权行为进行分析。
2. 收集侵权证据
知识产权主管须安排相关人员收集侵权证据，为制定应对方案提供依据。
工作重点
对侵权行为的分析主要围绕侵权单位、侵权产品、侵权程度等方面展开。</td></tr>
<tr><td>工作标准</td></tr>
<tr><td>通过专利侵权监视，可以及时发现侵权行为，以防止侵权机构损害本企业权益。</td></tr>
<tr><td>考核指标</td></tr>
<tr><td>侵权行为发现的及时性：知识产权主管应定期观察市场情况，通常应在侵权机构出现侵权行为后____日内发现并做出反应。</td></tr>
<tr><td rowspan="2">提起专利侵权诉讼或申请仲裁</td><td>执行程序</td></tr>
<tr><td>1. 谈判
☆知识产权主管代表企业与侵权机构就侵权行为进行谈判，谈判主要围绕停止侵权及赔偿等相关事宜进行。
☆谈判成功，知识产权主管与侵权机构就相互之间的权利和义务达成共识，由侵权机构向企业做出赔偿。
☆谈判不成功，知识产权主管就侵权行为提起诉讼或申请仲裁。
2. 受理
司法或仲裁机构在接到诉讼或仲裁申请后，按规定程序受理。
3. 审理
在案件审理阶段，知识产权主管须向司法或仲裁机构提供相关侵权证据。侵权单位依法应诉。</td></tr>
</table>

（续）

<table>
<tr><th>任务名称</th><th>执行程序、工作标准与考核指标</th></tr>
<tr><td rowspan="3">提起专利侵权诉讼或申请仲裁</td><td>4. 判决
☆司法或仲裁机构根据双方提供的证据及请求对案件进行判决。
☆若企业对判决不满意，应在规定的时间内提出申诉。
☆若企业对判决满意，侵权机构会向企业做出赔偿。
工作重点
知识产权主管要尽可能提供充分的侵权证据。</td></tr>
<tr><td>工作标准</td></tr>
<tr><td>侵权证据的收集与准备可参照本企业过去年度的专利侵权应对方案资料执行。</td></tr>
<tr><td colspan="2">执行规范</td></tr>
<tr><td colspan="2">“专利保护制度”“专利侵权应对方案”“侵权和解协议书”。</td></tr>
</table>

第5章 产品品牌、成本与定价管理

5.1 产品品牌管理

5.1.1 产品品牌管理流程设计

5.1.1.1 流程设计的目的

企业设计产品品牌管理流程的目的如下：

（1）指导企业的品牌管理工作，树立和维护企业的品牌形象，增加企业的无形资产；

（2）合理运用企业资源，塑造良好的品牌形象，提高客户的忠诚度，促进产品销售；

（3）规范产品品牌管理各项工作流程，逐步实现企业管理的规范化、标准化和程序化。

5.1.1.2 流程结构设计

产品品牌管理流程结构设计采取总分式结构，即先设计产品品牌管理流程，再设计品牌定位管理、品牌推广管理、品牌变更管理和品牌延伸管理四个子流程，具体如图 5-1 所示。

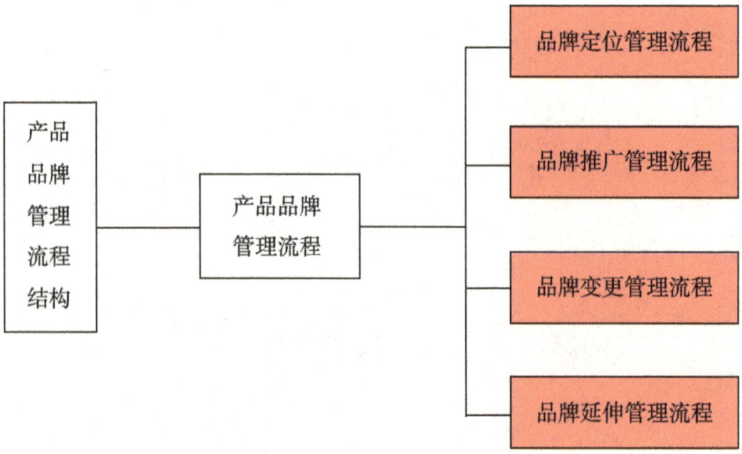

图 5-1 产品品牌管理流程结构设计

5.1.2 产品品牌管理流程设计与工作执行

5.1.2.1 产品品牌管理流程设计

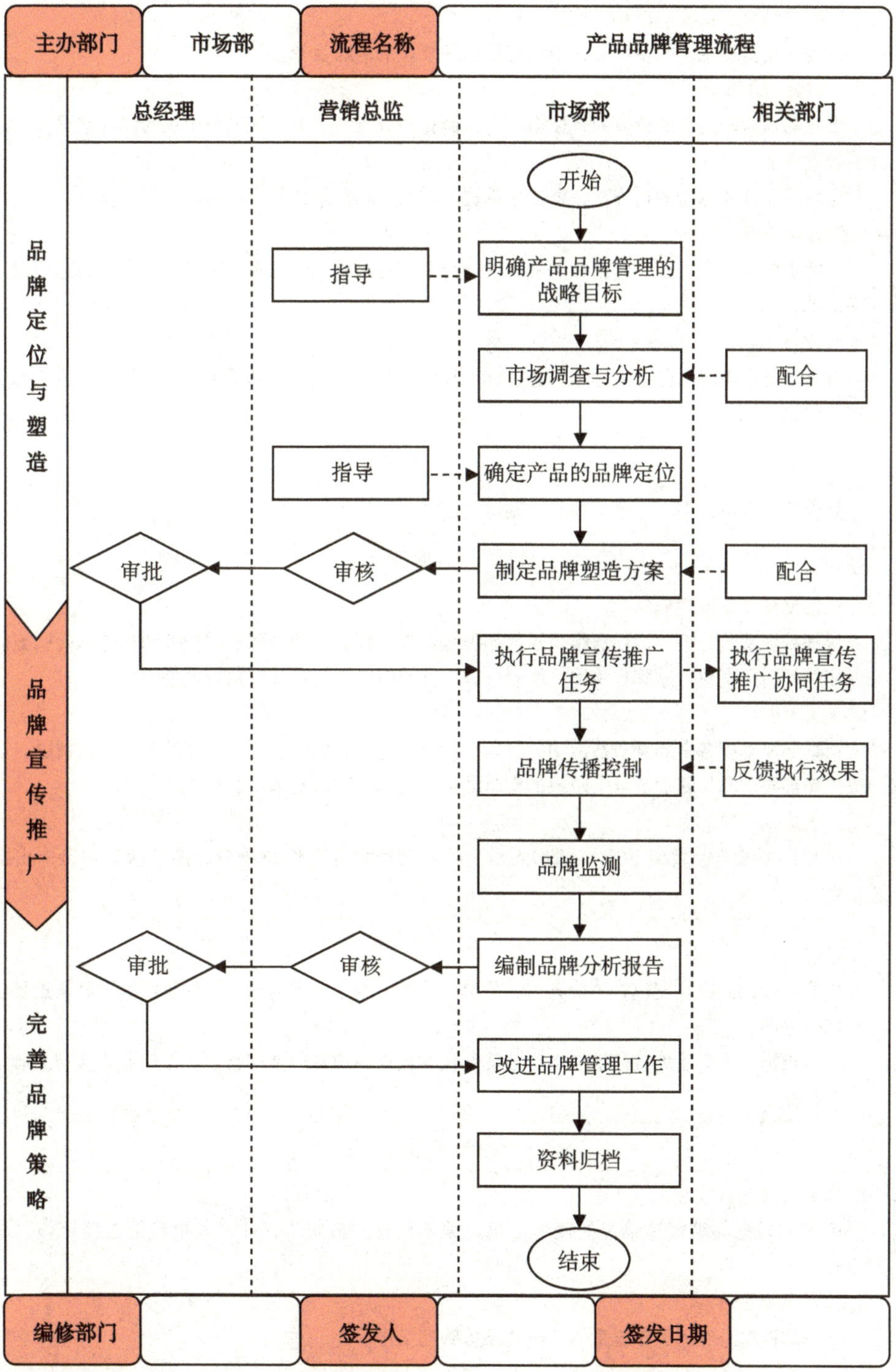
主办部门
市场部
流程名称
产品品牌管理流程
总经理
营销总监
市场部
相关部门
品牌定位与塑造
品牌宣传推广
完善品牌策略
开始
指导
明确产品品牌管理的战略目标
市场调查与分析
配合
指导
确定产品的品牌定位
审批
审核
制定品牌塑造方案
配合
执行品牌宣传推广任务
执行品牌宣传推广协同任务
品牌传播控制
反馈执行效果
品牌监测
审批
审核
编制品牌分析报告
改进品牌管理工作
资料归档
结束
编修部门
签发人
签发日期

5.1.2.2 产品品牌管理执行程序、工作标准、考核指标、执行规范

<table>
<tr><th>任务名称</th><th>执行程序、工作标准与考核指标</th></tr>
<tr><td rowspan="4">品牌定位与塑造</td><td>执行程序</td></tr>
<tr><td>1. 明确产品品牌管理的战略目标
市场部在营销总监的指导下，明确产品品牌管理的战略目标。
2. 市场调查与分析
市场部须对产品所属行业的整体市场进行调查与分析，了解不同细分市场的实际情况。
3. 确定产品的品牌定位
市场部在营销总监的指导下，根据已掌握的产品市场信息，确定产品的品牌定位。
4. 制定品牌塑造方案
品牌定位确定后，市场部在相关部门的配合下制定品牌塑造方案，并将其报营销总监审核、总经理审批。
工作重点
市场部应在市场细分、目标市场选择和市场定位等工作完成的基础上，结合客户的需求和偏好确定品牌定位。</td></tr>
<tr><td>工作标准</td></tr>
<tr><td>品牌塑造方案应在____个工作日内制定完成。</td></tr>
<tr><td rowspan="4">品牌宣传推广</td><td>执行程序</td></tr>
<tr><td>1. 执行品牌宣传推广任务
☆根据品牌塑造方案，市场部组织执行品牌宣传推广任务，并分配协同任务到具体部门实施。
☆相关部门负责执行品牌宣传推广协同任务，并及时向市场部反馈执行效果。
2. 品牌监测
☆市场部要掌握各个品牌塑造活动的数据、信息，把握方向、进程，控制品牌的传播情况。
☆市场部要监测品牌塑造各个阶段的实时结果，了解品牌塑造情况的全貌。
工作重点
市场部要找准品牌宣传推广的切入点，善于利用焦点事件快速策划推广活动和迅速出击目标市场。</td></tr>
<tr><td>工作标准</td></tr>
<tr><td>☆内容指标：品牌监测包含消费者对品牌感知监测、竞争品牌监测、目标市场监测和政策环境监测四个方面。
☆质量指标：提高品牌宣传推广工作效能，按时完成品牌宣传推广各项工作任务，实现品牌宣传推广目标。</td></tr>
<tr><td rowspan="2">完善品牌策略</td><td>执行程序</td></tr>
<tr><td>1. 编制品牌分析报告
市场部根据品牌塑造情况的监测信息，编制品牌分析报告，并将其报营销总监审核、总经理审批。
2. 改进品牌管理工作
市场部根据总经理的审批意见，改进品牌管理工作。</td></tr>
</table>

（续）

<table>
<tr><th>任务名称</th><th>执行程序、工作标准与考核指标</th></tr>
<tr><td rowspan="5">完善品牌策略</td><td>**3. 资料归档**
市场部要及时将产品品牌管理过程中产生的相关资料归档。
工作重点
市场部须根据品牌监测状况，定期编制品牌分析报告。</td></tr>
<tr><td>**工作标准**</td></tr>
<tr><td>☆质量标准：品牌分析报告的内容实用，能够真实反映品牌现状。
☆时间标准：实时监测品牌塑造情况，遇到危机事件要及时报告并妥善处理。</td></tr>
<tr><td>**考核指标**</td></tr>
<tr><td>品牌分析报告编制的及时性：应在____个工作日内完成。</td></tr>
<tr><td colspan="2">**执行规范**</td></tr>
<tr><td colspan="2">“品牌战略报告”“市场调研报告”“品牌塑造方案”“品牌监测报告”“品牌分析报告”。</td></tr>
</table>

5.1.3　品牌定位管理流程设计与工作执行

5.1.3.1　品牌定位管理流程设计

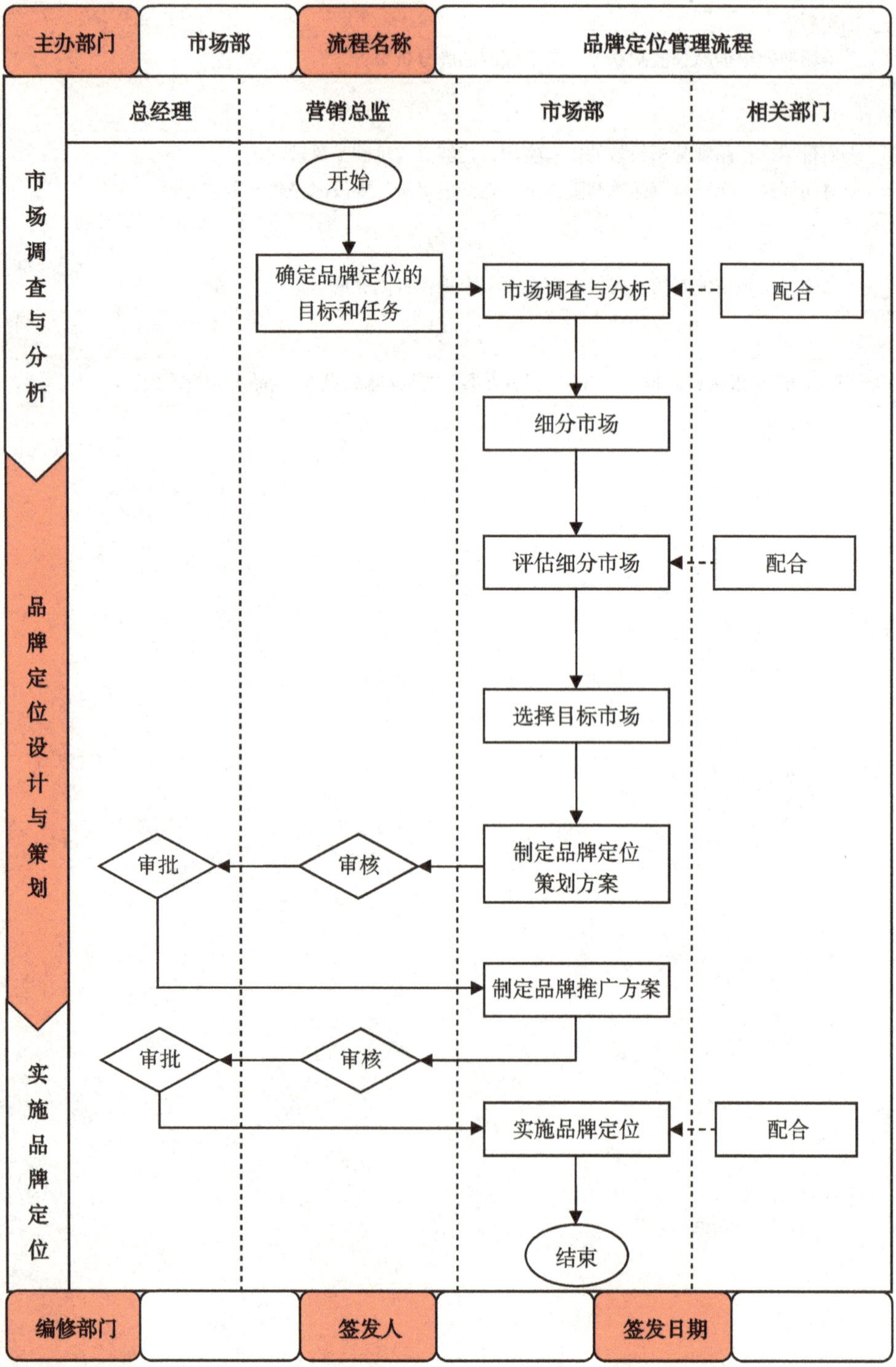
主办部门
市场部
流程名称
品牌定位管理流程
总经理
营销总监
市场部
相关部门
市场调查与分析
品牌定位设计与策划
实施品牌定位
开始
确定品牌定位的目标和任务
市场调查与分析
配合
细分市场
评估细分市场
配合
选择目标市场
制定品牌定位策划方案
审核
审批
制定品牌推广方案
审核
审批
实施品牌定位
配合
结束
编修部门
签发人
签发日期

5.1.3.2 品牌定位管理执行程序、工作标准、考核指标、执行规范

<table>
<tr><th>任务名称</th><th>执行程序、工作标准与考核指标</th></tr>
<tr><td rowspan="6">市场调查与分析</td><td>执行程序</td></tr>
<tr><td>1. 确定品牌定位的目标和任务
营销总监根据企业的经营战略和营销计划等，确定品牌定位的目标和任务。
2. 市场调查与分析
市场部组织相关人员对品牌所属的市场进行调查与分析。
工作重点
市场部应从品牌市场份额、消费者偏好的媒体和品牌、目标品牌的市场状态、产品功能测试等方面展开市场调研。</td></tr>
<tr><td>工作标准</td></tr>
<tr><td>☆内容标准：通过市场调查与分析，一方面了解客户（消费者）对产品的质量、价格、包装、功能等需求特点及其消费习惯、消费潜力等信息；另一方面调查市场中同类产品的品牌运行状况。
☆质量标准：市场调查及时、全面。</td></tr>
<tr><td>考核指标</td></tr>
<tr><td>☆市场调查的规范性：应严格按照市场调查的流程和规范进行。
☆市场调查与分析的及时性：应在____个工作日内完成。</td></tr>
<tr><td rowspan="4">品牌定位设计与策划</td><td>执行程序</td></tr>
<tr><td>1. 细分市场
☆在市场调查与分析的基础上，市场部依据市场细分标准对整个市场进行细分。
☆市场细分工作完成后，市场部经理须对所细分的市场进行评估。
2. 选择目标市场
市场部根据评估结果，选择符合产品定位要求的细分市场作为目标市场。
3. 制定品牌定位策划方案
目标市场确定后，市场部应制定品牌定位策划方案，并将其报营销总监审核、总经理审批。
工作重点
☆市场部经理可采用专家意见法、回归分析法和 GE 矩阵法等对细分市场进行评估。
☆市场部员工可采用单一变量法、综合因素法和系列因素法等进行市场细分。</td></tr>
<tr><td>工作标准</td></tr>
<tr><td>细分市场评估的内容包括细分市场的规模、发展潜力、盈利能力、是否符合企业的战略和资源等几个方面。</td></tr>
<tr><td rowspan="2">实施品牌定位</td><td>执行程序</td></tr>
<tr><td>1. 制定品牌推广方案
市场部根据品牌定位策划方案制定品牌推广方案，并将其报营销总监审核、总经理审批。</td></tr>
</table>

（续）

任务名称	执行程序、工作标准与考核指标
实施品牌定位	**2. 实施品牌定位** 市场部依据总经理的审批意见实施品牌定位。 **工作重点** 品牌定位的实施工作必须结合企业的规模、技术水平等因素展开。
	工作标准
	品牌的核心诉求、广告设计、产品包装等都要与品牌定位一致，品牌定位必须随着企业的发展、消费者偏好的改变、社会环境的变化等因素做出相应的调整。
执行规范	
“市场调研报告”“消费者行为分析报告”“品牌定位策划方案”“品牌推广方案”。	

5.1.4 品牌推广管理流程设计与工作执行

5.1.4.1 品牌推广管理流程设计

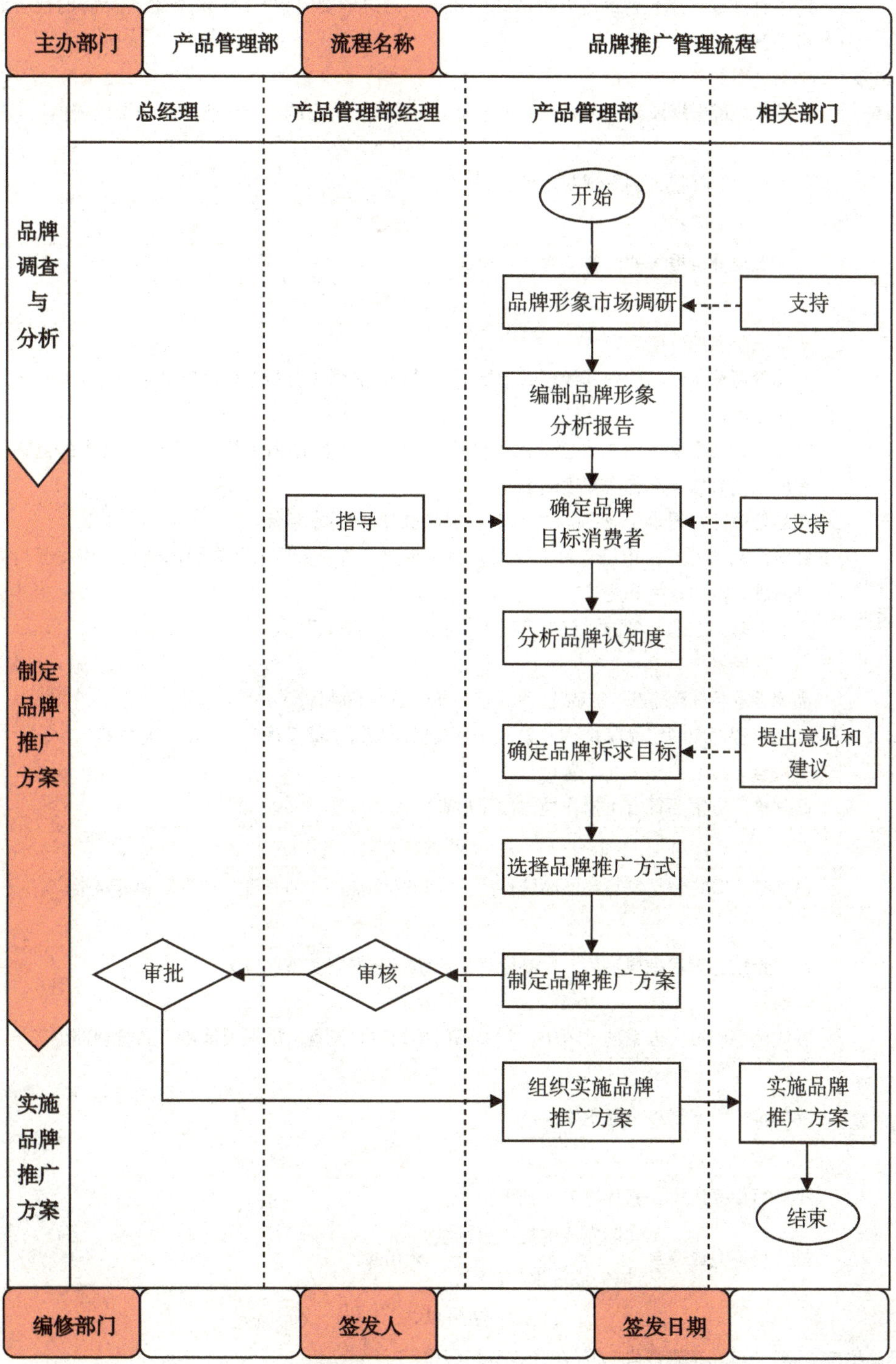
主办部门
产品管理部
流程名称
品牌推广管理流程
总经理
产品管理部经理
产品管理部
相关部门
品牌调查与分析
制定品牌推广方案
实施品牌推广方案
开始
品牌形象市场调研
支持
编制品牌形象分析报告
指导
确定品牌目标消费者
支持
分析品牌认知度
确定品牌诉求目标
提出意见和建议
选择品牌推广方式
审批
审核
制定品牌推广方案
组织实施品牌推广方案
实施品牌推广方案
结束
编修部门
签发人
签发日期

5.1.4.2 品牌推广管理执行程序、工作标准、考核指标、执行规范

任务名称	执行程序、工作标准与考核指标
品牌调查与分析	**执行程序** **1. 品牌形象市场调研** 产品管理部根据企业品牌发展战略的要求，通过调查问卷，定期对本企业品牌的社会形象进行市场调研。 **2. 编制品牌形象分析报告** 产品管理部根据调研结果编制品牌形象分析报告，为后续的品牌管理工作提供依据。 **工作重点** 品牌形象分析报告的编制要规范。
	工作标准 品牌形象分析报告的内容应真实、全面。
制定品牌推广方案	**执行程序** **1. 确定品牌目标消费者** 产品管理部在产品管理部经理的指导下，根据品牌形象分析报告确定品牌目标消费者。 **2. 确定品牌诉求目标** ☆产品管理部要深入分析本企业品牌的认知度，了解本企业品牌在消费者心目中的位置、认知程度，同时分析品牌认知度的影响因素。 ☆产品管理部根据本企业产品的特点，初步确定品牌诉求目标。 ☆针对产品的特点、市场定位等因素，在对企业整体形象诉求联想的基础上，相关部门提出产品品牌诉求的意见和建议。 ☆产品管理部在综合各方意见的基础上，确定品牌诉求目标。 **3. 制定品牌推广方案** ☆品牌诉求目标确定后，产品管理部应选择合适的品牌推广方式。 ☆产品管理部应制定品牌推广方案，并将其报产品管理部经理审核、总经理审批。 **工作重点** 品牌推广方案要具有可操作性，便于后期实施和操作。
	工作标准 品牌推广方式包括销售终端品牌推广、渠道品牌推广、消费者互动推广和传媒推广。
实施品牌推广方案	**执行程序** 品牌推广方案审批通过后，产品管理部组织相关部门实施该方案。 **工作重点** 在实施品牌推广方案的过程中，相关部门要及时将发现的问题反馈给产品管理部。
	工作标准 品牌推广方案得以全面落实。
	考核指标 推广目标完成率，其计算公式如下。 $推广目标完成率=\frac{实际完成的推广目标数}{应完成的推广目标数}\times 100\%$
执行规范	
“品牌推广方案”“市场调研报告”“品牌形象分析报告”。	

5.1.5 品牌变更管理流程设计与工作执行

5.1.5.1 品牌变更管理流程设计

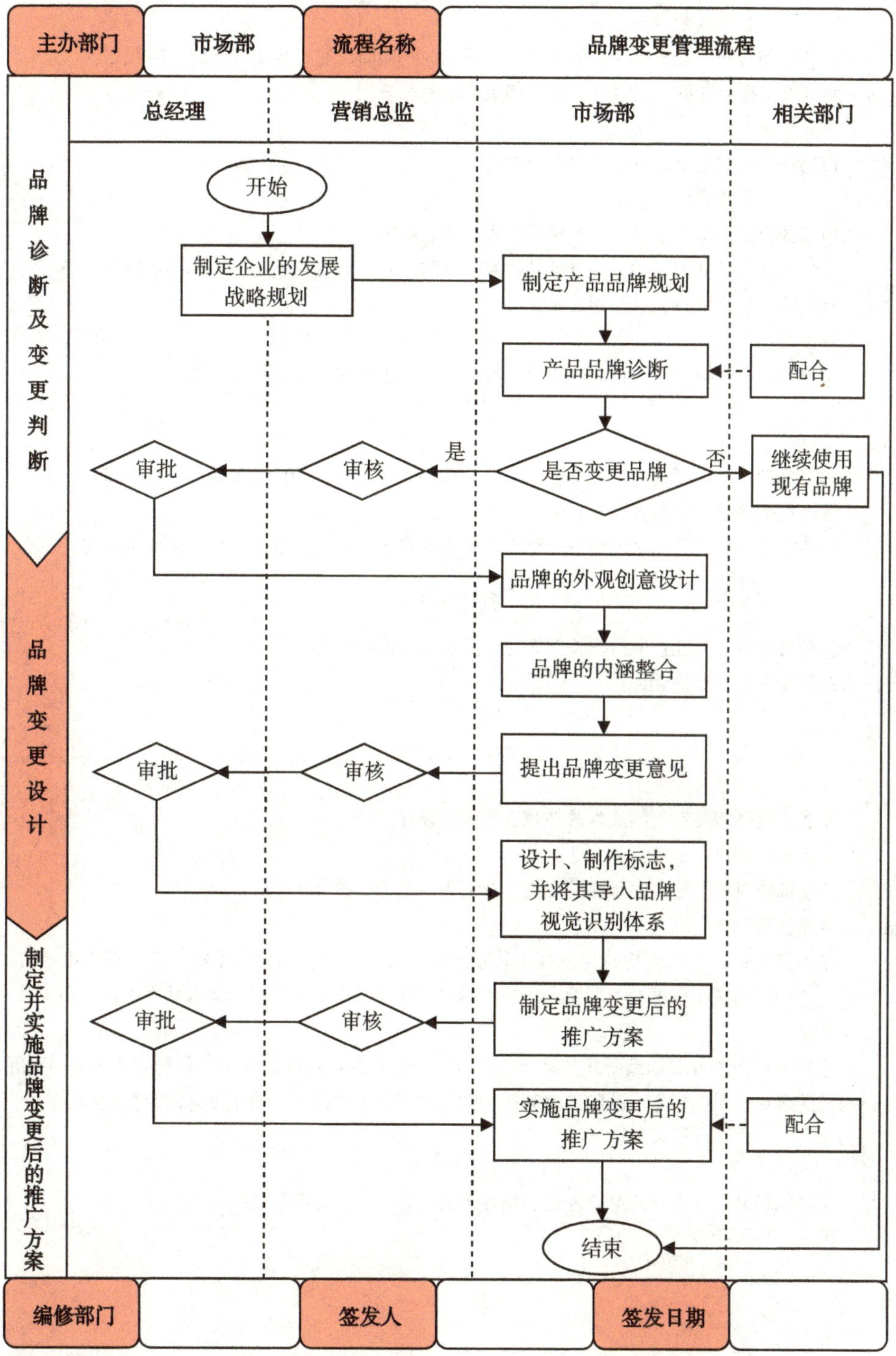

主办部门
市场部
流程名称
品牌变更管理流程
总经理
营销总监
市场部
相关部门
品牌诊断及变更判断
开始
制定企业的发展战略规划
制定产品品牌规划
产品品牌诊断
配合
审批
审核
是
是否变更品牌
否
继续使用现有品牌
品牌变更设计
品牌的外观创意设计
品牌的内涵整合
审批
审核
提出品牌变更意见
设计、制作标志，并将其导入品牌视觉识别体系
制定并实施品牌变更后的推广方案
审批
审核
制定品牌变更后的推广方案
实施品牌变更后的推广方案
配合
结束
编修部门
签发人
签发日期

5.1.5.2 品牌变更管理执行程序、工作标准、考核指标、执行规范

<table>
<tr><th>任务名称</th><th>执行程序、工作标准与考核指标</th></tr>
<tr><td rowspan="6">品牌诊断及变更判断</td><td>执行程序</td></tr>
<tr><td>1. 制定产品品牌规划
☆总经理和营销总监根据企业的生产经营情况，共同商讨制定企业的发展战略规划。
☆市场部根据企业的发展战略规划，制定产品品牌规划。
2. 产品品牌诊断
市场部主导对企业现有的品牌进行诊断。
3. 是否变更品牌
☆市场部根据品牌诊断结果，判断是否需要变更品牌。
☆若不需要变更品牌，各部门继续使用现有品牌；若需要变更品牌，市场部应将与品牌有关的资料提交营销总监审核、总经理审批。
工作重点
市场部应与营销总监进行充分沟通，确保对企业的发展战略规划理解到位。</td></tr>
<tr><td>工作标准</td></tr>
<tr><td>☆内容标准：市场部进行品牌诊断，主要是从品牌对消费者的价值传递、品牌在市场中的表现、品牌的竞争前景三个角度进行。
☆审核标准：若产品品牌已经不适应企业发展的要求，缺乏竞争力，应考虑变更品牌。</td></tr>
<tr><td>考核指标</td></tr>
<tr><td>☆品牌诊断的规范性：应严格按照企业的品牌诊断流程进行。
☆品牌诊断结果准确无误。</td></tr>
<tr><td rowspan="4">品牌变更设计</td><td>执行程序</td></tr>
<tr><td>1. 品牌的外观创意设计
市场部应对需要变更的品牌的外观进行创意设计。
2. 品牌的内涵整合
市场部应对需要变更的品牌的文化、特征等内涵进行整合。
3. 提出品牌变更意见
市场部应提出品牌变更意见，并将其整理成报告，提交营销总监审核、总经理审批。审批通过后，市场部为需要变更的品牌设计、制作标志，并将制作出来的标志导入品牌视觉识别体系。
工作重点
市场部须在进行市场调研的基础上，分析消费者对企业品牌的期望、分析竞争对手的品牌情况，对品牌名称、企业标志、品牌造型等在内的品牌要素进行梳理，确定品牌的定位、特性。</td></tr>
<tr><td>工作标准</td></tr>
<tr><td>市场部将品牌标志导入品牌视觉识别体系的内容包括企业的名称、标识及颜色等。</td></tr>
</table>

（续）

任务名称	执行程序、工作标准与考核指标
制定并实施品牌变更后的推广方案	**执行程序**
	市场部根据品牌视觉识别体系建设的要求，制定品牌变更后的推广方案，并将其报营销总监审核、总经理审批。审批通过后，市场部组织实施该方案。 **工作重点** 相关部门要配合市场部做好品牌变更工作。
	工作标准
	变更后的品牌推广的方式包括开展广告宣传、组织品牌推介会、参与品牌赞助活动等。
执行规范	
“品牌诊断报告”“品牌变更申请报告”“品牌变更后的推广方案”“产品品牌规划”。	

5.1.6 品牌延伸管理流程设计与工作执行

5.1.6.1 品牌延伸管理流程设计

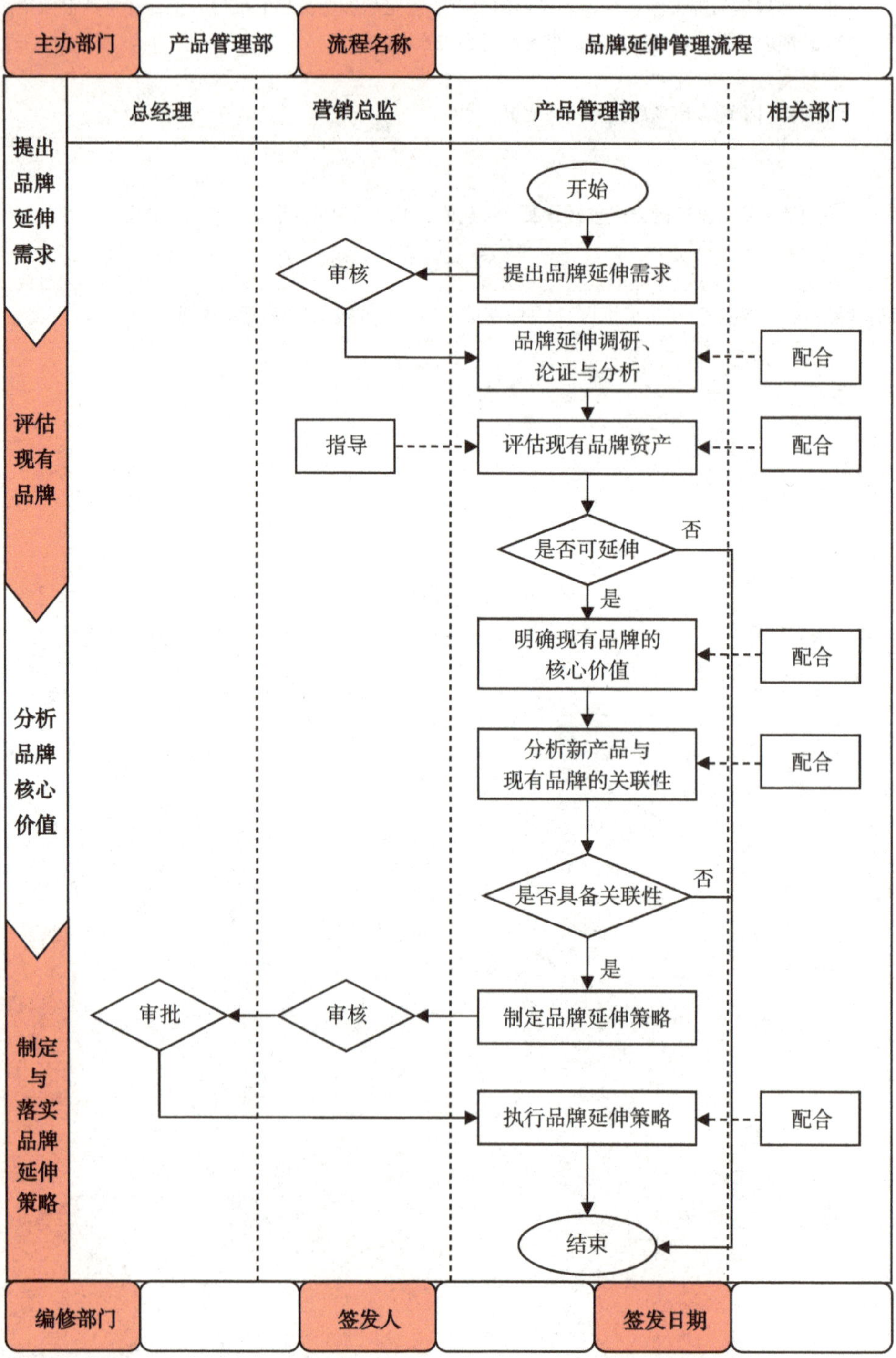
主办部门
产品管理部
流程名称
品牌延伸管理流程
总经理
营销总监
产品管理部
相关部门
提出品牌延伸需求
评估现有品牌
分析品牌核心价值
制定与落实品牌延伸策略
开始
提出品牌延伸需求
审核
品牌延伸调研、论证与分析
配合
指导
评估现有品牌资产
配合
是否可延伸
否
是
明确现有品牌的核心价值
配合
分析新产品与现有品牌的关联性
配合
是否具备关联性
否
是
制定品牌延伸策略
审核
审批
执行品牌延伸策略
配合
结束
编修部门
签发人
签发日期

5.1.6.2 品牌延伸管理执行程序、工作标准、考核指标、执行规范

<table>
<tr><th>任务名称</th><th>执行程序、工作标准与考核指标</th></tr>
<tr><td rowspan="4">提出品牌延伸需求</td><td>执行程序</td></tr>
<tr><td>1. 提出品牌延伸需求
产品管理部结合企业产品品牌的实际情况，提出品牌延伸需求，并将其报营销总监审核。
2. 品牌延伸调研、论证与分析
产品管理部组织相关部门对品牌延伸进行调研、论证与分析。
工作重点
产品管理部要考虑现有品牌与新产品能否进行连接，品牌延伸是否可行。</td></tr>
<tr><td>工作标准</td></tr>
<tr><td>延伸品牌需求包括使用原品牌名、母子品牌和合作品牌等。</td></tr>
<tr><td rowspan="4">评估现有品牌</td><td>执行程序</td></tr>
<tr><td>1. 评估现有品牌资产
☆产品管理部在营销总监的指导下，组织相关部门对现有品牌资产进行评估。
☆产品管理部根据评估结果，判断品牌延伸的可行性。
2. 是否可延伸
☆对不具备延伸条件和可行性的品牌，判定为不可延伸。
☆对具备延伸条件和可行性的品牌，判定为可延伸。
工作重点
能够延伸的一定是价值较高的品牌。</td></tr>
<tr><td>工作标准</td></tr>
<tr><td>评估现有品牌资产的方法包括成本计量法、市价计量法和收益计量法等。</td></tr>
<tr><td rowspan="4">分析品牌核心价值</td><td>执行程序</td></tr>
<tr><td>1. 明确现有品牌的核心价值
产品管理部应对可延伸的品牌进行深入分析，明确现有品牌的核心价值。
2. 分析新产品与现有品牌的关联性
☆产品管理部应对品牌延伸工作进行关联性分析，明确新产品与现有品牌的关联性。
☆若新产品与现有品牌没有关联性，产品管理部判定为不需要延伸。
☆若新产品与现有品牌有较强的关联性，产品管理部判定为可以进行品牌延伸。
工作重点
品牌延伸要充分考虑其核心价值，且保证新产品不会损害现有品牌的核心价值，或与其发生冲突。</td></tr>
<tr><td>工作标准</td></tr>
<tr><td>☆内容标准：现有品牌的核心价值包括品牌目标、品牌形象诉求点、品牌所体现的产品（服务）质量、市场对品牌的认知度等。
☆时间标准：现有品牌核心价值的分析应在____个工作日内完成。</td></tr>
</table>

（续）

任务名称	执行程序、工作标准与考核指标
制定与落实品牌延伸策略	**执行程序** **1. 制定品牌延伸策略** 产品管理部应制定品牌延伸策略，并将其报营销总监审核、总经理审批。 **2. 执行品牌延伸策略** 产品管理部根据总经理的审批意见，组织执行品牌延伸策略。 **工作重点** 产品管理部在制定品牌延伸策略时，要保证在维系母品牌的前提下，将母品牌运用到新产品中，以达到进一步强化母品牌形象的目的。 **工作标准** 品牌延伸策略应符合企业现有品牌的实际情况，可行性强。 **考核指标** ☆现有品牌的知名度、美誉度和客户忠诚度出现高于____%的增长。 ☆新产品的知名度、美誉度和客户忠诚度于三个月后达到____%。
执行规范	
"市场调研报告""品牌监测报告""品牌核心价值评估报告""品牌延伸策略"。	

5.2 产品成本管理

5.2.1 产品成本管理流程设计

5.2.1.1 流程设计的目的

企业设计产品成本管理流程的目的如下：

（1）规范产品成本管理各项工作流程，提高工作效率；

（2）规范产品成本管理人员的行为，安排好产品成本管理所需的人、财、物等各项工作，确保顺利开展产品成本管理活动。

5.2.1.2 流程结构设计

产品成本管理流程结构设计采取总分式结构，即先设计产品成本管理流程，再设计产品成本计算管理流程、产品成本控制管理流程和新产品研发费用预算管理流程，具体如图 5-2 所示。

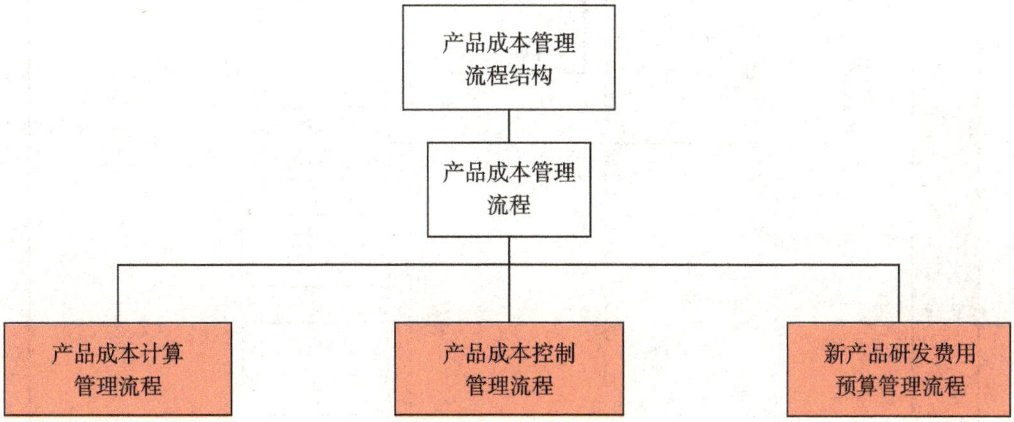

图 5-2 产品成本管理流程结构设计

5.2.2 产品成本管理流程设计与工作执行

5.2.2.1 产品成本管理流程设计

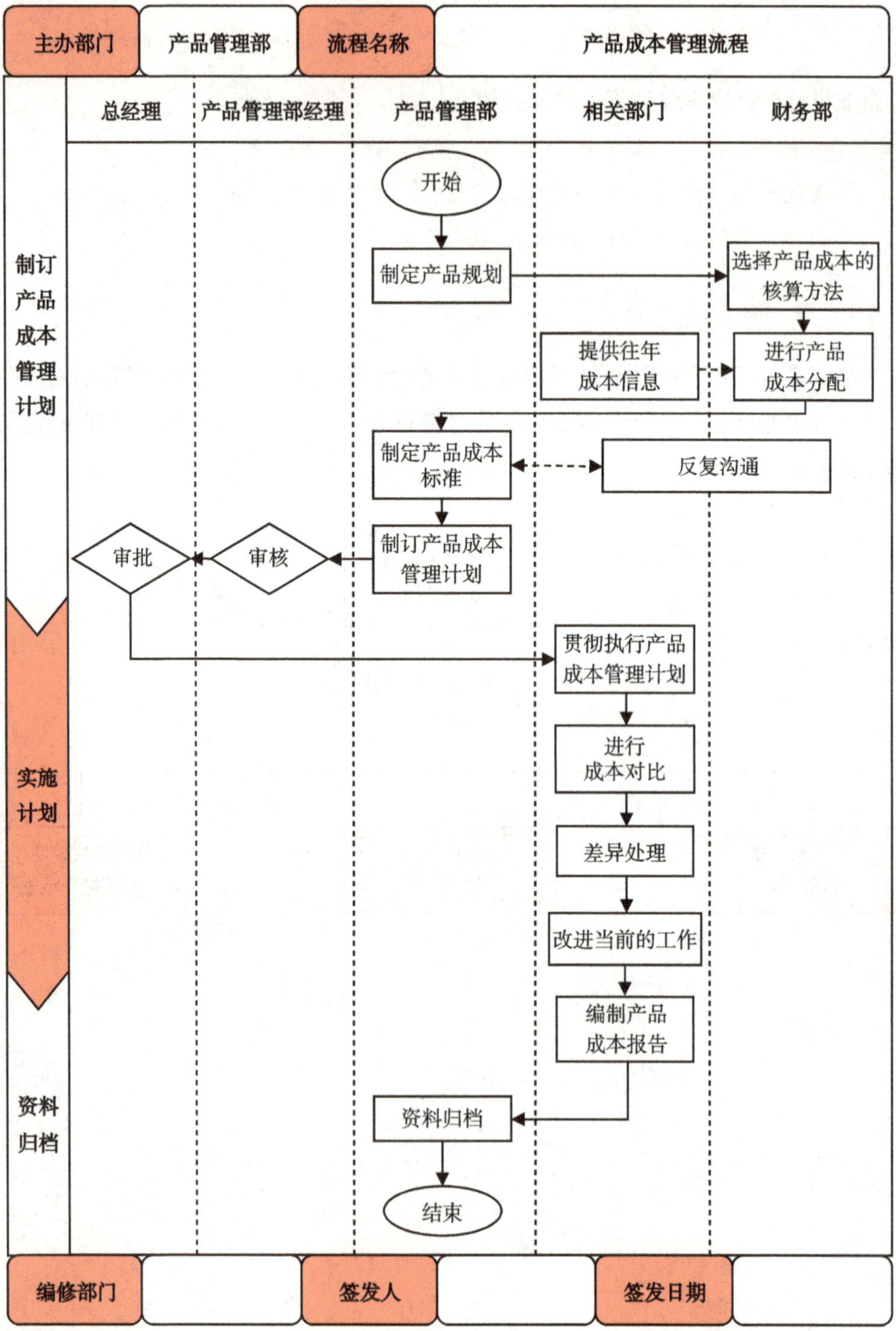
主办部门
产品管理部
流程名称
产品成本管理流程
总经理
产品管理部经理
产品管理部
相关部门
财务部
制订产品成本管理计划
实施计划
资料归档
开始
制定产品规划
选择产品成本的核算方法
提供往年成本信息
进行产品成本分配
制定产品成本标准
反复沟通
制订产品成本管理计划
审核
审批
贯彻执行产品成本管理计划
进行成本对比
差异处理
改进当前的工作
编制产品成本报告
资料归档
结束
编修部门
签发人
签发日期

5.2.2.2 产品成本管理执行程序、工作标准、考核指标、执行规范

<table>
<tr><th>任务名称</th><th>执行程序、工作标准与考核指标</th></tr>
<tr><td rowspan="6">制订产品成本管理计划</td><td>执行程序</td></tr>
<tr><td>1. 制定产品规划
产品管理部根据企业产品的实际情况，制定产品规划。
2. 选择产品成本的核算方法
财务部依据企业的自身特点，结合产品规划选择产品成本的核算方法，如品种法、分批法、分步法、分类法和定额法等。
3. 进行产品成本分配
财务部须对相关部门提供的往年成本信息进行分析，并根据分析结果对产品成本进行内部分配。
4. 制订产品成本管理计划
☆产品管理部根据产品成本分配结果，制定产品成本标准，具体包括产品研发设计成本标准、产品生产成本标准、产品营销成本标准等。
☆产品管理部在制定产品成本标准的过程中，要与财务部及其他相关部门反复沟通，并对产品成本标准进行调整，确定最终的产品成本标准。
☆产品成本标准确定后，产品管理部应制订产品成本管理计划，并将其报产品管理部经理审核、总经理审批。
工作重点
产品成本管理计划不仅要具有可操作性，更要立足实际，便于后期实施和操作。</td></tr>
<tr><td>工作标准</td></tr>
<tr><td>☆参照标准：企业过去年度的产品成本管理计划。
☆质量标准：产品成本核算方法科学合理，产品成本管理计划可操作性强。</td></tr>
<tr><td>考核指标</td></tr>
<tr><td>产品成本管理计划制订的及时性：应在____个工作日内完成。</td></tr>
<tr><td rowspan="2">实施计划</td><td>执行程序</td></tr>
<tr><td>1. 贯彻执行产品成本管理计划
产品成本管理计划审批通过后，相关部门要在部门内部贯彻执行该计划。
2. 进行成本对比
相关部门应在产品的设计阶段、生产阶段和销售阶段中对产品发生的实际成本进行核算，并将核算结果与产品成本标准进行对比。
3. 差异处理
☆当对比结果存在较大偏差时，相关部门应对当前的工作进行改进，利用产品成本控制方法纠正工作中造成的成本偏差后再继续工作，这样反复几次，以缩小实际产品成本与产品成本标准之间的差距。产品成本控制方法包括标准控制法、授权控制法和作业分析法。
☆当对比结果存在较小偏差时，相关部门可以继续按照产品成本管理计划进行工作，直至阶段性工作结束。
☆阶段性工作结束后，相关部门要编制产品成本报告。</td></tr>
</table>

（续）

任务名称	执行程序、工作标准与考核指标
实施计划	**工作重点** 相关人员要及时处理差异，不可拖延或置之不理。
	工作标准
	通过执行产品成本管理计划，可以将费用控制在预算范围内，提高相关费用的使用率。
资料归档	**执行程序**
	产品管理部应及时将产品成本管理过程中产生的各种资料归档，为以后改进工作提供依据。 **工作重点** 资料归档及时。
	工作标准
	资料的保管须以企业的资料保管制度为依据。
执行规范	
"产品成本管理制度""产品成本管理计划""产品成本报告""产品成本标准""产品规划"。	

5.2.3 产品成本计算管理流程设计与工作执行

5.2.3.1 产品成本计算管理流程设计

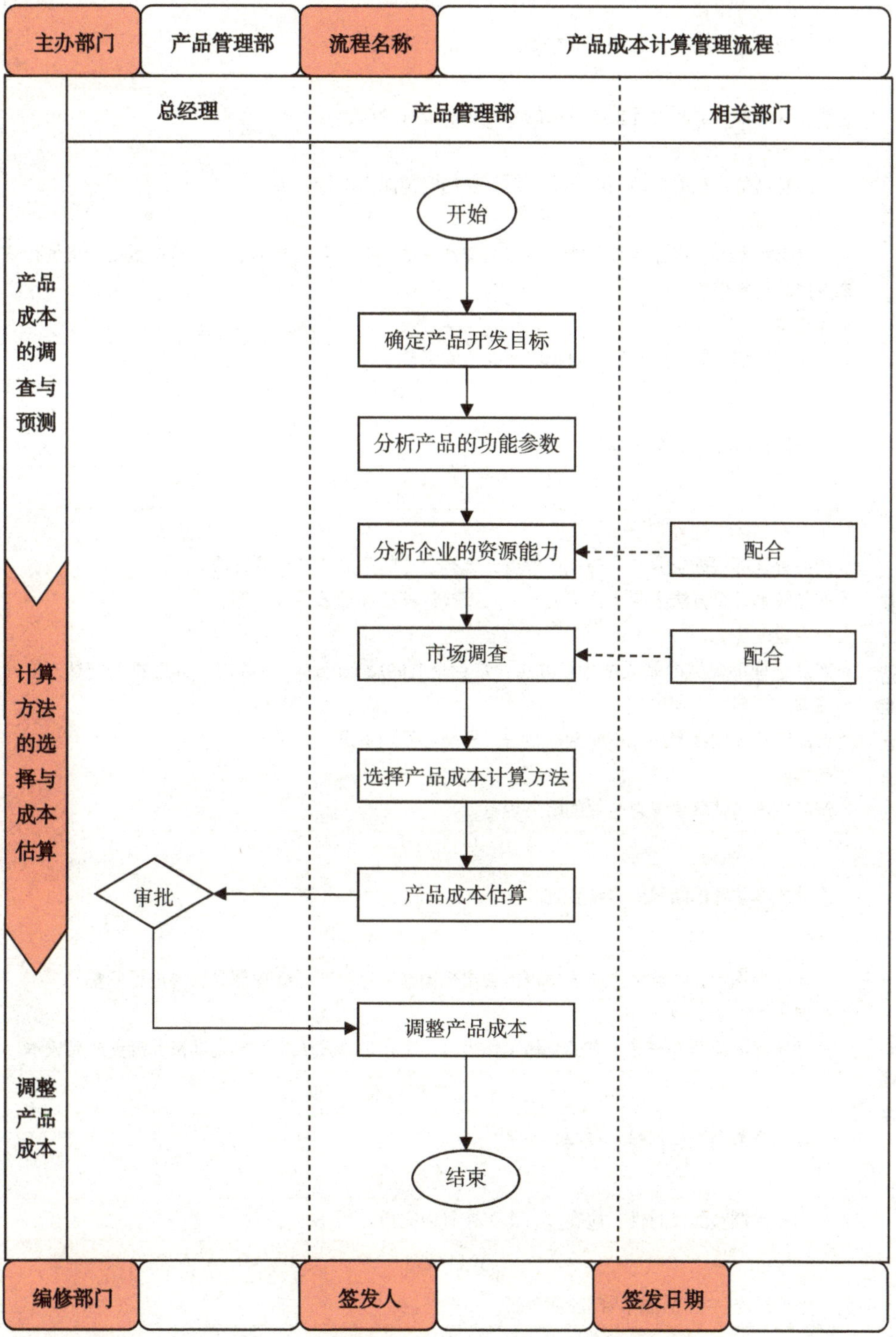

主办部门
产品管理部
流程名称
产品成本计算管理流程
总经理
产品管理部
相关部门
产品成本的调查与预测
计算方法的选择与成本估算
调整产品成本
开始
确定产品开发目标
分析产品的功能参数
分析企业的资源能力
配合
市场调查
配合
选择产品成本计算方法
产品成本估算
审批
调整产品成本
结束
编修部门
签发人
签发日期

5.2.3.2 产品成本计算管理执行程序、工作标准、考核指标、执行规范

任务名称	执行程序、工作标准与考核指标
产品成本的调查与预测	**执行程序** **1. 确定产品开发目标** 产品管理部根据企业的产品战略规划，确定产品开发目标。 **2. 分析产品的功能参数** 产品管理部应对所要开发的产品的功能参数进行分析。 **3. 分析企业的资源能力** 产品管理部在相关部门的配合下，对企业的资源能力进行分析。 **4. 市场调查** 经过市场调查，产品管理部能够获取同类产品或相关产品的成本数据、价格数据、市场行情及未来发展趋势等信息。 **工作重点** 产品管理部在确定产品开发目标时要立足实际。 **工作标准** 市场调查应在____个工作日内完成。
计算方法的选择与成本估算	**执行程序** **1. 选择产品成本计算方法** ☆产品管理部根据企业产品的生产特点，选择合适的产品成本计算方法。 ☆产品成本计算方法主要有价格成本法、直接计算法和参数设计法等。 **2. 产品成本估算** ☆产品管理部根据产品成本计算方法，结合企业的历史产品成本数据及其他相关信息，估算产品成本。 ☆产品管理部应将产品成本整理成报告，提交总经理审批。 **工作重点** 产品成本的估算要符合企业的财务规范。 **工作标准** 产品成本估算的结果应科学合理。
调整产品成本	**执行程序** 在实际操作中，估算的产品成本可能会出现偏差，这时产品管理部要及时进行调整。 **工作重点** 产品管理部要结合产品生产的具体工作内容、工作环境及未来发展变动情况调整产品成本。 **工作标准** 产品成本的调整应及时、合理。 **考核指标** 产品成本调整的及时性：应在____个工作日内完成。
执行规范	
“产品成本分析报告”“产品成本管理制度”。	

5.2.4 产品成本控制管理流程设计与工作执行

5.2.4.1 产品成本控制管理流程设计

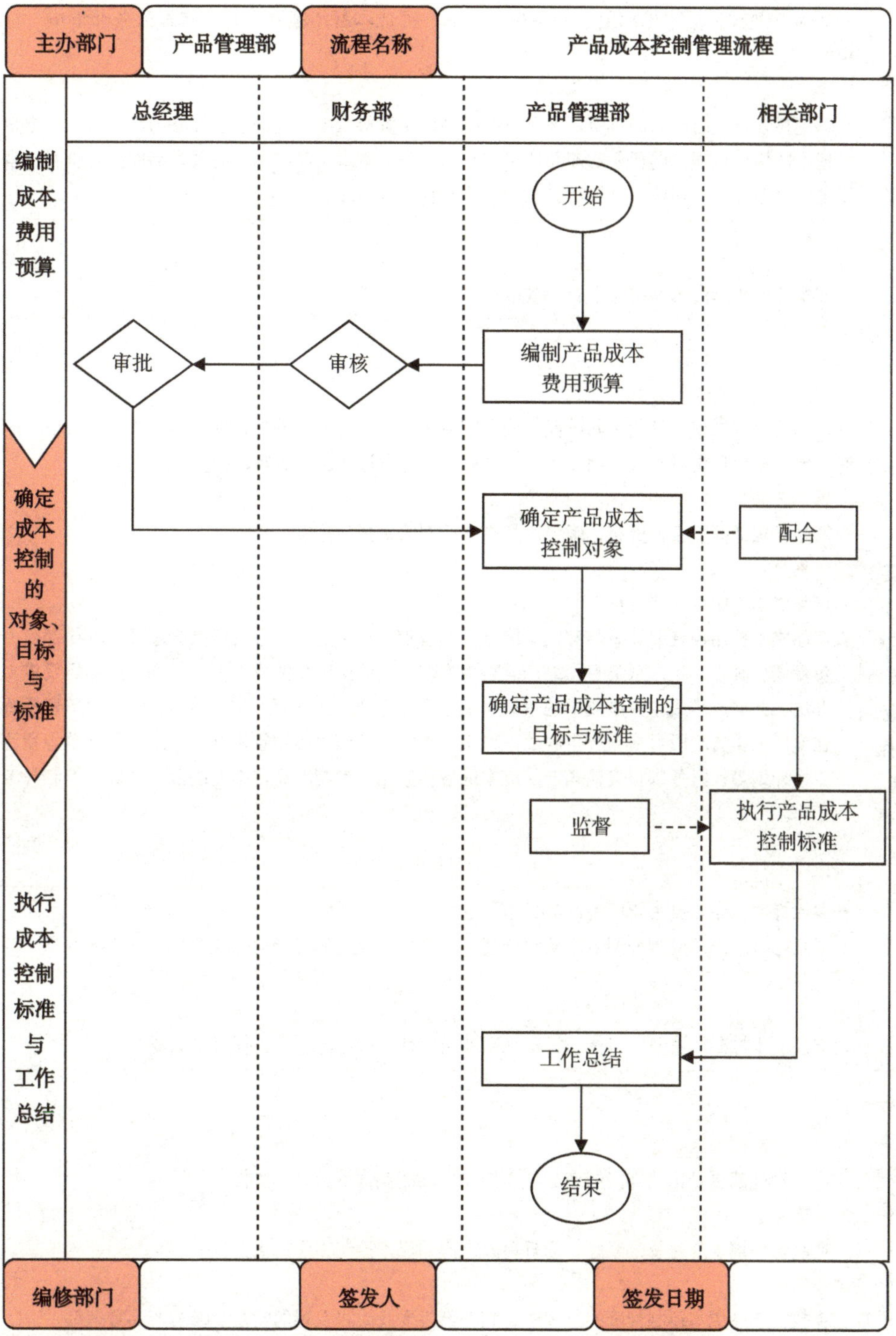
主办部门
产品管理部
流程名称
产品成本控制管理流程
总经理
财务部
产品管理部
相关部门
编制成本费用预算
确定成本控制的对象、目标与标准
执行成本控制标准与工作总结
开始
编制产品成本费用预算
审核
审批
确定产品成本控制对象
配合
确定产品成本控制的目标与标准
执行产品成本控制标准
监督
工作总结
结束
编修部门
签发人
签发日期

5.2.4.2 产品成本控制管理执行程序、工作标准、考核指标、执行规范

任务名称	执行程序、工作标准与考核指标
编制成本费用预算	**执行程序** 产品管理部根据本部门的工作情况，编制产品成本费用预算，并将其报财务部审核、总经理审批。 **工作重点** 编制科学合理的产品成本费用预算需要用到以下资料：本企业的发展战略与产品目标，本企业产品成本的历史数据，同行业的产品质量水平、产品成本水平与结构，有关产品的技术资料，本企业所处的管理和技术环境，可供选择的产品成本管控方案等。 **工作标准** 成本费用预算的编制要符合企业规范。
确定成本控制的对象、目标与标准	**执行程序** **1. 确定产品成本控制对象** 产品管理部根据产品的不同阶段，确定产品成本控制对象。例如，在产品设计开发阶段，成本控制对象包括市场调研阶段费用支出、产品设计阶段费用支出、试制阶段费用支出等。 **2. 确定产品成本控制的目标与标准** 产品管理部参照各种资料，确定产品成本控制的目标与标准。 **工作重点** ☆产品成本控制目标要可量化。 ☆产品成本费用控制要注意多部门、综合性的管理，除了上面所说的产品管理部，其他部门也要担负责任。其中，生产部负责预测产品在生产阶段可能会产生的成本费用、制定产品研发成本管控办法、开展产品成本控制成果的考核、制订产品生产成本管理工作计划等；营销部负责预测产品在推广和销售阶段可能会产生的成本费用、制定产品销售费用管控办法、制订产品销售费用管理工作计划等；财务部负责核实产品成本的各项数据，参与产品成本的决策、计划、控制与考核等工作。 **工作标准** ☆参照标准：企业过去年度的产品成本控制目标与标准资料。 ☆质量标准：产品成本控制对象确定合理，产品成本控制的目标与标准符合企业实际。 **考核指标** 产品成本控制的对象、目标与标准确定的及时性：应在____个工作日内完成。
执行成本控制标准与工作总结	**执行程序** **1. 执行产品成本控制标准** 产品管理部要对相关部门的产品成本控制标准的执行情况进行监督。 **2. 工作总结** 产品管理部要及时总结经验，为日后改进产品成本控制工作提供依据。 **工作重点** 在执行产品成本控制标准的过程中，相关部门要及时将发现的问题反馈给产品管理部。

（续）

<table>
<tr><th>任务名称</th><th>执行程序、工作标准与考核指标</th></tr>
<tr><td rowspan="4">执行成本控制标准与工作总结</td><td>工作标准</td></tr>
<tr><td>通过产品成本控制，可以将将费用控制在预算范围内，提高相关费用的使用率。</td></tr>
<tr><td>考核指标</td></tr>
<tr><td>产品成本控制率，其计算公式如下。
$$产品成本控制率=\frac{产品成本实际支出额}{产品成本预算总额}\times 100\%$$</td></tr>
<tr><th colspan="2">执行规范</th></tr>
<tr><td colspan="2">“产品成本控制管理制度”“产品成本费用预算”。</td></tr>
</table>

5.2.5 新产品研发费用预算管理流程设计与工作执行

5.2.5.1 新产品研发费用预算管理流程设计

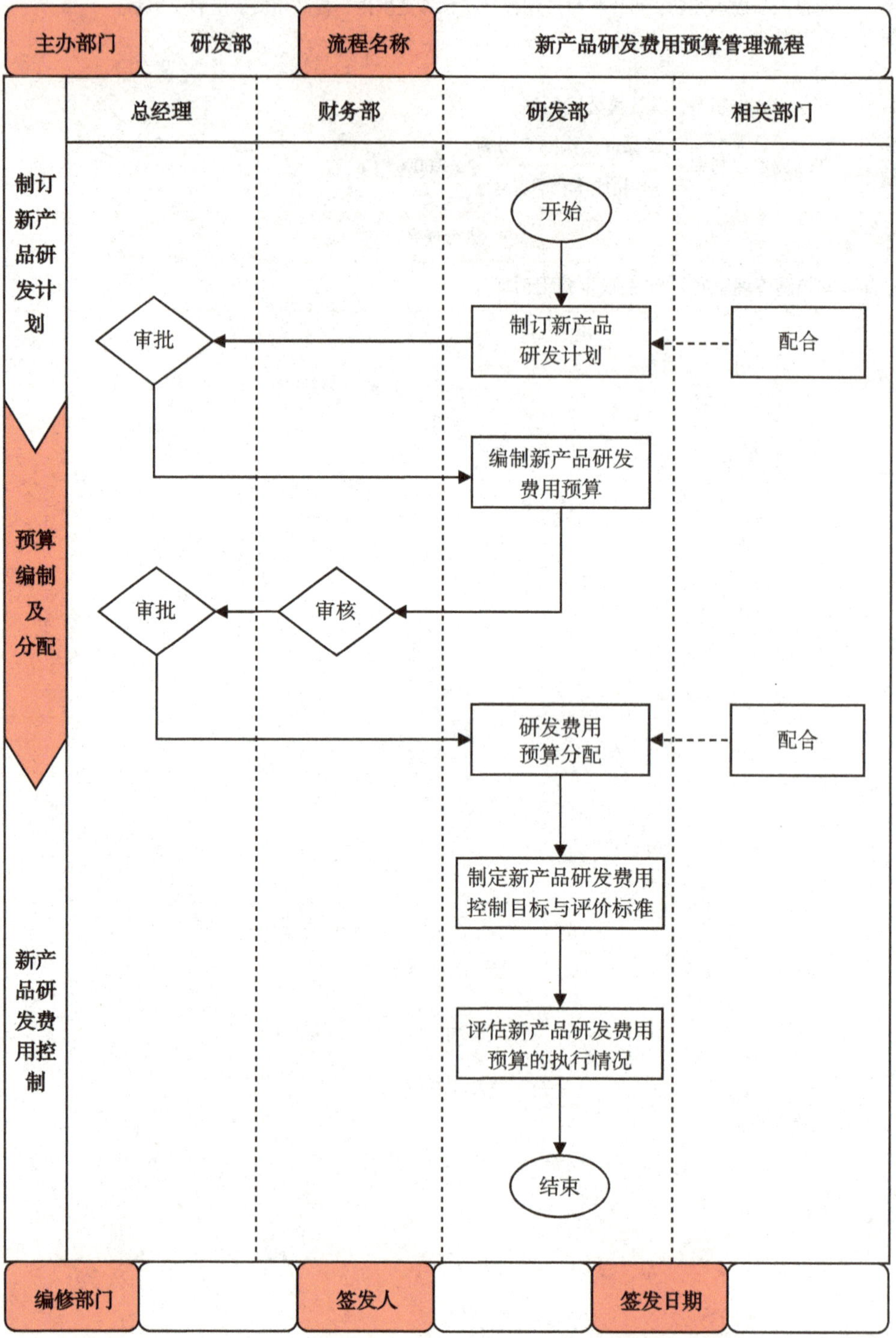
主办部门
研发部
流程名称
新产品研发费用预算管理流程
总经理
财务部
研发部
相关部门
制订新产品研发计划
开始
审批
制订新产品研发计划
配合
预算编制及分配
编制新产品研发费用预算
审批
审核
研发费用预算分配
配合
新产品研发费用控制
制定新产品研发费用控制目标与评价标准
评估新产品研发费用预算的执行情况
结束
编修部门
签发人
签发日期

5.2.5.2 新产品研发费用预算管理执行程序、工作标准、考核指标、执行规范

任务名称	执行程序、工作标准与考核指标
制订新产品研发计划	**执行程序** 研发部根据企业的战略规划，制订新产品研发计划，并将其报总经理审批。 **工作重点** 新产品研发计划不仅要具有可操作性，更要立足实际，便于后期实施和操作。 **工作标准** ☆参照标准：企业过去年度的新产品研发计划。 ☆完成标准：新产品研发计划通过总经理的审批。 **考核指标** 新产品研发计划制订的及时性：应在____个工作日内完成。
预算编制及分配	**执行程序** **1. 编制新产品研发费用预算** 研发部根据新产品研发的内容、计划进度等编制新产品研发费用预算，并将其报财务部审核、总经理审批。 **2. 研发费用预算分配** 研发部根据新产品研发计划，对新产品研发费用进行分配。预算分配一方面要将年度预算分解为季度预算和月度预算，另一方面要根据所研发产品的不同，将研发费用分配到不同的产品或品牌上，甚至细化到每一工作事项中。 **工作重点** 企业要结合自身的实际情况选择合适的预算方法。常用的预算方法有销售百分比法、量入为出法、竞争对等法和目标任务法等。 **工作标准** 新产品研发费用预算方法可参照本企业过去年度的新产品研发费用预算方法选择。 **考核指标** 新产品研发费用预算编制的及时性：应在____个工作日内完成。
新产品研发费用控制	**执行程序** **1. 制定新产品研发费用控制目标与评价标准** 研发费用预算分配完成后，研发部要对每个阶段的费用支出情况进行控制，并针对不同的研发控制点制定相应的新产品研发费用控制目标与评价标准。 **2. 评估新产品研发费用预算的执行情况** 研发部应根据新产品研发费用控制目标与评价标准，对新产品研发费用预算的执行情况进行评估。 **工作重点** 研发部制定的新产品研发费用控制目标与评价标准要符合企业产品研发的实际情况。

（续）

任务名称	执行程序、工作标准与考核指标
新产品研发费用控制	工作标准
	通过预算控制，可以实现对研发过程的管理，避免费用的浪费。
	考核指标
	新产品研发费用控制目标与评价标准制定的及时性：应在____个工作日内完成。
执行规范	
“新产品研发管理制度”“新产品研发计划”“新产品研发费用预算管理制度”“新产品研发费用控制目标与评价标准”。	

5.3 产品定价管理

5.3.1 产品定价管理流程设计

5.3.1.1 流程设计的目的

企业设计产品定价管理流程的目的如下：

（1）合理确定产品价格，增加产品的竞争优势，维护并提升企业形象；

（2）规范产品定价管理各项工作流程，逐步实现企业管理的规范化、标准化和程序化。

5.3.1.2 流程结构设计

产品定价管理可细分为三个事项，就每个事项设计流程，即产品价格信息处理管理、产品价格预测管理和产品价格调整管理三个子流程，具体如图 5-3 所示。

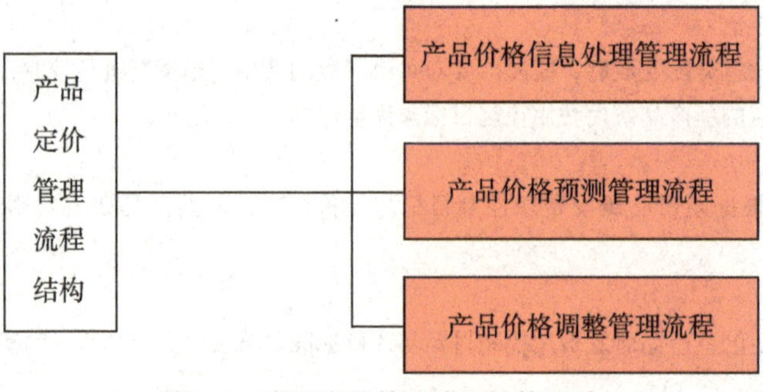

图 5-3 产品定价管理流程结构设计

5.3.2 产品价格信息处理管理流程设计与工作执行

5.3.2.1 产品价格信息处理管理流程设计

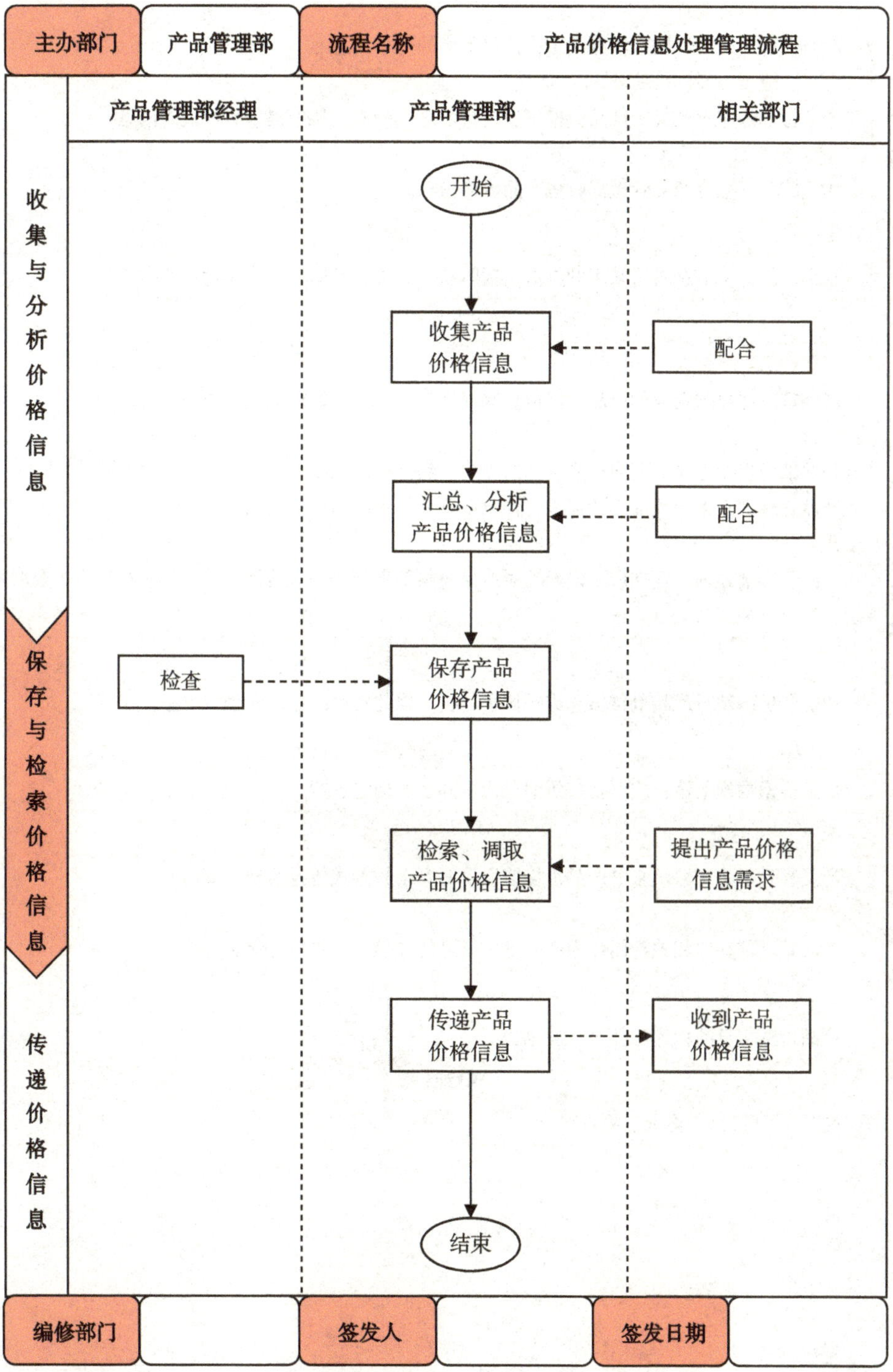

主办部门
产品管理部
流程名称
产品价格信息处理管理流程
产品管理部经理
产品管理部
相关部门
收集与分析价格信息
保存与检索价格信息
传递价格信息
开始
收集产品价格信息
配合
汇总、分析产品价格信息
配合
检查
保存产品价格信息
检索、调取产品价格信息
提出产品价格信息需求
传递产品价格信息
收到产品价格信息
结束
编修部门
签发人
签发日期

5.3.2.2 产品价格信息处理管理执行程序、工作标准、考核指标、执行规范

任务名称	执行程序、工作标准与考核指标
收集与分析价格信息	**执行程序**
	1. 收集产品价格信息 产品管理部组织开展市场调查工作，收集产品价格信息。 **2. 汇总、分析产品价格信息** 产品管理部应对收集的产品价格信息进行汇总、分析，从中提取有价值的信息。 **工作重点** 相关部门须配合产品管理部收集产品价格信息。
	工作标准
	收集产品价格信息时所采用的方法包括问卷调查法、电话访谈法及随机取样法等。
保存与检索价格信息	**执行程序**
	1. 保存产品价格信息 产品管理部根据企业的产品价格信息保存规定，将产品价格信息归类并进行保存。 **2. 检索、调取产品价格信息** ☆相关部门根据工作需要向产品管理部提出产品价格信息需求。 ☆产品管理部根据相关部门的要求，检索、调取相关产品价格信息。 **工作重点** 产品管理部经理应定期或不定期地对产品价格信息保存的规范性、有效性进行检查，及时发现问题，责令有关部门予以改正。
	工作标准
	产品管理部须对产品价格信息进行科学分析，据此对产品进行合理定价。
	考核指标
	信息检索的规范性：应严格按照信息检索办法的规定进行。
传递价格信息	**执行程序**
	产品管理部将调取出来的产品价格信息采取安全的方式传递给相关部门。 **工作重点** 产品管理部在向相关部门传递产品价格信息的过程中，须做好保密工作。
	工作标准
	产品价格信息的传递应及时、规范。
执行规范	
“市场调查报告”“产品价格分析报告”。	

5.3.3 产品价格预测管理流程设计与工作执行

5.3.3.1 产品价格预测管理流程设计

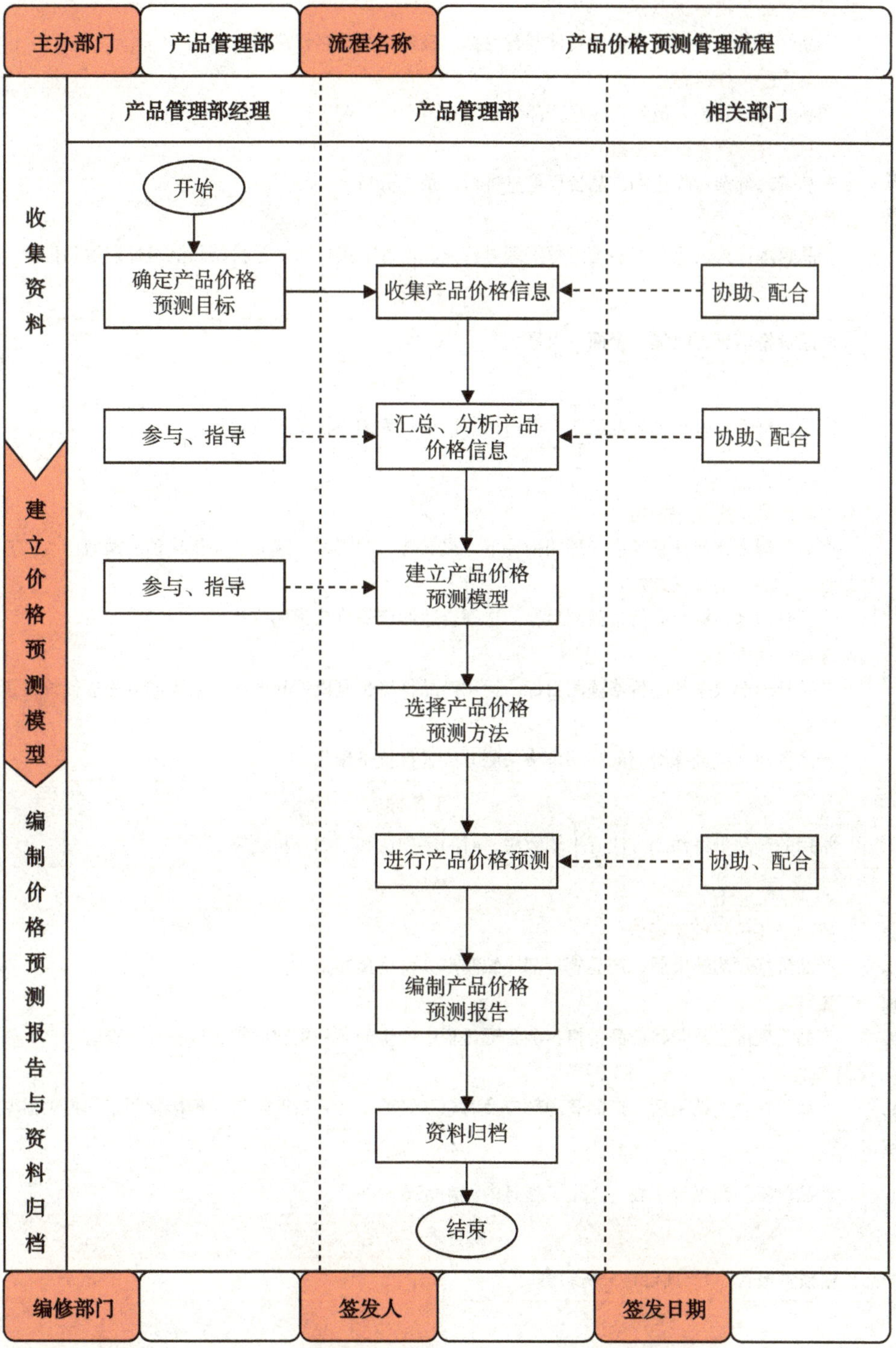

主办部门
产品管理部
流程名称
产品价格预测管理流程
产品管理部经理
产品管理部
相关部门
收集资料
建立价格预测模型
编制价格预测报告与资料归档
开始
确定产品价格预测目标
收集产品价格信息
协助、配合
参与、指导
汇总、分析产品价格信息
协助、配合
参与、指导
建立产品价格预测模型
选择产品价格预测方法
进行产品价格预测
协助、配合
编制产品价格预测报告
资料归档
结束
编修部门
签发人
签发日期

5.3.3.2　产品价格预测管理执行程序、工作标准、考核指标、执行规范

任务名称	执行程序、工作标准与考核指标
收集资料	**执行程序**
	1. 确定产品价格预测目标 产品管理部经理根据企业的总体经营目标，确定产品价格预测目标。 **2. 收集产品价格信息** 产品管理部相关人员负责收集产品价格信息。 **3. 汇总、分析产品价格信息** 产品管理部须对收集的产品价格信息进行汇总、分析。 **工作重点** 产品管理部人员应与产品管理部经理进行充分沟通，确保对产品价格预测目标理解到位。
	工作标准
	产品价格信息的收集应全面、可靠。
	考核指标
	产品价格信息收集的规范性：应严格按照信息收集的步骤和规范进行。
建立价格预测模型	**执行程序**
	1. 建立产品价格预测模型 产品管理部在产品管理部经理的指导下，根据现有的资料，建立产品价格预测模型。 **2. 选择产品价格预测方法** 产品管理部根据产品价格预测目标，选择合适的产品价格预测方法。 **3. 进行产品价格预测** 产品管理部根据产品价格预测目标，运用产品价格预测模型和产品价格预测方法进行价格预测。 **工作重点** 产品管理部应选择恰当的产品价格预测方法进行价格预测。
	工作标准
	常用的产品价格预测方法有平均数法、时间序列法和回归分析法等。
编制价格预测报告与资料归档	**执行程序**
	1. 编制产品价格预测报告 产品价格预测结束后，产品管理部应编制产品价格预测报告。 **2. 资料归档** 产品管理部应及时将产品价格预测管理过程中产生的各种资料归档，以备日后查验。 **工作重点** 产品价格预测结束后，产品管理部应及时总结经验，为日后改进产品价格预测工作提供借鉴。
	工作标准
	产品价格预测报告须在____个工作日内编制完成。
执行规范	
“产品价格预测报告”“产品价格分析报告”。	

5.3.4 产品价格调整管理流程设计与工作执行

5.3.4.1 产品价格调整管理流程设计

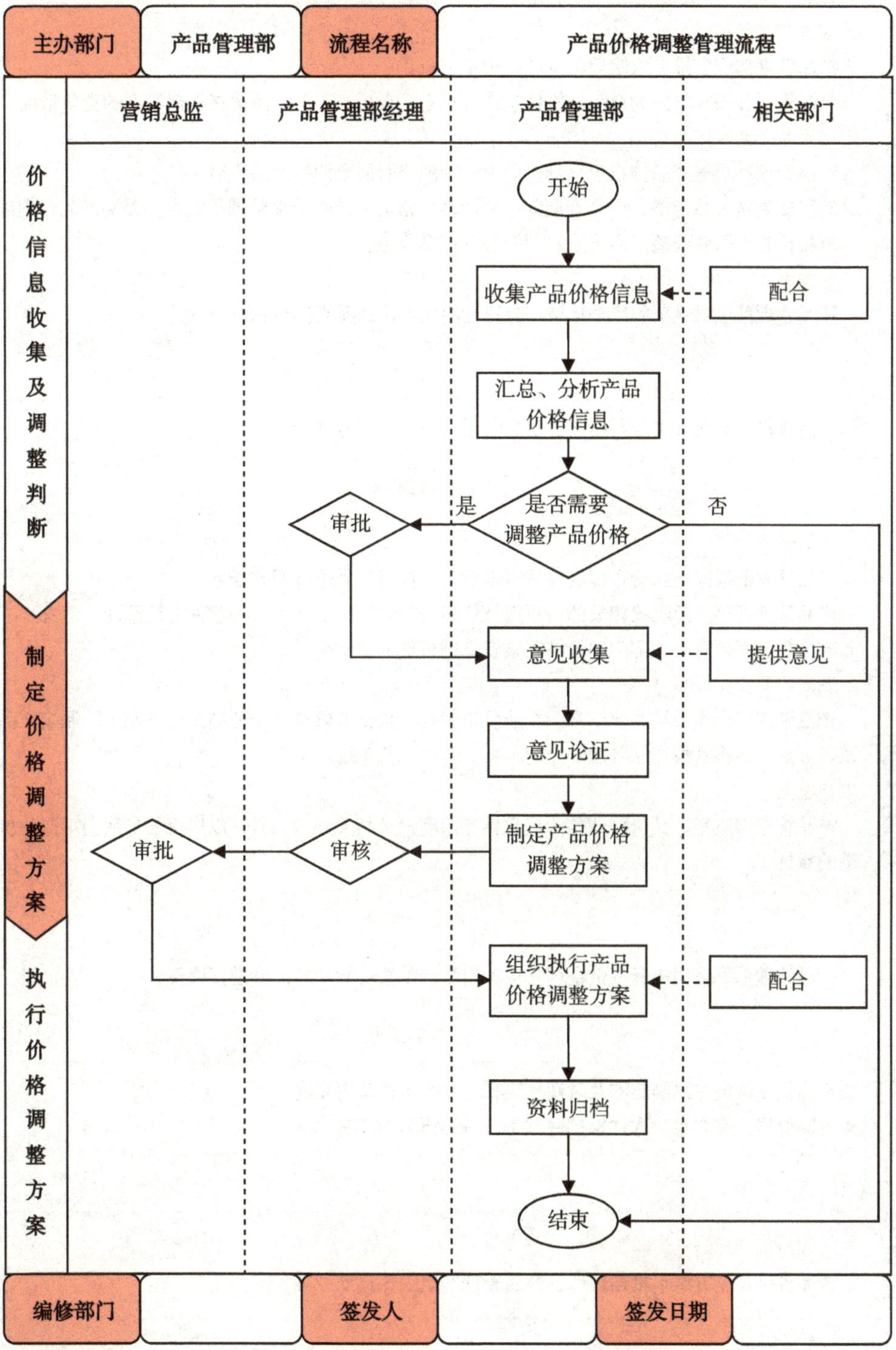

主办部门
产品管理部
流程名称
产品价格调整管理流程
营销总监
产品管理部经理
产品管理部
相关部门
价格信息收集及调整判断
制定价格调整方案
执行价格调整方案
开始
收集产品价格信息
配合
汇总、分析产品价格信息
是否需要调整产品价格
是
否
审批
意见收集
提供意见
意见论证
制定产品价格调整方案
审核
审批
组织执行产品价格调整方案
配合
资料归档
结束
编修部门
签发人
签发日期

5.3.4.2 产品价格调整管理执行程序、工作标准、考核指标、执行规范

任务名称	执行程序、工作标准与考核指标
价格信息收集及调整判断	**执行程序**
	1. 收集产品价格信息 ☆产品管理部应安排专人定期收集产品价格信息。 ☆产品管理部须对收集的产品价格信息进行汇总、分析，了解产品价格在市场上的竞争情况。 **2. 是否需要调整产品价格** ☆产品管理部根据产品价格信息分析结果，判断是否需要调整产品价格。 ☆若需要调整产品价格，产品管理部应将产品价格信息分析结果整理成报告，提交产品管理部经理审批；若不需要调整产品价格，则维持现产品价格。 **工作重点** 产品管理部应对收集的产品价格信息进行鉴别，确保其真实性和有效性。
	工作标准
	产品价格信息的收集应严格按照信息收集的步骤和规范进行。
制定价格调整方案	**执行程序**
	1. 意见论证 ☆产品管理部根据产品管理部经理的审批意见，执行产品价格调整任务。 ☆产品管理部要广泛收集相关部门对产品价格调整的意见，并对这些意见进行整理、汇总。 ☆产品管理部须对相关部门的价格调整意见进行论证。 **2. 制定产品价格调整方案** 产品管理部应在市场调研结果、企业价格策略、价格调整意见论证结果的基础上，制定产品价格调整方案，并将其报产品管理部经理审核、营销总监审批。 **工作重点** 产品管理部应将产品价格调整的信息传递给客户及相关部门人员，以广泛征求他们对产品价格调整的意见。
	工作标准
	产品管理部可采用成新率价格调整法和指数调整法等对产品价格进行调整。
	考核指标
	☆产品价格调整方案制定的及时性：应在____个工作日内完成。 ☆产品价格调整方案一次性审批通过率：目标值为100%。
执行价格调整方案	**执行程序**
	1. 组织执行产品价格调整方案 产品价格调整方案审批通过后，产品管理部组织执行该方案。

（续）

<table>
<tr><th>任务名称</th><th>执行程序、工作标准与考核指标</th></tr>
<tr><td rowspan="3">执行价格调整方案</td><td>2. 资料归档
产品管理部应及时将产品价格调整管理过程中产生的各种资料归档，以为日后改进工作提供依据。
工作重点
产品价格调整方案不仅要具有可操作性，更要立足实际，便于后期实施和操作。</td></tr>
<tr><td>工作标准</td></tr>
<tr><td>☆质量标准：产品管理部应严格执行产品价格调整方案，及时调整产品价格。
☆时间标准：产品价格调整方案应在____个工作日内制定完成。</td></tr>
<tr><td colspan="2">执行规范</td></tr>
<tr><td colspan="2">“产品价格分析报告”“产品价格调整意见表”“产品价格调整方案”。</td></tr>
</table>

第6章 产品上市准备管理

6.1 产品上市准备管理

6.1.1 产品上市准备管理流程

6.1.1.1 流程设计的目的

企业设计产品上市准备管理流程的目的如下：

（1）加强对产品上市准备工作的管理，确保按计划、有序地开展产品上市工作；

（2）规范产品上市准备各项工作流程，提高工作效率；

（3）加强对产品上市准备的跟踪与控制，确保产品上市的工作进度、时效能满足企业内部的产品更新换代要求和外部市场的消费者需求。

6.1.1.2 流程结构设计

产品上市准备管理可细分为四个事项，就每个事项设计流程，即新产品市场预测管理流程、产品上市计划制订管理流程、样板店建设管理流程和新产品销售人员培训管理流程，具体如图 6-1 所示。

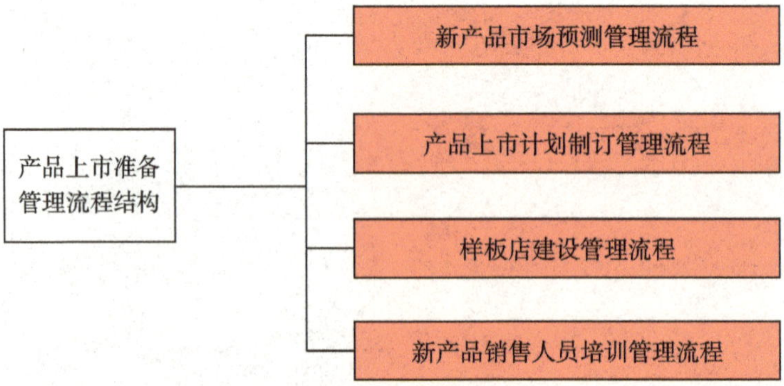

图 6-1 产品上市准备管理流程结构设计

6.1.2 新产品市场预测管理流程设计与工作执行

6.1.2.1 新产品市场预测管理流程设计

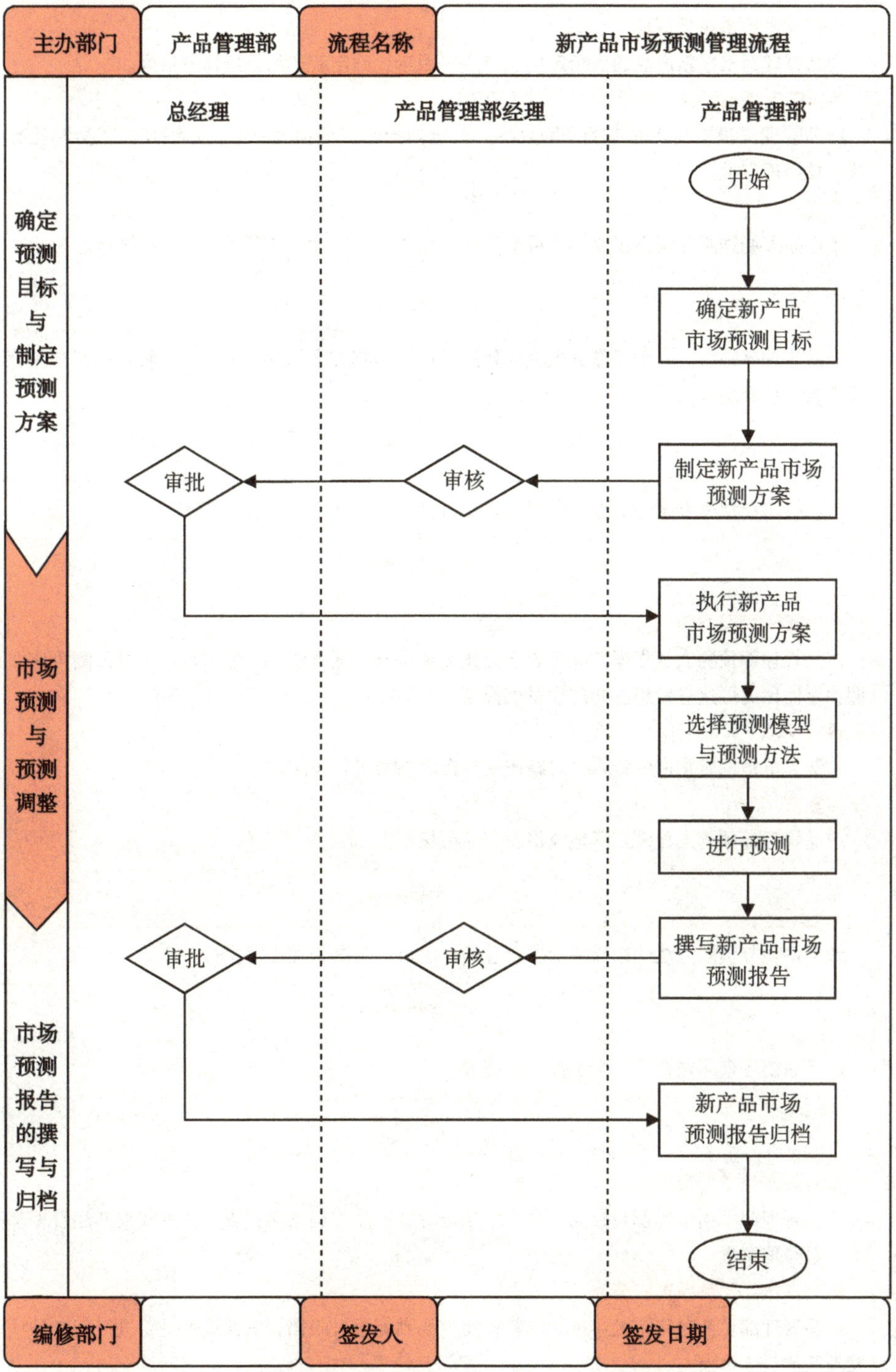
主办部门
产品管理部
流程名称
新产品市场预测管理流程
总经理
产品管理部经理
产品管理部
确定预测目标与制定预测方案
市场预测与预测调整
市场预测报告的撰写与归档
开始
确定新产品市场预测目标
制定新产品市场预测方案
审核
审批
执行新产品市场预测方案
选择预测模型与预测方法
进行预测
撰写新产品市场预测报告
审核
审批
新产品市场预测报告归档
结束
编修部门
签发人
签发日期

6.1.2.2 新产品市场预测管理执行程序、工作标准、考核指标、执行规范

任务名称	执行程序、工作标准与考核指标
确定预测目标与制定预测方案	**执行程序**
	1. 确定新产品市场预测目标 产品管理部根据新产品的市场定位、特点等因素，确定新产品市场预测目标。 **2. 制定新产品市场预测方案** 产品管理部根据新产品市场预测目标，制定新产品市场预测方案，并将其报产品管理部经理审核、总经理审批。 **工作重点** 新产品市场预测方案不仅要具有可操作性，更要立足实际，便于后期实施和操作。
	工作标准
	产品管理部须在____个工作日内完成新产品市场预测方案的制定工作，并将其提交产品管理部经理审核、总经理审批。
	考核指标
	新产品市场预测方案一次性审批通过率：目标值为100%。
市场预测与预测调整	**执行程序**
	1. 选择预测模型与预测方法 产品管理部预测人员根据实际需要选择预测模型与预测方法。一般来说，定量预测可建立数学模型，定性预测可建立设想性的逻辑思维模型。 **2. 进行预测** 预测人员根据所掌握的资料，对新产品的市场前景进行预测。 **工作重点** 产品管理部预测人员要广泛地收集新产品市场信息。
	工作标准
	预测模型与预测方法的选择须依据企业新产品市场预测管理规定执行。
	考核指标
	新产品市场预测须在____个工作日内完成。
市场预测报告的撰写与归档	**执行程序**
	1. 撰写新产品市场预测报告 产品管理部根据市场调研数据、预测结果撰写新产品市场预测报告，并将其报产品管理部经理审核、总经理审批。 **2. 新产品市场预测报告归档** 产品管理部要及时将审批通过后的新产品市场预测报告归档，据此决定是否进行新产品项目的研发及其他具体事项。

（续）

任务名称	执行程序、工作标准与考核指标
市场预测报告的撰写与归档	**工作重点** 产品管理部应及时将新产品市场预测管理过程中产生的各种资料归档，为开展后续工作提供依据。
	工作标准
	☆完成标准：新产品市场预测报告的撰写应符合企业文书和报告的撰写要求。 ☆时间标准：新产品市场预测报告须在____个工作日内撰写完成。
	考核指标
	新产品市场预测报告一次性审批通过率：目标值为100%。
执行规范	
“新产品市场预测方案”“新产品市场预测报告”。	

6.1.3 产品上市计划制订管理流程设计与工作执行

6.1.3.1 产品上市计划制订管理流程设计

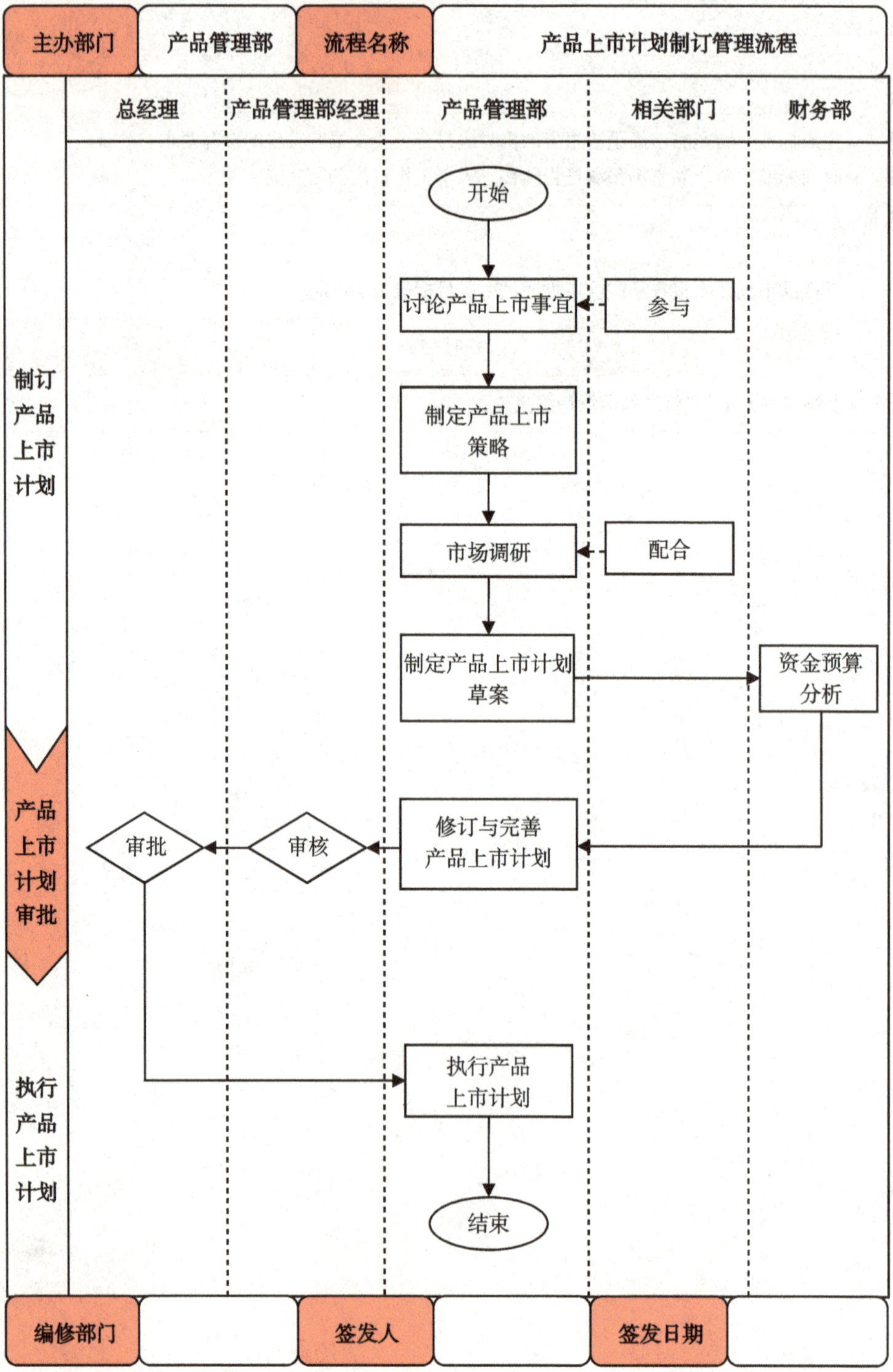

主办部门
产品管理部
流程名称
产品上市计划制订管理流程
总经理
产品管理部经理
产品管理部
相关部门
财务部
制订产品上市计划
产品上市计划审批
执行产品上市计划
开始
讨论产品上市事宜
参与
制定产品上市策略
市场调研
配合
制定产品上市计划草案
资金预算分析
修订与完善产品上市计划
审核
审批
执行产品上市计划
结束
编修部门
签发人
签发日期

6.1.3.2 产品上市计划制订管理执行程序、工作标准、考核指标、执行规范

<table>
<tr><th>任务名称</th><th>执行程序、工作标准与考核指标</th></tr>
<tr><td rowspan="4">制订产品上市计划</td><td>执行程序</td></tr>
<tr><td>1. 制定产品上市策略
☆在产品试制阶段，产品管理部组织相关部门讨论产品上市事宜。
☆产品管理部根据企业的营销战略，制定产品上市策略。
2. 市场调研
产品上市策略确定后，产品管理部应开展市场调研工作，了解当前同类产品的市场状况、竞争对手的产品情况及市场推广策略等。
3. 制定产品上市计划草案
产品管理部根据市场调研结果，结合产品上市策略制定产品上市计划草案。
4. 资金预算分析
财务部相关人员须对产品上市计划草案进行资金预算分析。
5. 修订与完善产品上市计划
产品管理部根据资金预算分析结果，修订与完善产品上市计划。
工作重点
产品上市计划要具有可操作性。</td></tr>
<tr><td>工作标准</td></tr>
<tr><td>产品管理部须在____个工作日内完成产品上市计划的修订与完善工作。</td></tr>
<tr><td rowspan="6">产品上市计划审批</td><td>执行程序</td></tr>
<tr><td>产品管理部应将修订后的产品上市计划报产品管理部经理审核、总经理审批。
工作重点
产品上市计划要具有可行性。</td></tr>
<tr><td>工作标准</td></tr>
<tr><td>产品上市计划应遵循市场规律，科学、可行。</td></tr>
<tr><td>考核指标</td></tr>
<tr><td>产品上市计划一次性审批通过率：目标值为100%。</td></tr>
<tr><td rowspan="4">执行产品上市计划</td><td>执行程序</td></tr>
<tr><td>产品上市计划经总经理审批通过后，产品管理部组织执行该计划。
工作重点
产品管理部应根据总经理的审批意见，完善并确定产品上市计划。</td></tr>
<tr><td>工作标准</td></tr>
<tr><td>产品上市计划得以全面落实。</td></tr>
<tr><td colspan="2">执行规范</td></tr>
<tr><td colspan="2">“产品上市计划草案”“市场调研报告”“产品上市计划”。</td></tr>
</table>

6.1.4 样板店建设管理流程设计与工作执行

6.1.4.1 样板店建设管理流程设计

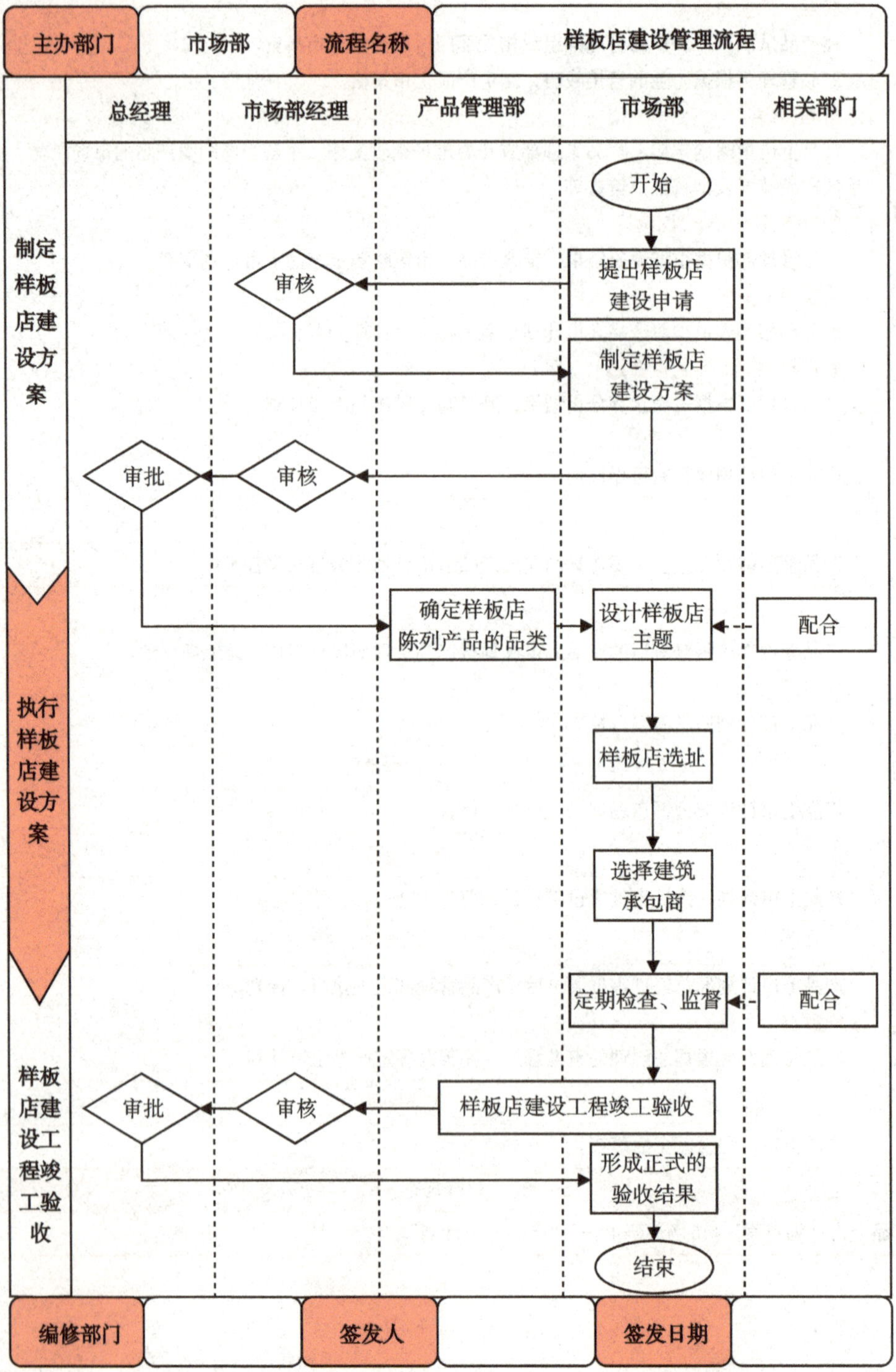
主办部门
市场部
流程名称
样板店建设管理流程
总经理
市场部经理
产品管理部
市场部
相关部门
制定样板店建设方案
执行样板店建设方案
样板店建设工程竣工验收
开始
提出样板店建设申请
审核
制定样板店建设方案
审批
审核
确定样板店陈列产品的品类
设计样板店主题
配合
样板店选址
选择建筑承包商
定期检查、监督
配合
样板店建设工程竣工验收
审批
审核
形成正式的验收结果
结束
编修部门
签发人
签发日期

6.1.4.2　样板店建设管理执行程序、工作标准、考核指标、执行规范

任务名称	执行程序、工作标准与考核指标
制定样板店建设方案	**执行程序** **1. 提出样板店建设申请** 市场部根据产品的实际销售状况，向市场部经理提出样板店建设申请。 **2. 制定样板店建设方案** 样板店建设申请通过市场部经理的审核后，市场部应制定样板店建设方案，并将其报市场部经理审核、总经理审批。 **工作重点** 样板店建设方案要具有可操作性。 **工作标准** 市场部须在____个工作日内完成样板店建设方案的制定工作。 **考核指标** 样板店建设方案一次性审批通过率：目标值为100%。
执行样板店建设方案	**执行程序** **1. 确定样板店陈列产品的品类** 产品管理部根据样板店建设方案，确定样板店产品陈列的产品品类。 **2. 设计样板店主题** 市场部根据样板店建设方案，设计样板店主题。 **3. 样板店选址** 市场部按照企业样板店管理制度为样板店选址。 **4. 选择建筑承包商** 市场部须调查市场上的项目承建商，根据企业的实际情况选择合适的建筑承包商。 **工作重点** 企业须全面落实样板店建设方案。 **工作标准** ☆依据标准：样板店的设计、选址须以企业样板店管理制度为依据。 ☆质量标准：建筑承包商的选择过程公正、公开、透明。
样板店建设工程竣工验收	**执行程序** **1. 定期检查、监督** 市场部应定期对样板店建设的情况进行检查、监督。 **2. 样板店建设工程竣工验收** 样板店建设完成后，市场部和产品管理部应对样板店建设工程进行竣工验收，编制验收报告，提交市场部经理审核、总经理审批。 **3. 形成正式的验收结果** 样板店建设工程验收报告审批通过后，市场部根据总经理的审批意见形成正式的验收结果。

（续）

<table>
<tr><th>任务名称</th><th>执行程序、工作标准与考核指标</th></tr>
<tr><td rowspan="5">样板店建设工程竣工验收</td><td>工作重点
市场部应实时跟进样板店建设项目进度。</td></tr>
<tr><td>工作标准</td></tr>
<tr><td>市场部和产品管理部须在____个工作日内完成样板店建设工程的竣工验收工作。</td></tr>
<tr><td>考核指标</td></tr>
<tr><td>样板店建设工程验收报告一次性审批通过率：目标值为100%。</td></tr>
<tr><td colspan="2">执行规范</td></tr>
<tr><td colspan="2">“样板店建设申请表”“样板店建设方案”“样板店建筑承包选择管理制度”“样板店建设工程验收报告”。</td></tr>
</table>

6.1.5 新产品销售人员培训管理流程设计与工作执行

6.1.5.1 新产品销售人员培训管理流程设计

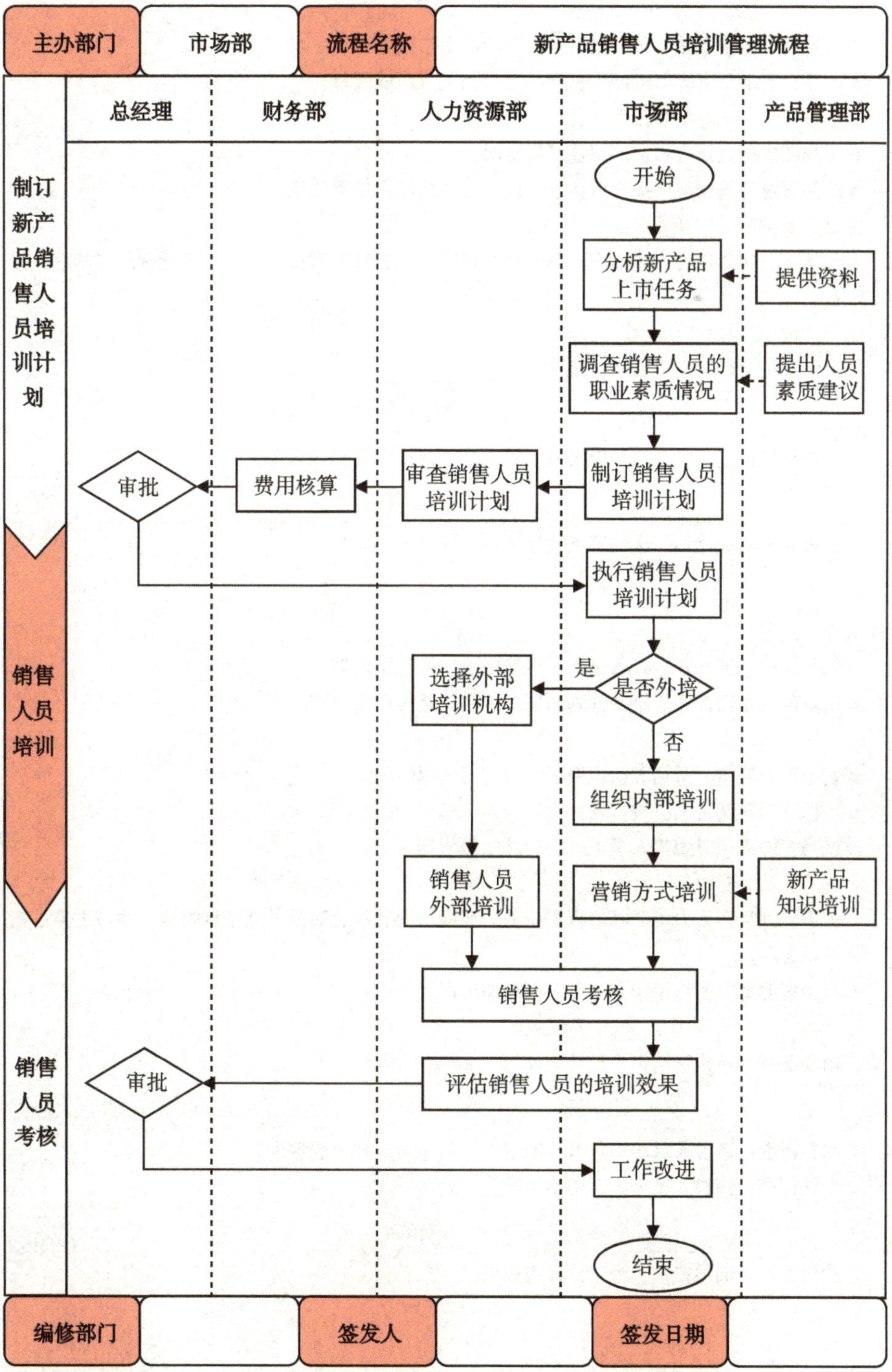

6.1.5.2 新产品销售人员培训管理执行程序、工作标准、考核指标、执行规范

任务名称	执行程序、工作标准与考核指标
制订新产品销售人员培训计划	**执行程序**
	1. 分析新产品上市任务 ☆市场部根据新产品上市方案，分析新产品上市任务。 ☆产品管理部负责向市场部提供产品上市相关方面的资料。 **2. 调查销售人员的职业素质情况** ☆市场部要调查销售人员的职业素质情况。 ☆产品管理部根据新产品上市要求，向市场部提出人员素质建议。 **3. 制订销售人员培训计划** 市场部应制订销售人员培训计划，将其提交人力资源部审查、财务部进行费用核算后，报总经理审批。 **工作重点** 销售人员培训计划要具有可操作性。
	工作标准
	市场部须在____个工作日内完成销售人员培训计划的制订工作。
	考核指标
	销售人员培训计划一次性审批通过率：目标值为100%。
销售人员培训	**执行程序**
	1. 是否外培 ☆销售人员培训计划审批通过后，市场部组织执行该计划。 ☆市场部根据销售人员培训计划的要求，判断是否需要外培。 **2. 组织内部培训** ☆若不需要外培，市场部组织销售人员进行内部培训。 ☆市场部须对销售人员进行营销方式培训。 ☆产品管理部须对销售人员进行新产品知识培训。 **3. 销售人员外部培训** ☆若需要外培，人力资源部应根据企业的实际情况选择合适的外部培训机构，并与之签订销售人员培训合同。 ☆人力资源部负责组织销售人员进行外部培训。 **工作重点** 市场部要严格执行销售人员培训计划。
	工作标准
	☆内容标准：销售人员培训包含技能培训、知识培训和思想培训。 ☆考核标准：销售人员培训时间不少于____天。
	考核指标
	销售人员培训须在____个工作日内完成。

（续）

任务名称	执行程序、工作标准与考核指标
销售人员考核	**执行程序**
	1. 销售人员考核 培训结束后，市场部和人力资源部须对销售人员进行考核。 **2. 评估销售人员的培训效果** 市场部和人力资源部根据销售人员的考核结果，评估销售人员的培训效果，编制销售人员培训效果评估报告，提交总经理审批。审批通过后，市场部根据总经理的审批意见，改进自身工作。 **工作重点** 市场部和人力资源部须客观地对销售人员的培训效果进行评估。
	工作标准
	市场部和人力资源部须在____个工作日内完成销售人员培训效果的评估工作。
	考核指标
	销售人员培训效果评估报告一次性审批通过率：目标值为 100%。
执行规范	
“新产品上市方案”“新产品上市任务说明书”“销售人员培训管理制度”“销售人员培训考核管理规定”“销售人员培训效果评估管理制度”“销售人员培训计划”“销售人员培训效果评估报告”。	

6.2 产品包装管理

6.2.1 产品包装管理流程

6.2.1.1 流程设计的目的

企业设计产品包装管理流程的目的是促进产品包装全程可控，缩短产品包装时间。

6.2.1.2 流程结构设计

产品包装管理可细分为两个事项，就每个事项设计流程，即新产品包装决策管理流程和新产品包装设计管理流程，具体如图 6-2 所示。

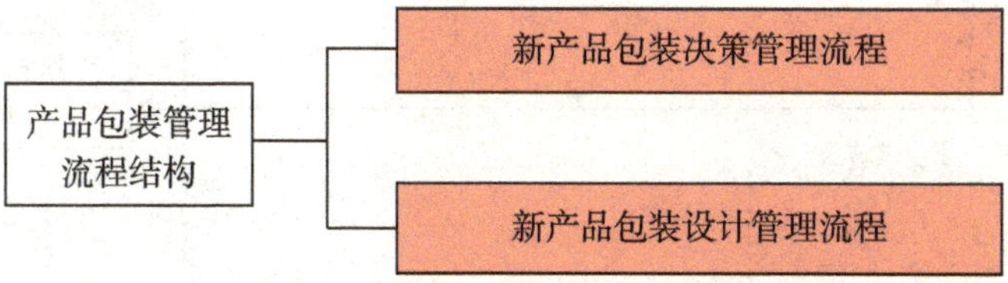

图 6-2 产品包装管理流程结构设计

6.2.2 新产品包装决策管理流程设计与工作执行

6.2.2.1 新产品包装决策管理流程设计

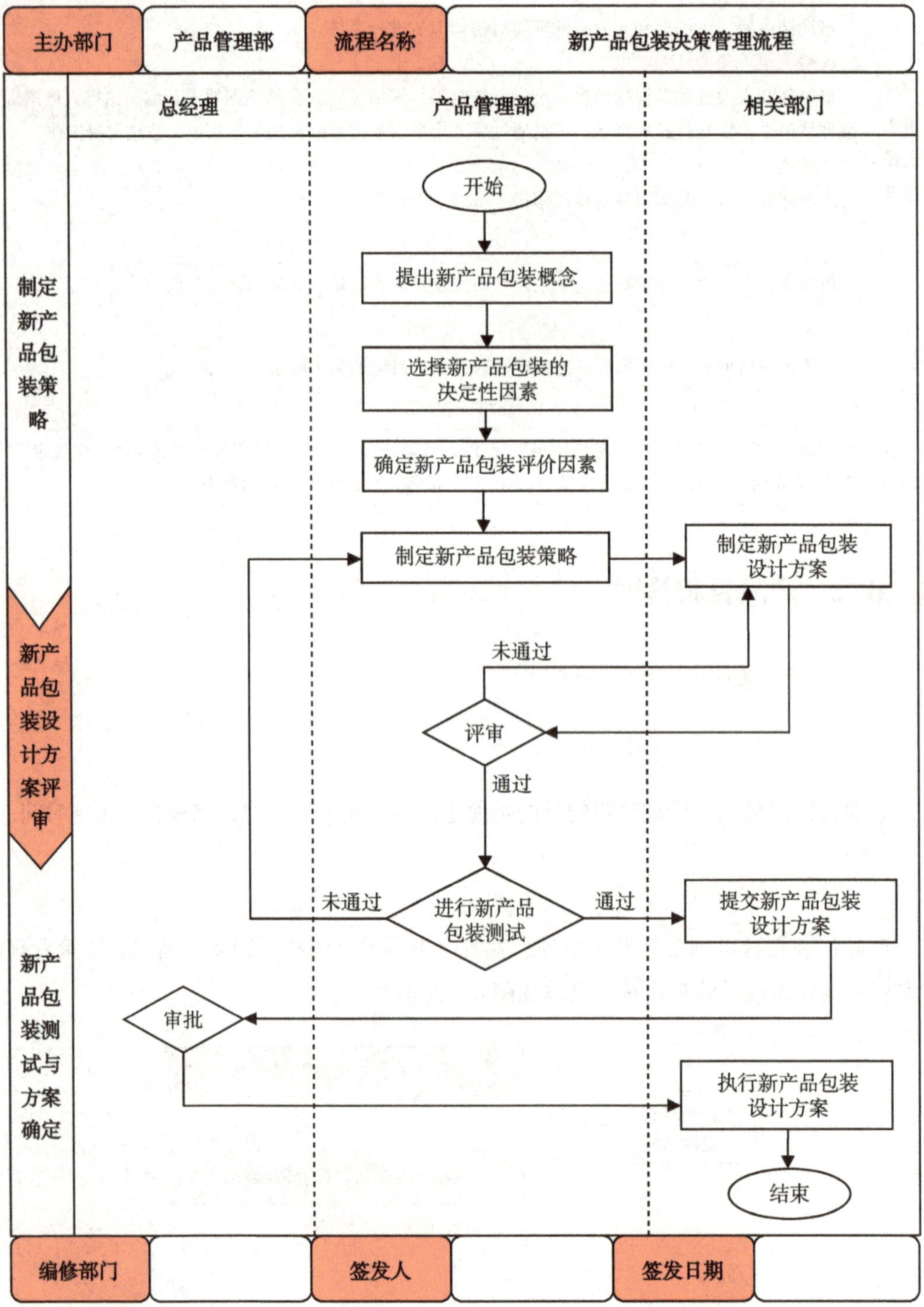
主办部门
产品管理部
流程名称
新产品包装决策管理流程
总经理
产品管理部
相关部门
制定新产品包装策略
新产品包装设计方案评审
新产品包装测试与方案确定
开始
提出新产品包装概念
选择新产品包装的决定性因素
确定新产品包装评价因素
制定新产品包装策略
制定新产品包装设计方案
未通过
评审
通过
未通过
进行新产品包装测试
通过
提交新产品包装设计方案
审批
执行新产品包装设计方案
结束
编修部门
签发人
签发日期

6.2.2.2 新产品包装决策管理执行程序、工作标准、考核指标、执行规范

<table>
<tr><th>任务名称</th><th>执行程序、工作标准与考核指标</th></tr>
<tr><td rowspan="6">制定新产品包装策略</td><td>执行程序</td></tr>
<tr><td>1. 选择新产品包装的决定性因素
☆产品管理部根据新产品的特点、市场定位和营销目标，确定产品包装的基本形态和基本功能，提出新产品包装概念。
☆产品管理部根据新产品包装概念，从包装的大小、形状、材料、色彩、文字说明及商标图案等因素中选择新产品包装的决定性因素。
2. 确定新产品包装评价因素
产品管理部应确定新产品包装评价因素，以便对产品包装设计方案进行评测。
3. 制定新产品包装策略
产品管理部根据新产品包装概念，以及新产品包装的决定性因素和评价因素等制定新产品包装策略，编写新产品包装策略说明文件，并将其发给相关部门。
工作重点
新产品包装策略切实可行。</td></tr>
<tr><td>工作标准</td></tr>
<tr><td>新产品包装策略应符合新产品特点和市场规则，概念新颖。</td></tr>
<tr><td>考核指标</td></tr>
<tr><td>新产品包装策略制定的及时性：应在规定的时间内完成新产品包装策略的制定工作。</td></tr>
<tr><td rowspan="6">新产品包装设计方案评审</td><td>执行程序</td></tr>
<tr><td>1. 制定新产品包装设计方案
相关部门根据新产品包装策略说明文件，制定新产品包装设计方案。
2. 评审
☆相关部门须将新产品包装设计方案提交产品管理部。
☆产品管理部须组织相关人员对新产品包装设计方案进行评审。若未通过评审，产品管理部应将该方案退回相关部门修改或重新制定。
工作重点
新产品包装设计方案要具有可操作性。</td></tr>
<tr><td>工作标准</td></tr>
<tr><td>新产品包装设计方案应符合新产品特点，创意新颖。</td></tr>
<tr><td>考核指标</td></tr>
<tr><td>新产品包装设计方案评审通过率，其计算公式如下。
$$新产品包装设计方案评审通过率=\frac{评审合格的新产品包装设计方案数}{提交评审的新产品包装设计方案数}\times 100\%$$</td></tr>
</table>

（续）

任务名称	执行程序、工作标准与考核指标
新产品包装测试与方案确定	**执行程序** **1. 进行新产品包装测试** ☆评审通过后，产品管理部要组织相关人员进行新产品包装测试工作，主要测试新产品包装能否满足产品运输、销售、使用等各方面的要求。 ☆若未通过测试，产品管理部人员需要重新制定新产品包装策略。 **2. 提交新产品包装设计方案** 若通过测试，相关部门应将新产品包装设计方案提交、总经理审批。 **3. 执行新产品包装设计方案** 新产品包装设计方案审批通过后，相关部门组织执行该方案。 **工作重点** 产品管理部在进行包装测试工作时应客观公正、全面严谨，确保新产品包装合格。
	工作标准
	☆测试标准：新产品包装测试包括工程试验、视觉试验、经销商测试及消费者测试等。 ☆完成标准：新产品包装设计方案通过总经理的审批。
	考核指标
	新产品包装设计方案一次性审批通过率：目标值为100%。
执行规范	
“新产品包装策略说明文件”“新产品包装设计方案”“新产品包装测试结果报告”。	

6.2.3 新产品包装设计管理流程设计与工作执行

6.2.3.1 新产品包装设计管理流程设计

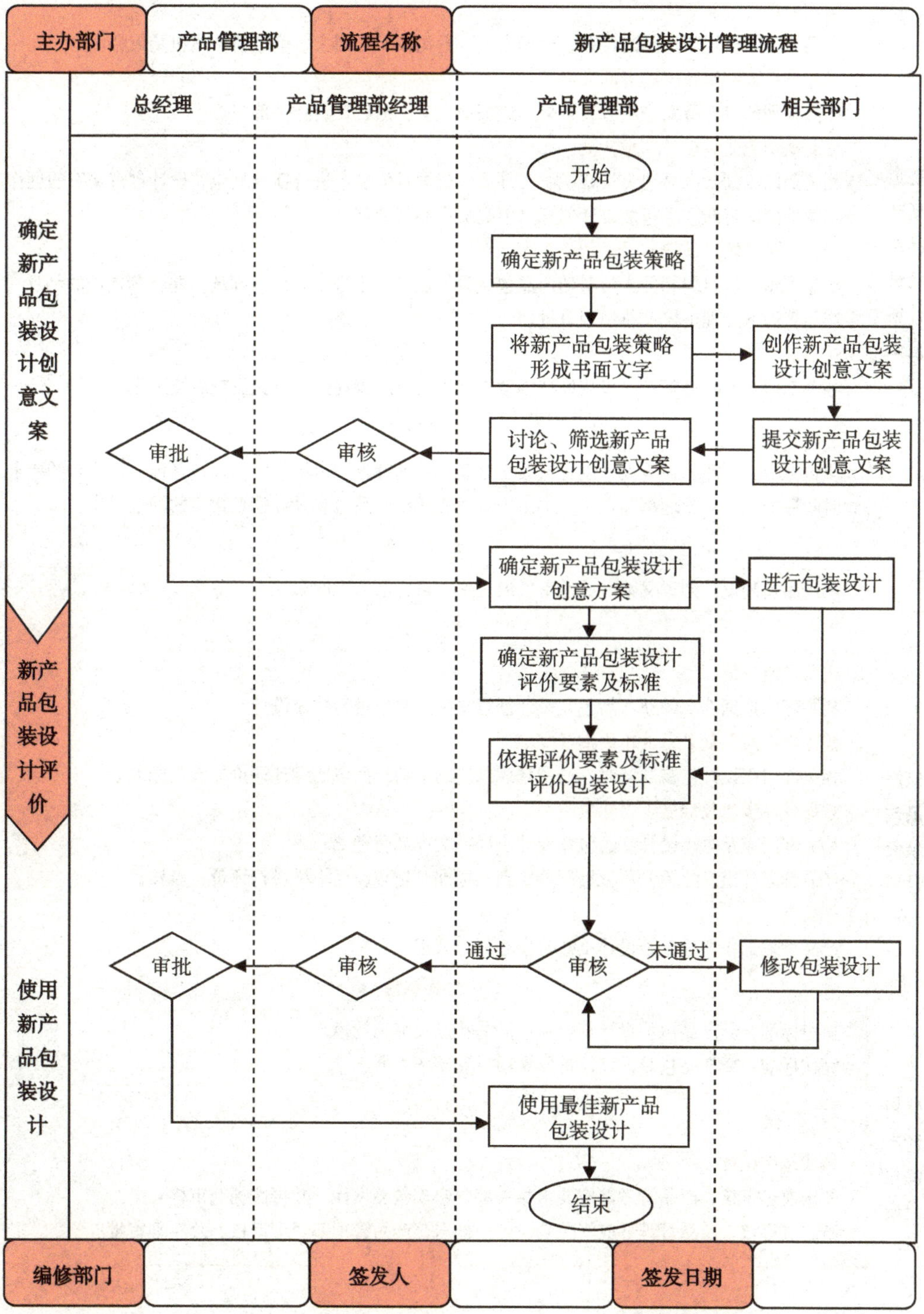

主办部门
产品管理部
流程名称
新产品包装设计管理流程
总经理
产品管理部经理
产品管理部
相关部门
确定新产品包装设计创意文案
新产品包装设计评价
使用新产品包装设计
开始
确定新产品包装策略
将新产品包装策略形成书面文字
创作新产品包装设计创意文案
提交新产品包装设计创意文案
讨论、筛选新产品包装设计创意文案
审核
审批
确定新产品包装设计创意方案
进行包装设计
确定新产品包装设计评价要素及标准
依据评价要素及标准评价包装设计
审核
通过
未通过
修改包装设计
审核
审批
使用最佳新产品包装设计
结束
编修部门
签发人
签发日期

6.2.3.2　新产品包装设计管理执行程序、工作标准、考核指标、执行规范

<table>
<tr><th>任务名称</th><th>执行程序、工作标准与考核指标</th></tr>
<tr><td rowspan="6">确定新产品包装设计创意文案</td><td>执行程序</td></tr>
<tr><td>1. 确定新产品包装策略
产品管理部根据新产品的特点、市场定位、营销策略等因素，确定新产品包装策略。
2. 将新产品包装策略形成书面文字
产品管理部应先将新产品包装策略形成书面文字，然后发给相关部门。
3. 提交新产品包装设计创意文案
☆相关部门收到新产品包装策略说明文件后，根据具体要求进行新产品包装设计创意文案的创作。
☆相关部门应将新产品包装设计创意文案提交产品管理部。
4. 讨论、筛选新产品包装设计创意文案
产品管理部应组织相关人员对新产品包装设计创意文案进行讨论、筛选，并将筛选出的创意文案报产品管理部经理审核、总经理审批。
工作重点
相关部门要及时将新产品包装设计创意文案提交产品管理部，以免影响后续工作。</td></tr>
<tr><td>工作标准</td></tr>
<tr><td>☆质量标准：新产品包装设计创意文案符合新产品的特点、市场定位，以及宣传、运输等的要求。
☆时间标准：产品管理部须在____个工作日内完成新产品包装设计创意文案的筛选工作。</td></tr>
<tr><td>考核指标</td></tr>
<tr><td>新产品包装设计创意文案一次性审批通过率：目标值为100%。</td></tr>
<tr><td rowspan="4">新产品包装设计评价</td><td>执行程序</td></tr>
<tr><td>1. 进行包装设计
相关部门根据确定的新产品包装设计创意文案的要求进行包装设计。
2. 确定新产品包装设计评价要素及标准
相关部门在设计包装的同时，产品管理部应确定新产品包装设计评价要素及标准。
3. 依据评价要素及标准评价包装设计
☆相关部门应及时将设计好的包装设计小样提交产品管理部。
☆产品管理部组织相关人员依据评价要素及标准对包装设计小样进行评价、审核。
工作重点
产品管理部在评价包装设计小样时应客观、公正。</td></tr>
<tr><td>工作标准</td></tr>
<tr><td>☆质量标准：新产品包装设计符合新产品的特点及市场规律。
☆完成标准：新产品包装设计评价要素项目完整率不低于____%。</td></tr>
<tr><td rowspan="2">使用新产品包装设计</td><td>执行程序</td></tr>
<tr><td>1. 修改包装设计
☆若未通过审核，产品管理部应要求相关部门修改包装设计，并再次提交审核。
☆若通过审核，产品管理部应将包装设计小样送交产品管理部经理审核、总经理审批。</td></tr>
</table>

（续）

任务名称	执行程序、工作标准与考核指标
使用新产品包装设计	2. 使用最佳新产品包装设计 产品管理部根据总经理的审批意见，使用最佳新产品包装设计。 工作重点 产品管理部在评价包装设计小样时须客观、公正。
	工作标准
	新产品包装设计符合新产品包装设计创意文案的要求。
	考核指标
	新产品包装设计一次性审批通过率：目标值为 100%。
执行规范	
“新产品包装策略说明文件”“新产品包装设计创意文案”“新产品包装设计评价报告”。	

6.3 新产品媒体公关管理

6.3.1 新产品媒体公关管理流程

6.3.1.1 流程设计的目的

企业设计新产品媒体公关管理流程的目的如下：

（1）加强对企业公共形象的管理，确保新产品上市成功；

（2）规范新产品媒体公关管理各个事项的工作流程，提高工作效率。

6.3.1.2 流程结构设计

新产品媒体公关管理可细分为两个事项，就每个事项设计流程，即新产品发布会管理流程和新产品公关管理流程，具体如图 6-3 所示。

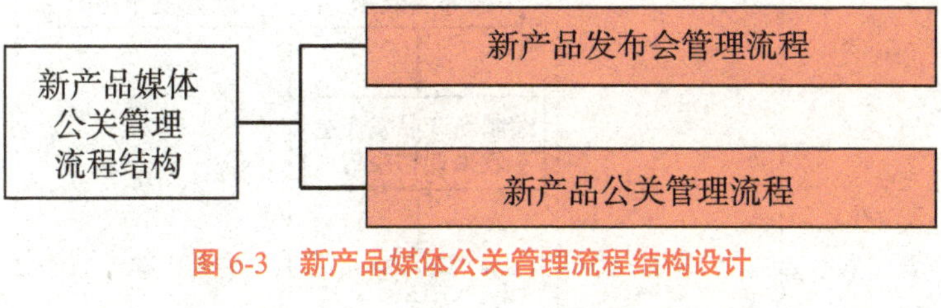

图 6-3 新产品媒体公关管理流程结构设计

6.3.2 新产品发布会管理流程设计与工作执行

6.3.2.1 新产品发布会管理流程设计

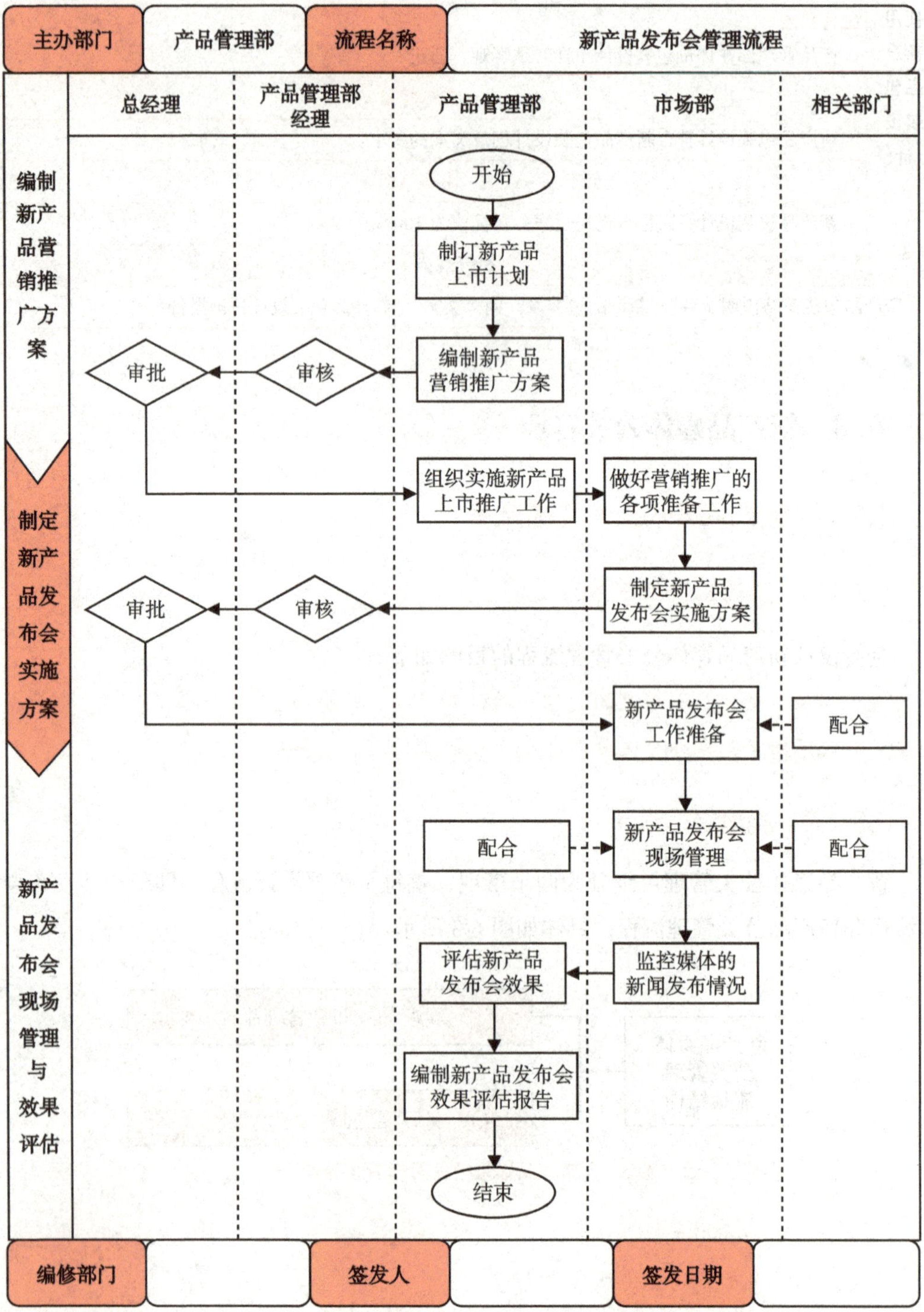

主办部门
产品管理部
流程名称
新产品发布会管理流程
总经理
产品管理部经理
产品管理部
市场部
相关部门
编制新产品营销推广方案
制定新产品发布会实施方案
新产品发布会现场管理与效果评估
开始
制订新产品上市计划
编制新产品营销推广方案
审核
审批
组织实施新产品上市推广工作
做好营销推广的各项准备工作
制定新产品发布会实施方案
审核
审批
新产品发布会工作准备
配合
新产品发布会现场管理
配合
配合
监控媒体的新闻发布情况
评估新产品发布会效果
编制新产品发布会效果评估报告
结束
编修部门
签发人
签发日期

6.3.2.2 新产品发布会管理执行程序、工作标准、考核指标、执行规范

任务名称	执行程序、工作标准与考核指标
编制新产品营销推广方案	**执行程序** **1. 制订新产品上市计划** 产品管理部根据产品的研发情况，制订新产品上市计划。 **2. 编制新产品营销推广方案** 产品管理部根据新产品上市计划编制新产品营销推广方案，并将其报产品管理部经理审核、总经理审批。 **3. 组织实施新产品上市推广工作** 新产品营销推广方案审批通过后，产品管理部组织实施新产品上市推广工作。 **工作重点** 新产品营销推广方案要具有可操作性。 **工作标准** 新产品上市计划的内容应包括新产品上市时间、人员安排等。 **考核指标** 新产品营销推广方案编制的及时性：应在规定的时间内完成新产品营销推广方案的编制工作。
制定新产品发布会实施方案	**执行程序** **1. 做好营销推广的各项准备工作** 市场部根据新产品营销推广方案的要求，在确定新产品上市时间后，着手进行新产品营销推广的各项准备工作。 **2. 制定新产品发布会实施方案** ☆市场部应制定新产品发布会实施方案，并将其报产品管理部经理审核、总经理审批。 ☆市场部根据总经理的审批意见对方案进行修订，确定最终方案。 **工作重点** 市场部要全面落实新产品发布会实施方案。 **工作标准** ☆内容标准：新产品发布会实施方案的内容包括会议召开的时间和地点、参会人员、费用预算等。 ☆时间标准：市场部须在____个工作日内完成新产品发布会实施方案的制定工作。 **考核指标** 新产品发布会实施方案一次性审批通过率：目标值为100%。
新产品发布会现场管理与效果评估	**执行程序** **1. 新产品发布会工作准备** ☆市场部根据确定的新产品发布会实施方案，着手进行发布会的各项准备工作。 ☆市场部相关人员按照邀请名单，向参会人员发送邀请函和请柬。 **2. 新产品发布会现场管理** ☆市场部相关人员依照发布会程序做好来宾签到、贵宾接待等工作。 ☆市场部按计划时间准时召开发布会，提供各种会中服务。

（续）

<table>
<tr><th>任务名称</th><th>执行程序、工作标准与考核指标</th></tr>
<tr><td rowspan="5">新产品发布会现场管理与效果评估</td><td>3. 监控媒体的新闻发布情况
市场部须实时监控媒体的新闻发布情况。
4. 评估新产品发布会效果，编制新产品发布会效果评估报告
产品管理部根据产品上市后的销售情况等，评估新产品发布会的效果，并编制新产品发布会效果评估报告。
工作重点
市场部要做好媒体记者的接待工作。</td></tr>
<tr><td>工作标准</td></tr>
<tr><td>☆依据标准：新产品发布会的召开须以企业发布会管理规定为依据。
☆完成标准：市场部监控媒体的新闻发布情况，具体工作包括整理发布会音像资料、收集会议剪报，制作发布会成果资料集。</td></tr>
<tr><td>考核指标</td></tr>
<tr><td>新产品发布会效果评估报告编制的及时性：应在规定的时间内完成新产品发布会效果评估报告的编制工作。</td></tr>
<tr><th colspan="2">执行规范</th></tr>
<tr><td colspan="2">“新产品上市计划”“新产品营销推广方案”“新产品发布会实施方案”“新产品发布会效果评估报告”。</td></tr>
</table>

6.3.3 新产品公关管理流程设计与工作执行

6.3.3.1 新产品公关管理流程设计

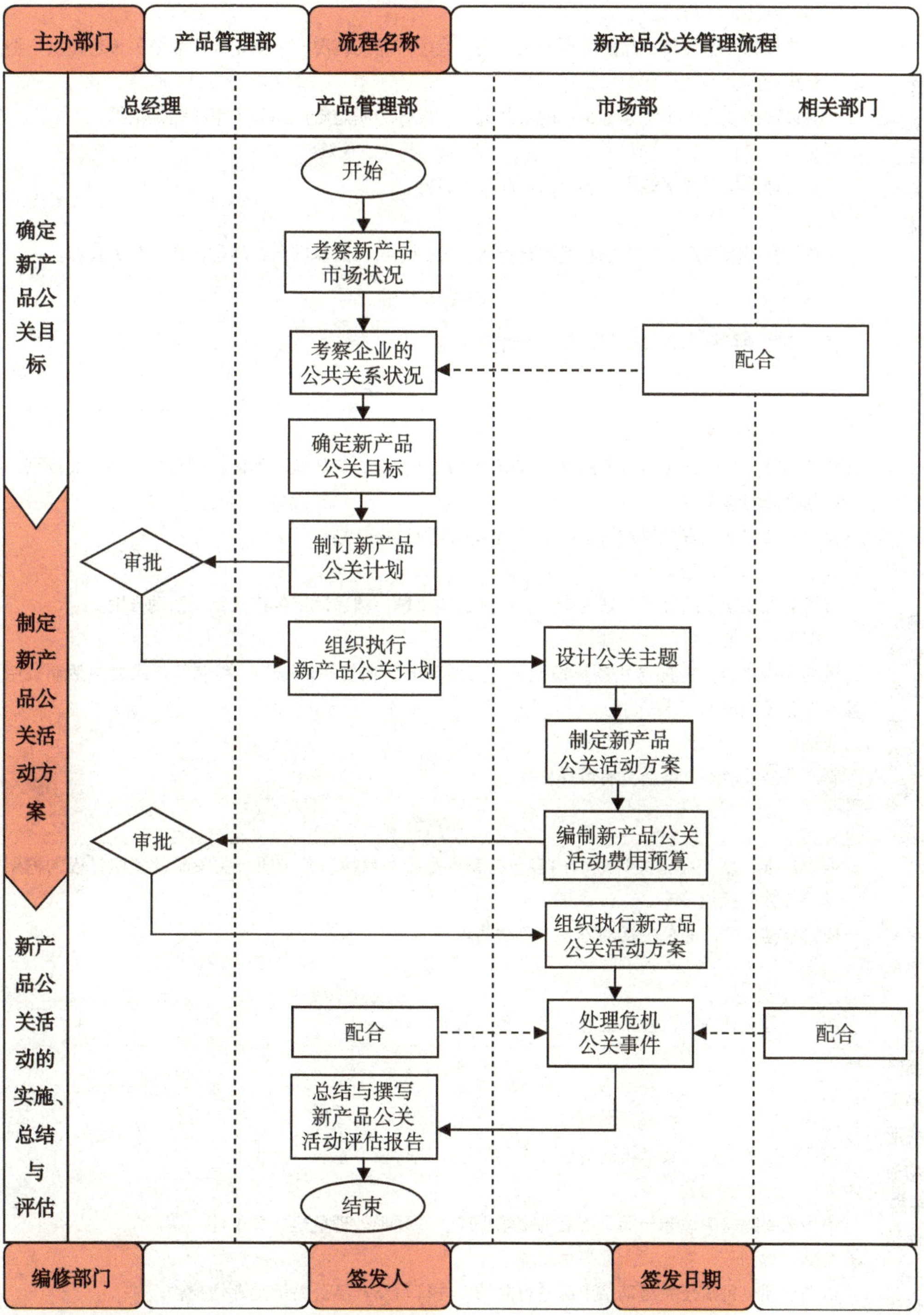
主办部门
产品管理部
流程名称
新产品公关管理流程
总经理
产品管理部
市场部
相关部门
确定新产品公关目标
制定新产品公关活动方案
新产品公关活动的实施、总结与评估
开始
考察新产品市场状况
考察企业的公共关系状况
配合
确定新产品公关目标
制订新产品公关计划
审批
组织执行新产品公关计划
设计公关主题
制定新产品公关活动方案
编制新产品公关活动费用预算
审批
组织执行新产品公关活动方案
配合
处理危机公关事件
配合
总结与撰写新产品公关活动评估报告
结束
编修部门
签发人
签发日期

6.3.3.2 新产品公关管理执行程序、工作标准、考核指标、执行规范

任务名称	执行程序、工作标准与考核指标
确定新产品公关目标	**执行程序** **1. 考察新产品市场状况** 产品管理部要考察新产品的市场状况，关注竞争产品的情况，为制定新产品公关策略提供依据。 **2. 考察企业的公共关系状况** 产品管理部须进一步考察本企业的公共关系状况，为制定新产品公关策略提供依据。 **3. 确定新产品公关目标** 产品管理部根据考察结果，确定新产品公关目标 **工作重点** 企业须在考察新产品的市场状况和自身的公关关系状况的基础上，确定新产品公关目标。 **工作标准** 新产品公关目标不宜设定得过高，要能够实现。
制定新产品公关活动方案	**执行程序** **1. 制订新产品公关计划** ☆新产品公关目标确定后，产品管理部依据新产品特点、市场状况等因素制订新产品公关计划，并将其报总经理审批。 ☆新产品公关计划审批通过后，产品管理部组织执行该计划。 **2. 制定新产品公关活动方案** 市场部先以新产品公关计划为指导，设计公关主题，然后制定新产品公关活动方案。 **3. 编制新产品公关活动费用预算** 市场部应结合企业的费用预算情况及公关活动的各项费用情况等，编制新产品公关活动费用预算，报总经理审批。 **工作重点** 新产品公关活动方案要具有可操作性。 **工作标准** ☆内容标准：新产品公关计划的内容包括新产品公关目标、各阶段公关策略及实施日程的框架安排、公关危机预警等。 ☆质量标准：新产品公关活动方案内容翔实。 **考核指标** 新产品公关计划一次性审批通过率：目标值为100%。
新产品公关活动的实施、总结与评估	**执行程序** **1. 组织执行新产品公关活动方案** 新产品公关活动方案审批通过后，市场部组织执行该方案。 **2. 处理危机公关事件** 市场部要随时关注新产品上市后的市场反应，并妥善处理危机公关事件。 **3. 总结与撰写新产品公关活动评估报告** 市场部须在每次公关活动结束后进行总结，并撰写新产品公关活动评估报告。

（续）

任务名称	执行程序、工作标准与考核指标
新产品公关活动的实施、总结与评估	**工作重点** 市场部在开展公关活动时要宣传推广企业的品牌，树立良好的企业形象。
	工作标准
	新产品公关活动包括组织召开新产品上市新闻发布会，举办或参加订货会、展览会等。
	考核指标
	新产品公关活动评估报告撰写的及时性：应在规定的时间内完成新产品公关活动评估报告的撰写工作。
执行规范	
“新产品公关计划书”“新产品公关活动策划书”“新产品公关活动评估报告”“危机公关事件处理规定”“新产品公关活动方案”。	

6.4 新产品正式发布管理

6.4.1 新产品正式发布管理流程

6.4.1.1 流程设计的目的

企业设计新产品正式发布管理流程的目的是保证新产品发布成功。

6.4.1.2 流程结构设计

新产品正式发布管理可细分为两个事项，就每个事项设计流程，即新产品线上发布管理流程和新产品线下发布管理流程，具体如图 6-4 所示。

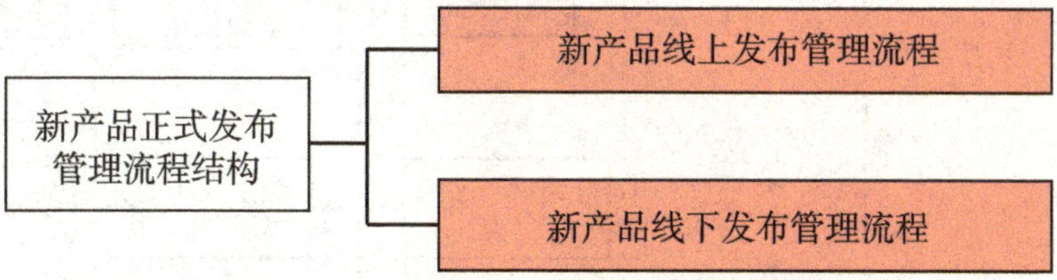

图 6-4 新产品正式发布管理流程结构设计

6.4.2 新产品线上发布管理流程设计与工作执行

6.4.2.1 新产品线上发布管理流程设计

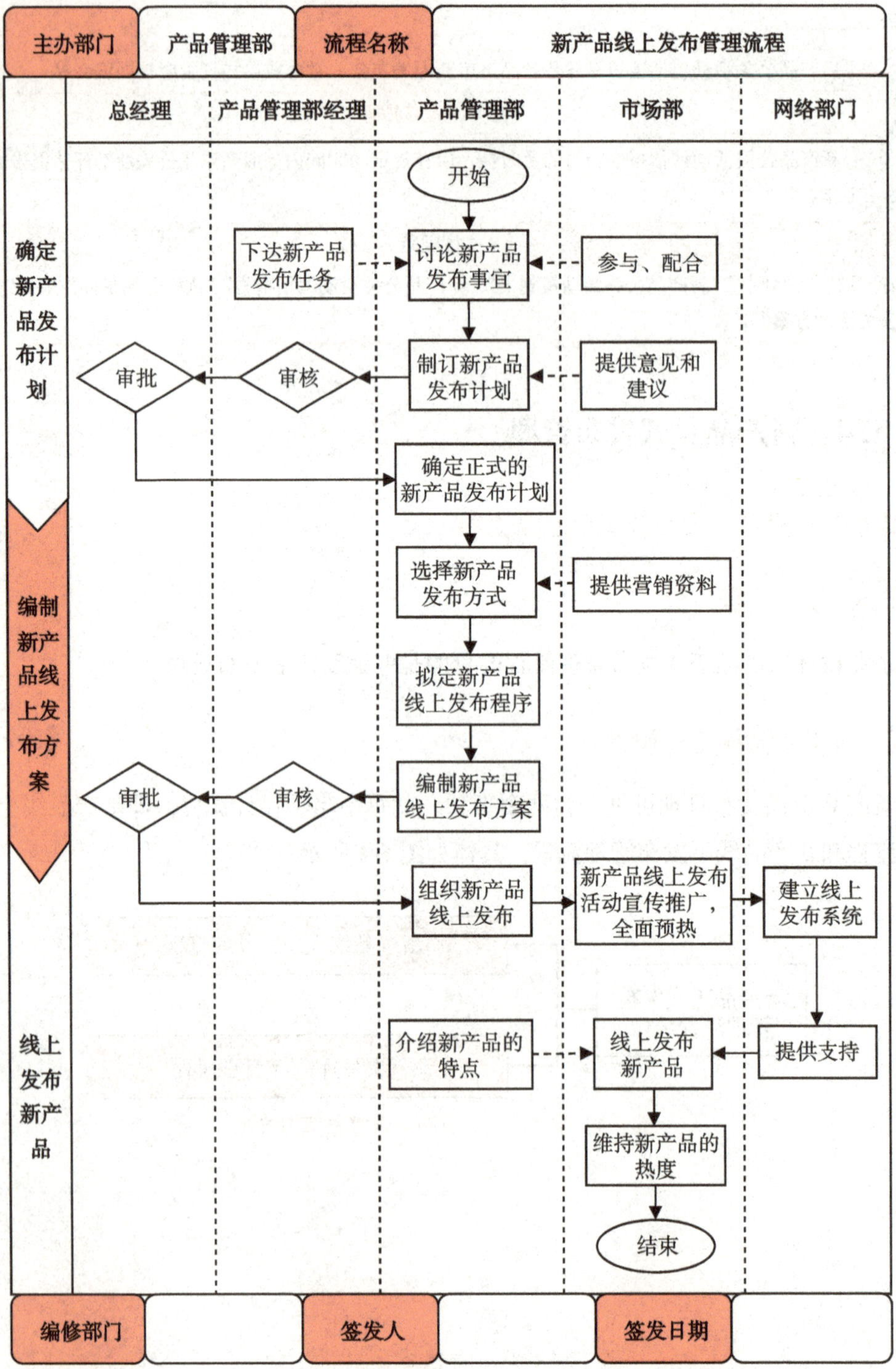

主办部门
产品管理部
流程名称
新产品线上发布管理流程
总经理
产品管理部经理
产品管理部
市场部
网络部门
确定新产品发布计划
编制新产品线上发布方案
线上发布新产品
开始
下达新产品发布任务
讨论新产品发布事宜
参与、配合
审批
审核
制订新产品发布计划
提供意见和建议
确定正式的新产品发布计划
选择新产品发布方式
提供营销资料
拟定新产品线上发布程序
审批
审核
编制新产品线上发布方案
组织新产品线上发布
新产品线上发布活动宣传推广，全面预热
建立线上发布系统
介绍新产品的特点
线上发布新产品
提供支持
维持新产品的热度
结束
编修部门
签发人
签发日期

6.4.2.2 新产品线上发布管理执行程序、工作标准、考核指标、执行规范

任务名称	执行程序、工作标准与考核指标
确定新产品发布计划	**执行程序**
	1. 讨论新产品发布事宜 ☆产品管理部经理向产品管理部下达新产品发布任务。 ☆产品管理部组织召开会议讨论新产品发布事宜。 **2. 制订新产品发布计划** ☆产品管理部根据新产品发布事宜的讨论情况，制订新产品发布计划，并将其报产品管理部经理审核、总经理审批。 ☆市场部向产品管理部提供意见和建议。 **3. 确定正式的新产品发布计划** 产品管理部根据总经理的审批意见，确定正式的新产品发布计划。 **工作重点** 新产品发布计划不仅要具有可操作性，更要立足实际，便于后期实施和操作。
	工作标准
	☆内容标准：新产品发布计划的内容包括新产品发布的时间和地点、人员安排等。 ☆时间标准：产品管理部须在____个工作日内完成新产品发布计划的制订工作。
	考核指标
	新产品发布计划一次性审批通过率：目标值为100%。
编制新产品线上发布方案	**执行程序**
	1. 选择新产品发布方式 ☆新产品发布计划确定后，产品管理部根据新产品的卖点与特性，结合时下主流的产品发布形式，选择合适的新产品发布方式。 ☆市场部须向产品管理部提供营销资料。 **2. 拟定新产品线上发布程序** 产品管理部围绕新产品发布计划和宣传推广的内容，拟定线上发布程序。 **3. 编制新产品线上发布方案** 线上发布程序确定后，产品管理部应编制新产品线上发布方案，并将其报产品管理部经理审核、总经理审批。 **工作重点** 新产品线上发布方案的内容切实可行。
	工作标准
	☆内容标准：线上发布程序包括开场互动介绍、嘉宾宣传、介绍发布会主题等。 ☆时间标准：产品管理部须在____个工作日内完成新产品线上发布方案的编制工作。
	考核指标
	新产品线上发布方案一次性审批通过率：目标值为100%。
线上发布新产品	**执行程序**
	1. 新产品线上发布活动宣传推广，全面预热 ☆新产品线上发布方案审批通过后，产品管理部组织做好新产品线上发布工作。 ☆市场部要利用各种营销资源对新产品线上发布活动进行宣传推广，全面预热。

（续）

任务名称	执行程序、工作标准与考核指标
线上发布新产品	**2. 建立线上发布系统** 企业的网络部门根据新产品线上发布方案的要求，在对应的平台上建立线上发布系统。 **3. 线上发布新产品** ☆线上发布系统建立后，市场部组织开展新产品线上发布活动，网络部门要提供支持。 ☆产品管理部相关人员要向消费者介绍新产品的特点。 **4. 维持新产品的热度** 新产品线上发布活动结束后，市场部应对新产品的热度进行维护，提高新产品的市场关注度。 **工作重点** 市场部须根据新产品线上发布方案，开展新产品线上发布活动。
	工作标准
	观看新产品线上发布会的用户不少于____人。
	考核指标
	线上发布系统建立的及时性：应在规定的时间内完成线上发布系统的建立工作。
执行规范	
"新产品发布计划""新产品线上发布方案"。	

6.4.3 新产品线下发布管理流程设计与工作执行

6.4.3.1 新产品线下发布管理流程设计

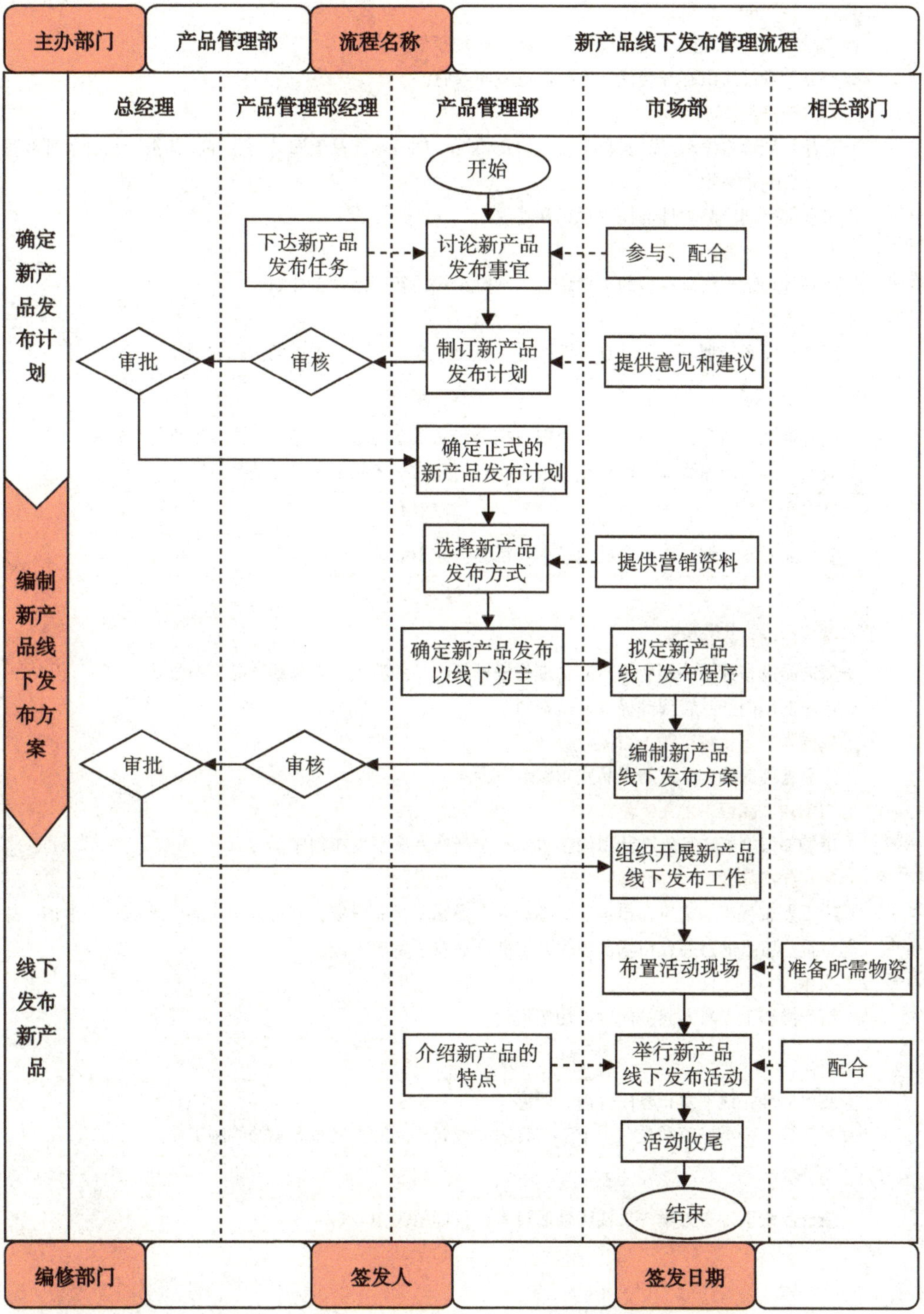
主办部门
产品管理部
流程名称
新产品线下发布管理流程
总经理
产品管理部经理
产品管理部
市场部
相关部门
确定新产品发布计划
编制新产品线下发布方案
线下发布新产品
开始
下达新产品发布任务
讨论新产品发布事宜
参与、配合
审批
审核
制订新产品发布计划
提供意见和建议
确定正式的新产品发布计划
选择新产品发布方式
提供营销资料
确定新产品发布以线下为主
拟定新产品线下发布程序
审批
审核
编制新产品线下发布方案
组织开展新产品线下发布工作
布置活动现场
准备所需物资
介绍新产品的特点
举行新产品线下发布活动
配合
活动收尾
结束
编修部门
签发人
签发日期

6.4.3.2 新产品线下发布管理执行程序、工作标准、考核指标、执行规范

任务名称	执行程序、工作标准与考核指标
确定新产品发布计划	**执行程序**
	1. 讨论新产品发布事宜 ☆产品管理部经理向产品管理部下达新产品发布任务。 ☆产品管理部组织召开会议讨论新产品发布事宜。 **2. 制订新产品发布计划** ☆产品管理部根据新产品发布事宜的讨论情况，制订新产品发布计划，并将其报产品管理部经理审核、总经理审批。 ☆市场部须向产品管理部提供意见和建议。 **3. 确定正式的新产品发布计划** 产品管理部根据总经理的审批意见，确定正式的新产品发布计划。 **工作重点** 新产品发布计划不仅要具有可操作性，更要立足实际，便于后期实施和操作。
	工作标准
	☆内容标准：新产品发布计划的内容包括新产品发布的时间和地点、人员安排等。 ☆时间标准：产品管理部须在____个工作日内完成新产品发布计划的制订工作。
	考核指标
	新产品发布计划一次性审批通过率：目标值为100%。
编制新产品线下发布方案	**执行程序**
	1. 选择新产品发布方式 ☆新产品发布计划确定后，产品管理部根据新产品的特点，选择新产品发布方式。 ☆市场部须向产品管理部提供营销资料。 **2. 确定新产品发布以线下为主** 产品管理部确定此次新产品发布以线下为主。 **3. 拟定新产品线下发布程序** 市场部根据新产品发布计划的要求，拟定新产品线下发布程序。 **4. 编制新产品线下发布方案** 线下发布程序确定后，市场部应编制新产品线下发布方案，并将其报产品管理部经理审核、总经理审批。审批通过后，市场部组织开展新产品线下发布工作。 **工作重点** 新产品线下发布方案的内容要切实可行。
	工作标准
	☆质量标准：线下发布程序合理、严谨。 ☆时间标准：市场部须在____个工作日内完成新产品线下发布方案的编制工作。
	考核指标
	新产品线下发布方案一次性审批通过率：目标值为100%。

（续）

任务名称	执行程序、工作标准与考核指标
线下发布新产品	**执行程序** **1. 布置活动现场** ☆市场部按照新产品线下发布方案的要求，布置活动现场。 ☆相关部门负责准备线下发布活动所需的物资。 **2. 举行新产品线下发布活动** ☆准备就绪后，市场部按时举行新产品线下发布活动。 ☆产品管理部要向消费者介绍新产品的特点。 **3. 活动收尾** 新产品线下发布活动结束后，市场部要做好活动收尾工作。 **工作重点** 市场部应针对突发事件制定应急方案，确保新产品线下发布活动顺利进行。 **工作标准** ☆质量标准：新产品线下发布活动准备充分、全面。 ☆目标标准：新产品线下发布活动人员入场率不低于____%。
执行规范	
“新产品发布计划”“新产品线下发布方案”。	

第7章

产品营销管理

7.1 产品营销规划管理

7.1.1 产品营销规划管理流程

7.1.1.1 流程设计的目的

企业设计产品营销规划管理流程的目的是促进产品的市场营销活动细致化、规范化和程序化，具体目的如下：

（1）围绕企业的市场营销战略，进一步推动新产品迅速占领市场；

（2）对新产品入市工作实施精细化管理，提高产品营销规划的管理水平。

7.1.1.2 流程结构设计

产品营销规划管理可细分为三个事项，就每个事项设计流程，即产品营销计划制订管理流程、产品网络营销策划管理流程和产品卖点设计管理流程，具体如图 7-1 所示。

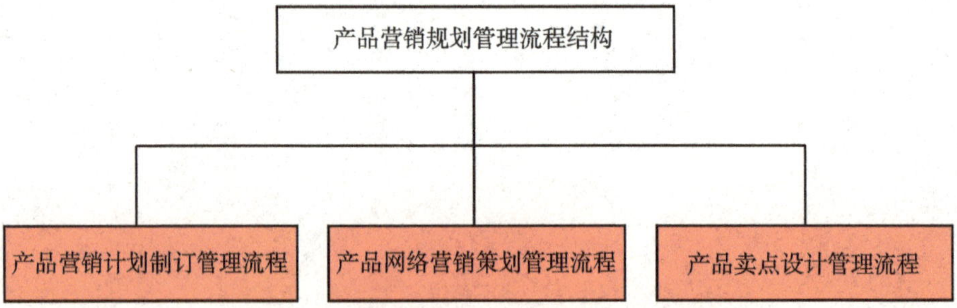

图 7-1 产品营销规划管理流程结构设计

7.1.2　产品营销计划制订管理流程设计与工作执行

7.1.2.1　产品营销计划制订管理流程设计

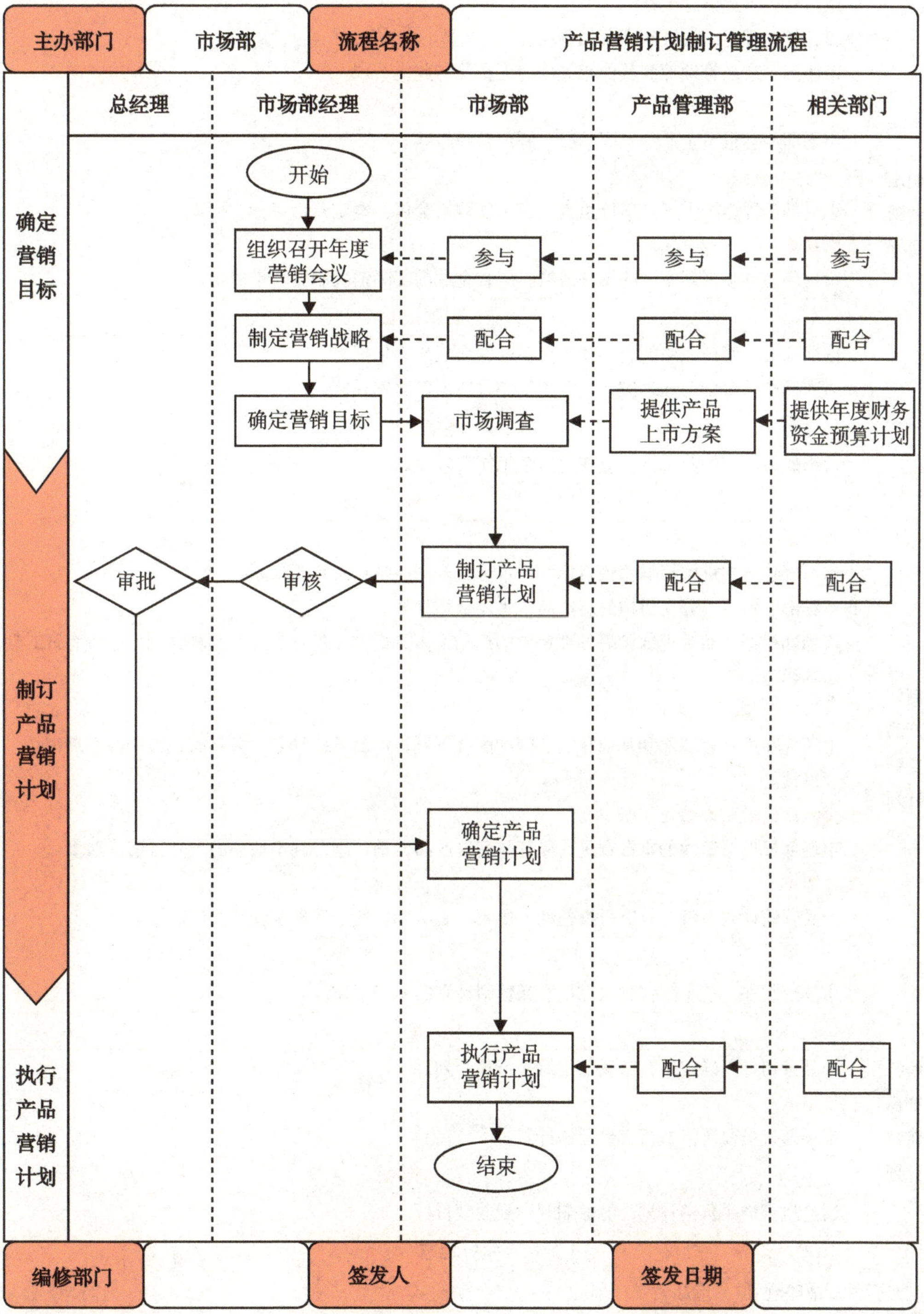
主办部门
市场部
流程名称
产品营销计划制订管理流程
总经理
市场部经理
市场部
产品管理部
相关部门
确定营销目标
制订产品营销计划
执行产品营销计划
开始
组织召开年度营销会议
参与
参与
参与
制定营销战略
配合
配合
配合
确定营销目标
市场调查
提供产品上市方案
提供年度财务资金预算计划
审批
审核
制订产品营销计划
配合
配合
确定产品营销计划
执行产品营销计划
配合
配合
结束
编修部门
签发人
签发日期

7.1.2.2 产品营销计划制订管理执行程序、工作标准、考核指标、执行规范

任务名称	执行程序、工作标准与考核指标
确定营销目标	**执行程序** **1. 组织召开年度营销会议** ☆市场部经理组织召开年度营销会议。 ☆市场部、产品管理部和其他相关部门人员参与此次会议。 **2. 制定营销战略** 市场部经理根据企业的实际情况，制定营销战略。 **3. 确定营销目标** 市场部经理组织下属各单位负责人在年度营销会议上确定营销目标。 **工作重点** 市场部经理须根据企业的发展战略，结合企业的实际情况制定营销战略。 **工作标准** ☆依据标准：营销战略的制定须以企业的发展战略为依据。 ☆时间标准：市场部经理应在____个工作日内确定营销目标。 **考核指标** 营销战略制定的及时性：应在____个工作日内完成。
制订产品营销计划	**执行程序** **1. 市场调查** ☆市场部各分支机构根据营销目标，报本区域新产品销售及费用计划。 ☆市场部应汇总各分支机构的新产品销售及费用计划。 ☆市场部根据产品管理部和财务部提供的产品上市方案及年度财务资金预算计划，进行有针对性的市场调查。 **2. 制订产品营销计划** 市场部在产品管理部和其他相关部门的配合下制订产品营销计划，并将其报市场部经理审核、总经理审批。 **3. 确定产品营销计划** 市场部根据总经理的审批意见，修订与完善产品营销计划，确定最终的产品营销计划。 **工作重点** 产品营销计划不仅要具有可操作性，更要立足实际，便于后期实施和操作。 **工作标准** 市场部须在____个工作日内完成产品营销计划的制订工作。
执行产品营销计划	**执行程序** 产品营销计划确定后，市场部组织执行该计划。 **工作重点** 市场部人员要严格执行产品营销计划。 **工作标准** 通过执行产品营销计划，能够顺利达到营销目标。
执行规范	
“经营发展战略规划”“产品营销计划”。	

7.1.3 产品网络营销策划管理流程设计与工作执行

7.1.3.1 产品网络营销策划管理流程设计

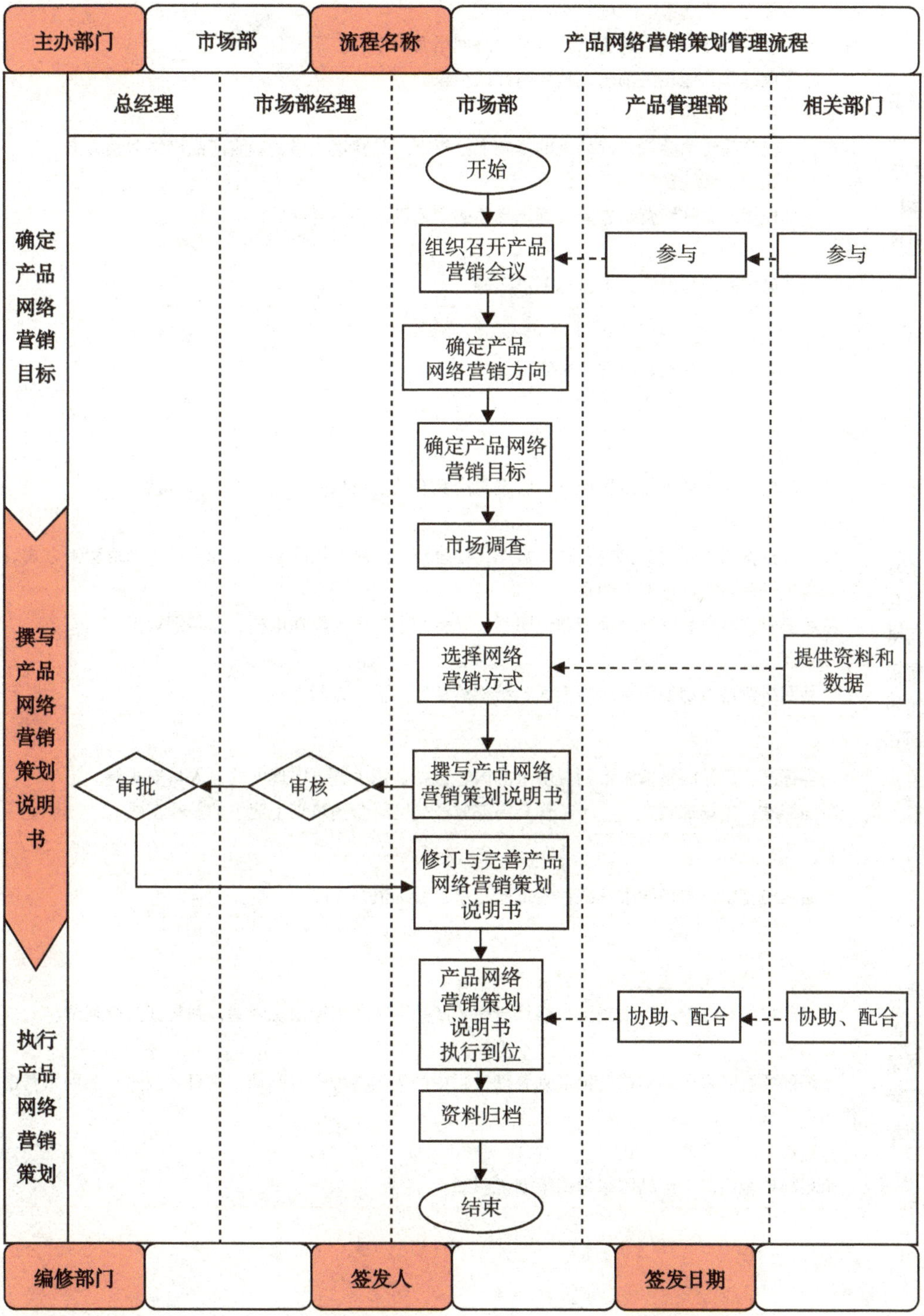
主办部门
市场部
流程名称
产品网络营销策划管理流程
总经理
市场部经理
市场部
产品管理部
相关部门
确定产品网络营销目标
撰写产品网络营销策划说明书
执行产品网络营销策划
开始
组织召开产品营销会议
参与
参与
确定产品网络营销方向
确定产品网络营销目标
市场调查
选择网络营销方式
提供资料和数据
撰写产品网络营销策划说明书
审核
审批
修订与完善产品网络营销策划说明书
产品网络营销策划说明书执行到位
协助、配合
协助、配合
资料归档
结束
编修部门
签发人
签发日期

7.1.3.2 产品网络营销策划管理执行程序、工作标准、考核指标、执行规范

<table>
<tr><th>任务名称</th><th>执行程序、工作标准与考核指标</th></tr>
<tr><td rowspan="4">确定产品网络营销目标</td><td>执行程序</td></tr>
<tr><td>1. 组织召开产品营销会议
☆市场部组织召开产品营销会议，讨论产品网络营销事宜。
☆产品管理部和其他相关部门人员参与此次会议。
2. 确定产品网络营销方向
市场部在产品营销会议讨论结果的基础上，根据产品营销战略，确定产品网络营销方向。
3. 确定产品网络营销目标
市场部根据产品网络营销方向，确定具体的产品网络营销目标。
工作重点
市场部确定的产品网络营销目标要可实现。</td></tr>
<tr><td>工作标准</td></tr>
<tr><td>产品网络营销目标设定合理、可实现。</td></tr>
<tr><td rowspan="6">撰写产品网络营销策划说明书</td><td>执行程序</td></tr>
<tr><td>1. 市场调查
市场部要安排人员进行市场调查，收集与产品有关的信息。
2. 选择网络营销方式
市场部根据相关部门提供的资料和数据，结合产品网络营销战略，选择合适的网络营销方式。
3. 撰写产品网络营销策划说明书
市场部应撰写产品网络营销策划说明书，并将其报市场部经理审核、总经理审批。
工作重点
产品网络营销策划说明书内容全面、结构清晰且无重大纰漏。</td></tr>
<tr><td>工作标准</td></tr>
<tr><td>☆内容标准：产品网络营销策划说明书的内容包括营销主题、实现方式、人员安排等。
☆时间标准：市场部须在____个工作日内完成产品网络营销策划说明书的撰写工作。</td></tr>
<tr><td>考核指标</td></tr>
<tr><td>产品网络营销策划说明书一次性审批通过率：目标值为100%。</td></tr>
<tr><td rowspan="2">执行产品网络营销策划</td><td>执行程序</td></tr>
<tr><td>1. 产品网络营销策划说明书执行到位
市场部根据总经理的审批意见，修订与完善产品网络营销策划说明书，并将其执行到位。
2. 资料归档
市场部要及时将产品网络营销策划管理过程中产生的各种资料归档，为日后改进产品网络营销工作提供依据。
工作重点
市场部要全面落实产品网络营销策划说明书。</td></tr>
</table>

（续）

任务名称	执行程序、工作标准与考核指标
执行产品网络营销策划	**工作标准**
	产品网络营销工作的开展应按照网络营销策划的要求进行。
	考核指标
	产品网络营销策划项目完成率，其计算公式如下。 $$产品网络营销策划项目完成率=\frac{实际完成的产品网络营销策划项目数}{应完成的产品网络营销策划项目数}\times 100\%$$
执行规范	
“产品网络营销策划说明书”。	

7.1.4 产品卖点设计管理流程设计与工作执行

7.1.4.1 产品卖点设计管理流程设计

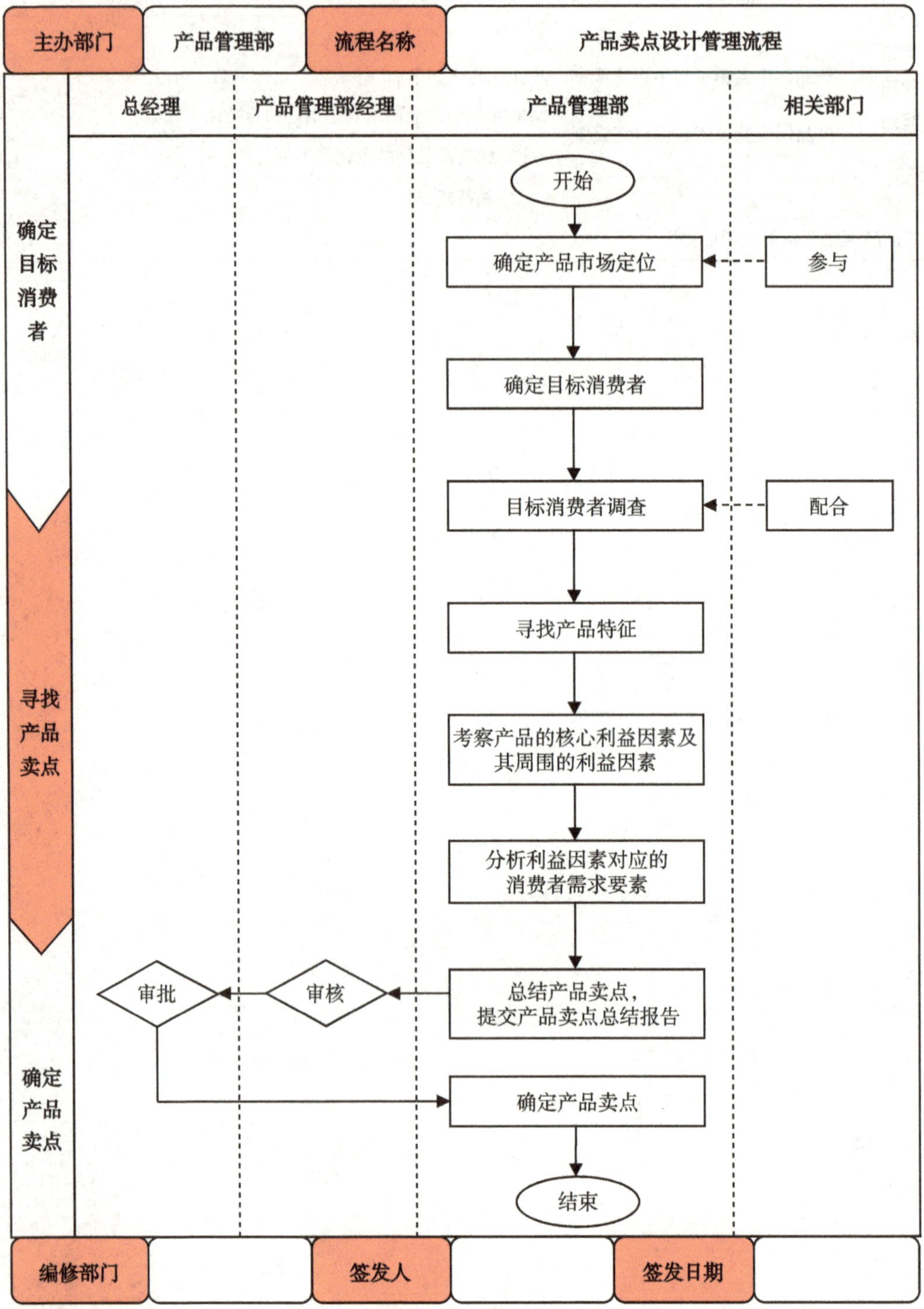
主办部门
产品管理部
流程名称
产品卖点设计管理流程
总经理
产品管理部经理
产品管理部
相关部门
确定目标消费者
寻找产品卖点
确定产品卖点
开始
确定产品市场定位
参与
确定目标消费者
目标消费者调查
配合
寻找产品特征
考察产品的核心利益因素及其周围的利益因素
分析利益因素对应的消费者需求要素
审批
审核
总结产品卖点，提交产品卖点总结报告
确定产品卖点
结束
编修部门
签发人
签发日期

7.1.4.2 产品卖点设计管理执行程序、工作标准、考核指标、执行规范

任务名称	执行程序、工作标准与考核指标
确定目标消费者	**执行程序**
	1. 确定产品市场定位 产品管理部根据预研发的产品的特点等因素，确定产品市场定位。 **2. 确定目标消费者** 产品管理部根据产品市场定位，确定目标消费者。 **3. 目标消费者调查** 产品管理部应对目标消费者进行调查，了解其需求、偏好、购买习惯等。 **工作重点** 产品管理部通过对目标消费者调查，能够了解其真正的需求。
	工作标准
	产品市场定位应与企业的经营目标相匹配。
	考核指标
	目标消费者调查的及时性：应在____个工作日内完成。
寻找产品卖点	**执行程序**
	1. 考察产品的核心利益因素及其周围的利益因素 ☆产品卖点设计人员要寻找产品特征，总结产品特性。 ☆产品卖点设计人员要考察产品的核心利益因素及其周围的利益因素。 **2. 分析利益因素对应的消费者需求要素** 产品卖点设计人员要分析产品的利益因素，以确定对应的消费者需求要素。 **工作重点** 产品管理部要努力寻找产品的差异化特征。
	工作标准
	产品管理部应根据消费者的需求，寻找产品特征。
	考核指标
	寻找的产品特征不少于____个。
确定产品卖点	**执行程序**
	1. 总结产品卖点，提交产品卖点总结报告 产品卖点设计人员应先进行产品卖点总结，然后制定产品卖点总结报告，最后将其报产品管理部经理审核、总经理审批。 **2. 确定产品卖点** 产品卖点总结报告审批通过后，产品管理部确定产品的卖点，指导产品的包装及市场宣传推广工作。 **工作重点** 产品卖点总结报告的内容要全面。

（续）

任务名称	执行程序、工作标准与考核指标
产品卖点确定	**工作标准**
	☆时间标准：产品管理部应在____个工作日内完成产品卖点总结报告的制定工作。 ☆完成标准：确定的产品卖点能够满足消费者的需求。
	考核指标
	产品卖点总结报告一次性审批通过率：目标值为 100%
执行规范	
“经营发展战略规划书”“目标消费者市场调查方案”“产品卖点总结报告”。	

7.2 产品广告管理

7.2.1 产品广告管理流程

7.2.1.1 流程设计的目的

企业设计产品广告管理流程的目的是加强对产品广告的管理，保证产品广告的质量。

7.2.1.2 流程结构设计

产品广告管理可细分为三个事项，就每个事项设计流程，即产品广告宣传管理流程、产品广告媒体选择管理流程和产品广告费用预算管理流程，具体如图 7-2 所示。

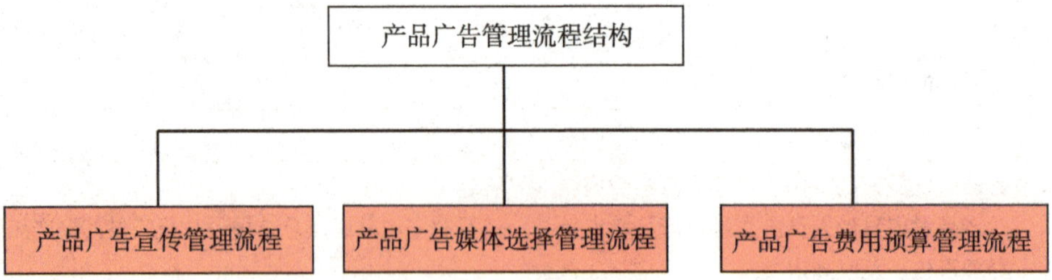

图 7-2 产品广告管理流程结构设计

7.2.2 产品广告宣传管理流程设计与工作执行

7.2.2.1 产品广告宣传管理流程设计

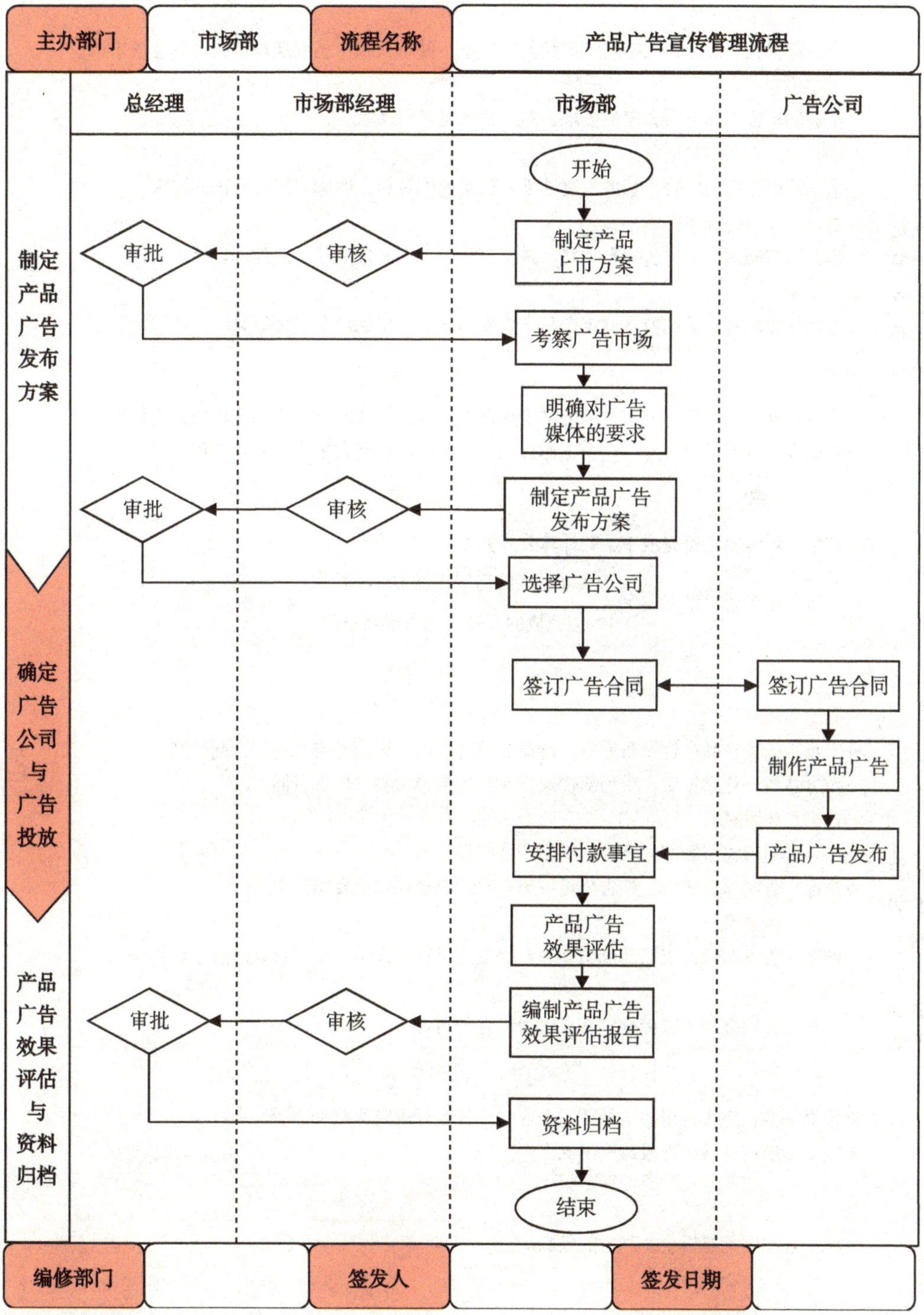
主办部门
市场部
流程名称
产品广告宣传管理流程
总经理
市场部经理
市场部
广告公司
制定产品广告发布方案
确定广告公司与广告投放
产品广告效果评估与资料归档
开始
制定产品上市方案
审核
审批
考察广告市场
明确对广告媒体的要求
制定产品广告发布方案
审核
审批
选择广告公司
签订广告合同
签订广告合同
制作产品广告
产品广告发布
安排付款事宜
产品广告效果评估
编制产品广告效果评估报告
审核
审批
资料归档
结束
编修部门
签发人
签发日期

7.2.2.2 产品广告宣传管理执行程序、工作标准、考核指标、执行规范

任务名称	执行程序、工作标准与考核指标
制定产品广告发布方案	**执行程序** **1. 制定产品上市方案** 市场部根据产品营销策略制定产品上市方案，并将其报市场部经理审核、总经理审批。 **2. 考察广告市场** 市场部根据产品上市方案的要求，对广告市场进行考察。 **3. 明确对广告媒体的要求** 市场部根据产品广告市场的考察结果和已掌握的资料，明确对广告媒体的要求。 **4. 制定产品广告发布方案** 市场部应制定产品广告发布方案，并将其报市场部经理审核、总经理审批。 **工作重点** 市场部要围绕产品的特点制定产品广告发布方案，确保广告宣传效果。 **工作标准** ☆依据标准：产品广告发布方案的制定须以企业的营销战略和新产品上市方案为依据。 ☆时间标准：市场部应在____个工作日内完成产品广告发布方案的制定工作。 **考核指标** 广告市场考察项目完成率，其计算公式如下。 $广告市场考察项目完成率=\frac{实际完成的广告市场考察项目数}{应完成的广告市场考察项目数}\times 100\%$
确定广告公司与广告投放	**执行程序** **1. 签订广告合同** ☆市场部根据产品广告发布方案，选择合适的广告公司，并与之进行合同谈判。 ☆双方达成一致意见后，市场部代表企业与广告公司签订广告合同。 **2. 产品广告发布** ☆广告公司根据市场部的要求，制作产品广告。 ☆产品广告制作完成后，广告公司按照合同约定在媒体上发布广告。 **3. 安排付款事宜** 产品广告发布后，市场部依据合同约定填写付款申请单，安排付款事宜。 **工作重点** 市场部要围绕产品宣传推广需求选择广告公司。 **工作标准** ☆依据标准：广告公司的选择须以企业的广告管理规定为依据。 ☆完成标准：产品广告投放率不低于____%。 **考核指标** 广告合同中无有损企业利益的条款。

（续）

<table>
<tr><th>任务名称</th><th>执行程序、工作标准与考核指标</th></tr>
<tr><td rowspan="6">产品广告效果评估与资料归档</td><td>执行程序</td></tr>
<tr><td>1. 产品广告效果评估
产品广告发布后，市场部要随时关注客户和竞争对手的反应，掌握产品的销售情况，评估产品广告效果。
2. 编制产品广告效果评估报告
市场部根据评估结果编制产品广告效果评估报告，并将其报市场部经理审核、总经理审批。
3. 资料归档
市场部要及时将产品广告宣传管理过程中产生的各种资料归档，为日后改进工作提供依据。
工作重点
市场部人员在评估产品广告效果时要客观，要保证评估结果的真实性。</td></tr>
<tr><td>工作标准</td></tr>
<tr><td>☆完成标准：产品广告效果评估全面、客观。
☆时间标准：市场部应在____个工作日内完成产品广告效果评估报告的编制工作。</td></tr>
<tr><td>考核指标</td></tr>
<tr><td>产品广告效果评估报告一次性审批通过率：目标值为100%。</td></tr>
<tr><td colspan="2">执行规范</td></tr>
<tr><td colspan="2">“产品上市方案”“产品广告发布方案”“产品广告制作、发布管理规定”“产品广告效果评估报告”“广告合同”“付款申请单”。</td></tr>
</table>

7.2.3 产品广告媒体选择管理流程设计与工作执行

7.2.3.1 产品广告媒体选择管理流程设计

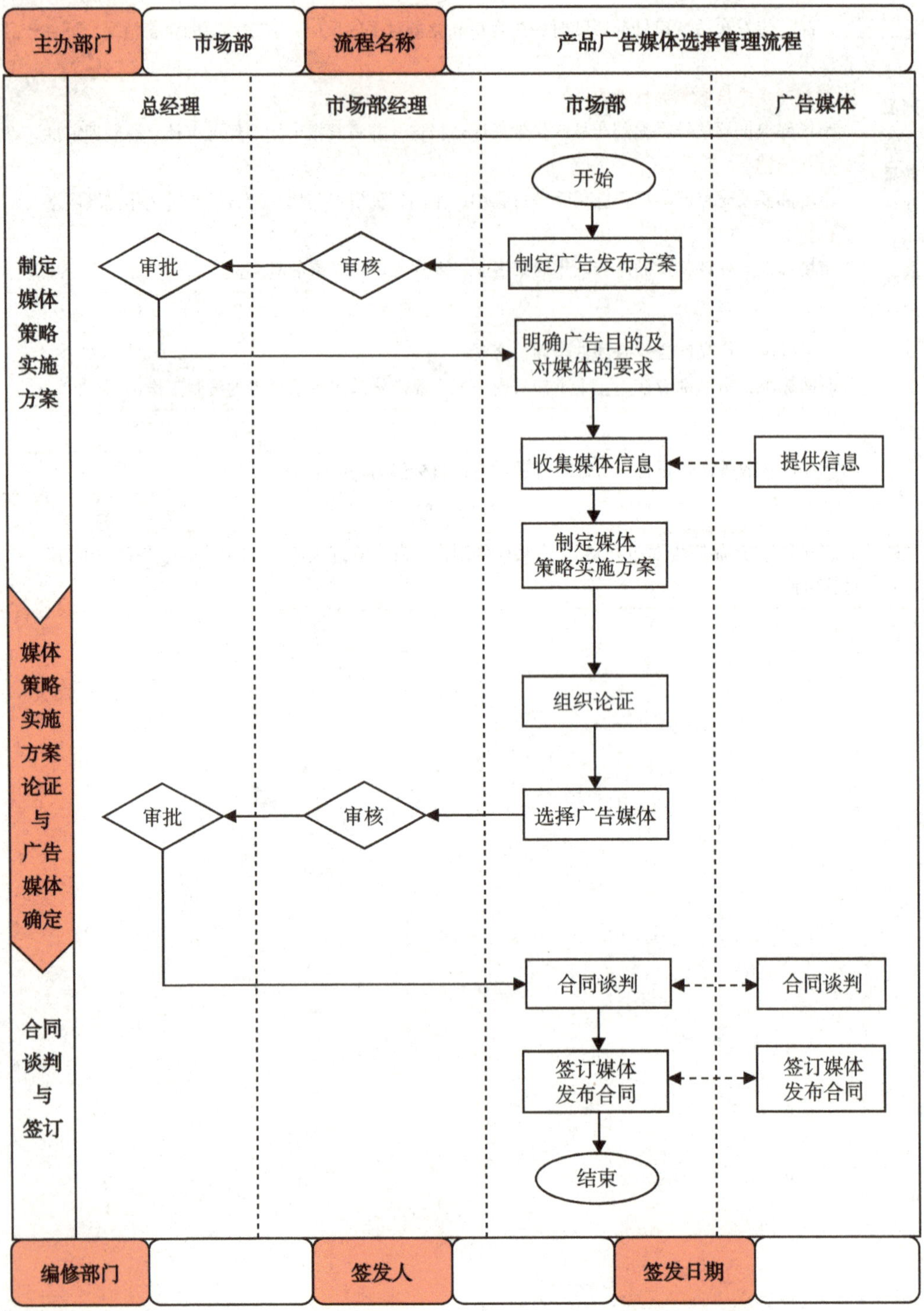

主办部门
市场部
流程名称
产品广告媒体选择管理流程
总经理
市场部经理
市场部
广告媒体
制定媒体策略实施方案
开始
制定广告发布方案
审核
审批
明确广告目的及对媒体的要求
收集媒体信息
提供信息
制定媒体策略实施方案
媒体策略实施方案论证与广告媒体确定
组织论证
选择广告媒体
审核
审批
合同谈判与签订
合同谈判
合同谈判
签订媒体发布合同
签订媒体发布合同
结束
编修部门
签发人
签发日期

7.2.3.2 产品广告媒体选择管理执行程序、工作标准、考核指标、执行规范

任务名称	执行程序、工作标准与考核指标
制定媒体策略实施方案	**执行程序**
	1. 制定广告发布方案 市场部根据企业的广告策略制定广告发布方案，并将其报市场部经理审核、总经理审批。 **2. 明确广告目的及对媒体的要求** 市场部根据广告发布方案，明确广告目的及对媒体的要求。 **3. 收集媒体信息** ☆市场部要广泛收集与媒体有关的信息，包括媒体的特性、价格、目标受众等信息。 ☆广告媒体应向市场部提供相关信息。 **4. 制定媒体策略实施方案** 市场部根据已掌握的媒体信息，制定媒体策略实施方案。 **工作重点** 市场部要安排具有广告投放管理经验的员工制定媒体策略实施方案。
	工作标准
	市场部应在____个工作日内完成广告发布方案的制定工作。
	考核指标
	媒体策略实施方案制定的及时性：应在____个工作日内完成。
媒体策略实施方案论证与广告媒体确定	**执行程序**
	1. 组织论证 媒体策略实施方案确定后，市场部应组织本部门人员对该方案进行论证。 **2. 选择广告媒体** 市场部根据论证通过的媒体策略实施方案，选择合适的广告媒体，并将其资料报市场部经理审核、总经理审批。 **工作重点** 市场部在选择广告媒体时应考虑广告发布的成本。
	工作标准
	广告媒体的选择应综合考虑广告传播范围、媒体成本等各方面因素。
	考核指标
	市场部所选择的广告媒体符合企业的要求，能一次性通过领导的审核与审批。
合同谈判与签订	**执行程序**
	☆广告媒体确定后，市场部人员负责与广告媒体就广告的费用、版面等问题进行谈判。 ☆双方达成一致意见后，市场部代表企业与广告媒体签订媒体发布合同。

（续）

任务名称	执行程序、工作标准与考核指标
合同谈判与签订	**工作重点** 市场部与广告媒体达成一致意见后，拟定媒体发布合同。
	工作标准
	媒体发布合同中涉及的广告费用、版面等相关条款符合企业广告发布的要求，无对企业不利的条款。
	考核指标
	媒体发布合同的合规性：须符合国家相关法律法规的规定。
执行规范	
“广告发布方案”“媒体选择管理规定”“媒体策略实施方案”“媒体发布合同”。	

7.2.4 产品广告费用预算管理流程设计与工作执行

7.2.4.1 产品广告费用预算管理流程设计

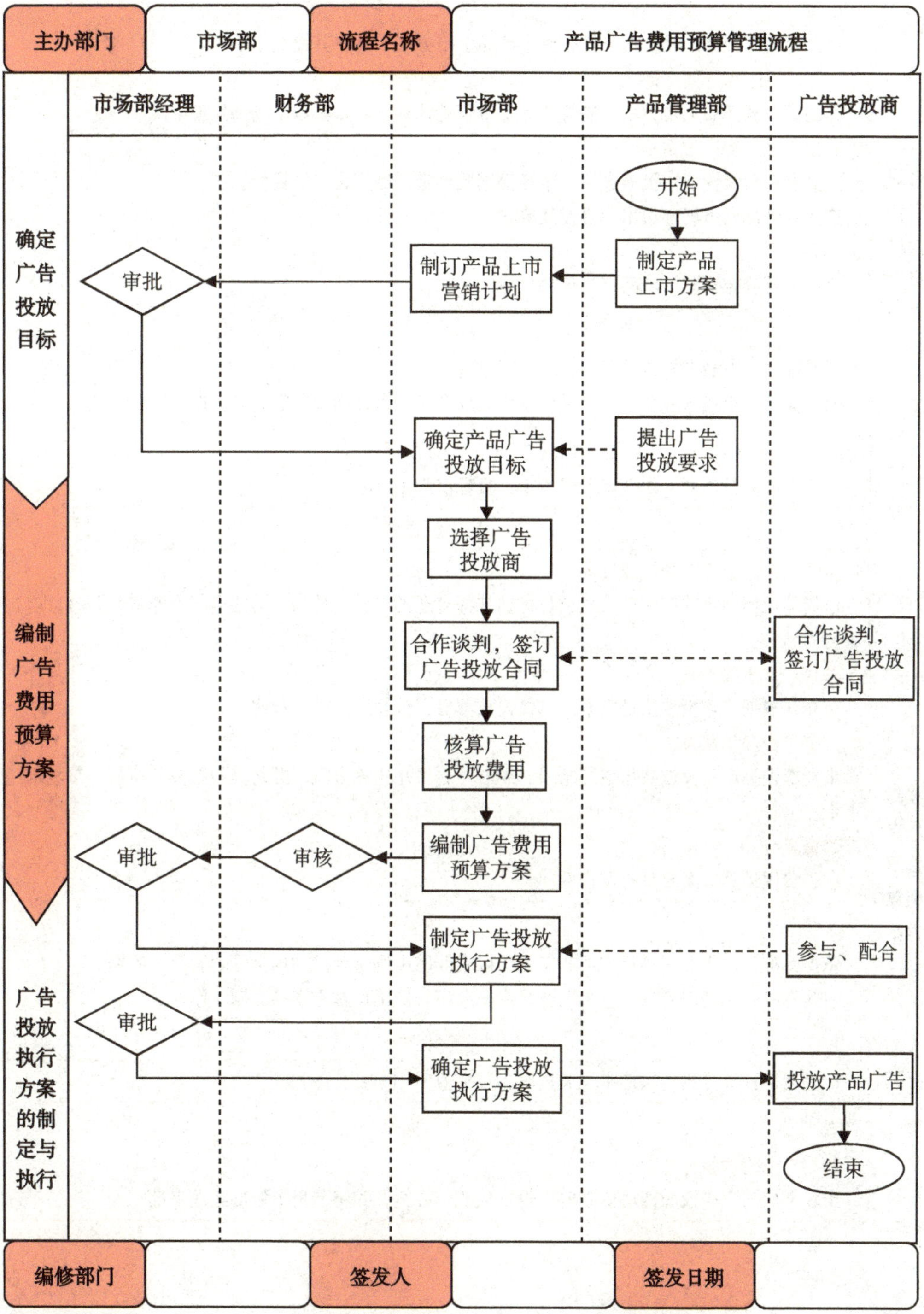

主办部门
市场部
流程名称
产品广告费用预算管理流程
市场部经理
财务部
市场部
产品管理部
广告投放商
确定广告投放目标
编制广告费用预算方案
广告投放执行方案的制定与执行
开始
制定产品上市方案
制订产品上市营销计划
审批
提出广告投放要求
确定产品广告投放目标
选择广告投放商
合作谈判，签订广告投放合同
合作谈判，签订广告投放合同
核算广告投放费用
编制广告费用预算方案
审核
审批
制定广告投放执行方案
参与、配合
审批
确定广告投放执行方案
投放产品广告
结束
编修部门
签发人
签发日期

7.2.4.2 产品广告费用预算管理执行程序、工作标准、考核指标、执行规范

<table>
<tr><th>任务名称</th><th>执行程序、工作标准与考核指标</th></tr>
<tr><td rowspan="6">确定广告投放目标</td><td>执行程序</td></tr>
<tr><td>1. 制定产品上市方案
产品管理部根据产品上市安排，制定产品上市方案，并将其提交市场部。
2. 制订产品上市营销计划
市场部根据产品上市方案，制订产品上市营销计划，并将其报市场部经理审批。
3. 确定产品广告投放目标
☆产品上市营销计划审批通过后，市场部据此确定产品广告投放目标。
☆产品管理部向市场部提出广告投放要求。
工作重点
市场部要确定合理的产品广告投放目标。</td></tr>
<tr><td>工作标准</td></tr>
<tr><td>☆质量标准：产品广告投放目标合理、可实现。
☆时间标准：市场部应在____个工作日内完成产品上市营销计划的制订工作。</td></tr>
<tr><td>考核指标</td></tr>
<tr><td>产品上市营销计划一次性审批通过率：目标值为100%。</td></tr>
<tr><td rowspan="8">编制广告费用预算方案</td><td>执行程序</td></tr>
<tr><td>1. 合作谈判，签订广告投放合同
市场部根据确定的产品广告投放目标，选择合适的广告投放商，与之进行合作谈判并签订广告投放合同。
2. 核算广告投放费用
市场部根据广告投放执行方案的具体投放项目，核算广告投放费用。
3. 编制广告费用预算方案
市场部根据广告投放费用核算结果，编制广告费用预算方案，并将其报财务部审核、市场部经理审批。
工作重点
广告费用预算方案要具有可行性。</td></tr>
<tr><td>工作标准</td></tr>
<tr><td>☆依据标准：广告费用预算方案的编制须以企业的市场营销活动预算管理制度为依据。
☆时间标准：市场部应在____个工作日内完成广告费用预算方案的编制工作。</td></tr>
<tr><td>考核指标</td></tr>
<tr><td>广告费用预算方案一次性审批通过率：目标值为100%。</td></tr>
<tr><td>执行程序</td></tr>
<tr><td>1. 制定广告投放执行方案
市场部应与广告投放商协商制定广告投放执行方案，并将其报市场部经理审批。</td></tr>
</table>

（续）

<table>
<tr><th>任务名称</th><th>执行程序、工作标准与考核指标</th></tr>
<tr><td rowspan="5">广告投放执行方案的制定与执行</td><td>2. 投放产品广告
广告投放商按照广告投放执行方案的要求，投放产品广告。
工作重点
广告投放执行方案不仅要具有可操作性，更要立足实际，便于后期实施和操作。</td></tr>
<tr><td>工作标准</td></tr>
<tr><td>广告投放执行方案应在____个工作日内制定完成。</td></tr>
<tr><td>考核指标</td></tr>
<tr><td>广告投放执行方案一次性审批通过率：目标值为 100%。</td></tr>
<tr><td colspan="2">执行规范</td></tr>
<tr><td colspan="2">“产品上市方案”“产品上市营销计划”“广告投放执行方案”“市场营销活动预算管理制度”“广告费用预算方案”“广告投放合同”。</td></tr>
</table>

7.3 产品渠道与推广管理

7.3.1 产品渠道与推广管理流程

7.3.1.1 流程设计的目的

企业设计产品渠道与推广管理流程的目的是合理利用企业现有推广渠道、开发优质推广渠道和降低产品推广成本。

7.3.1.2 流程结构设计

产品渠道与推广管理可细分为两个事项，就每个事项设计流程，即产品渠道管理流程和产品推广管理流程，具体如图 7-3 所示。

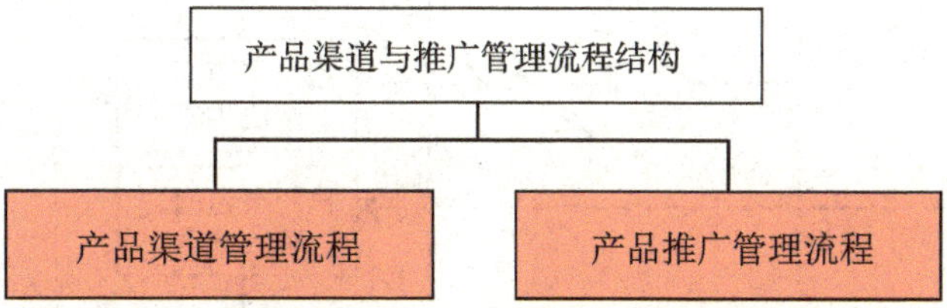

图 7-3 产品渠道与推广管理流程结构设计

7.3.2 产品渠道管理流程设计与工作执行

7.3.2.1 产品渠道管理流程设计

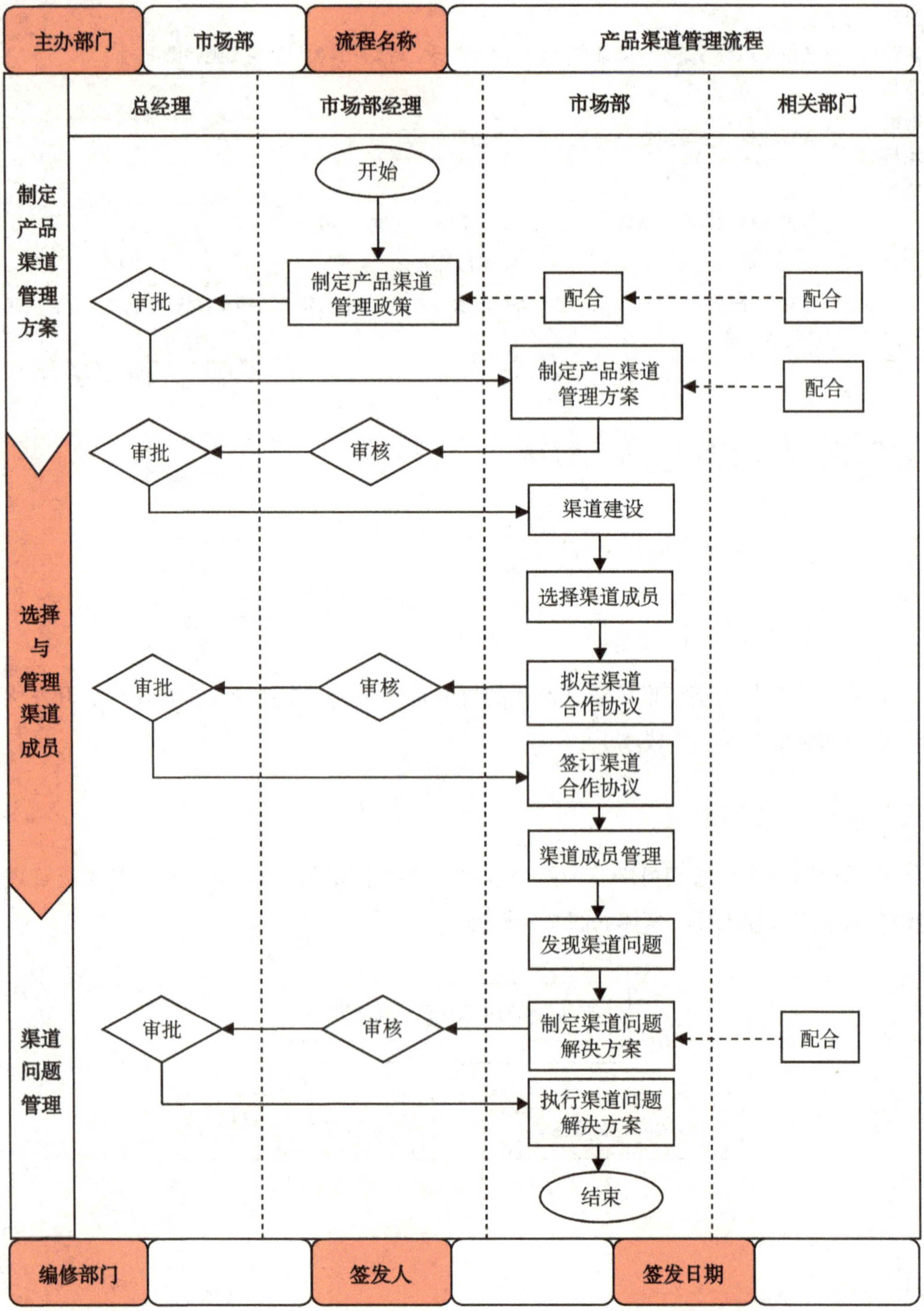

主办部门
市场部
流程名称
产品渠道管理流程
总经理
市场部经理
市场部
相关部门
制定产品渠道管理方案
选择与管理渠道成员
渠道问题管理
开始
制定产品渠道管理政策
审批
配合
配合
制定产品渠道管理方案
配合
审批
审核
渠道建设
选择渠道成员
审批
审核
拟定渠道合作协议
签订渠道合作协议
渠道成员管理
发现渠道问题
审批
审核
制定渠道问题解决方案
配合
执行渠道问题解决方案
结束
编修部门
签发人
签发日期

7.3.2.2 产品渠道管理执行程序、工作标准、考核指标、执行规范

任务名称	执行程序、工作标准与考核指标
制定产品渠道管理方案	**执行程序**
	1. 制定产品渠道管理政策 市场部经理根据企业的产品上市方案和年度营销计划，制定产品渠道管理政策，并将其报总经理审批。 **2. 制定产品渠道管理方案** 市场部根据产品渠道管理政策，制定产品渠道管理方案，并将其报市场部经理审核、总经理审批。 **工作重点** 产品渠道管理方案不仅要具有可操作性，更要立足实际，便于后期实施和操作。
	工作标准
	☆依据标准：产品渠道管理政策和渠道管理方案的制定须以企业的销售管理制度为依据。 ☆时间标准：市场部应在____个工作日内完成产品渠道管理方案的制定工作。
	考核指标
	产品渠道管理方案一次性审批通过率：目标值为100%。
选择与管理渠道成员	**执行程序**
	1. 选择渠道成员 ☆市场部按照产品渠道管理方案的要求做好渠道建设工作。 ☆市场部应合理选择渠道成员。 **2. 拟定渠道合作协议** ☆市场部与渠道成员就合作事宜进行谈判。 ☆双方达成一致意见后，市场部拟定渠道合作协议，并将其报市场部经理审核、总经理审批。 **3. 渠道成员管理** ☆市场部代表企业与渠道成员签订渠道合作协议。 ☆市场部按照产品渠道管理政策和渠道合作协议管理渠道成员。 **工作重点** 渠道合作协议必须符合国家相关法律法规的规定。
	工作标准
	☆内容标准：管理渠道成员的方式包括现场指导、课堂教学、经验交流等。 ☆时间标准：市场部应在____个工作日内完成渠道合作协议的拟定工作。
	考核指标
	渠道合作协议一次性审批通过率：目标值为100%。
渠道问题管理	**执行程序**
	1. 发现渠道问题 市场部在管理渠道成员的过程中发现渠道问题。 **2. 制定渠道问题解决方案** 市场部应针对渠道问题制定解决方案，并将其报市场部经理审核、总经理审批。

（续）

任务名称	执行程序、工作标准与考核指标
渠道问题管理	**3. 执行渠道问题解决方案** 渠道问题解决方案审批通过后，市场部组织执行该方案。 **工作重点** 通过渠道问题解决方案的执行，可以有效解决渠道问题。
	工作标准
	市场部应在____个工作日内完成渠道问题解决方案的制定工作。
	考核指标
	渠道问题解决方案一次性审批通过率：目标值为100%。
执行规范	
“产品渠道管理政策”“产品渠道管理方案”“渠道合作协议”“渠道成员管理政策”“渠道问题解决方案”。	

7.3.3 产品推广管理流程设计与工作执行

7.3.3.1 产品推广管理流程设计

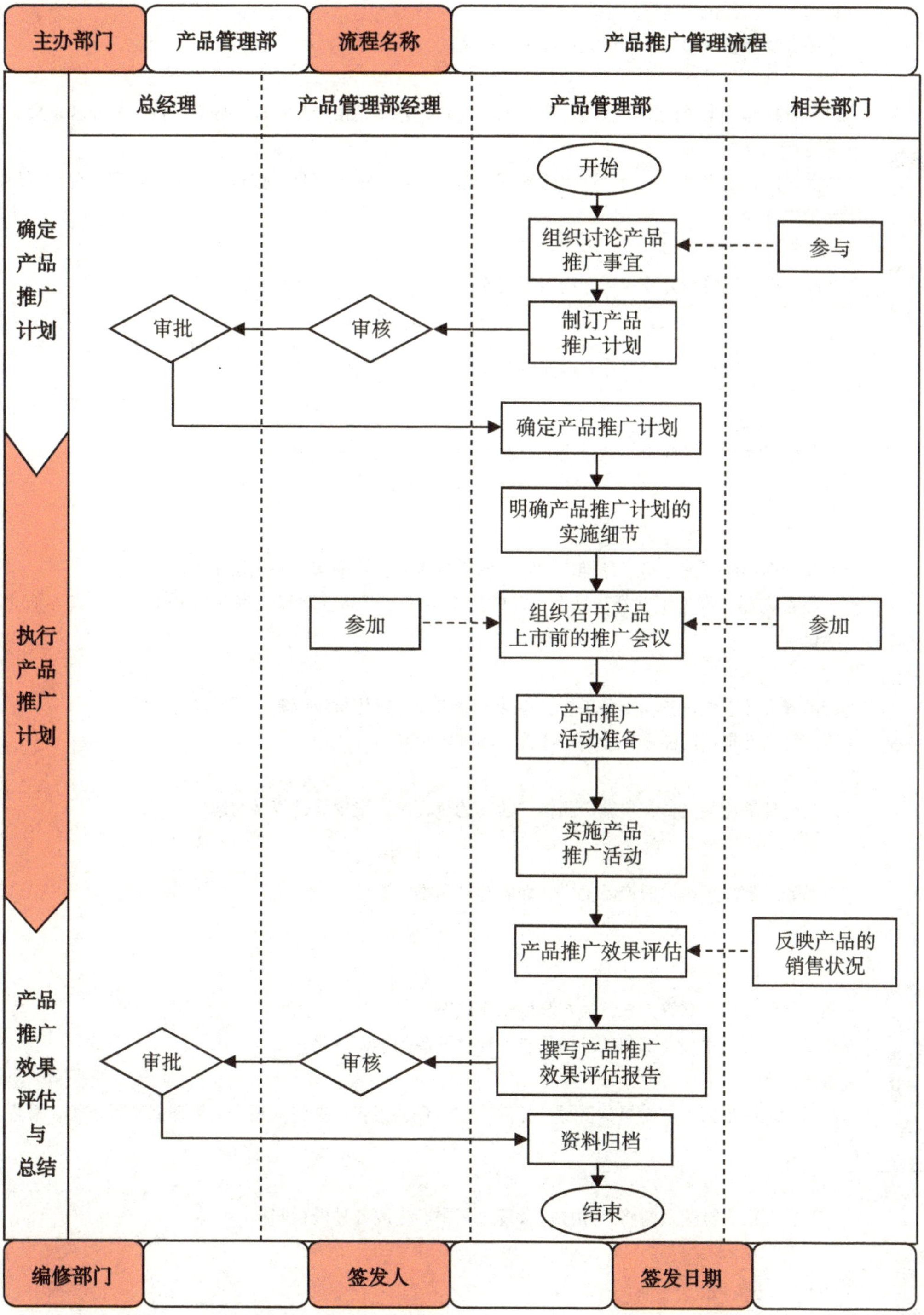
主办部门
产品管理部
流程名称
产品推广管理流程
总经理
产品管理部经理
产品管理部
相关部门
确定产品推广计划
执行产品推广计划
产品推广效果评估与总结
开始
组织讨论产品推广事宜
参与
制订产品推广计划
审核
审批
确定产品推广计划
明确产品推广计划的实施细节
组织召开产品上市前的推广会议
参加
参加
产品推广活动准备
实施产品推广活动
产品推广效果评估
反映产品的销售状况
撰写产品推广效果评估报告
审核
审批
资料归档
结束
编修部门
签发人
签发日期

7.3.3.2 产品推广管理执行程序、工作标准、考核指标、执行规范

任务名称	执行程序、工作标准与考核指标
确定产品推广计划	**执行程序** **1. 组织讨论产品推广事宜** 产品管理部组织相关部门讨论产品推广事宜。 **2. 制订产品推广计划** 产品管理部根据讨论结果，制订产品推广计划，并将其报产品管理部经理审核、总经理审批。 **3. 确定产品推广计划** 产品推广计划审批通过后，产品管理部根据总经理的审批意见，修订与完善该计划，确定最终的产品推广计划。 **工作重点** 产品推广计划的制订要规范，内容要全面。 **工作标准** 产品管理部应在____个工作日内完成产品推广计划的制订工作。 **考核指标** 产品推广计划一次性审批通过率：目标值为100%。
执行产品推广计划	**执行程序** **1. 组织召开产品上市前的推广会议** ☆产品管理部应仔细分析产品推广计划，明确具体的实施细节，并规划实施进度。 ☆产品管理部负责组织召开产品上市前的推广会议，产品管理部经理和相关部门负责人参加此次会议。 **2. 实施产品推广活动** ☆产品管理部应做好各项准备工作，包括媒体选择、宣传材料印制、促销品订购等。 ☆产品管理部根据产品推广计划，实施产品推广活动。 **工作重点** 产品管理部相关人员在实施产品推广活动的过程中，发现问题要及时解决。 **工作标准** 产品管理部应严格按照产品推广计划实施产品推广活动。
产品推广效果评估与总结	**执行程序** **1. 产品推广效果评估** ☆相关部门要向产品管理部反映产品的销售状况。 ☆产品管理部根据相关部门的反馈信息，评估产品的推广效果。 **2. 撰写产品推广效果评估报告** 产品管理部根据评估结果，撰写产品推广效果评估报告，并将其报产品管理部经理审核、总经理审批。 **3. 资料归档** 产品管理部人员应及时将产品推广管理过程中产生的各种资料归档。

（续）

任务名称	执行程序、工作标准与考核指标
产品推广效果评估与总结	**工作重点** 产品推广效果评估报告的撰写要规范。
	工作标准
	☆质量标准：产品推广效果评估报告内容全面、真实。 ☆时间标准：产品管理部应在____个工作日内完成产品推广效果评估报告的撰写工作。
	考核指标
	产品推广效果评估报告一次性审批通过率：目标值为100%。
执行规范	
“产品推广计划”“产品营销策略”“产品推广效果评估报告”。	

7.4　产品新媒体营销管理

7.4.1　产品新媒体营销管理流程

7.4.1.1　流程设计的目的

企业设计产品新媒体营销管理流程的目的是保证产品的市场营销活动与时俱进，把握时下主流营销手段，吸引消费者注意。

7.4.1.2　流程结构设计

产品新媒体营销管理可细分为四个事项，就每个事项设计流程，即产品网络推广管理流程、产品微信营销管理流程、产品网店营销管理流程和产品短视频营销管理流程，具体如图 7-4 所示。

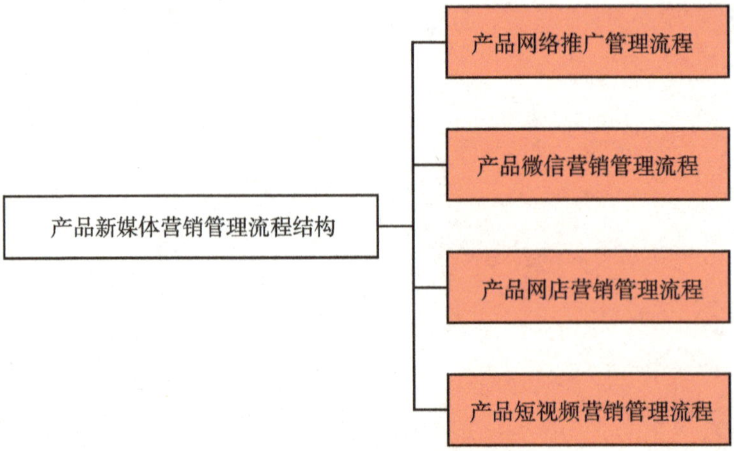

图 7-4　产品新媒体营销管理流程结构设计

7.4.2 产品网络推广管理流程设计与工作执行

7.4.2.1 产品网络推广管理流程设计

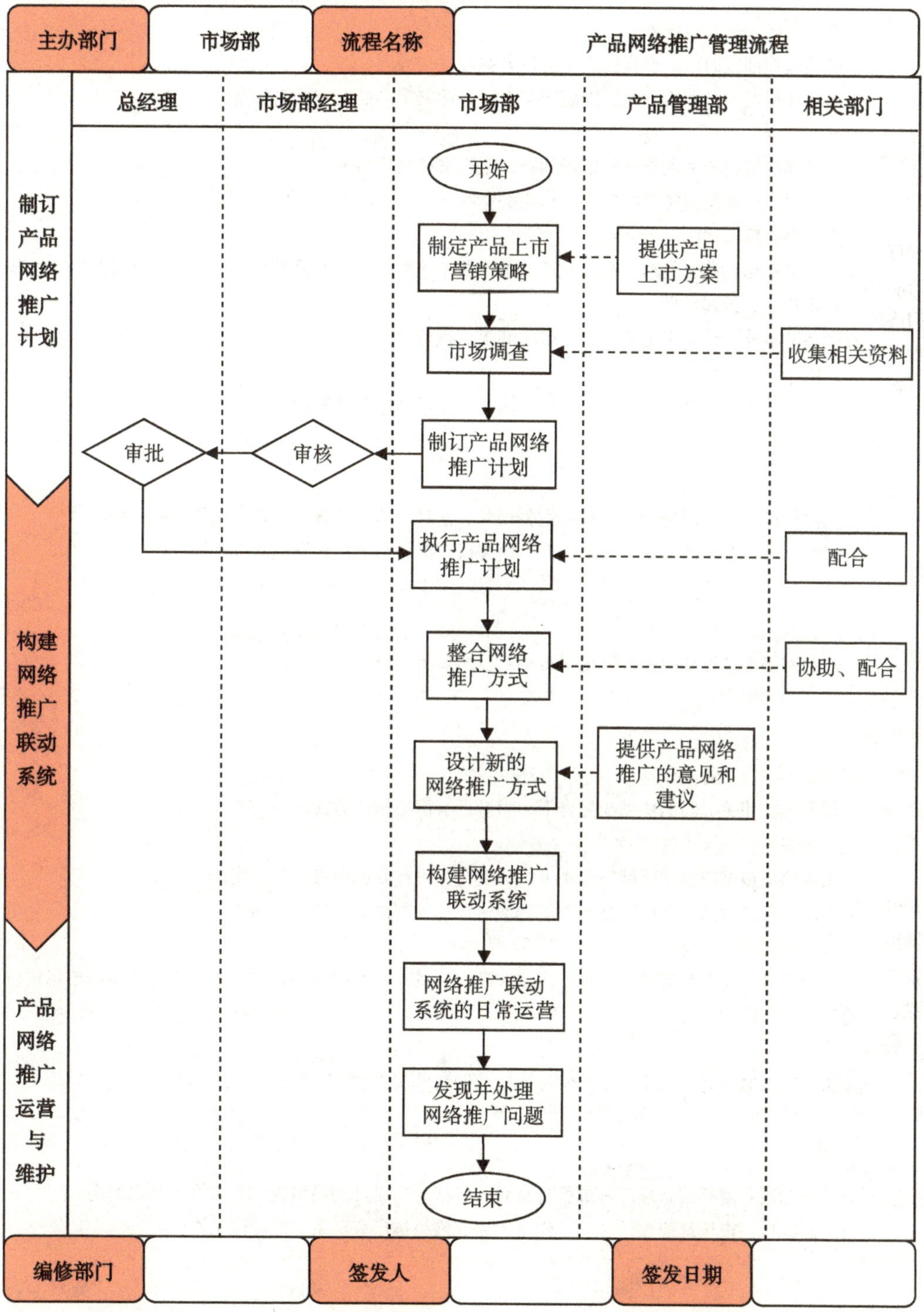

主办部门
市场部
流程名称
产品网络推广管理流程
总经理
市场部经理
市场部
产品管理部
相关部门
制订产品网络推广计划
构建网络推广联动系统
产品网络推广运营与维护
开始
制定产品上市营销策略
提供产品上市方案
市场调查
收集相关资料
制订产品网络推广计划
审核
审批
执行产品网络推广计划
配合
整合网络推广方式
协助、配合
设计新的网络推广方式
提供产品网络推广的意见和建议
构建网络推广联动系统
网络推广联动系统的日常运营
发现并处理网络推广问题
结束
编修部门
签发人
签发日期

7.4.2.2 产品网络推广管理执行程序、工作标准、考核指标、执行规范

任务名称	执行程序、工作标准与考核指标
制订产品网络推广计划	**执行程序**
	1. 制定产品上市营销策略 ☆产品管理部应向市场部提供产品上市方案。 ☆市场部根据产品上市方案，围绕产品上市目标制定产品上市营销策略。 **2. 市场调查** ☆市场部应安排相关人员进行市场调查，全面掌握市场情况。 ☆相关部门应根据市场部的要求收集相关资料。 **3. 制订产品网络推广计划** ☆市场部根据已掌握的市场情况和产品上市营销策略，制订产品网络推广计划，并将其报市场部经理审核、总经理审批。 ☆产品网络推广计划审批通过后，市场部组织执行该计划。 **工作重点** 产品上市营销策略与产品上市方案要匹配，确保不超前或滞后。
	工作标准
	☆内容标准：市场调查包括对行业竞争现状、消费者偏好及营销方式变化等方面的调查。 ☆时间标准：市场部应在____个工作日内完成产品网络推广计划的制订工作。
	考核指标
	产品网络推广计划一次性审批通过率：目标值为100%。
构建网络推广联动系统	**执行程序**
	1. 整合网络推广方式 市场部在相关部门的协助与配合下，整合已有网络推广方式。 **2. 设计新的网络推广方式** ☆市场部应根据市场主流网络营销方式的变化，设计新的网络推广方式。 ☆产品管理部根据产品的特性向市场部提供产品的网络推广的意见和建议。 **3. 构建网络推广联动系统** 市场部综合企业现有的网络推广渠道和新设计的时下热门网络推广方式，围绕产品的市场定位构建网络推广联动系统。 **工作重点** 市场部应紧跟时代脚步，积极学习热门的网络推广方式。
	工作标准
	☆质量标准：现有网络推广资源整合高效、经济；新设计的网络推广方式投入产出率高。 ☆时间标准：市场部应在____个工作日内完成网络推广联动系统的构建工作。

（续）

<table>
<tr><th>任务名称</th><th>执行程序、工作标准与考核指标</th></tr>
<tr><td rowspan="6">产品网络推广运营与维护</td><td>执行程序</td></tr>
<tr><td>1. 网络推广联动系统的日常运营
市场部要做好网络推广联动系统的日常维护工作，确保其始终正常运行。
2. 发现并处理网络推广问题
市场部应定期检查产品网络推广情况，及时发现问题，制定相应的解决措施，处理网络推广问题。
工作重点
在网络推广的日常运营中，相关人员要实时监控产品网络营销口碑，确保产品在消费者心目中有良好的印象。</td></tr>
<tr><td>工作标准</td></tr>
<tr><td>☆质量标准：在网络推广的日常运营中，客户数稳定增长、活跃度高。
☆考核标准：市场部应在出现网络推广问题后____小时内对问题做出妥善处理。</td></tr>
<tr><td>考核指标</td></tr>
<tr><td>网络推广问题处理及时率，其计算公式如下。
$$网络推广问题处理及时率=\frac{及时处理的网络推广问题数}{发现的网络推广问题数}\times 100\%$$</td></tr>
<tr><td colspan="2">执行规范</td></tr>
<tr><td colspan="2">“产品上市方案”“产品上市营销策略”“产品网络推广计划”“产品网络推广问题处理手册”。</td></tr>
</table>

7.4.3 产品微信营销管理流程设计与工作执行

7.4.3.1 产品微信营销管理流程设计

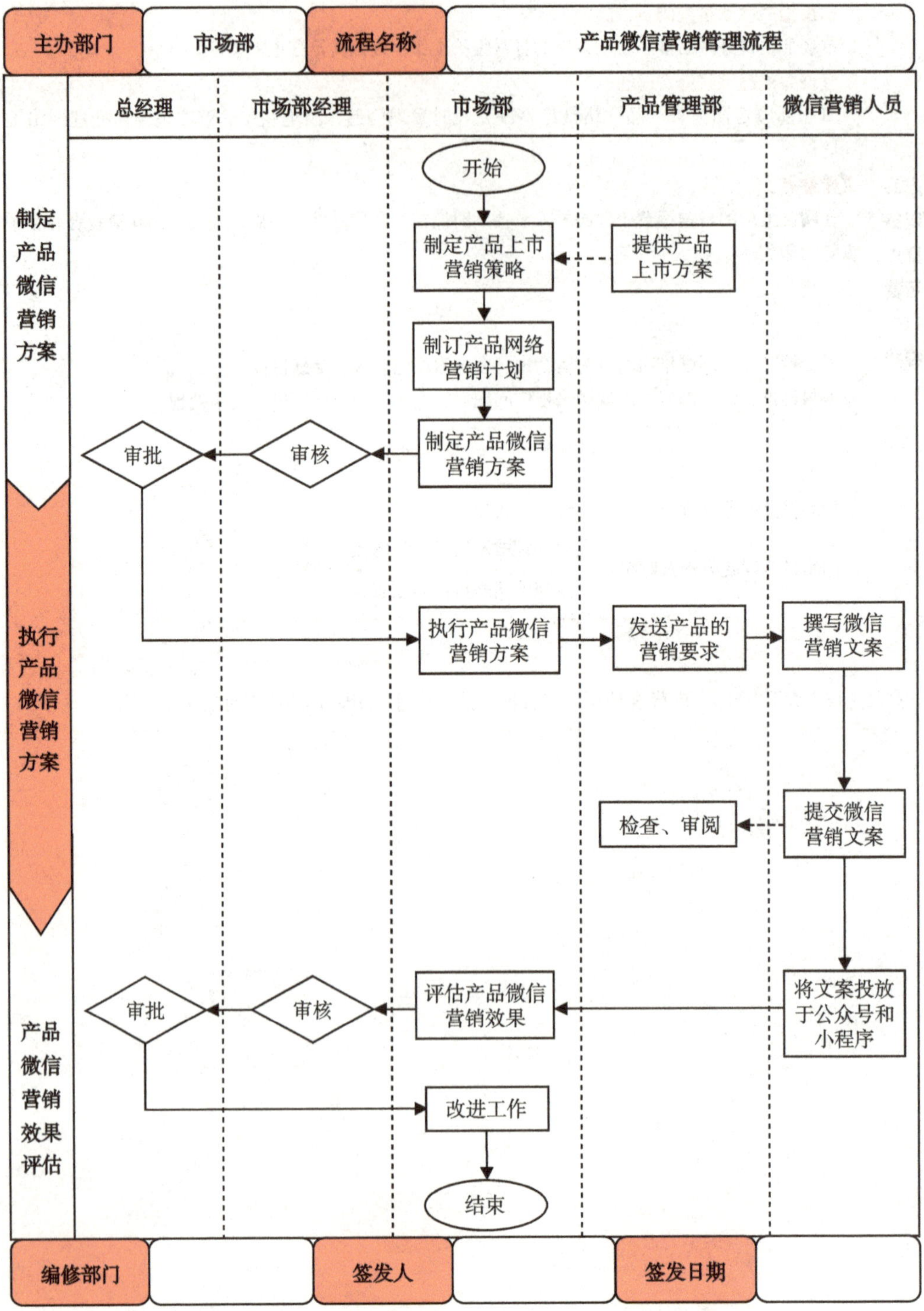
主办部门
市场部
流程名称
产品微信营销管理流程
总经理
市场部经理
市场部
产品管理部
微信营销人员
制定产品微信营销方案
执行产品微信营销方案
产品微信营销效果评估
开始
制定产品上市营销策略
提供产品上市方案
制订产品网络营销计划
制定产品微信营销方案
审核
审批
执行产品微信营销方案
发送产品的营销要求
撰写微信营销文案
提交微信营销文案
检查、审阅
将文案投放于公众号和小程序
评估产品微信营销效果
审核
审批
改进工作
结束
编修部门
签发人
签发日期

7.4.3.2 产品微信营销管理执行程序、工作标准、考核指标、执行规范

任务名称	执行程序、工作标准与考核指标
制定产品微信营销方案	**执行程序** **1. 制定产品上市营销策略** ☆产品管理部应向市场部提供产品上市方案。 ☆市场部根据产品上市方案，围绕产品上市目标制定产品上市营销策略。 **2. 制订产品网络营销计划** 市场部依据产品上市营销策略，制订产品网络营销计划。 **3. 制定产品微信营销方案** 市场部根据产品网络营销计划，制定产品微信营销方案，并将其报市场部经理审核、总经理审批。 **工作重点** 产品微信营销方案应由具有微信营销成功案例经验且熟悉产品特性的员工制定。 **工作标准** ☆质量标准：产品微信营销方案可行性高、执行难度低。 ☆时间标准：市场部应在____个工作日内完成产品微信营销方案的制定工作。 **考核指标** 产品微信营销方案一次性审批通过率：目标值为100%。
执行产品微信营销方案	**执行程序** **1. 执行产品微信营销方案** 产品微信营销方案审批通过后，市场部根据总经理的审批意见组织执行该方案。 **2. 撰写微信营销文案** ☆产品管理部应将产品的营销要求发送给微信营销人员。 ☆微信营销人员根据产品的营销要求，撰写微信营销文案。 **3. 将文案投放于公众号和小程序** ☆微信营销人员应将微信营销文案提交产品管理部检查、审阅。 ☆微信营销文案确定后，微信营销人员将其投放于公众号和小程序。 **工作重点** 微信营销人员应根据产品的特性和卖点，撰写微信营销文案。 **工作标准** 产品管理部检查、审阅微信营销文案内容的次数不少于____次。 **考核指标** 产品微信营销文案撰写的及时性：应在____个工作日内完成。
产品微信营销效果评估	**执行程序** **1. 评估产品微信营销效果** 市场部应对产品微信营销效果进行评估，编制产品微信营销效果评估报告，将其提交市场部经理审核、总经理审批。

（续）

任务名称	执行程序、工作标准与考核指标
产品微信营销效果评估	**2. 改进工作** 产品微信营销工作告一段落后，市场部要及时总结经验，持续改进自身工作。 **工作重点** 产品微信营销效果评估过程客观、公正。
	工作标准
	市场部应在____个工作日内完成产品微信营销效果评估报告的编制工作。
	考核指标
	产品微信营销效果评估报告一次性审批通过率：目标值为100%。
执行规范	
“产品上市方案”“产品上市营销策略”“产品微信营销方案”“产品微信营销效果评估报告”“产品网络营销计划”。	

7.4.4 产品网店营销管理流程设计与工作执行

7.4.4.1 产品网店营销管理流程设计

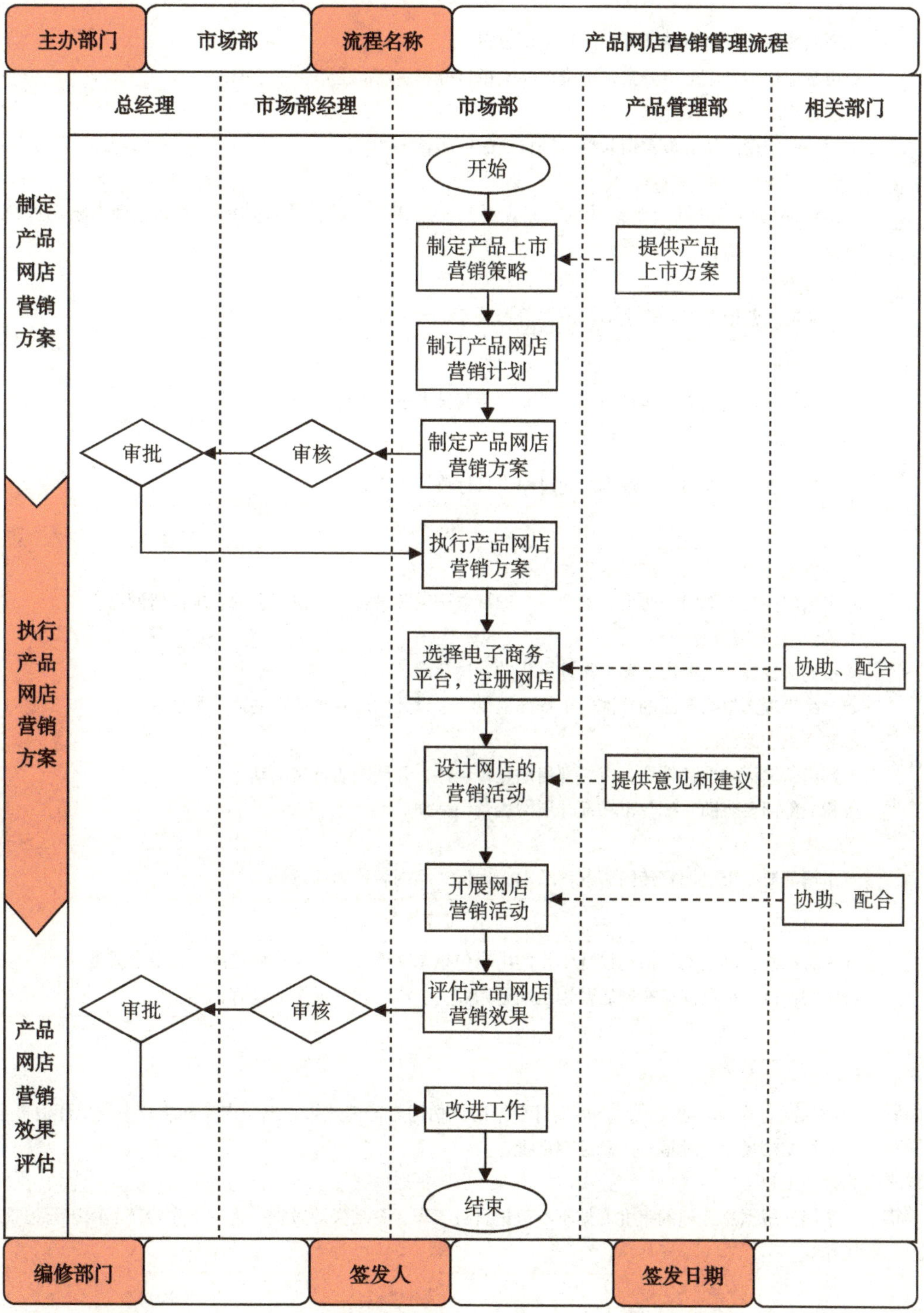
主办部门
市场部
流程名称
产品网店营销管理流程
总经理
市场部经理
市场部
产品管理部
相关部门
制定产品网店营销方案
执行产品网店营销方案
产品网店营销效果评估
开始
制定产品上市营销策略
提供产品上市方案
制订产品网店营销计划
制定产品网店营销方案
审核
审批
执行产品网店营销方案
选择电子商务平台，注册网店
协助、配合
设计网店的营销活动
提供意见和建议
开展网店营销活动
协助、配合
评估产品网店营销效果
审核
审批
改进工作
结束
编修部门
签发人
签发日期

7.4.4.2 产品网店营销管理执行程序、工作标准、考核指标、执行规范

任务名称	执行程序、工作标准与考核指标
制定产品网店营销方案	**执行程序**
	1. 制定产品上市营销策略 ☆产品管理部应向市场部提供产品上市方案。 ☆市场部根据产品上市方案，围绕产品上市目标制定产品上市营销策略。 **2. 制订产品网店营销计划** 市场部依据产品上市营销策略，制订产品网店营销计划。 **3. 制定产品网店营销方案** 市场部根据产品网店营销计划，制定产品网店营销方案，并将其报市场部经理审核、总经理审批。 **工作重点** 产品网店营销方案内容全面、结构清晰且无重大纰漏。
	工作标准
	市场部应在____个工作日内完成产品网店营销方案的制定工作。
	考核指标
	产品网店营销方案一次性审批通过率：目标值为100%。
执行产品网店营销方案	**执行程序**
	1. 选择电子商务平台，注册网店 市场部在相关部门的协助、配合下，选择电子商务平台，并按平台的要求注册网店。 **2. 设计网店的营销活动** ☆市场部根据产品上市方案，设计网店的营销活动。 ☆产品管理部根据产品的特性向市场部提供关于设计网店营销活动的意见和建议。 **3. 开展网店营销活动** ☆网店营销活动准备就绪，市场部组织宣传预热，开展网店营销活动。 ☆相关部门要协助、配合市场部开展网店营销活动。 **工作重点** 市场部要多渠道地宣传网店营销活动，确保产品网店营销的效果。
	工作标准
	☆内容标准：网店营销活动设计工作的内容包括图文设计、背景音乐选择、人员安排等。 ☆时间标准：市场部应在网店营销活动开始前____小时内完成全面检查工作。
产品网店营销效果评估	**执行程序**
	1. 评估产品网店营销效果 产品网店营销活动结束后，市场部要及时评估网店营销效果，编制产品网店营销效果评估报告，将其提交市场部经理审核、总经理审批。 **2. 改进工作** 市场部根据总经理的审批意见不断改进自身工作，总结失败教训，进一步完善产品网店营销管理工作。

（续）

任务名称	执行程序、工作标准与考核指标
产品网店营销效果评估	**工作重点** 产品网店营销效果评估过程客观、公正。
	工作标准
	市场部应在____个工作日内完成产品网店营销效果评估报告的编制工作。
	考核指标
	产品网店营销效果评估报告一次性审批通过率：目标值为100%。
执行规范	
“产品上市方案”“产品上市营销策略”“产品网店营销方案”“产品网店营销效果评估报告”“产品网店营销计划”。	

7.4.5 产品短视频营销管理流程设计与工作执行

7.4.5.1 产品短视频营销管理流程设计

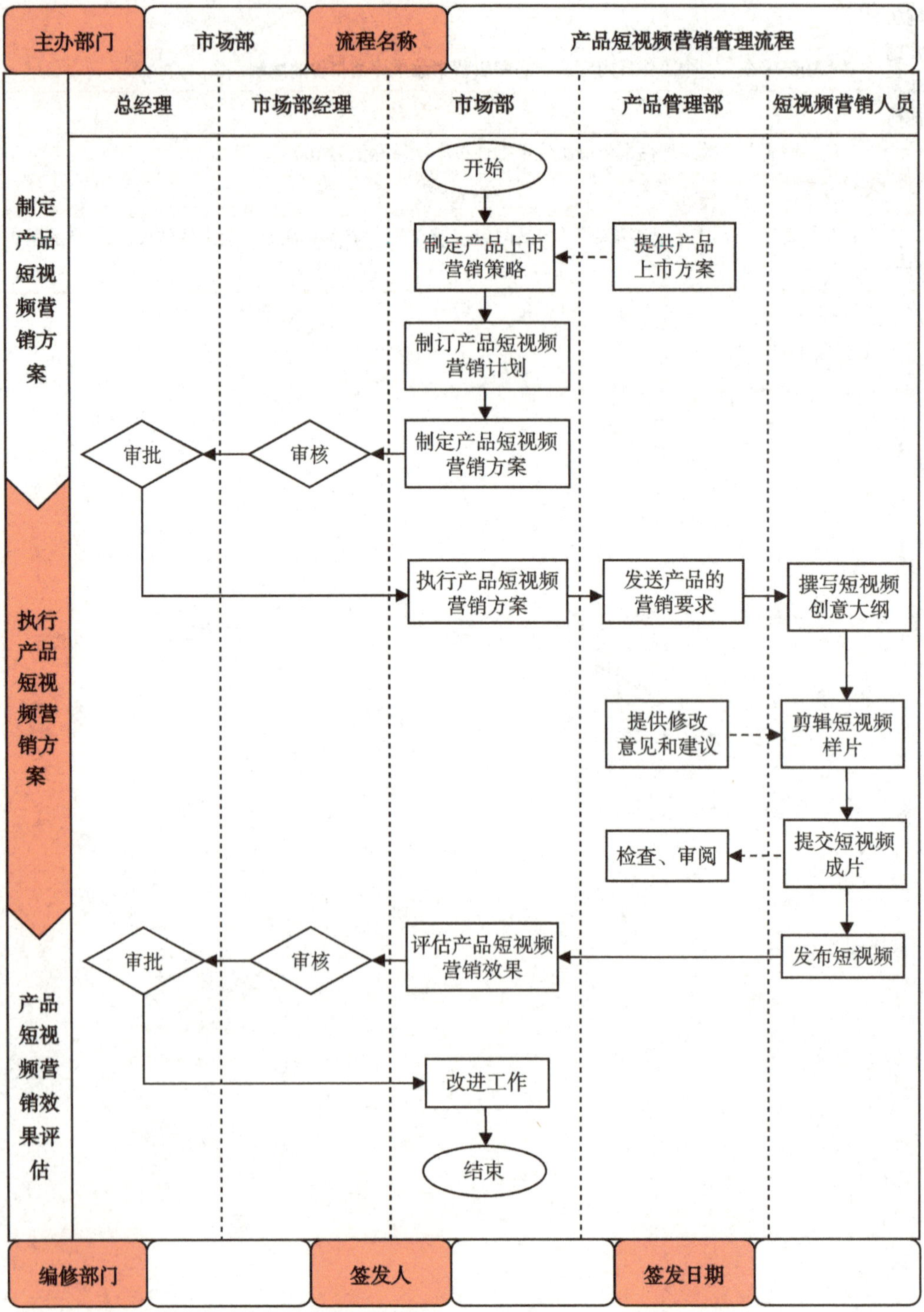

主办部门
市场部
流程名称
产品短视频营销管理流程
总经理
市场部经理
市场部
产品管理部
短视频营销人员
制定产品短视频营销方案
开始
制定产品上市营销策略
提供产品上市方案
制订产品短视频营销计划
审批
审核
制定产品短视频营销方案
执行产品短视频营销方案
执行产品短视频营销方案
发送产品的营销要求
撰写短视频创意大纲
提供修改意见和建议
剪辑短视频样片
检查、审阅
提交短视频成片
产品短视频营销效果评估
审批
审核
评估产品短视频营销效果
发布短视频
改进工作
结束
编修部门
签发人
签发日期

7.4.5.2 产品短视频营销管理执行程序、工作标准、考核指标、执行规范

任务名称	执行程序、工作标准与考核指标
制定产品短视频营销方案	**执行程序** **1. 制定产品上市营销策略** ☆产品管理部应向市场部提供产品上市方案。 ☆市场部根据产品上市方案，围绕产品上市目标制定产品上市营销策略。 **2. 制订产品短视频营销计划** 市场部依据产品上市营销策略，制订产品短视频营销计划。 **3. 制定产品短视频营销方案** 市场部根据产品短视频营销计划，制定产品短视频营销方案，并将其报市场部经理审核、总经理审批。 **工作重点** 产品短视频营销方案不仅要具有可操作性，更要立足实际，便于后期实施和操作。 **工作标准** 市场部应在____个工作日内完成产品短视频营销方案的制定工作。 **考核指标** 产品短视频营销方案一次性审批通过率：目标值为 100%。
执行产品短视频营销方案	**执行程序** **1. 执行产品短视频营销方案** 产品短视频营销方案审批通过后，市场部根据总经理的审批意见组织执行该方案。 **2. 撰写短视频创意大纲** ☆产品管理部应向短视频营销人员发送产品的营销要求。 ☆短视频营销人员根据产品的营销要求，撰写短视频创意大纲。 **3. 剪辑短视频样片** ☆短视频营销人员将短视频创意大纲拍成样片，并剪辑样片。 ☆产品管理部向短视频营销人员提供修改样片的意见和建议。 **4. 提交短视频成片** ☆短视频营销人员应将修改后的短视频成片提交产品管理部。 ☆产品管理部须对短视频成片进行检查、审阅。 **5. 发布短视频** 短视频营销人员在主流平台上发布短视频。 **工作重点** 短视频营销人员必须紧紧围绕产品的特性和卖点撰写短视频创意大纲。 **工作标准** ☆质量标准：短视频成片长短适宜、节奏匹配、文案生动、亮点突出、重点鲜明。 ☆考核标准：短视频成片平台播放总量不少于____次。

（续）

任务名称	执行程序、工作标准与考核指标
产品短视频营销效果评估	**执行程序**
	1. 评估产品短视频营销效果 市场部应及时对产品短视频营销效果进行评估，编制产品短视频营销效果评估报告，将其提交市场部经理审核、总经理审批。 **2. 改进工作** 市场部根据总经理的审批意见不断改进自身工作。 **工作重点** 产品短视频营销效果评估过程客观、公正。
	工作标准
	市场部应在____个工作日内完成产品短视频营销效果评估报告的编制工作。
	考核指标
	产品短视频营销效果评估报告一次性审批通过率：目标值为 100%。
执行规范	
“产品上市方案”“产品上市营销策略”“产品短视频营销方案”“产品短视频营销效果评估报告”“产品短视频营销计划”。	

7.5 产品订货与发货管理

7.5.1 产品订货与发货管理流程

7.5.1.1 流程设计的目的

企业设计产品订货与发货管理流程的目的是规范产品销售与运输的过程，提升客户体验，降低企业物流成本。

7.5.1.2 流程结构设计

产品订货与发货管理可细分为两个事项，就每个事项设计流程，即产品订货管理流程和产品发货管理流程，具体如图 7-5 所示。

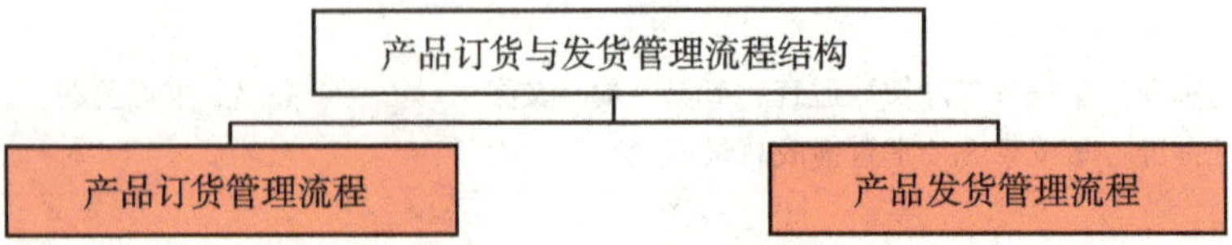

图 7-5　产品订货与发货管理流程结构设计

7.5.2 产品订货管理流程设计与工作执行

7.5.2.1 产品订货管理流程设计

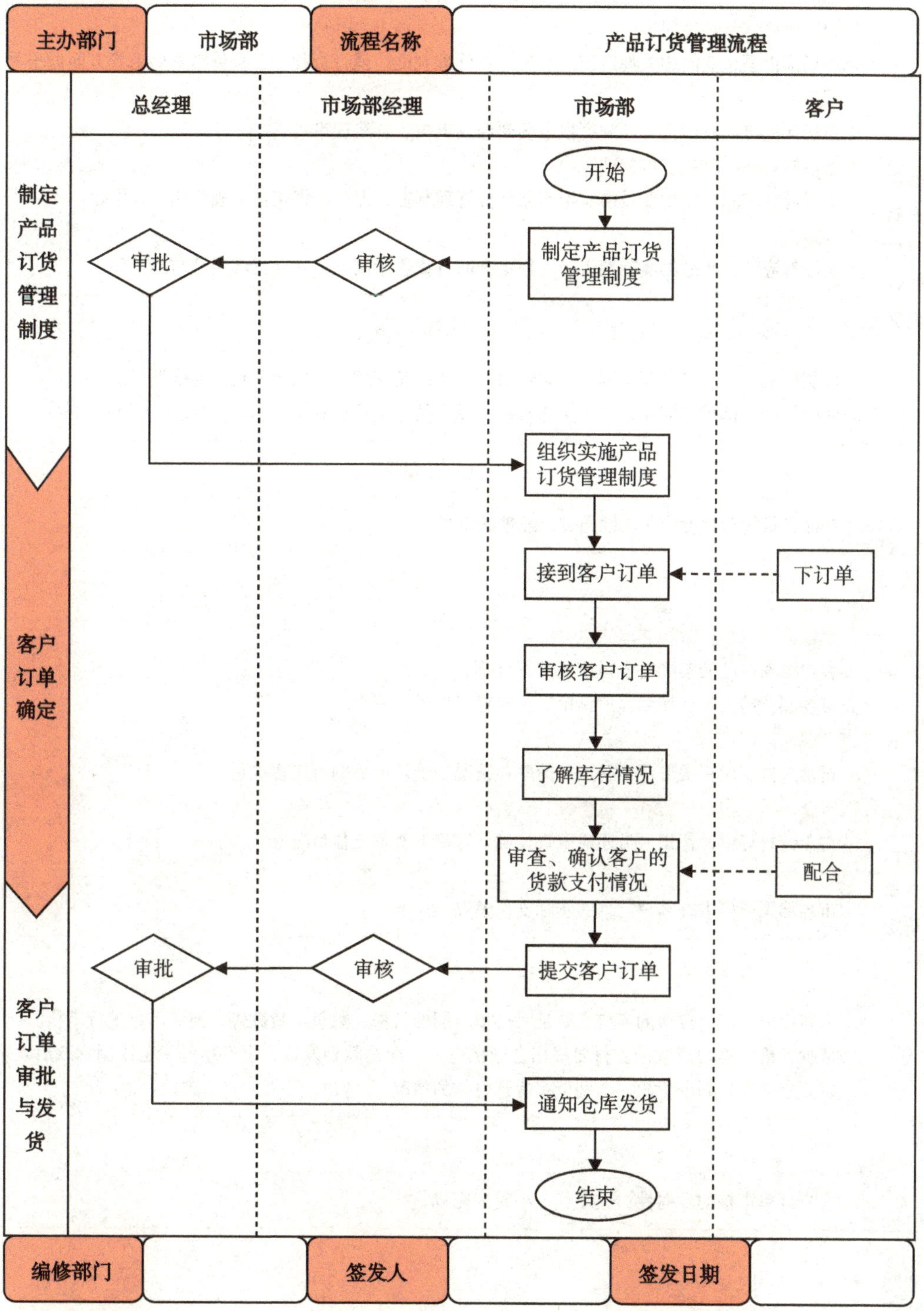

主办部门
市场部
流程名称
产品订货管理流程
总经理
市场部经理
市场部
客户
制定产品订货管理制度
客户订单确定
客户订单审批与发货
开始
制定产品订货管理制度
审核
审批
组织实施产品订货管理制度
接到客户订单
下订单
审核客户订单
了解库存情况
审查、确认客户的货款支付情况
配合
提交客户订单
审核
审批
通知仓库发货
结束
编修部门
签发人
签发日期

7.5.2.2 产品订货管理执行程序、工作标准、考核指标、执行规范

<table>
<tr><th>任务名称</th><th>执行程序、工作标准与考核指标</th></tr>
<tr><td rowspan="6">制定产品订货管理制度</td><td>执行程序</td></tr>
<tr><td>1. 制定产品订货管理制度
☆市场部根据企业的相关规定制定产品订货管理制度，就订货程序、货款结算要求等方面做出具体规定。
☆市场部应将产品订货管理制度报市场部经理审核、总经理审批。
2. 组织实施产品订货管理制度
市场部在实际工作中要贯彻实施产品订货管理制度，保证销售工作的规范化、程序化。
工作重点
市场部应结合产品的实际销售情况制定产品订货管理制度，确保其实用性与规范化。</td></tr>
<tr><td>工作标准</td></tr>
<tr><td>☆依据标准：产品订货管理制度的制定须以企业产品管理方面的相关规定为依据。
☆时间标准：市场部应在____个工作日内完成产品订货管理制度的制定工作。</td></tr>
<tr><td>考核指标</td></tr>
<tr><td>产品订货管理制度应一次性通过总经理的审批。</td></tr>
<tr><td rowspan="6">客户订单确定</td><td>执行程序</td></tr>
<tr><td>1. 接到客户订单，审核客户订单
☆客户根据自己的实际需要对市场部下订单。
☆市场部营销人员在接到客户订单后，应对订单进行审核。
2. 了解库存情况
营销人员应向相关部门了解产品的库存情况，确认产品的可销售数量。
3. 审查、确认客户的货款支付情况
对于销售订单，营销人员还应审查、确认客户的货款支付情况。
工作重点
市场部须严格审查客户货款的实际支付情况。</td></tr>
<tr><td>工作标准</td></tr>
<tr><td>☆内容标准：客户订单的审核主要是对订单合同的价格、数量、货款等方面的信息进行审核。
☆依据标准：客户货款的支付要根据合同执行，一般是款到发货，也有预付一定比例货款后发货，货到后再支付剩余货款，个别也有货到付款的情况。</td></tr>
<tr><td>考核指标</td></tr>
<tr><td>客户订单审核的及时性：应在____小时内完成。</td></tr>
</table>

（续）

任务名称	执行程序、工作标准与考核指标
客户订单审批与发货	**执行程序**
	1. 提交客户订单 订单数量、货款等事宜确认无误后，市场部将客户订单提交市场部经理审核、总经理审批。 **2. 通知仓库发货** 客户订单审批通过后，市场部通知仓库发货。 **工作重点** 仓库应按时将货物送达客户手中。
	工作标准
	仓库应在____个工作日内完成发货。
	考核指标
	发货及时率，其计算公式如下。 $发货及时率=\frac{及时发货的订单数}{待发货订单数}\times 100\%$
执行规范	
“产品订货管理制度”“库存明细表”“客户订单”“产品订货合同”。	

7.5.3 产品发货管理流程设计与工作执行

7.5.3.1 产品发货管理流程设计

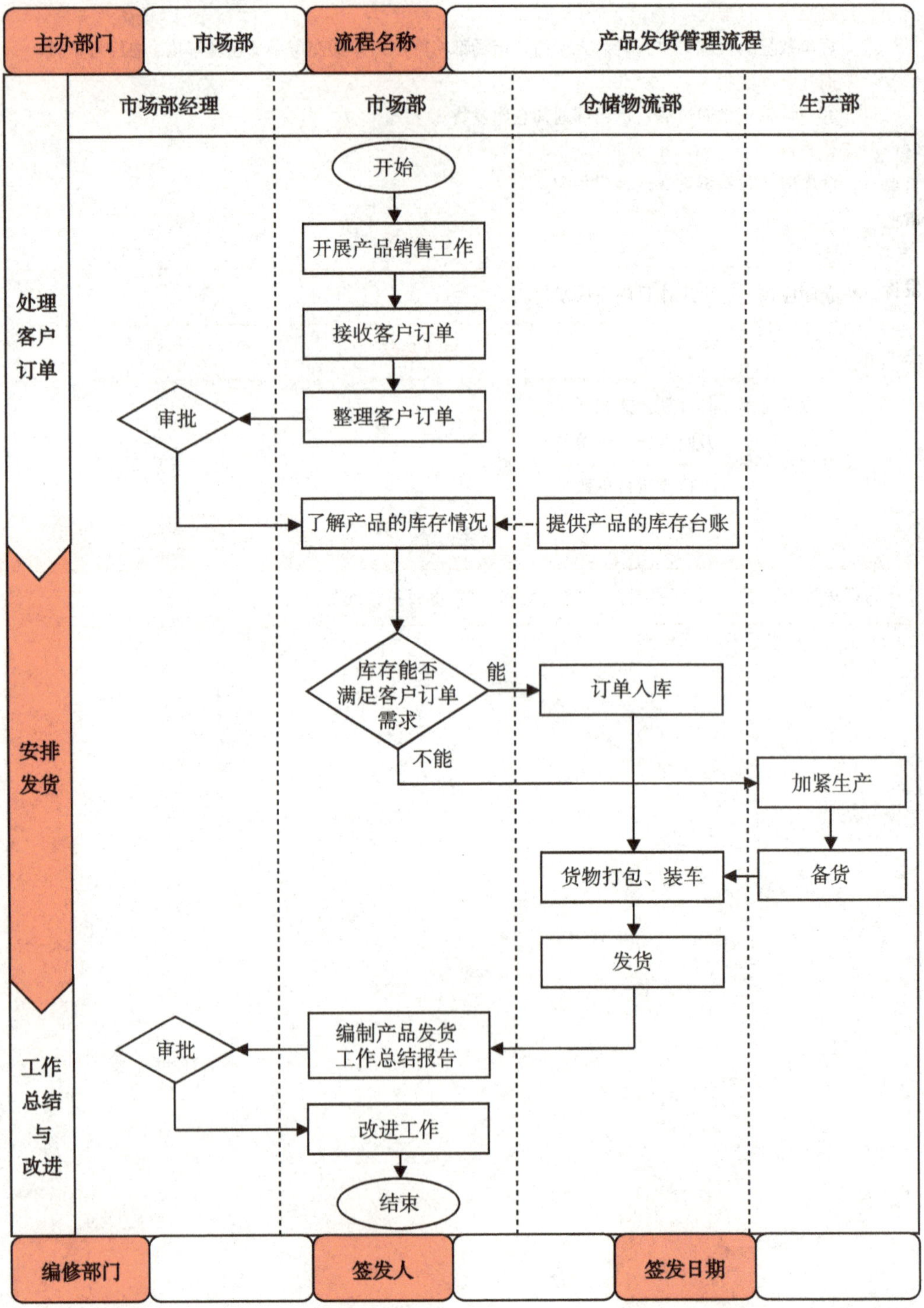
主办部门
市场部
流程名称
产品发货管理流程
市场部经理
市场部
仓储物流部
生产部
处理客户订单
安排发货
工作总结与改进
开始
开展产品销售工作
接收客户订单
整理客户订单
审批
了解产品的库存情况
提供产品的库存台账
库存能否满足客户订单需求
能
不能
订单入库
加紧生产
备货
货物打包、装车
发货
编制产品发货工作总结报告
审批
改进工作
结束
编修部门
签发人
签发日期

7.5.3.2 产品发货管理执行程序、工作标准、考核指标、执行规范

<table>
<tr><th>任务名称</th><th>执行程序、工作标准与考核指标</th></tr>
<tr><td rowspan="6">处理客户订单</td><td>执行程序</td></tr>
<tr><td>1. 接收客户订单
☆市场部面向市场开展产品销售工作。
☆客户下单后，市场部要及时接收客户订单。
2. 整理客户订单
市场部应将整理后的客户订单提交市场部经理审批。
工作重点
市场部应确保能通过各个渠道接收客户订单。</td></tr>
<tr><td>工作标准</td></tr>
<tr><td>市场部应在____小时内完成客户订单的整理工作，并将其提交市场部经理审批。</td></tr>
<tr><td>考核指标</td></tr>
<tr><td>客户订单接收及时率，其计算公式如下。
$$客户订单接收及时率=\frac{及时接收的客户订单数}{客户订单总数}\times 100\%$$</td></tr>
<tr><td rowspan="4">安排发货</td><td>执行程序</td></tr>
<tr><td>1. 了解产品的库存情况
☆客户订单确定后，市场部要及时向仓储物流部了解产品的库存情况。
☆仓储物流部须向市场部提供对应产品的库存台账。
2. 订单入库
若库存能满足客户订单需求，客户订单进入仓储物流部，由其执行发货程序。
3. 加紧生产
若库存不能满足客户订单需求，客户订单进入生产部，由其加紧生产完成订单内容。
4. 货物打包、装车
☆完成备货后，生产部应将产品送达仓储物流部。
☆仓储物流部根据发货程序，按照客户订单的内容进行货物打包、装车。
5. 发货
仓储物流部应按时将货物运送至客户指定地点
工作重点
生产部须根据客户订单的要求生产产品。</td></tr>
<tr><td>工作标准</td></tr>
<tr><td>☆质量标准：产品库存数据准确无误。
☆时间标准：仓储物流部应在____个工作日内完成发货。</td></tr>
<tr><td rowspan="2">工作总结与改进</td><td>执行程序</td></tr>
<tr><td>1. 编制产品发货工作总结报告
产品订单完成后，市场部应编制产品发货工作总结报告，将其市场部经理审批。
2. 改进工作
产品发货工作总结报告审批通过后，市场部应根据市场部经理的审批意见不断改进自身工作。</td></tr>
</table>

（续）

任务名称	执行程序、工作标准与考核指标
工作总结与改进	**工作重点** 产品发货工作总结报告的编制要规范。
	工作标准
	市场部应在____个工作日内完成产品发货工作总结报告的编制工作。
	考核指标
	产品发货工作总结报告一次性审批通过率：目标值为100%。
执行规范	
“产品销售管理制度”“产品订单发货管理规定”“产品发货工作总结报告”。	

7.6 产品营销数据分析与信息管理

7.6.1 产品营销数据分析与信息管理流程

7.6.1.1 流程设计的目的

企业设计产品营销数据分析与信息管理流程的目的是合理利用营销信息，挖掘营销信息价值，掌握产品市场表现情况。

7.6.1.2 流程结构设计

产品营销数据分析与信息管理工作可细分为两个事项，就每个事项设计流程，即产品营销数据分析管理流程和产品营销信息管理流程，具体如图7-6所示。

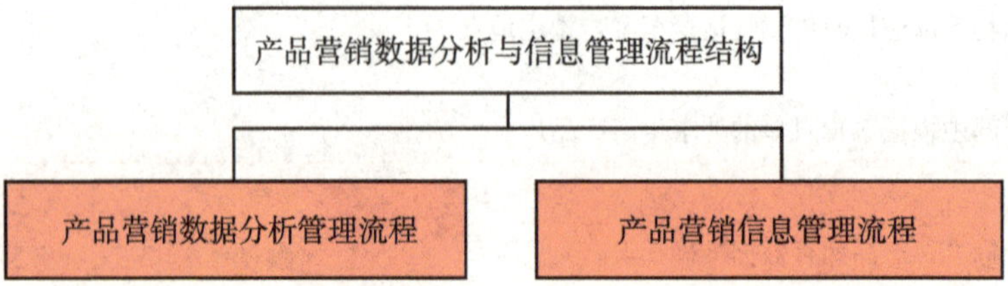

图7-6 产品营销数据分析与信息管理流程结构设计

7.6.2　产品营销数据分析管理流程设计与工作执行

7.6.2.1　产品营销数据分析管理流程设计

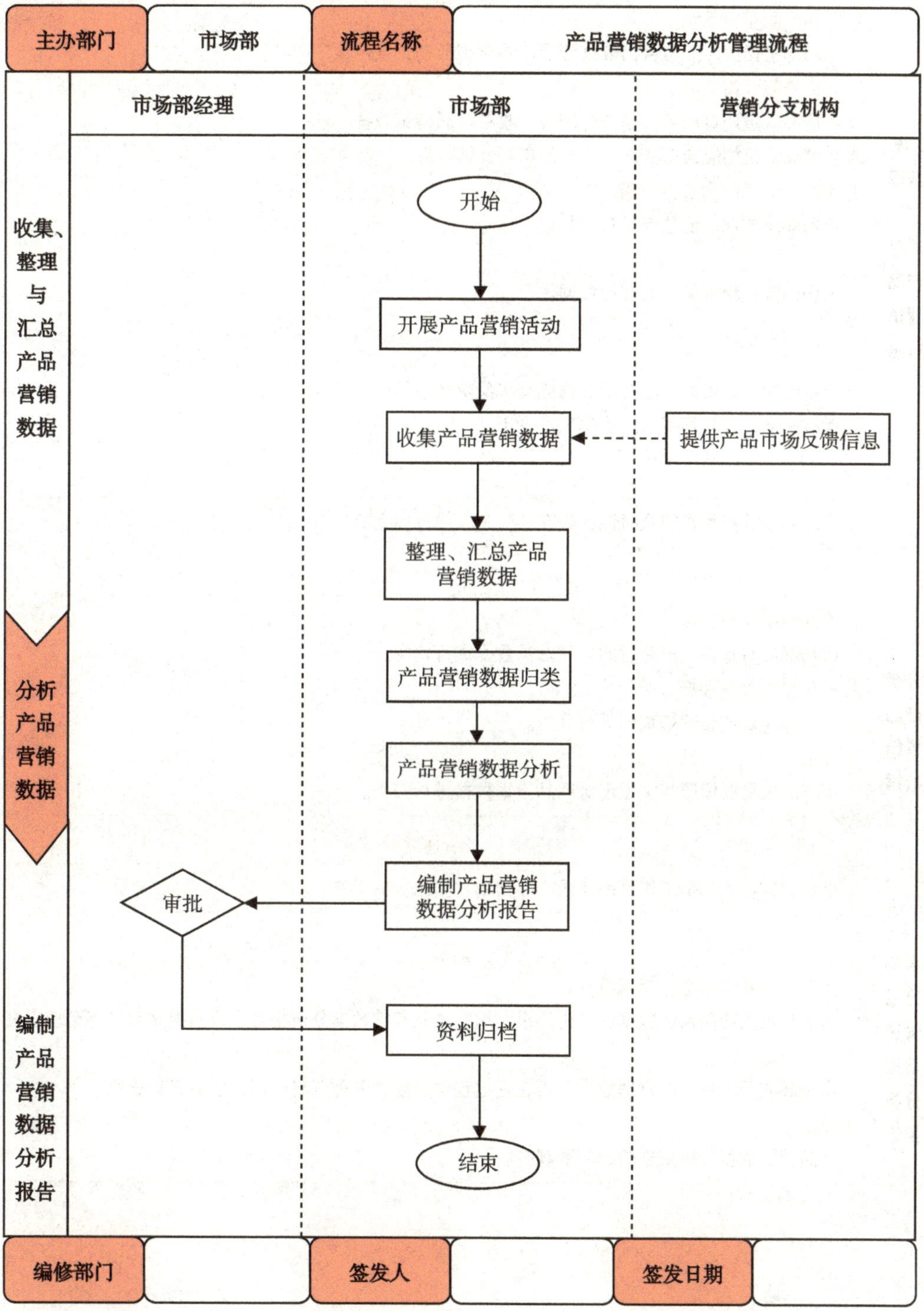

主办部门
市场部
流程名称
产品营销数据分析管理流程
市场部经理
市场部
营销分支机构
收集、整理与汇总产品营销数据
分析产品营销数据
编制产品营销数据分析报告
开始
开展产品营销活动
收集产品营销数据
提供产品市场反馈信息
整理、汇总产品营销数据
产品营销数据归类
产品营销数据分析
编制产品营销数据分析报告
审批
资料归档
结束
编修部门
签发人
签发日期

7.6.2.2 产品营销数据分析管理执行程序、工作标准、考核指标、执行规范

任务名称	执行程序、工作标准与考核指标
收集、整理与汇总产品营销数据	**执行程序**
	1. 开展产品营销活动 市场部根据产品上市营销策略开展产品营销活动，宣传推广产品。 2. 收集产品营销数据 ☆市场部应定期对产品市场进行调查，收集产品营销数据。 ☆营销分支机构应向市场部提供产品市场反馈信息。 3. 整理、汇总产品营销数据 市场部应整理、汇总产品营销数据。 工作重点 市场部应广泛收集产品营销数据。
	工作标准
	☆质量标准：收集的产品营销数据能真实反映产品的市场表现情况。 ☆考核标准：产品营销数据收集项不少于____个。
	考核指标
	产品营销数据收集的及时性：应在____个工作日内完成。
分析产品营销数据	**执行程序**
	1. 产品营销数据归类 市场部应对整理、汇总后的产品营销数据进行归类。 2. 产品营销数据分析 市场部应对产品营销数据进行分析。 工作重点 市场部人员要按照相关规定对产品营销数据进行归类。
	工作标准
	市场部应在____个工作日内完成产品营销数据的分析工作。
编制产品营销数据分析报告	**执行程序**
	1. 编制产品营销数据分析报告 市场部根据产品营销数据的分析结果，编制产品营销数据分析报告，将其提交市场部经理审批。 2. 资料归档 市场部应及时将产品营销数据分析管理过程中产生的各种资料归档，以备日后查验。 工作重点 产品营销数据分析报告的编制要规范。

（续）

<table>
<tr><th>任务名称</th><th>执行程序、工作标准与考核指标</th></tr>
<tr><td rowspan="4">编制产品营销数据分析报告</td><td>工作标准</td></tr>
<tr><td>☆质量标准：产品营销数据分析报告内容全面、结构清晰。
☆时间标准：市场部应在____个工作日内完成产品营销数据分析报告的编制工作。</td></tr>
<tr><td>考核指标</td></tr>
<tr><td>产品营销数据分析报告一次性审批通过率：目标值为100%。</td></tr>
<tr><td colspan="2">执行规范</td></tr>
<tr><td colspan="2">“产品上市营销策略”“产品营销数据分析报告”。</td></tr>
</table>

7.6.3　产品营销信息管理流程设计与工作执行

7.6.3.1　产品营销信息管理流程设计

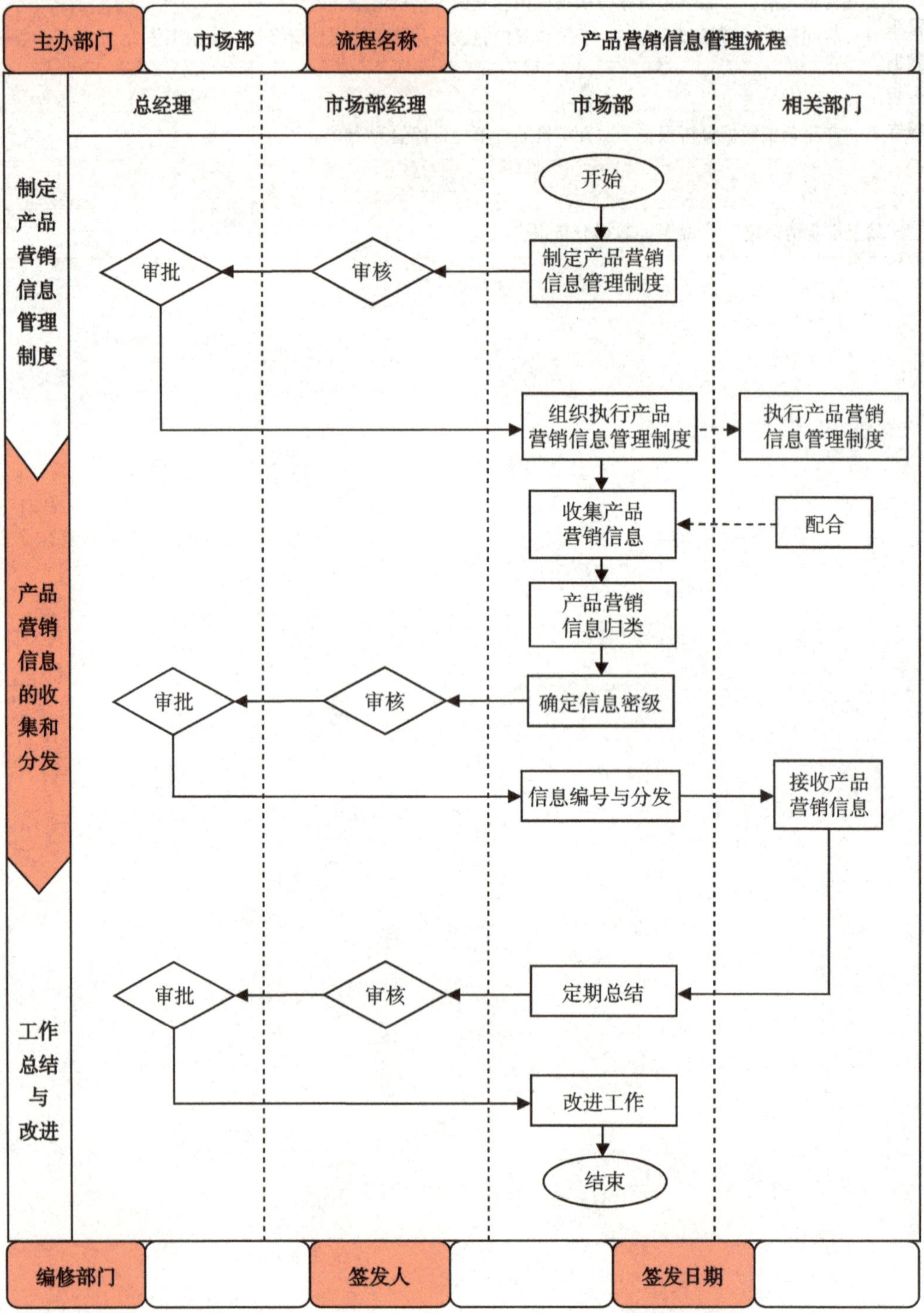
主办部门
市场部
流程名称
产品营销信息管理流程
总经理
市场部经理
市场部
相关部门
制定产品营销信息管理制度
产品营销信息的收集和分发
工作总结与改进
开始
制定产品营销信息管理制度
审核
审批
组织执行产品营销信息管理制度
执行产品营销信息管理制度
收集产品营销信息
配合
产品营销信息归类
确定信息密级
审核
审批
信息编号与分发
接收产品营销信息
定期总结
审核
审批
改进工作
结束
编修部门
签发人
签发日期

7.6.3.2 产品营销信息管理执行程序、工作标准、考核指标、执行规范

任务名称	执行程序、工作标准与考核指标
制定产品营销信息管理制度	**执行程序** **1. 制定产品营销信息管理制度** 市场部根据企业的产品营销信息管理工作的实际情况，制定产品营销信息管理制度，并将其提交市场部经理审核、总经理审批。 **2. 组织执行产品营销信息管理制度** 产品营销信息管理制度审批通过后，市场部组织相关部门执行该制度。 **工作重点** 产品营销信息管理制度的制定要规范。 **工作标准** ☆质量标准：产品营销信息管理制度制定及时、可行，制度执行全面、彻底。 ☆时间标准：市场部应在____个工作日内完成产品营销信息管理制度的制定工作。 **考核指标** 产品营销信息管理制度一次性审批通过率：目标值为100%。
产品营销信息的收集和分发	**执行程序** **1. 收集产品营销信息** 市场部组织相关人员收集产品营销信息。 **2. 产品营销信息归类** 市场部将收集的产品营销信息进行归类。 **3. 确定信息密级** 市场部应对收集的产品营销信息进行分析，确定信息密级后提交市场部经理审核、总经理审批。 **4. 信息编号与分发** ☆市场部应按产品营销信息类别、日期进行编号。 ☆市场部应及时将产品营销信息分发给相关部门。 ☆相关部门收到产品营销信息后，要在接收单上签字确认。 **工作重点** 产品营销信息密级的确定须以企业的信息密级划分管理规定为依据。 **工作标准** 产品营销信息归类合理，信息密级划分正确。 **考核指标** 产品营销信息密级划分正确率，其计算公式如下。 $产品营销信息密级划分正确率=\frac{密级划分正确的产品营销信息数}{产品营销信息总数}\times 100\%$

（续）

任务名称	执行程序、工作标准与考核指标
工作总结与改进	执行程序
	1. 定期总结 市场部应定期编制产品营销信息管理工作总结报告，将其提交市场部经理审核、总经理审批。 2. 改进工作 产品营销信息管理工作总结报告审批通过后，市场部根据总经理的审批意见不断改进自身工作。 工作重点 市场部要及时总结产品营销信息管理工作中的经验，持续改进自身工作。
	工作标准
	市场部应在____个工作日内完成产品营销信息管理工作总结报告的编制工作。
执行规范	
“产品营销信息管理制度”“产品营销信息管理工作总结报告”“信息密级划分管理规定”。	

第8章 产品生命周期与改进管理

8.1 产品生命周期管理

8.1.1 产品生命周期管理流程设计

8.1.1.1 流程设计的目的

企业设计产品生命周期管理流程的目的如下：

（1）明确企业产品生命周期管理工作的具体内容和工作要点，避免盲目工作；

（2）增强产品生产周期管理工作的科学性和合理性，使其符合企业发展战略规划的要求；

（3）明确产品生命周期管理相关人员的工作职责，提高工作效率。

8.1.1.2 流程结构设计

产品生产周期管理可细分为两个事项，就每个事项设计流程，即老产品生命周期管理流程和新产品生命周期预测管理流程，具体如图8-1所示。

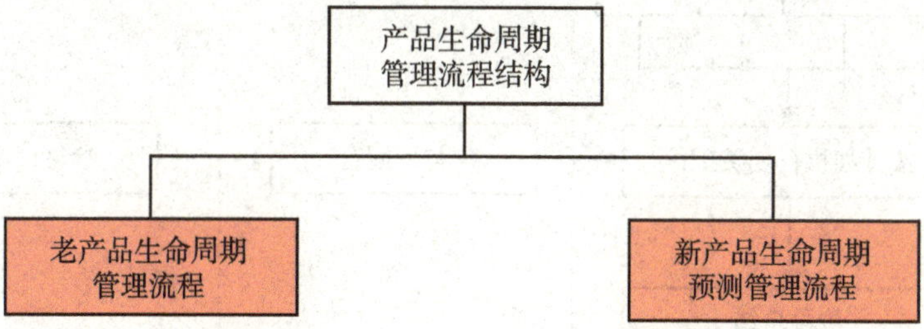

图8-1 产品生命周期管理流程结构设计

8.1.2 老产品生命周期管理流程设计与工作执行

8.1.2.1 老产品生命周期管理流程设计

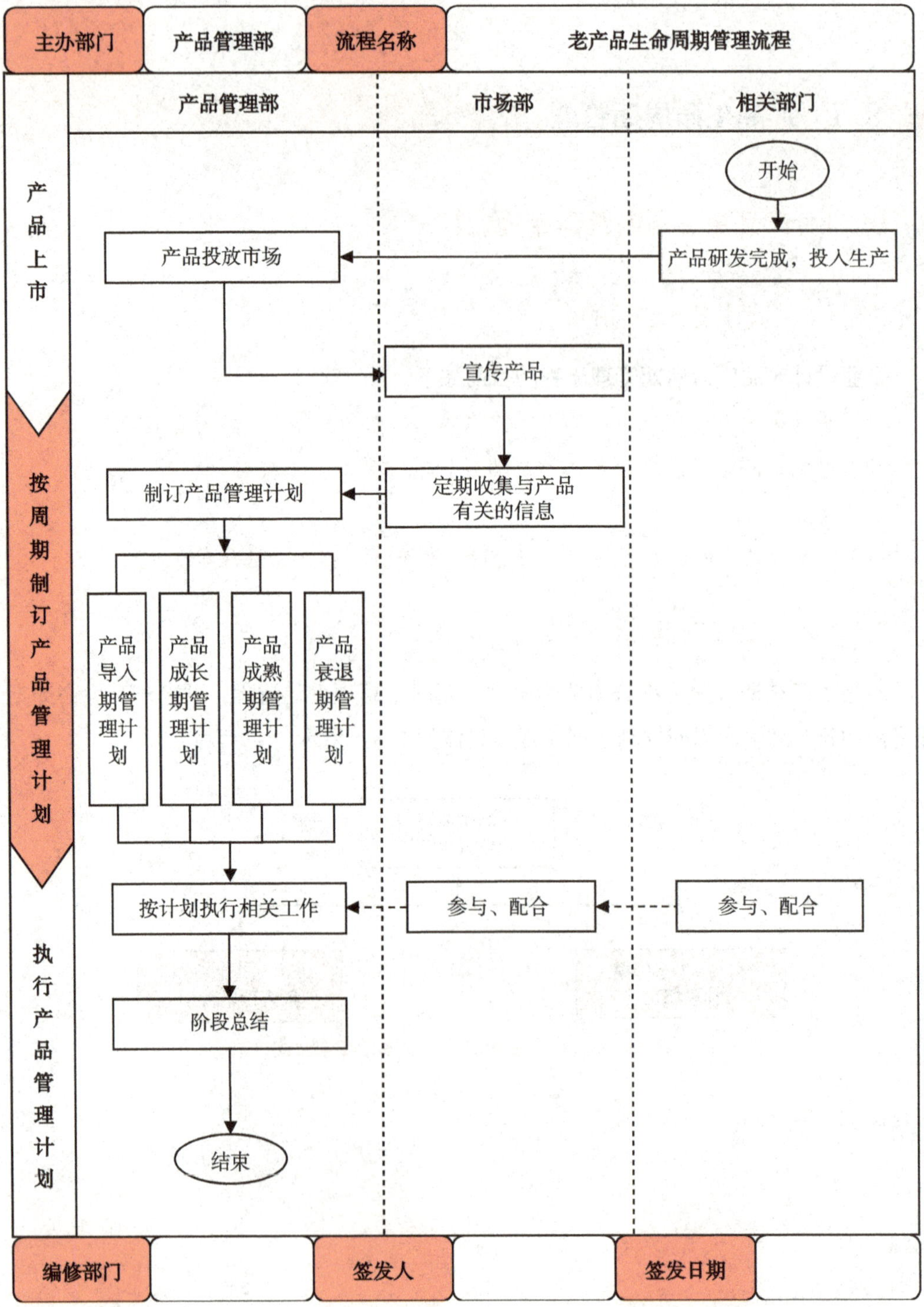
主办部门
产品管理部
流程名称
老产品生命周期管理流程
产品管理部
市场部
相关部门
产品上市
按周期制订产品管理计划
执行产品管理计划
开始
产品研发完成，投入生产
产品投放市场
宣传产品
定期收集与产品有关的信息
制订产品管理计划
产品导入期管理计划
产品成长期管理计划
产品成熟期管理计划
产品衰退期管理计划
按计划执行相关工作
参与、配合
参与、配合
阶段总结
结束
编修部门
签发人
签发日期

8.1.2.2 老产品生命周期管理执行程序、工作标准、考核指标、执行规范

任务名称	执行程序、工作标准与考核指标
产品上市	**执行程序** **1. 产品研发完成，投入生产** 产品研发完成后，生产部按照生产计划的要求生产产品。 **2. 产品投放市场** 产品生产出来后，产品管理部将产品投放市场，产品正式上市。 **3. 宣传产品** 市场部就产品展开宣传，提高产品的知名度与影响力。 **工作重点** 市场部要做好产品宣传工作，以获得更多的客户订单。
	工作标准 ☆完成标准：产品成功上市。 ☆质量标准：产品营销工作到位，产品销售数据达到预期目标。
按周期制订产品管理计划	**执行程序** **1. 定期收集与产品有关的信息** ☆产品进入市场开始销售后，市场部要密切关注产品状态，定期收集与产品有关的各种信息。 ☆需要收集的信息包括销售额、销售增长率、市场占有率、产品成本信息、产品利润信息、市场变化信息及相关政策信息等。 **2. 制订产品管理计划** ☆一般来说，产品的生命周期分为导入期、成长期、成熟期和衰退期四个阶段。产品管理部要根据每个阶段的产品特点有针对性地制订产品管理计划。 ☆在产品导入期，产品刚刚上市，销售缓慢，资金投入较大，产品利润低，此时产品管理部应制订合理的产品营销与资金管理等计划。 ☆在产品成长期，产品已占据一定的市场份额，产品销售快速增长，利润显著增加，此时产品管理部应制订合理的产品生产与竞品管理等计划。 ☆在产品成熟期，产品市场占有率趋于饱和，产品销售增长达到峰值，市场竞争更加激烈，此时产品管理部应制订合理的产品营销与竞品管理等计划。 ☆在产品衰退期，产品销量持续下滑，产品利润大幅下降，此时产品管理部应合理控制产品生产量，做好产品退市准备。 **工作重点** 产品管理部应针对产品在不同生命周期阶段的特点制订产品管理计划，突出重点。
	工作标准 产品管理计划内容全面、可行性强。
	考核指标 产品管理计划制订的及时性：应在____个工作日内完成。

（续）

任务名称	执行程序、工作标准与考核指标
执行产品管理计划	**执行程序** **1. 按计划执行相关工作** 当产品进入不同的生命周期，市场部及其他相关部门要及时根据当期计划执行产品营销与生产工作。 **2. 阶段总结** 产品管理部应定期总结产品管理现状，发现问题要及时解决。 **工作重点** 产品管理部要随时关注产品的市场动态，及时制订相应的产品管理计划。 **工作标准** 产品生命周期内，产品管理部协同市场部及其他相关部门圆满完成产品管理计划。
执行规范	
"产品导入期管理计划""产品成长期管理计划""产品成熟期管理计划""产品衰退期管理计划"。	

8.1.3 新产品生命周期预测管理流程设计与工作执行

8.1.3.1 新产品生命周期预测管理流程设计

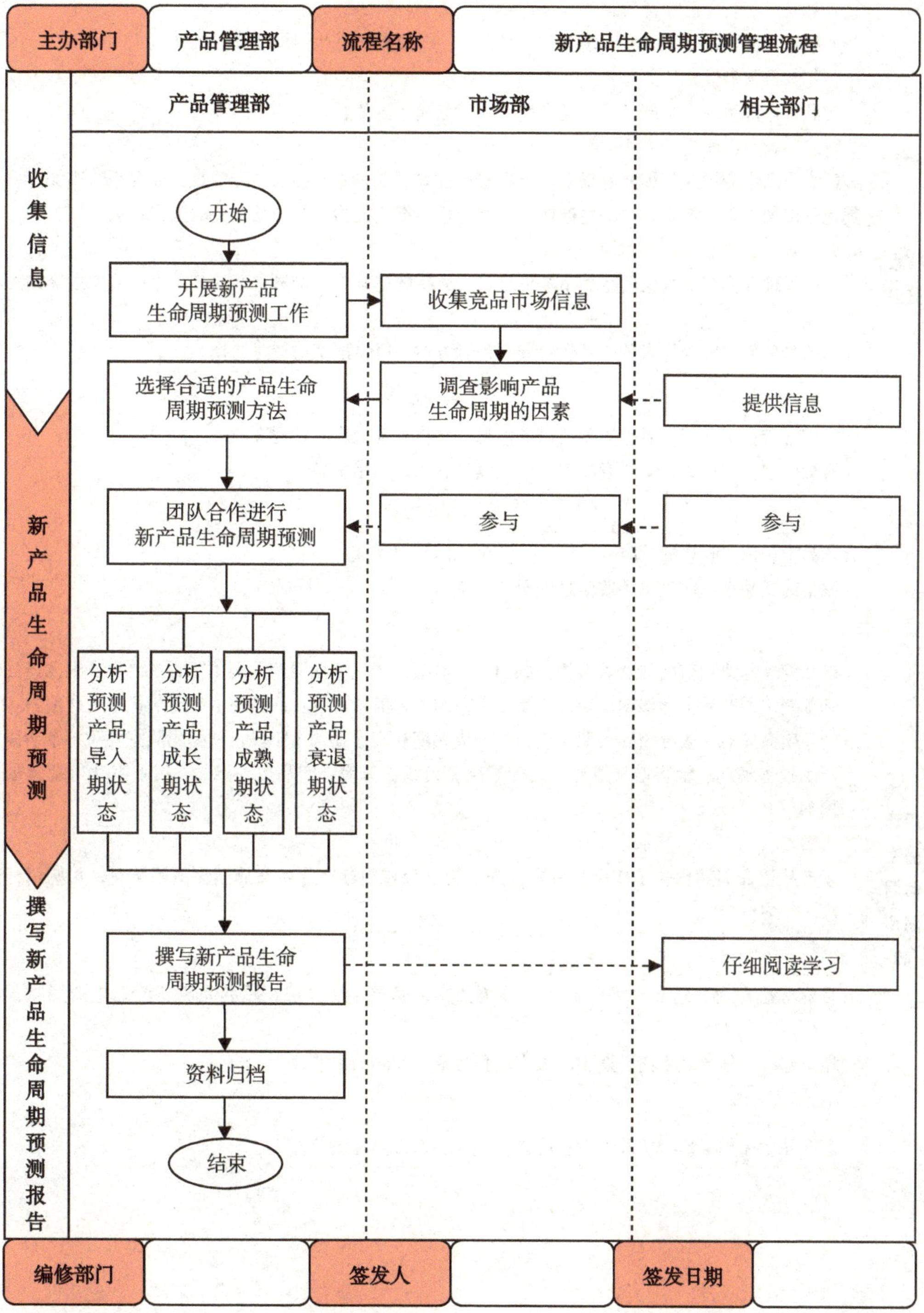
主办部门
产品管理部
流程名称
新产品生命周期预测管理流程
产品管理部
市场部
相关部门
收集信息
新产品生命周期预测
撰写新产品生命周期预测报告
开始
开展新产品生命周期预测工作
收集竞品市场信息
选择合适的产品生命周期预测方法
调查影响产品生命周期的因素
提供信息
团队合作进行新产品生命周期预测
参与
参与
分析预测产品导入期状态
分析预测产品成长期状态
分析预测产品成熟期状态
分析预测产品衰退期状态
撰写新产品生命周期预测报告
仔细阅读学习
资料归档
结束
编修部门
签发人
签发日期

8.1.3.2 新产品生命周期预测管理执行程序、工作标准、考核指标、执行规范

<table>
<tr><th>任务名称</th><th>执行程序、工作标准与考核指标</th></tr>
<tr><td rowspan="6">收集信息</td><td>执行程序</td></tr>
<tr><td>1. 开展新产品生命周期预测工作
产品管理部根据企业的实际情况和市场需求，开展新产品生命周期预测工作。
2. 收集竞品市场信息
产品管理部组织市场部进行市场调研，收集竞品市场信息。
3. 调查影响产品生命周期的因素
影响产品生命周期的因素有很多，产品管理部除了要参考竞品的市场信息，还要组织市场部调查其他非市场因素，如企业内部生产能力、企业宣传推广能力、与产品有关的国家政策等。
4. 选择合适的产品生命周期预测方法
产品管理部应在对收集的竞品市场信息进行分析的基础上，选择合适的产品生命周期预测方法。
工作重点
产品管理部可以选择多种产品生命周期预测方法，以供团队讨论时选择。</td></tr>
<tr><td>工作标准</td></tr>
<tr><td>☆完成标准：市场部按时收集竞品市场信息，并将其提交产品管理部。
☆质量标准：市场部收集的竞品市场信息真实有效，利用率高。</td></tr>
<tr><td>考核指标</td></tr>
<tr><td>☆竞品市场信息收集的及时性：应在____个工作日内完成。
☆收集的竞品市场信息中无效信息少于____%。</td></tr>
<tr><td rowspan="6">新产品生命周期预测</td><td>执行程序</td></tr>
<tr><td>☆产品管理部协同市场部及其他相关部门的人员组成产品生命周期预测团队，主要负责根据产品管理部确定的产品生命周期预测方法及已掌握的各种信息，对新产品的生命周期状态展开预测。
☆产品生命周期一般分为导入期、成长期、成熟期和衰退期四个阶段，预测团队主要对每个阶段的产品销售情况、销售增长情况、生产情况、市场占有率、产品盈利能力、行业变化等要素展开预测。
工作重点
新产品生命周期预测工作十分重要。产品管理部在组建产品生命周期预测团队时，可聘请外部专家。</td></tr>
<tr><td>工作标准</td></tr>
<tr><td>☆目标标准：通过组建产品生命周期预测团队，确定预测方法，顺利完成新产品生命周期预测工作。
☆质量标准：新产品生命周期预测工作过程规范，预测结果准确。</td></tr>
<tr><td>考核指标</td></tr>
<tr><td>新产品生命周期预测的及时性：应在____个工作日内完成。</td></tr>
</table>

（续）

<table>
<tr><th>任务名称</th><th>执行程序、工作标准与考核指标</th></tr>
<tr><td rowspan="6">撰写新产品生命周期预测报告</td><td>执行程序</td></tr>
<tr><td>1. 撰写新产品生命周期预测报告
新产品生命周期预测工作结束后，产品管理部应撰写新产品生命周期预测报告，回顾预测工作过程，阐述预测成果。
2. 资料归档
产品管理部应及时将新产品生命周期预测管理过程中产生的各种资料归档。
工作重点
相关部门收到产品管理部发来的新产品生命周期预测报告后要仔细阅读学习，并根据报告中的内容准备新产品上市工作。</td></tr>
<tr><td>工作标准</td></tr>
<tr><td>☆参照标准：新产品生命周期预测报告可参照企业的文书写作相关规定撰写。
☆质量标准：新产品生命周期预测报告内容完整、条理清晰且无重大纰漏。</td></tr>
<tr><td>考核指标</td></tr>
<tr><td>☆新产品生命周期预测报告撰写的及时性：应在____个工作日内完成。
☆资料归档的及时性：应在____个工作日内完成。</td></tr>
<tr><td colspan="2">执行规范</td></tr>
<tr><td colspan="2">“新产品生命周期预测报告”。</td></tr>
</table>

8.2 产品改进管理

8.2.1 产品改进管理流程设计

8.2.1.1 流程设计的目的

企业设计产品改进管理流程的目的如下：

（1）明确产品改进管理的重要工作节点，避免工作逻辑混乱；

（2）促进产品改进管理工作的科学化、规范化和流程化；

（3）明确各部门人员的工作职责，提高工作效率。

8.2.1.2 流程结构设计

产品改进管理可细分为两个事项，就每个事项设计流程，即产品改进建议收集管理流程和产品质量改进管理流程，具体如图 8-2 所示。

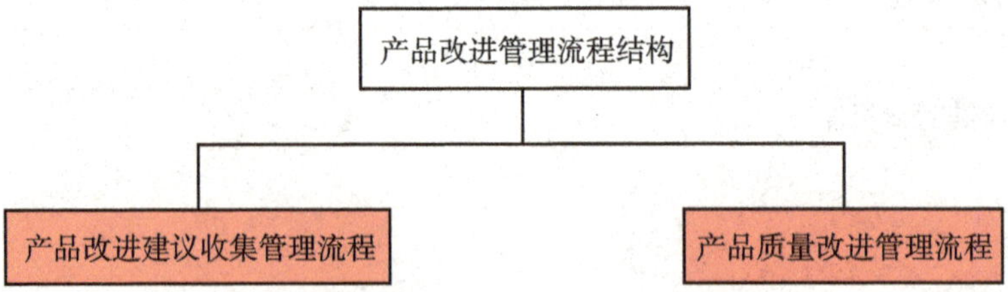

图 8-2　产品改进管理流程结构设计

8.2.2 产品改进建议收集管理流程设计与工作执行

8.2.2.1 产品改进建议收集管理流程设计

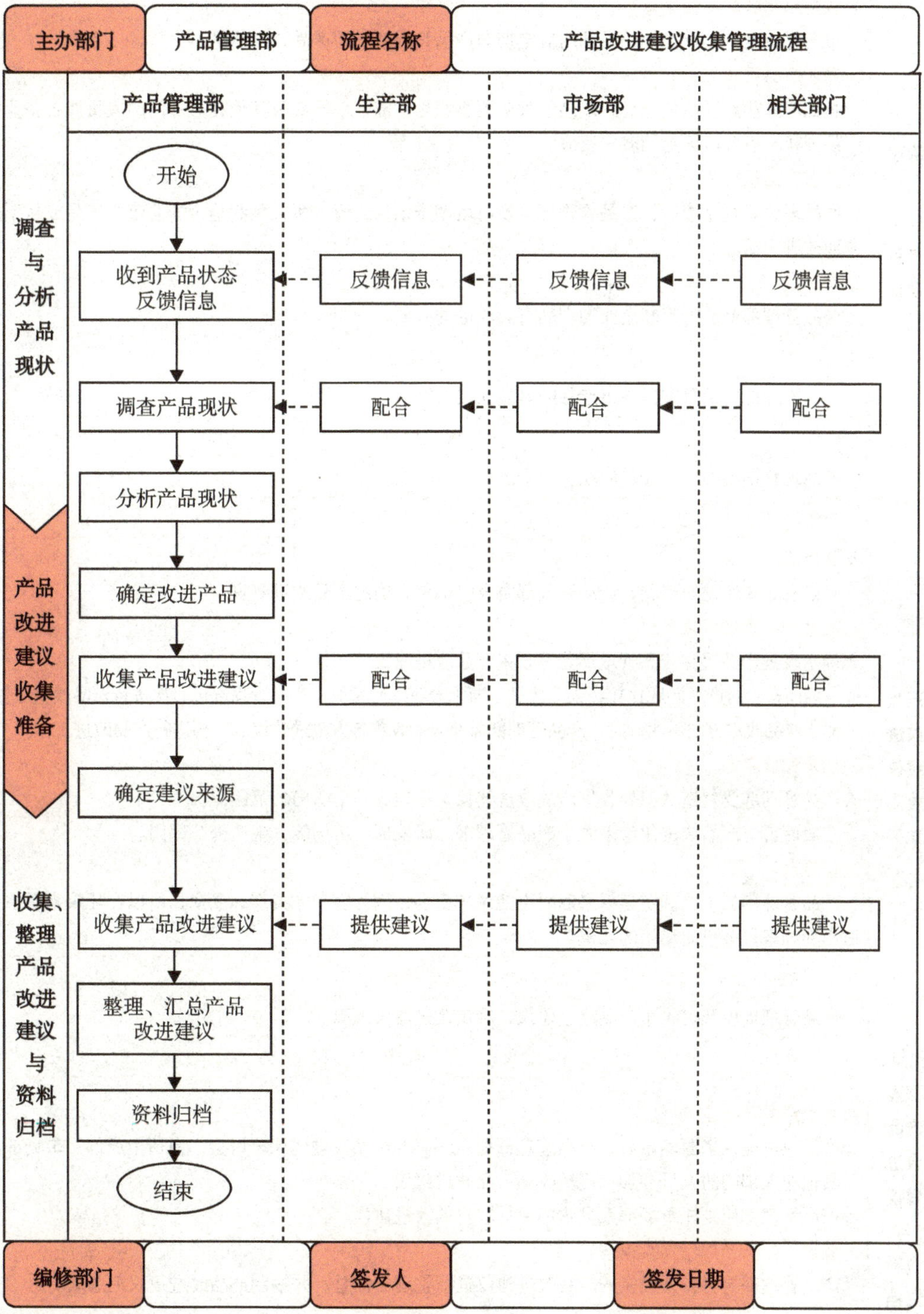

主办部门
产品管理部
流程名称
产品改进建议收集管理流程
产品管理部
生产部
市场部
相关部门
调查与分析产品现状
产品改进建议收集准备
收集、整理产品改进建议与资料归档
开始
收到产品状态反馈信息
反馈信息
反馈信息
反馈信息
调查产品现状
配合
配合
配合
分析产品现状
确定改进产品
收集产品改进建议
配合
配合
配合
确定建议来源
收集产品改进建议
提供建议
提供建议
提供建议
整理、汇总产品改进建议
资料归档
结束
编修部门
签发人
签发日期

8.2.2.2 产品改进建议收集管理执行程序、工作标准、考核指标、执行规范

<table>
<tr><th>任务名称</th><th>执行程序、工作标准与考核指标</th></tr>
<tr><td rowspan="6">调查与分析产品现状</td><td>执行程序</td></tr>
<tr><td>1. 收到产品状态反馈信息
市场部、生产部及其他相关部门应定期向产品管理部反馈产品状态信息。
2. 调查产品现状
收到产品状态反馈信息后，产品管理部要组织生产部、市场部及其他相关部门的人员调查企业的产品现状，以及市场上的客户反应。
3. 分析产品现状
产品现状调查完毕后，产品管理部要及时就调查结果进行分析，判断是否需要改进产品或从哪些方面改进产品。
工作重点
产品管理部要及时判断企业的产品有无改进的必要。</td></tr>
<tr><td>工作标准</td></tr>
<tr><td>产品管理部要及时掌握在市产品的具体状况。</td></tr>
<tr><td>考核指标</td></tr>
<tr><td>产品现状调查的及时性：应在____个工作日内完成。</td></tr>
<tr><td rowspan="4">产品改进建议收集准备</td><td>执行程序</td></tr>
<tr><td>1. 确定改进产品
对确有必要改进的产品，产品管理部要及时部署，确定产品改进事宜。
2. 收集产品改进建议
☆确定改进产品后，产品管理部着手收集产品改进建议。
☆一般而言，对产品问题比较严重，改进方向十分明确的情况，产品管理部可直接进行产品改进工作；而当产品改进方向不明确时，产品管理部需要全面收集各方改进建议后，再进行产品改进工作。
3. 确定建议来源
☆产品管理部要判断从何处收集产品改进建议，应确定一个明确的范围。
☆一般而言，产品改进建议来源于产品管理部、研发部、市场部、生产部等部门。
工作重点
产品管理部员工在确定建议来源时不能脱离市场，因为客户才是产品受众，所以在建议来源中要适当加大来自客户的建议的比重。</td></tr>
<tr><td>工作标准</td></tr>
<tr><td>产品管理部应及时收集产品改进建议，确定改进建议来源。</td></tr>
<tr><td rowspan="2">收集、整理产品改进建议与资料归档</td><td>执行程序</td></tr>
<tr><td>1. 收集产品改进建议
☆产品改进建议来源确定后，产品管理部要组织召开产品改进建议研讨会，邀请生产部、市场部及其他相关部门的人员参加，广泛收集产品改进建议。
☆产品管理部应委托市场部人员收集目标客户的改进建议。
2. 整理、汇总产品改进建议
产品管理部要对各方提供的产品改进建议进行整理、汇总，并编制产品改进建议汇总表。</td></tr>
</table>

（续）

任务名称	执行程序、工作标准与考核指标
收集、整理产品改进建议与资料归档	**3. 资料归档** 产品管理部应及时将各类产品建议原稿与产品改进建议汇总表归档，为开展后续工作提供依据。 **工作重点** 产品管理部应对收集的产品改进建议酌情处理，剔除无效建议，避免信息冗杂。
	工作标准
	通过召开产品改进建议研讨会及市场调查，可以全面收集各方的产品改进建议。
	考核指标
	产品改进建议收集的及时性：应在____个工作日内完成。
执行规范	
“产品改进建议汇总表”。	

8.2.3 产品质量改进管理流程设计与工作执行

8.2.3.1 产品质量改进管理流程设计

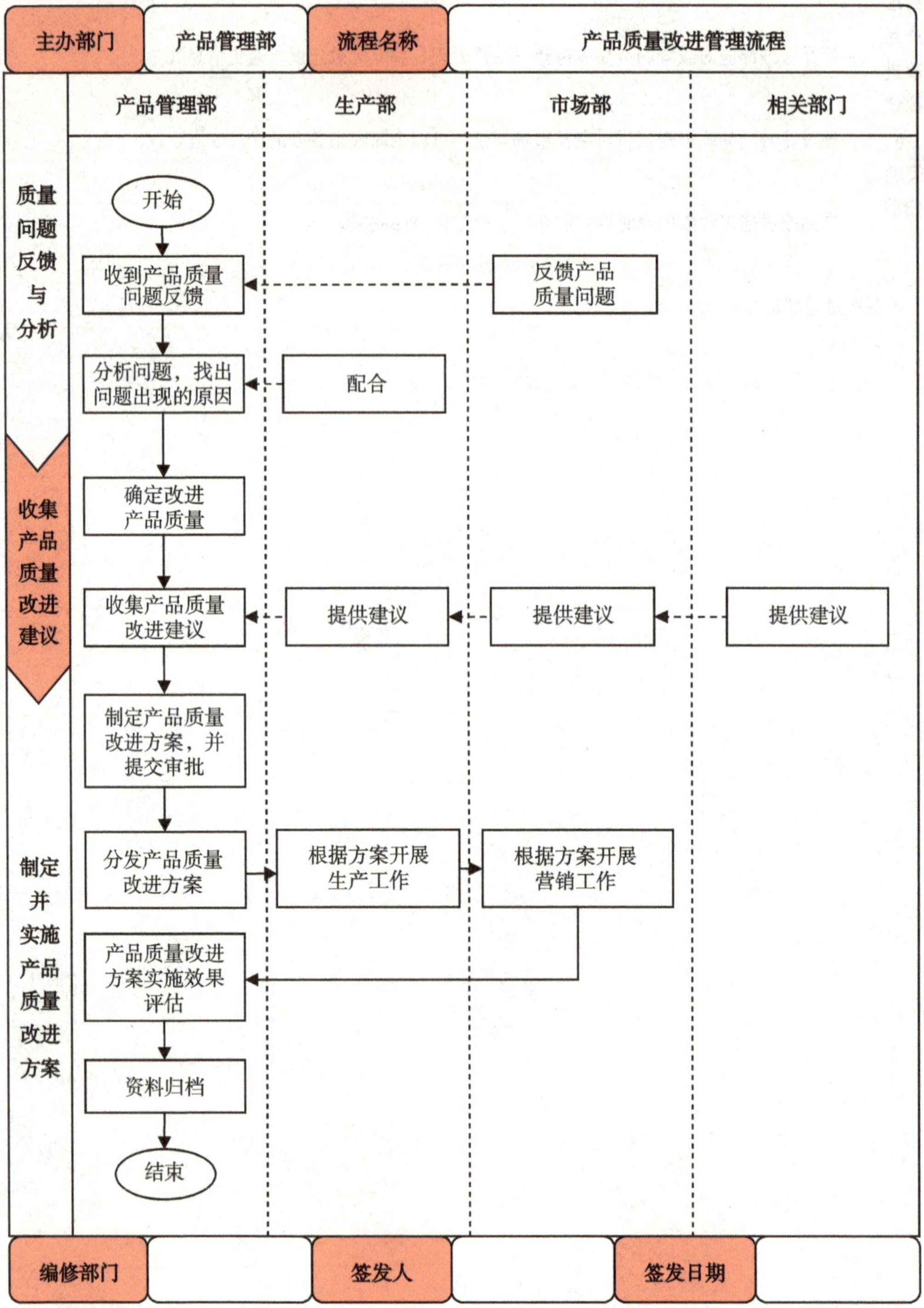
主办部门
产品管理部
流程名称
产品质量改进管理流程
产品管理部
生产部
市场部
相关部门
质量问题反馈与分析
收集产品质量改进建议
制定并实施产品质量改进方案
开始
收到产品质量问题反馈
反馈产品质量问题
分析问题，找出问题出现的原因
配合
确定改进产品质量
收集产品质量改进建议
提供建议
提供建议
提供建议
制定产品质量改进方案，并提交审批
分发产品质量改进方案
根据方案开展生产工作
根据方案开展营销工作
产品质量改进方案实施效果评估
资料归档
结束
编修部门
签发人
签发日期

8.2.3.2 产品质量改进管理执行程序、工作标准、考核指标、执行规范

<table>
<tr><th>任务名称</th><th>执行程序、工作标准与考核指标</th></tr>
<tr><td rowspan="6">质量问题反馈与分析</td><td>执行程序</td></tr>
<tr><td>1. 收到产品质量问题反馈
市场部要时刻关注产品状态，若发现产品质量问题，要及时将问题反馈给产品管理部。
2. 分析问题，找出问题出现的原因
☆产品管理部应对产品的质量问题进行分析，找出问题出现的原因。
☆产品质量出现问题，往往是因为生产、仓储、包装和物流环节出现纰漏，产品管理部要重点调查生产部、物流部等部门。另外，产品质量问题还可能来源于产品设计的“硬伤”，当无法从产品的生产、配送等方面找到原因时，产品管理部可以从产品研发设计角度展开调查。
工作重点
产品质量出现问题有多种原因，产品管理部在分析时要有耐心。</td></tr>
<tr><td>工作标准</td></tr>
<tr><td>产品管理部应通过仔细分析，快速找到产品出现质量问题的原因。</td></tr>
<tr><td>考核指标</td></tr>
<tr><td>产品质量问题原因分析的及时性：应在____个工作日内完成。</td></tr>
<tr><td rowspan="4">收集产品质量改进建议</td><td>执行程序</td></tr>
<tr><td>1. 确定改进产品质量
造成产品质量问题的原因查明后，产品管理部要尽快部署，确定改进产品质量。
2. 收集产品质量改进建议
☆为更好地改进产品质量，产品管理部要广泛收集各方产品质量改进建议。
☆产品管理部不仅要收集生产部、物流部、市场部等部门的建议，还要收集目标客户的建议。
工作重点
产品质量改进是一项重要工作。产品质量问题往往是由多种因素导致的，产品管理部不能独自决断产品质量改进的方向与方法，需要听取相关部门的改进建议，做出科学决策。</td></tr>
<tr><td>工作标准</td></tr>
<tr><td>全面收集产品质量改进建议，为制定产品质量改进方案提供依据。</td></tr>
<tr><td rowspan="2">制定并实施产品质量改进方案</td><td>执行程序</td></tr>
<tr><td>1. 制定产品质量改进方案，并提交审批
☆产品管理部根据收集的产品质量改进建议，制定产品质量改进方案。
☆产品管理部须将产品质量改进方案提交相关领导审批，审批通过后分发给相关部门。
2. 根据方案开展生产工作
生产部根据产品质量改进方案，开展生产工作。
3. 根据方案开展营销工作
市场部根据产品质量改进方案，开展营销工作。
4. 产品质量改进方案实施效果评估
改进质量后的产品再次上市后，产品管理部应安排专人对产品进行持续跟踪，并评估产品质量改进方案的实施效果。</td></tr>
</table>

（续）

任务名称	执行程序、工作标准与考核指标
制定并实施产品质量改进方案	5. 资料归档 产品管理部应及时将产品质量改进管理过程中产生的各类资料归档。 工作重点 产品质量改进工作是一个周期性的工作，会持续很长的时间，有时解决了旧问题后，还会陆续出现新问题。因此，产品管理部和市场部要持续关注产品状态。
	工作标准
	☆目标标准：通过实施产品质量改进方案，解决产品质量问题。 ☆质量标准：产品质量改进方案切实可行，产品质量改进措施科学有效。
	考核指标
	☆产品质量改进方案制定的及时性：应在____个工作日内完成。 ☆资料归档的及时性：应在____个工作日内完成。
执行规范	
“产品质量改进方案”。	